U0915711

◎高职科学人文艺术素质教育丛书

为有源头活水来

——安庆文化名人录

主　编　孙晓峰
副主编　朱松节

合肥工业大学出版社

图书在版编目(CIP)数据

为有源头活水来:安庆文化名人录/孙晓峰主编.—合肥:合肥工业大学出版社,2014.11

ISBN 978-7-5650-2010-0

Ⅰ.为… Ⅱ.①孙… Ⅲ.①文化—名人—生平事迹—安庆市 Ⅳ.①K825.4

中国版本图书馆CIP数据核字(2014)第250170号

为有源头活水来

——安庆文化名人录

主编 孙晓峰　　　　责任编辑 朱移山

出　版	合肥工业大学出版社	版　次	2014年11月第1版
地　址	合肥市屯溪路193号	印　次	2015年5月第1次印刷
邮　编	230009	开　本	710毫米×1010毫米 1/16
电　话	总编室:0551-62903038	印　张	18
	市场营销部:0551-62903198	字　数	328千字
网　址	www.hfutpress.com.cn	印　刷	合肥现代印务有限公司
E-mail	hfutpress@163.com	发　行	全国新华书店

ISBN 978-7-5650-2010-0　　　　定价:30.00元

如果有影响阅读的印装质量问题,请与出版社市场营销部联系调换。

序　言

孙晓峰

安庆是国家历史文化名城、中国优秀旅游城市、国家园林城市、国家森林城市。

安庆是一个历史悠久的地方，值得特别回味和珍视。潜山薛家岗和市郊张四墩等新石器时代的遗址见证了安庆的祖先就生息繁衍在这片美丽而富饶的土地上。春秋时期，安庆为皖国属地；战国时，并于楚。秦统一六国后，安庆属九江郡；汉初属淮南王国，后属扬州庐江郡；隋时属熙州同安郡，唐改同安郡为舒州。北宋时舒州属淮南西路，政和五年（1115）置舒州德庆军；南宋绍兴十七年（1147）改为舒州安庆军，始得名安庆，寓意为平安吉庆。嘉定十年（1217），安庆知府黄干奏请朝廷，在盛唐湾宜城渡之阴建筑新城，以备战守抵抗金军南下，此为安庆建城之始，至今已有797年历史。自清乾隆二十五年（1760）到1937年的178年间，安庆一直是安徽省府所在地，安徽就是“安庆”和“徽州”首字的合称。因安庆境内有座皖山（今天柱山），又有皖河绕流其间，春秋时曾有过皖国，故安徽简称“皖”。因此，人们常说安庆为安徽之源。东晋诗人郭璞路过此地赞曰：“此地宜城”，故安庆又名“宜城”。民主革命时期，安庆书写了浓墨重彩的一页。安庆是太平军的重要军事基地，安庆保卫战、枞阳会议均发生在这里，至今仍保存着英王府、枞阳会议遗址。20世纪初，光复会成员又在安庆发动起义，留有百花亭徐锡麟就义处、马炮营起义旧地等胜迹。20世纪三四十年代，鄂豫皖革命根据地的红军战士和刘邓大军曾转战于大别山。解放战争时，沿江地区又是渡江作战的前沿阵地。

安庆是一个人才辈出的地方，特别值得骄傲和自豪。这里人文荟萃，俊采星驰。宋代“第一画家”李公麟，明代思想家、科学家、文学家方以智，清代父子宰相张英、张廷玉，清代书法篆刻家邓石如，清代桐城派代表人物方苞、刘大櫆、姚鼐、戴名世、方东树、姚莹、马其昶、吴汝纶、姚永朴等，京剧鼻祖程长庚和戏剧家杨月楼、杨小楼，新文化运动的旗手、中国共产党的创始人陈独秀，教育家刘文典、王星拱、房秩五、光明

甫等，“两弹元勋”邓稼先，“新鸳鸯派”文学代表人物、《金粉世家》作者张恨水，黄梅戏表演艺术家严凤英，现代美学的开拓者、奠基者朱光潜，将军外交家黄镇，佛教领袖赵朴初等都生长在这片热土上。他们在不同时期和各自领域做出了重要贡献，在历史上具有重要地位和崇高声誉。

安庆是一个文化厚重的地方，特别值得传承和弘扬。安庆自古为兵家必争之地，也是文人毓秀之区，唐宋文人李白、王安石、苏轼等均在此留下脍炙人口的诗文。安庆是孔雀东南飞故事的发生地、桐城派文化的诞生地，又是戏剧之乡、禅宗圣地，历史文化资源十分丰厚，因此2005年被列为第103座国家历史文化名城，所属桐城市也早为省级历史文化名城。目前，安庆共有5处国家级重点文物保护单位，53处省级文物保护单位，48处市级文物保护单位。文化是一种历史现象，有历史发生的地方，就必然有文化现象发生。文化或文明的进步，构成了整个人类进步的阶梯。

“观乎人文，以化成天下”。文化是一个国家和民族的根之所在、脉之所维、情之所系，文化也是一个地区创新发展的动力之机、活力之源、魅力之魂。文化需要传承，需要积淀，需要培育，不可能一蹴而就。作为中国文化支脉上的一个硕果，皖江文化是安徽三大地域文化之一，具有自身鲜明的特色。广义上，皖江文化是安徽八百里长江流域的文化，其外延覆盖安庆、贵池、铜陵、芜湖、马鞍山，经过数千年历史积淀，集山水之灵气，形成了内涵丰富、博大精深、开放包容、灿烂辉煌的区域文化特征。狭义上，皖江文化即安庆文化，是安庆籍人或外籍人在该区域的文化足迹汇集、积淀形成的古皖文化、禅宗文化、戏剧文化、桐城派文化、科技文化、书画文化、商业文化、近代工业文化等。皖江文化在注重以文载道、以文救国、以文济世的同时，也强调经世致用的价值理念，有着丰富多彩的革故鼎新和开拓创新的思维和实践。这无疑是皖江地区历史文化留给我们的宝贵精神资源，也为我们提供了广阔的研究空间。在新形势下，如何将丰富的皖江历史文化转换为区域社会经济发展的精神动力源泉，是我们要共同努力的方向和目标。因此，全面系统深入研究皖江历史文化，对于传承和弘扬民族优秀文化具有重要意义。

作为安庆市属高职院校，又是安徽省示范高职院校，积极参与皖江文化研究，弘扬皖江文化精髓，传承皖江文化精神，构建富有地方特色的校园文化，服务和支撑地方经济社会发展，是我们义不容辞的责任，更是我们始终不渝的目标。十年多来，我们始终坚持立足地方、融入地方、服务地方的办学定位，努力打造地方文化传承创新的思想高地、传播阵地和文明高地。遵循“勤学笃行、德技双馨”的校训，践行“育人与就业结合、实践与理论并重、技术与人文融通”的办学理念，坚持人文导航、技术扬帆，文化育人、技能强人，不仅重视培育一般意义上的高等教育文化，而且重视建设适应区域经济发展的产业文化、行业文化、企业文化。实施了“科学人文艺术融通的素质教育工程”，取得了比较丰硕的理论成果和实践成果。《为有源头活水来——安庆文化名人录》就是其中之一。

我坚信，有诸多专家学者和同仁们的共同努力，社会各界一定会进一步增强文化自觉和文化自信，积极作为，创新作为，不断找准、找实文化素质教育的切入点、突破口，不断打造出更多更好的文化产业和文化事业的新亮点、新品牌，促进文化事业全面繁荣和文化产业跨越发展。我也期待，安庆地区高校及皖江文化研究机构能够充分发挥智库和人才库优势，在皖江文化特别是历史文化名人研究上多结硕果、多出精品，让具有地方特色的皖江历史文化真正成为我们办学育人最重要的品牌，为安庆建设文化强市、安徽建设文化强省作出新的更大贡献。是为序。

（序作者系安庆职业技术学院院长，博士、教授，安庆师院硕士生导师，安徽省高校教学名师，教育部职业教育人力资源与社会保障教学指导委员会委员）

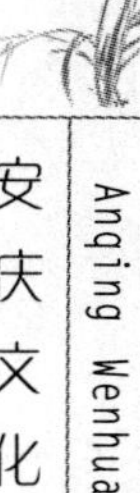

目　录

“宋画第一”李公麟

华春兰

两宋时期是我国古代绘画艺术的全盛时期，这一时期名家辈出，绘画题材日益丰富，画科进一步完备，技法更加成熟，是古代绘画艺术的一个高峰期。我们比较熟悉的《清明上河图》，便是当时人物画由表现贵族生活转入描绘世俗生活的一幅代表作。李成、范宽为代表的山水画创作继承了前代传统，在深入自然、观察体验的过程中，创造了以不同的笔法去表现不同山石树木的方法。苏轼、黄庭坚、米芾、李公麟等文人名士对绘画艺术的热爱，使中国文人画得以发扬光大。

绘画艺术发展到宋代，绘画理论也已逐渐完善，形成了中国画“高远、深远、平远”的观察理论、“写生”理论，同时指出了绘画“板、刻、结”三病，给出了“神、妙、能”三个绘画评判等级。

一、李公麟的生平

在人才荟萃的宋代书画界，李公麟因其作品题材丰富、数量众多、技艺精湛，被誉为“宋画第一”。《图绘宝鉴》中记载李公麟“论者谓鞍马逾韩干，佛像追吴道玄，山水似李思训，人物似韩滉，潇洒如王维，当为宋画中第一”。

李公麟（1049—1106），字伯时，自号龙眠居士，北宋舒州人。关于李公麟的籍贯，有些争议，主要有桐城、舒城两种说法。1991 年 11 月中国文史出版社出版的《安徽著名历史人物丛书——古代英杰》、1996 年 11 月黄山书社出版的《安庆历代名人》中均有介绍李公麟的篇章，且皆书写“李公麟，桐城人”。李公麟生于宋仁宗赵祯皇祐元年（1049）。宋神宗熙宁三年（1070），李公麟与同乡李元中、李公寅同年进京参加科举考试，且三李同中进士，一时传为佳话，世人称他们为“龙眠三李”。自此李公麟便走上了仕途，从仕 30 年，相继担任南康尉、长垣尉、泗州录事参军、中书门下后省删定官、御史检法，最高官至朝奉郎。元符三年（1100），李公麟因右手患麻痹症辞去官职，归隐龙眠山，卒于宋徽宗赵佶崇宁五年（1106），享年 57 岁。

二、李公麟的艺术成就

在中国绘画史上，李公麟是位承前启后的集大成者，其一生作品甚多，仅《宣和画谱》中就收录了其作品107件。其独特的线型绘画艺术手法，在中国绘画艺术史中占有十分重要的地位，影响了后世的历代画家。

1. 绘画题材的丰富多样

李公麟画作的题材极为丰富，从现实生活到历史故事、佛道仙鬼、山水楼阁以及鞍马走兽，无不涉及，无所不精。

① 人物画

李公麟笔下的人物画是在传统技法的基础上，对人物的构形技法加以创造，往往只凭几条起伏而有韵律感的墨线便勾勒出了人物的神情动态，表现出了人物的身份地位、所处地域特征等，形成了超凡脱俗的艺术风格。《宣和画谱》中有赞誉李公麟笔下人物的文字“能分别状态，使人望而知为廊庙、馆阁、山林、草野……至于动态，颦伸俯仰，大小善恶，与夫东西南北之人，才分点画，尊卑贵贱，咸有区别”。宋代三大家之一的米芾，一向高傲不凡，但他在观赏李公麟的《醉僧图》时，也由衷地赞叹“李公麟画人物秀发，各肖其形，无一点尘埃气”。

《免胄图》是李公麟人物画代表作品之一，又名《郭子仪单骑见回纥图》。此图描绘了唐代名将郭子仪说服回纥大破吐蕃一事。吐蕃是活动在西北地区的一个强悍的民族，一直是唐朝的心腹边患，自太宗李世民统治以来，唐朝采取和亲政策处理边患。玄宗时期，出身边陲具有回民血统的郭子仪便联合回纥，抗击吐蕃，来平定边患。画作描绘了郭子仪免胄（徒手、不着盔甲）会见回纥首领可汗的情景。郭子仪身穿燕服，头扎纶巾，神情庄重，从容大方，俯身援手以礼相见；回纥首领可汗身穿戎装，神情恭敬，表情夸张，携副将下马，单膝跪地，拜见郭子仪。画作左侧是郭子仪所率部将骑兵，从容镇定，伫立一旁；右侧是入侵关中的回纥骑兵，阵营庞大，神情惶恐。整幅画面错落有致、浑然一体，艺术地再现了历史的真实，在当时有一定的现实意义。

《西园雅集图》是李公麟人物画的又一名作。此图是李公麟乘兴而作之画，米芾为之题词。李公麟运用白描手法，以写实的方式，描绘了宋代黄庭坚、苏轼、米芾、李公麟、苏辙、苏门四学士等16位社会名流，在驸马都尉王诜府中做客聚会的情景。画中之人或挥毫用墨吟诗赋词，或扶琴唱和，或打坐问禅，每个人物的表情动态在李公麟笔下皆栩栩如生、动静自然，每一笔线条都处理得十分精致，整幅画面给人以闲适自然、洒脱俊逸之美。林语堂在《苏东坡传》中对中国艺术史上这次有名的“西园雅集”事件做了精彩的描述：画中有宋朝三大家，苏东坡、米芾、李龙眠，还有东坡弟弟苏子由、苏门四学士。石桌陈列于花园中高大的苍松翠竹之下。最上面，一只蝉向一条小河飞去，河岸花竹茂密。主人的两个侍妾，梳高发髻，戴甚多首饰，侍立于桌后。苏东坡头戴高帽，身着黄袍，倚桌作书，驸马王诜在附近观看。在另一桌上，李龙眠正在写一首陶诗，子由、黄庭坚、张耒、晁补之都围在桌旁。米芾立着，头仰望，正在附近一块岩石上题字。秦观坐在多有节瘤的树根上，正在听人弹琴。其他人则分散各处，以各种姿势，或跪或站，其中还有和尚等文人雅士。

李公麟的人物画很多，其所画人物，形肖神似，形神兼备。苏轼在世时，曾让人为自己画像数幅，据说其中李公麟为苏轼所作的画像最有名。在李公麟所作的画像上，苏东坡坐于岩石之上，一条藤杖斜横于膝上。从姿势上看，他很轻松地坐着，似正在思索宇宙中万物盛衰之理，也正享受眼前大自然的森罗万象。他好像随时都可能站起来，提笔蘸墨，抒发胸中所感，或是用美妙的诗歌，或是用气韵生动的一幅画，或是用神味醇厚的书法。黄庭坚评价此画像正好把握住了苏轼微醉时的神情。

② 鞍马画

李公麟除了擅长画人物之外，尤其擅长画马。《五马图》是李公麟鞍马画的代表作，也是其白描画的典范。画中五匹大马，是元祐年间边疆各地进贡给北宋朝廷的名马——凤头骢、好头赤、照夜白、锦膊骢、满川花。五匹马由五人牵引，五位牵马人中有三位西域人，两位汉人。画上的人和马不仅神情生动，而且形态各有特色，画家用简洁的线条细致生动地表现出了五匹马的主要特征。画作中有作者小楷标题，图后有黄庭坚题跋，介绍了马的年龄、进贡时间、马名、马厩等情况。可惜真迹已毁，国内仅有被毁前所拍的照片和珂罗版的复制品，现藏北京故宫博物院。

《牧放图》是李公麟另一幅传世之作，这是李公麟奉命手临唐代画家韦偃画作的作品，又称《临韦偃牧放图》，今藏北京故宫博物院，为国宝级文物珍品。据说李公麟为临摹好韦偃的《牧放图》，特地去了北方草原，观察马的生活习性。画作整个长卷描绘的是原野牧马的情景，画面宏阔、辽远、生动。全图共画马1000多匹，由牧马人牵引、驱赶着，画面中的马群或聚或散，或急驱或缓行，浩浩荡荡，各具形态，不愧为传世佳作。

作为卓越的现实主义艺术大师，李公麟的艺术创作是以生活现实为基础的。苏轼曾赞叹“龙眠胸中有千驷，不惟画肉兼画骨”。为了画好马，李公麟曾不远千里去西北草原与马朝夕相处，也常常去马厩中观察马的生活习性，用心观察揣摩，酝酿画作。《避暑录话》记载：“李伯时初喜画马，曹、韩以来所未有也。曹辅为太仆少卿，太仆视他卿寺有廨舍，国马

皆在其中，伯时每过之，必终日纵观，有不暇与客语者。”凭着对艺术的喜爱与虔诚，久而久之，李公麟不仅对马的各种姿态体察入微，对马的生活习性也了如指掌，画马技艺精湛，有“画马夺魂”之说。传说李公麟画《五马图》时，刚画完“满川花”，皇宫御苑中的“满川花”就因李公麟摄取了它的魂魄而死，弄得管理马厩的官吏此后见到李公麟就躲避，生怕他再次摄走了马魂。这虽然是传说，但足见李公麟画马之传神、画马技艺之高超。

③ 山水画

李公麟擅于画人物鞍马，也能画山水花鸟，他画的山水，亦别具一格。

李公麟晚年因病辞官，回归故里，在龙眠山建造了龙眠山庄，并为山庄创作了画作20幅，名为《龙眠山庄图》。《龙眠山庄图》是李公麟白描山水画中的代表作，亦称《山庄图》。此画不仅是一幅远离尘嚣的山村风俗画卷，更体现了山庄主人的思想倾向和生活情致。苏轼为《龙眠山庄图》作跋，苏辙为之赋诗20首，现摘录其中两首如下：

题李公麟山庄图·建德馆

龙眠渌净中，微吟作云雨。
幽人建德居，知是清风主。

题李公麟山庄图·其八·栖云室

石室空无主，浮云自去来。
人间春雨足，归意带风雷。

因图文终出自大家手笔，故《龙眠山庄图》一呈现于世，便为世人所珍爱。

2. 白描技法的独特运用

李公麟是北宋美术史上一位承前启后的艺术大师，毕生潜心研习画作，集众家所长，以“扫去粉黛、淡毫轻墨、高雅超逸”的白描画，赢得了“白描大师”的美誉。

白描是以线条为表现手段的画法，依靠线条本身的刚柔、粗细、巧拙、方圆、疏密等变化来表现各种物象。即用简单的墨线，寥寥几笔勾画出人和事物的主要特征。它不求细致与浓墨重彩，只求神似和形象。如果以文学作品为例，我们熟悉的鲁迅笔下的孔乙己“身材很高大；青白脸色，皱纹间时常夹些伤痕；一部乱蓬蓬的花白的胡子。穿的虽然是长衫，可是又脏又破，似乎十多年没有补，也没有洗”运用的就是白描手法。鲁迅用最平实、最精练的文字，简单描绘，便将孔乙己寒酸落魄的文人形象勾勒出来，使读者如见其人、如观其形。

李公麟的白描画完全凭借粗细、曲直、刚柔、轻重而富于韵律的线条来构图造型、表情达意，画面简洁但富有变化，题材遍及人物、鞍马、山水、花鸟，既有真实感，又有文人情趣。李公麟因其白描技法的独特运用被誉为“白描大师”，其白描技法成为后人学画所遵从的样板典范，千百年来代代相承。他在绘画界赢得的这一美誉，凡是对中国古代绘画艺术有点兴趣、对中国古代绘画知识有些了解的人，都深信不疑。他的白描技法对后世画作影响之深远，在绘画艺术专业领域自不必说，仅文学名著《红楼梦》中描绘的片段，便可窥见一斑。《红楼梦》第八十九回《人亡物在公子填词，蛇影杯弓颦卿绝粒》描写了黛玉屋中悬挂的《斗寒图》：“一面看见中间挂着一幅单条，上面画着一个嫦娥，带着一个侍者；又一个女仙，也有一个侍者，捧着一个长长儿的衣囊似的，二人身边略有些云护，别无点缀，全仿李龙眠白描笔意，上有‘斗寒图’三字，用八分书写着。”

3. 书文、鉴赏的高深造诣

作为文人画家，李公麟能诗善画，精于鉴赏，具有广博的学识，是一位有高深修养和多方面才能的艺术家，对古器物和古文字具有一定的知识，曾摹绘古代的铜器并加以考订，并参加了整理皇家收藏的古器物的工作。《宋史·列传·文苑》记载，李公麟“好古博学，长于诗，多识奇字，自夏、商以来钟、鼎、尊、彝，皆能考订世次，辨测款识，闻一妙品，虽捐千金不惜”。《宣和画谱》称：“李公麟平生所长，其文章有建安风格。”书法上也很有悟性，书写极精，“公麟少阅视，即悟古人用笔意。作真行书，有晋唐楷法风格”。史书记载绍圣末年，朝廷得到了一枚玉玺，大臣、儒士们在鉴赏时，是见仁见智，最终难以断定其出处。李公麟却从玉质、玉色以及玉玺上的文字刀法等方面去鉴别分析，判断出此物为秦朝李斯的真迹，一锤定音，众人皆服。

三、李公麟的艺术渊源

在人才辈出的宋代，李公麟作为一名文人画家，活跃于北宋画坛，如群龙之首，众画家唯其马首是瞻，其对后世绘画更是产生了深远影响。究其原因，与其生活的时代、成长的环境、文人朋友们的影响、个人的努力密不可分。

1. 时代的造就

人们常说时势造英雄。在宋代以前，中国已经有了丰厚的艺术传统积淀，绘画艺术亦是如此。赵匡胤在结束五代十国分裂割据局面建立宋朝后，

为维护稳定，广纳文人学士参政，进入了以文治统理天下的时期，艺术传统得以发扬光大。到了李公麟生活的时代，绘画艺术得到了朝廷上下的高度重视，绘画表现领域进一步扩大，宋代院画进入了隆盛时期。浓郁的艺术氛围、文人士大夫对绘画艺术的热爱，影响了李公麟的艺术情趣；文人画的时兴，又为李公麟的艺术作品提供了欣赏需求的空间，激发了李公麟绘画创作的热情。北宋时，山水、花鸟、人物三大绘画类型已成定局，前代绘画作品已很丰富、绘画理论已较成熟，这又为李公麟绘画创作提供了丰富的资料，使得他有条件学习古人、超越古人。《宣和画谱》记载李公麟“始画学顾陆与僧繇，道玄及前世名手佳本”，“乃集众所善以为已有，更自立意，专为一家，若不蹈袭前人，而实阴法其要”。李公麟博采众长，融通创新，自成一体，才有了后人难以望其项背的成就，令后人景仰、追随。

2. 家庭环境的熏陶

李公麟出身于书香门第，父亲李虚一是文物、名画收藏家，做过大理寺丞，收藏了大批书画名作。李公麟自幼就接触家中收藏的名画名作，在长期的耳濡目染、欣赏临摹中，培养了浓厚的绘画兴趣，为他后期的艺术创作打下了坚实的基础。

家庭早期艺术文化的熏陶、众多艺术作品的浸染，不仅培养了李公麟的绘画兴趣，也涵养了李公麟的性情，确保了李公麟平稳地度过了30年的仕途生活，为他后期的艺术发展奠定了物质基础，拓展了创作空间。如果说苏轼是一个可爱的人，那么李公麟就是一个圆通的人。李公麟从政时期正是北宋朝廷党争最激烈的时期，他与新党的王安石关系很好，熙宁七年（1074）以后，王安石失势，退居金陵，曾与李公麟同游，并赠诗四首。但同时，李公麟和反对王安石的苏轼等关系也很亲密，又是驸马王诜的座上客，却没有卷入当时党争的漩涡。据说元丰七年（1084）苏轼因作诗遭祸，陷入险境，王诜也被牵连，李公麟在街上遇见苏轼家人，就以扇遮面，避免牵连，以求自保。这一行为，如果单纯从文人追求刚正高洁的品性而言，确实有点令文人难堪，但从李公麟当时的生存环境来看，实为常人之举，足见其处世的谨慎、为人的圆通。

3. 个人的努力

李公麟自公元1070年中进士以来，便以官僚文人画家的身份从事绘画活动，虽然身处党争激烈的政治环境中，但他对绘画艺术的热情不减，坚守一隅，潜心于丹青，勤学苦练，日作不辍，直至晚年卧病在床，仍不间断，为之付出了毕生的心血。“呻吟之余，犹仰手画被，作落笔势，家人戒之，笑曰：余习未除，不觉至此。”他同大多数文人画家一样，作画赋诗是出于对艺术的热爱，是抒情遣怀的一种方式、途径，并非借画求名谋利。《宣和画谱》如此评价李公麟：“从仕三十年，未尝一日忘山林，故所画皆其胸中所蕴。”对于前来索画者，李公麟甚是不解，也很无奈，曾发出“吾为画，如骚人赋诗，吟咏性情而已，奈何世人不察，徒欲供玩好耶”的感叹。对绘画艺术的痴迷，不懈的努力，丰富了李公麟的生活，也成就了李公麟的绘画事业。

4. 文人朋友们的影响

中国艺术中书画是同源的，宋代的文人画重视文学书法修养和画中的意境，强调个人情感的抒发与个性的体现。李公麟从仕30年，最高官至朝奉郎，而朝奉郎也只是个有俸禄无具体事务的闲职，他虽然一直担任的是闲差，但是在当时激烈的党争政治背景下，他以官僚文人画家的身份从事绘画活动，与当时翰林国画院的画师们比起来，要自由得多。在李公麟57年的生命历程中，从仕的30年是他人生旅途中收获最丰的30年。这一时期，他的绘画技艺日臻成熟，绘画作品得以丰富，传世之作皆作于此时；这一时期，李公麟结交了一批具有一定社会地位的文人、名流，如王安石、苏轼、米芾、王诜、黄庭坚等。他与这些文人朋友们因情趣相近而相交、相聚，他们在一起切磋技艺，借诗文、书画抒发情怀，愉悦生活，他的学养得以丰盈，视野得以拓展。

宋哲宗元祐三年（1088），苏东坡任主考官时，他与李公麟、黄庭坚等陪同考官进入考场将近两个月。在阅卷完毕后，他们不得出考场，也不得与外界联系。闲来无事，李公麟画马自娱，黄庭坚写阴森凄惨的鬼诗、说奇异的神仙故事，苏东坡则写字、饮酒取乐，虽然他们各自娱乐的艺术形式不同，却彼此相处融洽，倍感乐趣无穷。

李公麟曾根据唐代王维《渭城曲》“渭城朝雨浥轻尘，客舍青青柳色新。劝君更尽一杯酒，西出阳关无故人”的诗文创作画作《阳关图》。苏轼、黄庭坚二人看到李公麟的图画后，分别为此画作《题阳关图》诗两首。诗文如下：

题阳关图二首

苏　轼

不见何戡唱渭城，旧人空数米嘉荣。
龙眠独识殷勤处，画出阳关意外声。

两本新图宝墨香，樽前独唱小秦王。
为君翻作归来引，不学阳关空断肠。

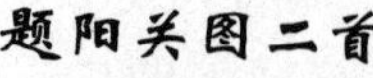

题阳关图二首

黄庭坚

断肠声里无形影，画出无声亦断肠。
想得阳关更西路，北风低草见牛羊。

人事好乖当语离，龙眠貌出断肠诗。
渭城柳色关何事？自是离人作许悲。

文人朋友们在艺术方面的造诣、对艺术的钟情热爱，文人朋友们特殊的身份地位，对李公麟绘画技艺的提升、艺术情趣的维系、绘画创作事业的发展，都产生了一定的影响。他们的赋诗题词，能激发赏画者的想象与联想，引领赏画者进入一个更为广阔的思维空间，丰富了画作的内容，增添了画作的色彩，无形中也提升了李公麟画作的影响力。

长江后浪推前浪，江山代有才人出。李公麟已远离我们而去，但他“宋画第一”的地位无人能够撼动。他留给我们的不仅仅是一幅幅难以估价的艺术作品，更让我们代代受益的是他对艺术孜孜以求的精神。人因精神而长存，九百多年来，人们一直记着李公麟、学习李公麟，相信以后人们也不会忘记。

作者简介：华春兰，硕士，副教授，安庆职业技术学院公共基础部教师。

铁骨御史左光斗

王金根

左光斗出生于现在的枞阳县横埠镇，字遗直，一字共之，号浮丘。万历三十五年（1607）进士，授中书舍人。天启三年（1623）升任大理少卿。次年，拜左佥都御史。后与杨涟疏劾魏忠贤二十四大罪，又草奏弹劾魏忠贤等三十二斩罪。天启五年（1625），被魏忠贤构陷下诏狱，酷刑拷讯致死。

一、枞阳文教哺英才

枞阳自西汉置县，崇文重教蔚然成风，明清两代以来更是大师辈出：刘大櫆、姚鼐、吴汝纶、朱光潜、黄镇、慈云桂等等，或在文学上取得骄人成绩，或在推动近代教育的发展上做出了杰出贡献，或为美学一代宗师，或致力于新中国的外交，或为中国计算机科学与技术的开拓者之一。更为显著的是，在此期间枞阳的家族学术文化尤为兴盛。

明代理学大师方学渐开创了“方氏易学学派”，成为明代中叶桐城学术的领头人，晚年创建了“桐川会馆”，首倡讲学之风，开桐城设馆讲学之先河，泽被后世。其后代杰出者如方惟仪、方以智、方苞均赫赫有名，2007年安徽省社科院评选百位皖籍文化之星，此三人均榜上有名，其中女诗人方惟仪更是名列第28位。

枞阳历史上的第一位翰林齐之鸾（今枞阳雨坛乡人）学识渊博、文采宏丽，其诗歌直面现实，出语新奇，姚莹在《桐旧集》序中曰：“自齐蓉川（之鸾）给谏以诗著有明中叶，钱田间（钱澄之）振于晚季，自是作者如林。”指出齐之鸾对桐城派的兴起有先导作用。以其子齐述、其孙齐琦名为代表的齐氏后代诗人见诸史籍的据不完全统计即有8位。

吴氏家族自吴承恩（非《西游记》作者）、吴承颜兄弟始，学行与政声名噪一时。吴直，清乾隆元年（1736）举人，工于诗，善雄辩。著有《四书杂辨》5卷、《学庸释义》6卷、《经义药石》4卷、文集4卷、诗集

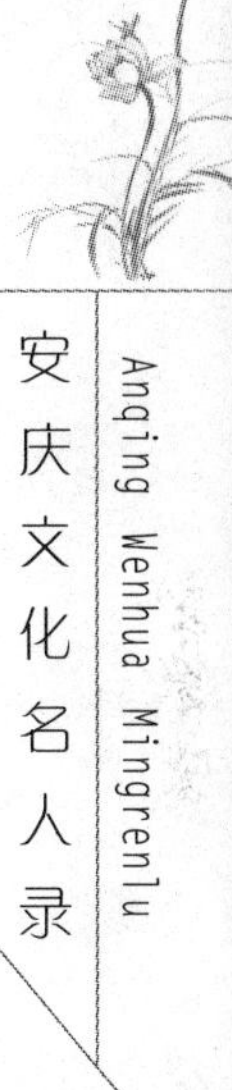

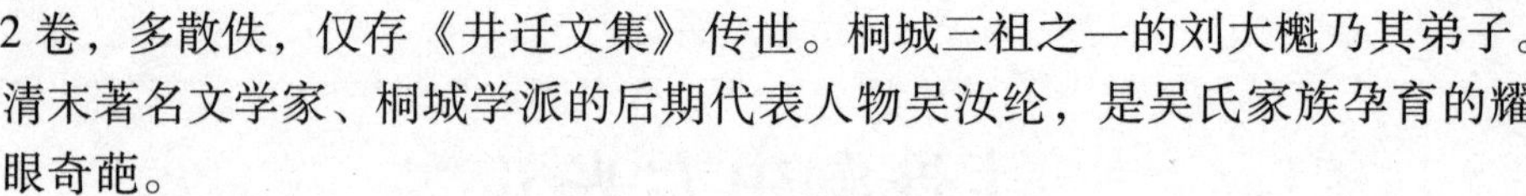

2卷，多散佚，仅存《井迁文集》传世。桐城三祖之一的刘大櫆乃其弟子。清末著名文学家、桐城学派的后期代表人物吴汝纶，是吴氏家族孕育的耀眼奇葩。

二、万历东乡三进士

明朝万历年间，枞阳出了不少的进士，除方以智的祖父方大镇、父亲方孔炤外，著名的还有东乡三进士。东乡三进士是指何如宠、左光斗和阮大铖这三个人，他们均以桐城东乡，也就是现在的枞阳为人生起点，同在京城的政治舞台上演绎人生，又以截然不同的方式谢幕。何如宠，万历二十六年（1598）进士；左光斗，万历三十五年（1607）进士；阮大铖，万历四十四年（1616）进士。论普世价值，何如宠以大学士入阁而成群辅（副宰相）之一；论文学才华，阮大铖有《春灯谜》《燕子笺》等名作传世。但要论历史地位及对后世的影响，当首推被后世誉为“铁骨御史”的左光斗。

何如宠，桐城（今枞阳县枞阳镇）人，明神宗万历二十六年（1598）进士。何宰相虽有一代名臣之美誉，但在明末的乱世中，受任职年限短暂的影响（任副宰相前后就一年多的时间），没有杰出的建树，不过他的人品却得到了后人的高度评价，《明史》称其“操行恬雅，与物无竞，难进易退，世尤高之”。在何如宠的官宦生涯中，最值得称道的是在袁崇焕一案中，仗义执言，不仅保全了袁氏一族300余人的性命，也保护了一大批正直的官员。其次是在他62岁时，朝廷诏他为首辅，但看透了官场黑暗的他六疏恳辞，增添了其人品魅力。他和左光斗之间的交集其实不多，但却受左光斗案的牵连，被夺职闲住。

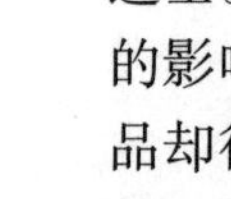

何宰相作为明末一代名臣，操行高雅，不过民间也有一些关于他的无伤大雅的小故事。“何夫人吃鲥鱼——拣大的”，这条歇后语就是微讽其夫人的。据民间传说明天启年间，熹宗请礼部侍郎何如宠夫妇及朝臣们品尝鲥鱼。席间，何夫人嗔道：“我道是什么，原来是鲥鱼。我们桐城鲟鱼嘴产的鲥鱼又大又多，我在娘家吃鲥鱼是常餐。”熹宗不悦，何如宠忙说：“白鲢与鲥鱼相似，臣妇无知，有眼不辨鲥鲢。”搪塞过去。这条歇后语在民间流传的本意是说何夫人不分场合，不知礼数，胡乱吹嘘，不过也透出何夫人的坦诚可爱。你想，皇上请客，作为大臣之妇能够出席就该诚惶诚恐了，何夫人不仅不恐慌扭捏，反而大大咧咧地挑三拣四，编排皇家的不是。当然她说的是实话，桐城鲟鱼嘴产的鲥鱼确实又大又多，而她作为一个大户人家的千金小姐，在娘家常吃鲥鱼也绝非吹嘘，更不可能将白鲢与鲥鱼搞混了。

张英所写的《聪训斋语》中的一则札记，说的是何如宠在京为官时，有一次同僚来访，日高三丈了，何大人竟然还未起床，客人坐在那里也无人招呼，等了半天何大人才从卧室出来。客人问："尊夫人亦未起耶?"答曰："然。"客人摇头了："日高如此，内外家长皆未起，这一家奴仆谁来管理？家盗空了，你都未必知道。"张英记这事，是说从此之后何如宠戒惧，终生不再睡懒觉，养成了良好的早起习惯。过去人持家，讲究的是"清晨即起，洒扫庭除"，像何家这样的夫妻贪睡实在是让人不敢恭维。

何宰相为人方正，这样的典故无妨其"名臣"之美誉，如果说受左光斗案牵连为何如宠的正直品行增添了光辉的话，那么阮大铖和左光斗之间的故事只让阮大铖更显卑鄙。

阮大铖（1587—1646），桐城（今安徽枞阳藕山）人。明末政治人物、著名戏曲作家。以进士居官后，先依东林党，成为东林党的干将。天启四年（1624）春甲子，吏科都给事中出缺，当时，阮大铖因亲丧居家，左光斗推荐阮大铖补缺并通知其来京。而赵南星、高攀龙、杨涟等一伙人因为与左光斗发生内讧，因此"以察典近，大铖不可用"，而准备改用高的另一名弟子——同为东林闯将的魏大中。经过一番内部交易，等到大铖至北京时，赵南星等人使之补工科。吏居第一，而工居最末。受到排挤的阮大铖由此心怀愤恨，以为是左光斗故意在背后黑他，看他的笑话，转而投靠了魏忠贤，在魏忠贤的指使下，宦官压下东林党人推举魏大中的奏疏，迫不得已，吏部换上阮大铖的名字后才得到批准。得偿所愿做了吏科都给事中的阮大铖也没能在职位上坚持多久，东林党人对他的攻击形成了一种可怕的压力，最终未及一月便请求弃官回家。回家后，他又归咎于左光斗，认为作为东林党的主要成员之一，左光斗不仅不压制反而推波助澜。在这场风波中，客观地说，作为同乡的左光斗本想提携阮大铖的，只是因为东林党的内部利益之争而导致举荐阮大铖失败。究其本心，左光斗对阮大铖的才华还是很欣赏的，也没有丝毫要陷害阮大铖之意，而阮大铖对他的怨恨却在变本加厉，于是衔恨而谋害左光斗、攻伐东林党。《明史》记载："大中掌吏科，大铖愤甚，私谓所亲曰：'我犹善归，未知左氏何如耳'……"诅咒左光斗没有好下场，这条记录充分暴露了阮大铖的小人面目。后来杨涟、左光斗等人死于狱中，阮大铖还在客人面前得意地夸耀自己有先见之明。

崇祯时，魏忠贤倒台后，阮大铖以附逆罪被罢官为民。明亡后在福王朱由崧的南明朝廷中官至兵部尚书、右副都御史，与马士英狼狈为奸，对东林、复社文人大加迫害，南京城陷后乞降于清，后不顾高龄甘当清军的先锋，最终病死于随清军攻打仙霞关的石道上。所作传奇戏曲《春灯谜》《燕子笺》为名家所称道，陈寅恪对其诗作、戏曲创作评价均较高，谓之"有明一代诗什之佼佼者"，但文学上的才华终难掩盖其品行上的污点。

三、铁骨御史左光斗

1575年，左光斗出生于枞阳县横埠镇左家宕（即现在的中义村），并在那里度过了少年时光。左家为当时桐城五大世家“张姚马左方”之一。在他父亲左出颖的时代，左家迁到桐城县城城关，也就是现在桐城市桐城中学东围墙外的一条巷子里的“啖椒堂”。左出颖有九个儿子，光斗排行第五。左光斗自幼潜心读书，虽然天资不是很出众但学习异常刻苦。明末清初，桐城文风颇为兴盛，名家辈出，以致后来形成“桐城派”这样一个影响全国、泽被今世的大学派。左光斗身居其中，深受熏陶，因而年轻时就颇负才名，除了精通文史外，还比较留心一些经世致用之说、事关国计民生之策。这促使他很早就树立了凌云壮志，希图救国救民，并形成了清正刚毅的性格。

万历三十五年（1607），左光斗考中进士踏入仕途，自此，他的刚正耿直开始为时人所瞩目。

1. 秉公执法　大力发展农业

因政绩突出，左光斗走上仕途不久即被任命为御史，主要负责监察首都百官。上任之初，即连上三次奏折对神宗皇帝疏理朝政犯颜直谏：“皇上御朝则天下安，不御朝则天下危。”在任期间，他发现吏部有严重的造假行为，伪造官印，诈取钱财。虽然御史只是个七品小官，但左光斗不畏强权，毫不客气地端掉了这个造假窝点，缴获假官印70多个，逮捕假官员100多人，并抓捕了主犯金鼎臣。从此，左光斗名声大振，京城为之震惊。

天启元年（1621）左光斗任直隶屯田监察御史，管理屯田。当时京城郊外荒野千里，人烟稀少，为改变这种状况，左光斗向朝廷提出兴修水利、开荒屯田、引进种植水稻等建议，并得到了朝廷的允许。他亲自到田间地头，教老百姓种植桑麻，招募南方农民到北方传授水稻种植技术，鼓励商人富户投资兴办农业。由于左光斗的极力倡导和躬亲力行，当时京城所辖地区“水利大兴，北人始知艺稻”，邹元标说：“三十年以前，京城的人民不知道稻草是什么东西，现在到处都是水稻，这是兴修农田水利的功劳。”他的这些举措促进了北方的农业发展。在推行这些措施的时候，他以一身正气顶住来自各方的压力。太子想要戚畹废庄，派宦官刘朝携带自己亲笔所写的书信，要求收回外戚亲贵的废田，但左光斗不拆封就退回了，并说：“国家的每一尺土地是殿下的，今天怎么敢私人接受。”于是，把刘朝给骂跑了。其清廉且敢言敢为的名声在权贵中传开，权贵皆凛凛畏之。

靠着自身的努力，左光斗升任左佥都御史，终于成为朝廷重臣，开始参与国家的军政决策。

2. 忠耿直言　力助天启帝登基

大明王朝晚期出现了三大悬案，分别是梃击案、红丸案、移宫案。移宫案发生在1620年，明光宗朱常洛即位当天病倒，卧病期间，召侍寝宫女李选侍入居乾清宫（正宫）服侍。选侍是明代妃嫔称号，一种说法是称明代选入宫中而未有名封的侍女为选侍；另一种说法称系选入宫中的侍女，总之地位不高。李选侍虽地位低下却恃宠而骄并野心勃勃，乘侍奉光宗皇帝的机会要求封自己为皇后，不过光宗皇帝并没有昏聩到是非不分的地步，而是拒绝了李选侍的要求。一个月后光宗驾崩，李选侍控制了乾清宫，与太监李进忠（即后来的魏忠贤）密谋挟持朱由校，假传先皇遗命"母天下"，声言要"垂帘决事"，欲争当皇太后以把持朝政。此举引起朝臣的极力反对，在杨涟等人的帮助下，太子朱由校摆脱了李选侍的控制，离开了乾清宫。但登极大典须在乾清宫举行，李选侍赖着不走，皇帝即位仪式就无法举行，迫于其淫威，朱由校又不敢和她公开撕破脸面。

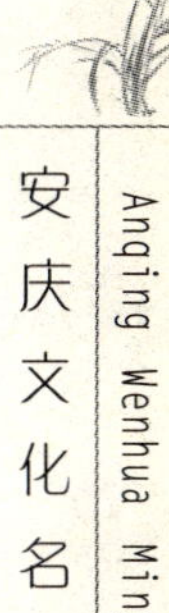

朱由校对李选侍的畏惧，似乎也和他的成长经历有关，朱由校的生母王才人虽地位尊于李选侍，但因李选侍受宠，在后宫的斗争中，王才人惨败，备受李选侍凌辱而死，临终前留下遗言："我与西李（即李选侍）有仇，负恨难伸。"而朱由校从小亦受李选侍的"侮慢凌虐"，终日涕泣，形成了惧怕李选侍的软弱性格。探讨他的心理，发现他似乎对女性总有些依赖，不仅不敢和迫害自己母亲的仇人斗争，而且也终究离不开乳母的怀抱。朱由校小时，母亲早死，父亲朱常洛不得祖父万历皇帝的宠爱，太子地位不稳，所以也没心思去管他。没人关心，也没人看好的朱由校，唯独乳母客氏常给他送茶送糕点，应该说这个女人在年轻的时候还是有点母性的，她帮助了朱由校成长。也因此，朱由校即位后，不听大臣劝阻容留客氏一直住在后宫，并最终形成史上臭名昭著的"客魏势力"。她在宫中肆淫横行，后妃多遭其毒手，其中张裕妃被其活活饿死。大明熹宗朝宦官专权的政局，与她也有直接关系。

这时候，左光斗上书朱由校："内廷的乾清宫，好比是外廷的皇极殿，只有天子控制上天才能够居住，只有皇后作为天子的配偶才能一起居住在那里。其余的嫔妃虽然先后与皇帝同居过但不能长期居住，不仅是为了避嫌，而且是为了区别尊卑的秩序。李选侍既不是皇帝原配，又不是皇太子的亲生母亲，却堂而皇之地居住在正宫里面，而让殿下退出来居住慈庆宫，不能够举行国宴，实行国家大礼，在名分上怎么说得过去？李选侍服侍先皇帝没有脱去发簪请罪告慰皇上的美德，对于殿下没有照看养育的恩情，这样一个人，难道可以把皇帝托付给她吗？况且皇帝已经有16岁了，内有忠诚正直、老成持重的大臣辅佐，外有公卿大臣辅助，何必担心没有人才，难道还要喝奶，像个婴孩一样背在身上吗？况且皇帝新登基，正应

该不被人牵制，何必一定要交给一个妇人之手呢？到现在还不早做决断，将来会被她借抚养的名义，实行专制统治，武则天的祸害今天再现，将来的人又怎么说。”

看到左光斗的上书，李选侍非常愤怒，想严加谴责，多次派使者召见左光斗。左光斗说：“我是天子法定的官员，不是天子召见不去。你们这帮人是干什么的？”李选侍更加愤怒，邀请天启皇帝到乾清宫商议。天启帝不肯前往，却叫人拿来左光斗的奏折，反复阅读，越读越觉得有理，越读就越坚定了自己的主张，更加不再理会李选侍的要求了。随着双方的对立形势发展，宫廷内的关系慢慢变得微妙起来，人们的情绪也渐趋紧张。这时候，左光斗和杨涟同心协力，最终迫使李选侍不得不离开乾清宫，朱由校得以顺利加冕，明皇室正统得以巩固。客观地说，朱由校的登基即位，杨、左二人出力最多，左光斗尤功不可没。《明史》记载，光宗崩后，朱由校被杨涟等人接出乾清宫，虽摆脱了李选侍的控制，但在何时即位上却存在争议，后杨涟认为“父死之谓何？含敛未毕，衮冕临朝，非礼也”，决定推迟即位。但左光斗认为登基之事宜早不宜迟，迟则生变，并责备杨涟说：“事脱不济，汝死，肉足食乎！”被骂醒的杨涟才认识到事情的严重性，最后遂决定于九月初六举行皇帝即位大典。

3. 慧眼识才　培养国家栋梁

天启帝初年，左光斗担任京城主考官，有一天风雪严寒夜，他带着几名随从，经过一座古寺，看到厢房里一位年轻书生伏案睡着了，桌上放着刚写好的文章草稿。左公看了此人文章，十分赞叹，随即解下自己的貂皮披风轻轻盖在书生身上，出门时又轻轻将门掩上。经询问寺里僧人，得知这位书生名叫史可法。这就是著名的“解貂”故事。后来史可法赴考应试，左光斗仔细阅看了史可法的试卷后，当即提笔直批为第一名。左公还将他带回宅中，拜见自己的夫人，并感叹地说：“吾诸儿碌碌，他日继吾志事，惟此生耳。”这一对师生之间也演绎出一段千古传颂、可歌可泣的事迹。后来左光斗遭魏忠贤陷害下狱后，已在朝廷任职的史可法，听说老师在狱中惨遭酷刑，生命危在旦夕，便冒着危险，用重金买通狱卒，扮成家奴进入狱中。史可法见恩师倚墙躺在地上，面额焦烂不可认，左腿已被打断，便抱着老师的残腿痛哭。左光斗眼睛已不能睁，听声音知道是史可法，勃然大怒说：“无知的奴才！我把你当成国家的柱石，一旦国家有事，就指望你能担重任，谁知你行事却这样草率，竟然跑到这个地方来。若是被奸人发现，你还能活吗？你再不赶快走，我现在就打死你。”说着摸起地上的刑具作投击状。史可法吓得不敢吱声，泪流满面而去。史可法后来常流泪对人说：“吾师肺肝，皆铁石所铸造也。”左光斗对史可法寄予厚望，史可法也没有辜负恩师的重托。史可法在治理军政特别是抵御清兵入侵中，屡建功勋。他说：“我怕上负朝廷，下愧恩师。”后来，史可法在扬州保卫战中指挥抗击清军而壮烈牺牲，以身殉国。桐城三祖之一的方苞有感于两人的赤子情怀，写下了《左忠毅公逸事》一文，让他们的事迹流芳千古。原文如下：

先君子尝言，乡先辈左忠毅公视学京畿，一日，风雪严寒，从数骑出，微行入古寺。庑下一生伏案卧，文方成草。公阅毕，即解貂覆生，为掩户。叩之寺僧，则史公可法也。及试，吏呼名至史公，公瞿然注视，呈卷，即面署第一。召入，使拜夫人，曰：“吾诸儿碌碌，他日继吾志者，惟此生耳。”

及左公下厂狱，史朝夕狱门外。逆阉防伺甚严，虽家仆不得近。久之，闻左公被炮烙，旦夕且死，持五十金，涕泣谋于禁卒，卒感焉。一日，使史更敝衣，草屦，背筐，手长镵，为除不洁者，引入。微指左公处，则席地倚墙而坐，面额焦烂不可辨，左膝以下筋骨尽脱矣。史前跪抱公膝而呜咽。公辨其声，而目不可开，乃奋臂以指拨眦，目光如炬，怒曰：“庸奴！此何地也，而汝来前！国家之事糜烂至此，老夫已矣，汝复轻身而昧大义，天下事谁可支拄者？不速去，无俟奸人构陷，吾今即扑杀汝！”因摸地上刑械作投击势。史噤不敢发声，趋而出。后常流涕述其事以语人，曰：“吾师肺肝，皆铁石所铸造也。”

崇祯末，流贼张献忠出没蕲、黄、潜、桐间，史公以凤庐道奉檄守御。每有警，辄数月不就寝，使将士更休，而自坐幄幕外。择健卒十人，令二人蹲踞而背倚之，漏鼓移则番代。每寒夜起立，振衣裳，甲上冰霜迸落，铿然有声。或劝以少休，公曰：“吾上恐负朝廷，下恐愧吾师也。”

史公治兵，往来桐城，必躬造左公第，候太公、太母起居，拜夫人于堂上。

余宗老涂山，左公甥也，与先君子善，谓狱中语乃亲得之于史公云。

4. 忠贞义举　与魏党斗争

明朝末年，魏忠贤势力越来越大，逐渐把持了朝政，许多官居高位的文臣武将，都成了魏忠贤的义子，有所谓“五虎”“五彪”“十孩儿”“四十孙”等等。尤有甚者，趋炎附势的大小官吏，都争相为魏忠贤在各府州县建“生祠”，入祠者都必须跪拜，否则就有杀头之危险。门下的朝臣见到魏忠贤，都要叩头并高呼“九千岁”。无耻文人国子监生陆万龄，甚至将魏忠贤与孔子相提并论，建议在国子学西建生祠与孔子并尊，而这个荒唐的主张，竟然得到国子司业朱之俊的采纳。这时“九千岁”的权威，不但超过了历代任何一个宦官或权臣，甚至超过了“万岁爷”，大明政权呈大厦将倾之势。为了廓清朝纲，许多正直之士都与魏忠贤势力进行了殊死

斗争，直至献出了自己的生命，左光斗就是其中的一位。

天启二年（1622），左光斗任左佥都御史，成为东林党的主要领导人之一。天启五年（1625），汪文言案发。汪文言，安徽歙县人，因用计离间齐、楚、浙三党，使东林党独大，而得到东林党内阁首辅叶向高的扶持，并且官至中书舍人，与东宫伴读王安相结纳，与杨涟、左光斗、魏大中等均有来往，成为东林党的重要成员，在《东林点将录》里被称为“鼓上蚤汪文言”。魏忠贤在害死王安后，把东林党人视为自己的心腹大患，为了打击自己的政治对手，他利用阮大铖与左光斗、魏大中等人之间的矛盾，指使阮大铖与给事中章允儒定计弹劾汪文言，又指使傅櫆弹劾杨涟、左光斗、魏大中。魏忠贤与汪狼狈为奸，其目的是要打倒左光斗、魏大中等东林党人，达到独霸朝纲的目的。此前，在移宫案中，正是因为左光斗、杨涟等人上书力谏，才粉碎了李选侍“母天下”“垂帘决事”的阴谋，也间接破坏了魏忠贤利用李选侍把持朝政的野心，当时的魏忠贤因为地位低下，没有能力打击报复左光斗、杨涟等人，但这并不表明魏忠贤对左光斗等人没有怀恨在心。此后，东林党领袖群伦，天下士人争相依附，东林党人激烈批判宦官专权乱政的现状，以此，东林党成为魏忠贤党羽的眼中之钉、心头之患。作为东林党的重要成员，左光斗、杨涟等人成为魏忠贤党羽打压东林党的首要目标。汪文言虽出生低微，但很有骨气，虽遭严刑逼供但坚决不认罪，说：“以此蔑清廉之士，有死不承。”最后受刑气绝，左光斗等人因此免受牵连。这是魏忠贤阉党第一次陷害左光斗。

魏忠贤及其党羽的倒行逆施，激起了忧国忧民的杨涟和左光斗等大臣的无比愤慨。他们决心冒死上书，揭发魏忠贤及其党羽无法无天的种种罪行。天启四年（1624），杨涟率先上书弹劾魏忠贤，在奏章中列出了魏忠贤的罪状 24 条。左光斗参与谋划并要求署名，杨涟没有答应。然而，杨涟的奏疏，不但没有见效，反而连遭“谕旨”的严厉斥责和魏忠贤阉党的诬陷打击，并被削职为民。目睹此状，左光斗不顾自身安危，明知不可为而为之，先是跟高攀龙共同揭发崔呈秀私藏赃物，借此打击阉党势力。后又草拟奏疏弹劾魏忠贤和魏广微 32 条死罪，准备在十二月二日上奏。这时他自知凶多吉少，就先把妻室儿女送回原籍安徽枞阳。不出所料，这个奏疏内容竟被家奴泄露出去。魏忠贤抢先两天找了个借口将左光斗削籍为民。坚贞不屈的左光斗回到家乡后，满腔义愤，叫人排演嘉靖朝杨继盛因弹劾严嵩而遇难的戏，且每次聚会饮酒时都要演出，这就更使魏忠贤气急败坏，必欲置其于死地而后快。为了置杨涟、左光斗等人于死地，魏党重翻旧案，再次利用汪文言案，把左光斗列入其中，诬陷杨涟、左光斗收受熊廷弼的贿赂，把杨涟、左光斗全都捉拿入狱。左光斗被载上囚车，临行时，乡亲父老哭声震天，有好几百人满怀悲愤，默默跟随，一直把他送到黄河岸边。

那么，熊廷弼是什么人呢？熊廷弼是明代军事家，湖北江夏人，有胆略，知兵事，善射，为明末“辽东三杰”（熊廷弼、袁崇焕、孙承宗）之一。万历四十七年（1619），以兵部右侍郎经略辽东。上任后，他召集流亡的士兵百姓，整肃军令，造战车，治火器，浚壕缮城，使得辽东守备大固。明光宗泰昌元年（1620），努尔哈赤利用明神宗方死、明政权更迭之际率兵攻打沈阳，熊廷弼亲自督阵，击退后金军队，稳定了辽东局势。熹宗即位后，熊廷弼因谗言下狱，在左辅杨涟上疏力救下，熊廷弼被革职。也是在这一年，建州叛军攻破辽阳，代替熊廷弼的辽东经略袁应泰畏罪自杀。万般无奈之下，朝廷再次启用熊廷弼任辽东经略，但因与广宁巡抚王化贞不和，终致兵败溃退，广宁失守。明朝廷以未尽守土之责为由将其逮捕入狱，后在魏忠贤的陷害下被处以死刑。

其实，熊廷弼被二度启用时，左光斗即上疏说熊廷弼气量狭小，不堪再用，使得熊廷弼对左光斗很有意见，后辽东失利，不能说与熊廷弼的狭小气度无关。但即使如此，在熊廷弼入狱后，左光斗仍上书为熊廷弼鸣冤。魏忠贤借此对东林党人展开疯狂报复，左光斗、杨涟等被诬以受贿，东林党人皆入大狱。

耿直的大知识分子左光斗输给了奸诈狡猾的文盲魏忠贤，还有一个根本的原因在于遇到了一个昏君。明熹宗朱由校被后人称之为“木匠皇帝”“文盲皇帝”，即位之初在东林党人的辅佐之下，政事着实有不少起色，但好景不长，随着客魏势力的发展，东林党人朝政逐渐被阉党势力所把持。朱由校喜好做木工活，曾经花了一年多的时间，做成一张可折叠的床，携带方便，图案精美，美观大方。他曾亲自在庭院中造了一座小宫殿，形式仿乾清宫，高不过三四尺，却曲折微妙，小巧玲珑，巧夺天工。奸宦魏忠贤常趁他引绳削墨、兴趣最浓时，拿上公文请他批示，天启帝觉得影响了自己的兴致，便随口说道：“我已经知道了，你尽心照章办理就是了。”魏忠贤借机和熹宗乳母客氏勾结，排斥异己，扩充势力，专权误国。有一年，扶余、琉球、暹罗三国派使臣来进贡。扶余进贡的是紫金芙蓉冠、翡翠金丝裙，琉球进贡的是温玉椅、海马、多罗木醒酒松，暹罗进贡的是五色水晶围屏、三眼鎏金乌枪等。在金殿上，尽管使臣递上的是用汉文写的奏章，但是由于宦官魏忠贤目不识丁，接过后忙转手递给天启帝，天启帝装模作样地看了半晌，把进贡的奏章当成是交涉什么问题的奏疏，不由大怒起来，将奏章往地下一掷，说：“外邦小国好没道理！”说罢拂袖退朝。《明史》评价熹宗说：“妇寺窃柄，滥赏淫刑，忠良惨祸，亿兆离心，虽欲不亡，何可得哉。”明熹宗朱由校 16 岁登基，23 岁时因落水受惊吓成病死亡。熹宗死后 17 年，1644 年，明朝灭亡。

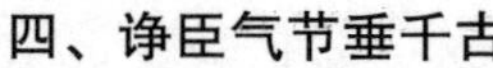

四、诤臣气节垂千古

1625 年，左光斗在狱中被阉党迫害致死。左光斗死后，魏忠贤命令抚按严追赃物，逮捕了左氏族人 14 人。都御史周应秋仍然以主管官吏承追不尽力，上疏催促。长兄左光霁被株连致死，其母哭子身亡。崇祯帝即位后，惩办了魏忠贤，左光斗冤案得以昭雪平反，追赠为太子少保，谥“忠毅”，其父出颖时年 84 岁，接旨后端坐瞑目，不语不食而亡。

左光斗一生无改于为国为民之志向，他的忠贞义举，宁死不屈的风骨，也成为后世志士仁人们效法的典范和楷模。为表彰左光斗一生业绩，后人在县城北门内建“左忠毅公祠”，与“啖椒堂”邻近，今遗址尚存，为县级重点文物保护单位。

左光斗墓，位于桐城市城西北 10 千米处的“左家大墓山”，今属吕亭镇松鹤村。其背依大墓山，面向桃花寨，群山环抱，古木荫翳，颇负气势。墓地面积为 16 平方米，冢占地 10 平方米，环以乱石圹，高 0.8 米，后圹嵌碑，正中阳文镌刻：“皇明太子少保都察院右副都御使谥忠毅公左公之墓。”下款小字阴刻：“男国柱、国材、国林、国棣。”明崇祯诸生左国斌在某年冬日曾来此谒伯父左光斗墓，并赋诗一首：“班马曾闻山下鸣，监军使者史先生。布袍徒步披荒草，野老清猿听哭声。西蜀坡公悲永叔，南州孺子拜黄琼。如今一夜三年话，师弟居然副盛名。”

作者简介：王金根，文学硕士，安庆职业技术学院副教授。

百科全书式的思想家方以智

朱松节

方以智（1611—1671），明末清初安徽桐城人，字密之，号曼公，晚年为僧时号无可，又号鹿起、浮山愚者、药地、墨地、木立等。方以智学贯中西，融通儒佛道，文理兼通，被称为“百科全书”式的大学者。侯外庐先生在《东西均》序言中把他和王船山的思想称为明代的“两面大旗”。他的哲学思想，是王船山哲学的理论基础，也是中国17世纪时代精神的重要方面。

方以智一生命运挫折坎坷，从风流倜傥的明末公子到卷入政争的亡明臣子，从誓死不当清廷臣民到逃禅出世普度众生，一生不卑不亢，不向邪恶低头，青灯伴黄卷，笔耕不辍，为后人留下了宝贵的精神财富。

一、从踌躇满志、轻裘肥马到屈辱悲愤、坎坷多难

方以智自画像

方以智的一生处在明清交替之际。明朝末年，朝廷政治腐败到了极点，民族矛盾和阶级矛盾异常尖锐，统治集团内外交困，内忧外患接踵而来，终于演变成为以李自成为首的农民军大起义和清兵入关。时局动荡不安，政权更迭频繁，使得明朝达官显贵的家族荣誉、个人前程都随大明王朝的覆亡而沦丧。方以智是一个一臣不愿事二主的亡明臣子，其个人命运也随明朝的灭亡而彻底改变。他的一生可分三个时期：早期从青年时代到33岁，由于仰仗祖上的余荫，过着“衣纨縠，饰骀骑，鸣笳叠吹，闲雅甚都”的富贵文人的生活；中期从34岁到42岁，自甲申年从北京逃返南都，又经浙江、福建到两广，至梧州出家，在坎坷多难的流亡生活中倍感国破家亡的悲凉；晚年从顺治九年（1652）北归，到康熙十年（1671）61岁时病殁于赣江万安城外的惶恐滩。在对现实失望后，方以智放弃了少年时

的经世抱负，出家后，虽然看似逍遥世外，但仍不忘救世，交朋纳友，讲法宏道。这段时期他潜心学术，写出了大量理论著作。从其成就来看，方以智早年以文学显著，中年崇科学，晚年尚哲学，而其一生学术思想的精华则在哲学和科学。

1. 青年：风流倜傥明公子

方以智是安庆府桐城县凤仪里（今安庆市枞阳县）人，出身世家，世称“桂林”方家。其祖父方大镇，曾任万历朝大理寺左少卿，治《易经》《礼记》，著述宏富。父亲方孔炤，万历四十四年（1616）进士，崇祯朝官至湖广巡抚，通医学、地理、军事，《明史》有传。

方以智自幼秉承家学，接受儒家传统教育，幼时由母亲和二姑姑一起抚养长大。说起方家女性，都是名噪一时的才女。长姑母方孟氏是当时山东布政使张秉文之妻，明末清兵破城，夫妇同殉国难。二姑母方维仪著有《清芬阁集》《闺范》《宫闺诗史》《宫闺文史》等多部作品，为培养方以智付出了大量的心血。三姑母方季准著有《茂松阁集》，母亲吴令仪、姨母吴令则同样名门出身。五位才女经常聚会，吟诗作画，推敲唱和，组成了著名的“名媛诗社”——这很可能是中国历史上最早的女诗人社团。少年方以智就是在这样的书香环境中受到了良好的早期教育。

青年方以智曾随父宦游，到达四川嘉定、福建福宁、河北、京师等地，见名山大川，历京华胜地，阅西洋之书，颇长见识。由于其祖辈都直接或间接同东林党有关系，他从小也养成了关心时事的习惯。14 岁时，曾徒步数百里参加会试，以此来磨炼意志。他 16 岁随父进京观国家威仪，20 岁时便对自己的未来做全面规划：以 5 年时间学习辞赋，以 10 年时间建事功于朝，再以 15 年穷经论史、考究古今，年 50，则专心学《易》。从这个规划中我们看到方以智要实现立德、立言、立功的人生追求。他载书泛游江淮吴越之间，遍访藏书大家，博览群书，交友结社。难能可贵的是他交友不仅交那些达官显贵，还交一些外国朋友，如西洋传教士毕方济和汤若望，这两人对他今后的科学思想的形成和发展影响极大。方以智从他们那里饱阅西洋之书，学习了西方近代自然科学，从而更加丰富了学识，开阔了视野。

青年时代，方以智主要生活在家乡，其学习和政治活动的场所是在桐城和南京，最后才去北京。这里我们主要介绍在桐城泽社的活动。崇祯初年，方以智的父亲成立了一个泽社，这个泽社以今天的话讲就是一个以学术为名义的政治团体。社中有方以智的堂叔方文、妹夫孙临、钱澄之、周岐等人。这些人在当时都是著名人士，其中钱澄之的诗文最为有名。泽社中一群有朝气的青少年，时而慷慨酣歌，时而丛论天下大事，使这个团体与当时东南一带的会社一样，不仅研究文学，而且带上较为鲜明的政治色彩。方以智当然参与其中，并且是最活跃的人物之一。但方以智与其他人不同的地方就是，他不仅仅对政治感兴趣，而且对一切学问都表现出极大的兴趣。在两位业师白瑜和王宣指导下，他或赋诗作文，或读经史，尤其对自然万物产生了浓厚兴趣。他随时札记，勤于思考，积累了丰富知识，奠定了他今后的学术基础。

这时的方以智年轻气盛，踌躇满志，目标远大。他曾作诗曰："繁霜如雪孤南征，莫道能无故国情。斥抱揄方始大笑，牵牛负轭总虚名。凌云久动江湖气，杖剑时成风雨声。海内只今信寥落，龙眠山下有狂生。"表达了自己非凡的政治抱负。为谏议皇帝选贤用能，革除弊端，实行某些改革，曾写了《拟求贤诏》《拟上求治疏》《拟上求读书见人疏》等，决心以襄扶明朝中兴为己任。他曾在《书鹿十一传后》中表示要"挹东海之泽，洗天下之垢"。曾与陈贞慧、侯方域、吴应箕等主盟复社，讽议朝政，裁量人物，以文章享誉天下。方以智、陈贞慧、侯方域和另一个人物冒辟疆被称为明末"四公子"。这四人有共同特点：一是风流倜傥、文采斐然。二是意气相投，在人生价值观以及行事作风上有相近之处，他们都是被称为"小东林"的"复社"人士，在危机四伏的明王朝末期，痛恨奸臣当道，希望有所作为。三是胸怀大志，但少有大用。四人中只有方以智在崇祯十三年（1640）中进士，但此时离北京陷落不到四年了。

崇祯十三年（1640），方以智中进士，选为庶吉士，有人向崇祯皇帝推荐方以智。崇祯将他召到德政殿想考考他，方以智"语中机要，上抚几称善"。崇祯甚是欣赏方以智，让他在京任工部观政、翰林院检讨，甚至做了皇子定王和永王的讲官。

方以智的人生，注定要和另一个人物相连，那就是阮大铖。这里介绍一下阮大铖。他也是桐城人（今枞阳藕山），是一个褒贬不一的人物。他以进士居官后，先依东林党，后依魏忠贤阉党，崇祯朝以附逆罪罢官为民。明亡后在福王朱由崧的南明朝廷中官至兵部尚书、右副都御史，与马士英狼狈为奸，对东林党、复社文人大加迫害，南京城陷后乞降于清，后病死于随清军攻打仙霞关的石道上。但他在中国戏剧发展史上占有一席之地，所作传奇今存《春灯谜》《燕子笺》《双金榜》和《牟尼合》，合称"石巢四种"。

阮大铖退居养晦时也创建了一个社团组织，叫江社，方以智的同学钱澄之曾加入这个社，方以智劝告钱澄之要"辨气类"，就是要分清东林党、复社与阉党的界限，后钱澄之退出江社，转而参加泽社，凡江社的会期都想办法推脱。而作为"乡先辈"的阮大铖开始对方以智产生仇隙。而这个仇隙为方以智的人生埋下了祸端。崇祯七年（1634），桐城"民变"，方以智移居南京。结交的天下名士有黄宗羲、吴应箕、陈贞慧、冒襄、侯方

域、顾杲、陈梁等人。崇祯十年（1637），他们为东林党被害六君子的孤儿周茂兰、魏学濂集会。方以智和陈梁曾写长诗纪事，为东林党扬眉吐气。这时阮大铖寄居南京，谈兵说剑，联络各方，希图再起。崇祯十二年（1639），陈贞慧与吴应箕共同起草驱逐阮大铖的宣言《留都防乱公揭》。公揭以东林创始人顾宪成之孙顾杲以及黄宗羲为首署名，共计140余人。阮大铖在千夫所指之下，隐藏到城外牛首山，不敢进城。尽管方以智这年春天回桐城，秋后重来南京应试，未曾在揭贴上署名。而阮大铖联系江社往事，仍认为公揭出于方以智主谋，因此怨毒更深。清顺治二年（1645），南明弘光帝朱由崧在南京即位，阮大铖成为兵部尚书，对大批东林党后人以及复社成员进行了报复。

2. 中年：多难坎坷的流亡路

从明崇祯十七年（1644）至清顺治九年（1652）在广州期间是方以智的中年时期，也是方以智多难坎坷的人生岁月。

随着大明王朝的天崩地陷，方以智的人生道路彻底被改变，从一个风流倜傥、踌躇满志的有为青年遂成为逃亡天下、历经磨难的亡明臣子，其中的世态炎凉、人生苦短，非言语可以表达。在《独往》一诗中，他这样表达了国破家亡、无奈悲楚的心情。

独　往

同伴都分手，麻鞋独入林。
一年三变姓，十字九椎心。
听惯干戈信，愁因风雨深。
死生容易事，所痛为知音！

崇祯十七年（1644），李自成农民军攻入北京，崇祯皇帝在景山自缢。方以智在崇祯灵前痛哭，被农民军俘获，后他设法逃脱，辗转奔回南京。这时阮大铖当权，修复旧怨，借口方以智在李自成入京后没有“殉节”，而把其列入“从逆六等”中的第五等，处理方法是“宜徒拟赎”。方以智在南都不能久留，只好由陈子龙介绍，经过浙江、福建，辗转到达广州避难。

为了生存，方以智改名吴石公，流落在岭南、两广一带，以卖药为生，后被南海令姚奇胤发现。姚奇胤是方以智的故人，他请方以智做他儿子姚端的老师。在南海令官署，方以智难得清闲，心情亦有好转，于是重新整理《通雅》旧稿，并且写了剧本《锦缠玉》，亲自教伶人排唱。方以智到粤后不久，其夫人潘氏携第三子方中履经福建来广州团聚。不久，逃亡的南明隆武帝朱聿键于1645年在福州继位，隆武帝以方以智在明亡前的原官庶吉士相召为官，但遭方以智拒绝。顺治三年（1646），永历帝朱由榔在肇庆即位监国，这个朱由榔（1623—1661）是南明政权最后一个即皇帝位的皇帝。他任命方以智为少詹事、翰林院侍讲学士。由于党派斗争、太监专权，方以智心灰意冷，后被太监王坤诬劾免职，方以智不得不遁迹于少数民族聚居的湘、桂、粤西一带的苗峒中，过着“曲肱茅屋鸡同宿，举火荒村鬼作邻”的生活。朱由榔多次召他为东阁大学士，他认为“大厦忽如此，一木何以支”，十次上疏辞退。他的诗句“西南更望层云黑，谁把新亭泪眼看”说明了他对永历朝廷的失望。

顺治七年（1650）清兵入广西桂林，方以智遂联络东南抗清力量抵抗，但遭到失败。为躲避清军追缴，方以智带儿子方中履入山，“父析子荷，父汲子炊”，过着饥寒交迫的生活。公元1650年，清兵攻陷广西平乐，方以智被捕。《清史稿》记载：

> 行至平乐，被絷。其帅欲降之，左置官服，右白刃，惟所择，以智趋右，帅更加礼敬，始听为僧。更名弘智，字无可，别号药地。

清将马蛟麟力劝降清不果，令人左边摆放清朝官服，右边摆放刀剑，让方以智在仕清与赴义之间做出选择，方以智毅然选择了刀剑。最终，马蛟麟敬重其人格，允许方以智出家为僧。方以智于是去梧州，在梧州云盖寺居住两年。在梧州出家之后，方以智自诩心如死灰，在经历了一年贫病交加的困苦后，他随好友施闰章从南方返乡。方以智返北之时，虽恶病缠身，但归心似箭，出梧州后，他“过西宁，泛肇庆，度梅岭，越泰和”，一直奔于归途，直到九月初到了庐山才有心情游览庐山。其间在庐山停了3个多月，写下了著名的哲学著作《东西均》。

3. 晚年：逃禅未敢救世

从清顺治十年（1653）至康熙十年（1671），是方以智的晚年。晚年的踪迹大约可以分为三个阶段：

第一阶段是清顺治十年（1653）的北归故里。这年年初，他回到桐城白鹿洞见到了父亲方孔炤。他在《象环寤记》中说：“以祗支（袈裟，表示为僧）为退路，即为归路。”说明他在梧州为僧，其实际目的是为了回乡。安徽地方官慕其才气和气节，奏请清朝启用他为官，他说：“匹夫不可夺志，出世人安往（往何处），不得涅盘也?”

第二阶段为金陵皈依至破关服阙。就在这年，他重去离别十年的金陵，皈依天界寺的觉浪道盛法师。觉浪是当时佛教曹洞宗的前辈，曾因文字中称朱元璋为“太祖高皇帝”被清政府逮捕下狱，后查明系明亡以前所作而释放。觉浪的另一门徒啸峰大然，也就是崇祯末年与方孔炤同系治狱的御史倪嘉庆。方以智“闭关”于金陵高座寺的看竹轩，受师命编撰《药

地炮庄》。顺治十二年（1655）因父丧，出关回桐城庐墓3年。

第三阶段为禅游江西至入主青原山。服阙后至清顺治十六年（1659），方以智禅游江西，开始了对于佛法佛理的探索。从清顺治十七年（1660）冬至次年夏，他苦修于新城的廪山塔院。此间，他的生活可见于陪侍其左右的二子方中通的《陪诗》集中。方中通描绘当时的方以智“阶前如见佛，座上便拈花。颜色成枯木，愁心结乱麻。趋庭无别语，开示终南华”。可见，禅游的生活结束了方以智长期的颠沛流离，但这种清幽的禅游苦修并未解开他内心对于山河不再的痛楚和遗憾。方以智在康熙三年（1664）入主青原山净居室。青原山是江西文化名山，位于吉安市青原区河东镇东，集佛教文化、名人文化和秀丽风景于一身的风景名胜，被誉为“山川第一江西景”。方以智致力于青原山当地佛教的发展。他移讲堂于外，普遍接触信众，又内修殿堂楼阁，因而青原一片山，曹洞一只脉，经方以智的弘扬振发而大兴，遂成“祝国裕民之道场，接众讲学之丛林”。

康熙十年（1671）冬，方以智因被怀疑和抗清力量仍有牵连而被捕，史称“粤难”，解往广东，途经江西万安惶恐滩头，十月七日因疽发卒于舟中。另一种说法是，被押解的方以智行至惶恐滩头，效法文天祥，投江殉国。

二、百科全书式的思想家

方以智与顾炎武、黄宗羲、王夫之并称为明末“四大思想家”。方以智尤以百科全书式的思想家著称。《清史稿》本传说：“以智生有异秉，年十五，群经子史略能背诵。博涉多通，自天文、舆地、礼乐、律数、声音、文字、书画、医药、技勇之属，皆能考其源流，析其旨趣。”他酷爱自然科学知识，自幼塾中诵读之余，即好穷物理，曾谓“不肖以智，有穷理极物之僻”（《物理小识》卷五）。明清之季，西学东渐，方以智一面秉承家教，以《易》学传世，一面又广泛接触传教士，学习西学。经过孜孜不倦的努力，他终于在哲学和科学等多方面都取得了很大成就，达到了当时中国学术界最高的程度。

1. 哲学成就

（1）在哲学与自然科学关系方面：提出“通几”“质测”的概念，认为“通几（哲学）寓于质测（自然科学）”之中。

他积极倡导科学实验方法，开创了“质测”学派的先河。他在《物理小识》中说：事物的运动和发展都是有一定规律的，大而至于无穷的宇宙，小而至于每个微小的植物、动物，人们应从实际去加以考察，了解它们固有的特性和各种表现以及变和不变的种种规律，这种通过实际观测来认识物质世界的方法就叫“质测”。方以智所说的“质测”，显然就是现今所言的“自然科学”，即指通过观察和实验，了解各种事物固有特性和变化规律。“通几”，也就是今天所说的哲学。在哲学的研究方法上，他特别强调“通几寓于质测”，即哲学不能离开科学，科学应以哲学为指导，二者相通相益，互通互济互补，绝不能偏重或偏废，反对将两者割裂、孤立地运用的形而上学思想方法。方以智以唯物主义观点明确提出的“质测之学”和“通几寓于质测”的重要论断，在我国自然科学史和哲学史上都具有重要意义，是我国最早正确认识哲学和自然科学关系的哲学家。

（2）在认识论方面：提出世界是可知的唯物主义认识论。

方以智在《物理小识》中指出，事物都有它们的所以然，“不可知”实际上是“可知”的，不可知的东西能够从可知的东西里反映出来，只不过“可知”是用“格物致知”来实现的，而“不可知”是通过“可知”来认识的，他把这叫作“以费知隐”，也就是客观世界是可以认识的观点。方以智在认识论方面的见解，就当时而言，是非常深刻、非常具有新意的，走在了中国哲学的前面。这种见解不仅极大地丰富了我国古代哲学，对于近代哲学的认识论也具有重要的启迪作用。

（3）在辩证法方面：第一次明确提出了对立统一的矛盾法则是宇宙的根本法则，其总结的“一分为二”“合二为一”等概念，成为后人通用的哲学术语。

对于矛盾的普遍性，方以智的论断极其明确且论证也相当翔实。他说：“天地间的事物，诸如昼夜、水火、生死、男女、生克、刚柔、清浊、明暗、虚实、有无、形气、道器、真妄、顺逆、安危、劳逸、剥复、震艮、损益、博约之类，无非两端（即‘矛盾’）。”“千万尽于奇偶，而对待圆于流行，夫对待者，即相反也。”他认为，天地间一切运动着的事物，不仅“处处有矛盾”“时时有矛盾”，而且事物运动过程中自始至终贯穿着矛盾。

方以智的“阳统阴阳”“两端贵先”“两端之中，又有两端”“相侵相逼”的哲学思想，则强调矛盾的对立和斗争是永远存在的，矛盾的对立和斗争具有积极与促进作用。这些新解，在中国古代辩证法思想史上堪称凤毛麟角之见，因此，后有研究者把他的思想与黑格尔的辩证法相媲美，但要比黑格尔早了100多年。

2. 科学成就

（1）光学：提出了“气光波动说”和“光肥影瘦”的概念，对光的色散现象认识得极为深刻。

《物理小识》是方以智重要的科学著作。这部书集中体现了方以智在自然科学上的成就。他在自己创立的“气光波动说”的基础上，进一步提出了“光肥影瘦”的概念。所谓“光肥影瘦”，就是光常溢于几何光学阴

影范围内，使光区扩大，阴影区缩小。这一现象就是今天所说的衍射现象，方以智与西方学者发现衍射现象在时间上大体相当，充分说明我国科学家的聪明才智。

他还用“光肥影瘦”的理论，指出了西方传教士利玛窦等人的一些错误。如方以智根据利玛窦等人所提供的资料，算出太阳中心到地球中心的距离，仅是太阳直径的3倍多。据此，方以智不仅指出这和当时西欧已有的资料相矛盾，而且还从太阳的热效应方面来考虑：“则日火所冲，如以寸火离三寸之空，而以掌当其焰何如耶?”意思是说：太阳的火焰照射到离它只有自己直径3倍多的地球上，岂不是要把人烫坏、烤干了吗？方以智“光肥影瘦”的理论以及所指出的利玛窦的错误，后来被清代学者梅珏等编撰的《历象考成》所接受，并用“光分”的名称对太阳半径做了经验性的修正。现在已计算出，太阳到地球的距离是太阳直径的100多倍而不是3倍多一些。

他在《物理小识》卷八《阳燧倒影》中说：“凡宝石面凸，则光成一条，有数棱则必有一面五色，如蛾眉放光石六面也，水晶压纸三面也，燃料三面水晶亦五色；峡日射飞泉成五色；人于回墙间向日喷水，也成五色。故知虹霓之彩，星月之晕，五色之云，皆同此理。”这段文字，可以说是对我国古代色散知识做了一次极其精彩的总结，可见，方以智对光的色散现象的认识和研究是相当深刻的。

（2）声学：我国最早的关于吸音室的记载。

在声学方面，他对声音的产生、传播、隔音、共振等都进行了研究。在《隔声》中有这样的叙述：“以瓮为甃，累而墙之，其口向内，则外过者不闻其声。何也？声为瓮所吸也。”这是我国最早的关于吸音室的记载。

（3）天文学：提出了金星、水星绕太阳运行的正确猜测。

在天文学方面，方以智结合中国传统的天文学和当时传教士传入的西方天文学，讨论了地心学说、九重天说、黄赤道、岁差、星宿、日月食、历法等天文学问题。对于西方天文学知识，他非常重视，经常追踪西方天文学最新进展，例如他在讨论天体运动轨道问题时，就曾根据西方用望远镜观天发现金星有周相变化的事实，提出了金星、水星绕太阳运行的正确猜测。

《物理小识》中也有些当时西方远未出现的新观点和新思想。如该书《宿天》载：“二十八宿为恒星天，向以为与老天贴近，今因岁躔，冬至之经星渐差，而乃知其自也。”这里所说的恒星运动，实质是指地球自转轴的运动所造成的恒星整体视运动。这种用恒星自行来解释岁差固然不符合现代天文学知识，但恒星自行的见解，显然比当时传教士带进的水晶天说所认为的恒星不动的观点要高明得多。这种恒星整体视运动的思想，说明我国科学家在当时已产生恒星视运动概念的萌芽，早于西方200多年。

（4）化学：记录了世界上最早炼焦和用焦过程。

方以智在《物理小识》中，记载了焦炭的生产过程和作用。虽然考古资料证明早在唐朝时，我国已掌握炼焦技能，但方以智在《物理小识》中的明确记载，却是我国也是世界上炼焦和用焦的最早文字记录，比欧洲要早一个多世纪。

（5）医学：介绍了人体骨骼、肌肉等方面的知识。

在生物医学方面，方以智也有诸多值得一提之处。他在其《物理小识》一书中，记述有大量动植物的生态学内容和栽培、管理等知识。他引述了传教士"脑主思维"之说，介绍了他们关于人体骨骼、肌肉等方面的知识，但剔除了传教士所说的"全能的上帝创造世界"之类的内容。他自己对于传统医学也素有研究，撰有多种医学著作。

3. 儒、佛、道"三教合一"

方以智在中国古代禅佛教思想史上具有重要地位，提出儒、佛、道"三教合一"的思想，会通古今，兼备百家。他的禅学思想的主要特色和贡献，具体说来，有注重知见的求道论、强调实行的修道论等诸方面，提出"体无内外，道无彼此"、以禅归《易》的易禅说。

在人生观上，方以智以"不浪死虚生以负天地"的入世情怀来关怀今生，用"置之死地后生"的忧患意识来磨炼人生。他无论是在人性论，还是在对人生的看法等重要价值观问题上都表现出原儒的思想性格，并力图用这种儒学的救世精神来挽救现实社会。这也正是他身遭多难仍然求索科学的精神动力。

4. "桐城文派"鼻祖之一和汉语拼音开创者

方以智还被认为是"桐城文派"的鼻祖之一，这里有资料为证。杨正明撰《枞阳与桐城派》指出："李则刚先生说：'方以智、钱澄之是桐城派鼻祖。'（见《安徽历史述要》）他们是同时代、同节操、居同里、文同好的古文大师，平生私交甚笃，常有诗文书信往来（据《方以智年谱》）。并称鼻祖，恰如其分。《安徽历史述要》又说：'方以智发表《文章薪火》，作为桐城派的滥觞，钱澄之的《饮光先生文集》问世，树立了桐城派文章的楷模，他们已开桐城派的先河。'……周始曰'明清之际，以方以智为先驱，逐渐形成桐城派'（《皖志述略》），是有缘由的。"（安徽省社会科学院文学所等编：《桐城派研究论文选》，黄山书社，1986年11月第1版，第167—169页）

方以智还是中国汉字拼音化的开创者，他主张汉字拼音化要比五四时期鲁迅等人的主张早了将近300年。《方以智评传》中说："方以智欣赏西方的拼音文字，希望中国和西方有朝一日能享同文之化。他设想进行文字

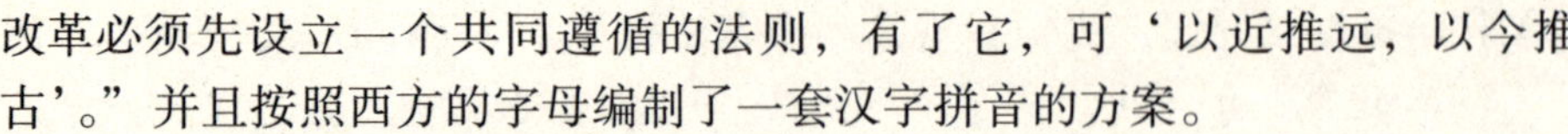
改革必须先设立一个共同遵循的法则，有了它，可‘以近推远，以今推古’。”并且按照西方的字母编制了一套汉字拼音的方案。

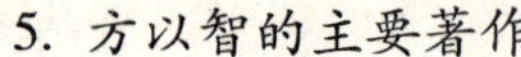
5. *方以智的主要著作*

早期，即从明末到甲申以后在两广避难时期（约1640—1650）：《物理小识》、《通雅》、《浮山文集》（前编，全本藏北京图书馆）、《博依集》（此书北京图书馆有残本，北京大学有全本）、《膝寓信笔》（此书多通行本）。

中期，即逃难两广后以至北归桐城、南京等地时期（1644—1652）：《东西均》（此书现有中华书局1962年新印校点本）、《岭外稿》（在编排上属于《浮山文集前编》的后半部，现均藏北京图书馆）、《浮山文后编》。

晚期，即从两广北归后到康熙十年（1671）在江西逝世止（1652—1671）：《易余》（全书约12万字，现存当时抄本）、《药地炮庄》[有康熙萧刻本及民国二十一年（1932）成都美学林排印本，美学林本删去了大量序言和前记]、《易图》（又名《寂历图》）、《鼎薪》、《青原志略》、《愚者智禅师语录》（有嘉兴藏本，分四卷，约3万字）、《一贯问答》、《冬灰录》、《五位纲宗》、《性故》（即《古今性说合编》）均有抄本、《禅乐府》（1935年其后人方鸿寿铅印本）。

此外尚有有关医药、音韵及论诗词的著作，有存有佚。

方以智的文学作品主要有《浮山文集前编》（十卷）、《浮山文集后编》（二卷）、《浮山此藏轩别集》（二卷）、《博依集》、《流寓集》等，一些文集被《四库全书》收录。

在这些著作中，《东西均》是重要的哲学著作，《物理小识》堪称中国科学发展的最高代表。清乾隆年间，纪晓岚为首的四库馆臣在评价《物理小识》时，称其“考证奥博，明代罕与伦比，崛起明末而开清初考据学之先河”。日本学者认为这部书是“当奈端（牛顿）之前，中国诚可以自豪的”著作。《物理小识》的编写时间与意大利物理学家、天文学家伽利略《关于托勒密和哥白尼两大世界体系》这一西方科学巨著的出版时间（1632）差不多同时，那时我国的科学发展水平与西欧相比，是毫不逊色的。

三、方以智的科学实践精神对当今的启示

方以智是中国较早受西方近代自然科学影响的科学家之一，他学习西方的自然科学，在哲学、数学、医学、物理学、天文、地理等诸多领域都有非凡的建树，其科学思想在当时达到了中国最高的成就。国外学者对方以智的科学思想非常重视，日本很早就对方以智的思想加以研究。在国内，由于方以智的特殊个人遭遇，他的思想和学说一直被尘封，没有受到官方和学术界的重视，直到20世纪50年代史学家侯外庐先生的大力研究，才使这座思想宝库重现光辉。今天发掘这些宝贵的精神财富，对我们进行

科学探索、弘扬科学精神具有重要的价值。下面就方以智的科学实践精神谈谈对我们的启示。

科学精神是科学活动之灵魂和动力。科学精神绝非西方文化的特产，不同类型的科学文化也都有着与之相应的科学精神，它们既各具特性，亦存在着共性，而且还可以相互补充、融合。方以智这位明清之际杰出科学家的科学活动，就较好地实现了中国传统科学精神与西方近代科学精神的共存和融合。

1. 坚持“天地一物”、“物共一理”的唯物主义思想

对世界的统一性、简化性的坚信和追求，是科学家们进行科学探索活动的“积极的动机”。对世界规律存在和可理解性的坚信，世界存在着内在的联系和一致性、统一性，并试图以简化方式统御、表现世界图像，这些思想是科学理性精神的基石，也是科学家基本的世界观和方法论。

明清时期，西学是以西方传教士作为中介而传入的，故伴随着近代科学知识而来的是西方的宗教神学。对此，方以智持有一种正确的文化选择立场：吸收西学中的自然科学知识和实证实验方法，而摒弃了上帝创世等宗教神学的内容。他坚持了中国传统的唯物主义观点，提出“天地一物、盈天地间皆物”等命题，并继承了中国气一元论的哲学路线。

2. 科学探索要有“穷理极物之僻”的求索热情

强调经世致用，是中国学术的重要特点，经世致用的主旨往往又在于为现实政治服务，故讲求修齐治平之学始终是中国学术的主流。但如果站在科学发展的角度来看，就可发现，科学的发展往往不是来自经世致用的功利目的，而是来自于那些热爱真理、乐于求索，为科学而献身的精神。故爱因斯坦十分欣赏莱辛的名言：“对真理的追求要比对真理的占有更为可贵。”法国作家法朗士认为，好奇心造就科学家。可见，对于万物之理的探究热情是科学精神的主要内容之一。

方以智具有这种强烈的探究热情。他曾充满豪情地以诗抒发求索和著述的乐趣：“自小而好此”“且以自娱”。这种穷理极物的癖好，完全超越了世俗的功利目的，对于科学的探索只是出于自身的喜好和兴趣，对科学真理的追求胜于对科学真理的占有，探索之外别无他求，这种追求真理、献身学术的高度兴趣和热情，是推动科技进步的精神力量。

3. 做学问要有“坐集千古之智”的宽阔胸怀

科学精神的另一重要内容是兼收并蓄、博采众长，这也是方以智治学的一大特点。这种宽容精神可以从多个方面体现出来。首先，他没有那种自居正统、排斥异端的偏见，而是平等地看待各家学派。既不排斥某家，也非毫无鉴别地选择，而是取各家之长以补理学之不足，充分体现出他兼收并蓄的胸怀。第二，方以智主张不同学派相胜相救，既可以互相驳难，

亦应当相互吸收。如方以智坚持三教合一的主张，对于已经渗入儒学内部的异端因素，他也不站在正统儒家的立场加以排斥，而是进行积极的改造和吸收，创造出自己的学派。他61岁时，还寄书梅文鼎，与之讨论象数之学。这种兼收并蓄的态度，使方以智得以集各家之精华，构筑自己独特而精深的学术体系。第三，以明智的态度努力学习西方科学文化。对待西方的科学，方以智努力学习，认真吸收，大大地开阔了视野，但同时也不盲从，而是经过自己的认真思考、消化，对西方学说中的错误勇于纠正，表现了对科学追求的自信。例如他对于西方“地圆说”，就是首先考察了“地圆说”赖以成立的观测证据，然后才加以接受的。对于传教士的错误说法，他则予以批驳。例如传教士曾说，太阳半径为地球半径的160多倍，而太阳距地球只有1600多万里，方以智指出这是错误的，因为据此计算（定地球圆周长约9万里），太阳的直径就几乎占日地距离的三分之一大，这显然是不可能的。他运用自己的“光肥影瘦”理论，对这一问题做了解释，指出人目所见的太阳圆面比实际发光体要大，因此按几何方法进行的测量并不准确。

4. 科学家要有“善疑”“以实事证”的怀疑实证精神

批判与怀疑精神是科学发展的重要推动力，是科学精神的精髓之所在。方以智的治学生涯始终贯穿着批判、怀疑精神。他主张勇于思考，敢于怀疑。“物理无可疑者，吾疑之，而必欲探求其故也。”在《物理小识》《东西均》等书中，他常就一些人们习以为常的问题发问：“星辰何以明？雷风何以作？动何以飞走？植何以荣枯？噫！怪极矣。”“天何不可下？地何不可上？目何视？耳何听？手何持？足何以行？”方以智不仅倡导敢于怀疑，更告诫人们“善疑”。何谓善疑呢？他回答说：“不疑人之疑，而疑人之所不疑。善疑天下者，其所疑决之疑；疑疑之语，无不足以生其至疑。新可疑，旧可疑，陵可疑，平更可疑……旧而新者，新遂至于无可新；平而险者，险遂至于无可险，此最上善疑者，入此谓之正疑。”以自己的头脑去思考，以自己的眼睛去观察，将一切放在理性面前进行审视，方能不断地从“疑”到“不疑”，解决疑难，发展和深入自己的认识。方以智的“疑”，并非毫无根据地怀疑一切，而是建立在实事求是的实证精神基础之上的。他在科学探索中注重实证方法，力纠好空谈、轻实证的弊病。他继承和发展了中国学术中实事求是的科学精神，他强调只有脚踏实地、求真务实才能真正有所收获。

作者简介：朱松节，硕士，副教授，安庆职业技术学院公共基础部党总支书记。

盛世重臣张廷玉

高祥德

民瘼民依廑圣衷，频劳法驾出深宫。五年巡狩符虞典，万世安澜颂禹功。此日幸分青镂笔，当时亲傍玉花骢。昔年南北巡幸，臣屡叨扈从。难将荡荡巍巍德，写入金泥玉检中。

——张廷玉

一、张廷玉生平简介

张廷玉（1672—1755），字衡臣，号研斋，又号澄怀主人，谥“文和”。幼承家教，10岁能诵《尚书》《诗经》等。16岁到江宁（今江苏南京）应童子试，被拔置县学第6名，17岁与大司寇、刑部尚书、端恪公姚文然的六女儿姚氏结婚。

康熙三十九年（1700）进士，雍正朝保和殿大学士、吏部尚书、军机大臣，加少保衔，后加太保。雍正八年（1730），长期和清廷对抗的蒙古准噶尔部煽动青海和硕特部首领罗卜藏丹津及西北各族反清，雍正帝为维护国家统一安定，决定出兵征讨。因战事紧急，军令需要迅速处理和严守秘密，所以，雍正即令在隆宗门内设立“军机房”，嗣改称“办理军机处”，简称军机处。“命怡亲王允祥、张廷玉及大学士蒋廷锡领其事”，“廷玉定规制”。按照旨意，张廷玉就军机处的性质、官职、职能、纪律等方面都作出了严格规定，其中涉及档案的地方多处，如军机处参与官员奏折的处理和谕旨的撰拟；军机章京负责誊写、记档及日常工作；军机处设《存记簿》，“奉旨存议”事务，一律登记；“密事有件”，密封存档，届时拆阅办理等。这一整套严密的规章制度，不仅加强了皇权统治，避免了政出多门以及失、泄密现象的发生，而且更重要的是统一了办文机构，保证了档案的齐全、完整与安全，为利用和编撰方略（志）提供了方便。

张廷玉为人谨小慎微，谨守“万言万当，不如一默”，故雍正赞扬他“器量纯全，抒诚供职”，称其为“大臣中第一宣力者”。

张廷玉曾参与编纂《平定朔北方略》《御选咏物诗》《佩文韵府》等，清廷开馆编修《三朝实录》《玉牒会典》《治河方略》《四朝国史》《国史》《明史》时，均受命为总裁。其中尤以《明史》一书为史学界所推重。张廷玉备受雍正、乾隆倚重，被任命为《明史》检修总裁官，一统全书编撰。《明史·艺文志》4卷，由他监修主编，共收录明人撰著4000余种。分经、史、子、集四部，著录各书，均以作者姓名置于书名之上。少数书籍加有评语，是考明代文化学术重要参考目录。雍正帝曾一次赐内府藏书给他，有52种之多，乾隆间开四库馆，张若淮进呈图书多种，《四库全书总目》著录有其家进呈34种，可与周永年、朱彝尊、王际华、郑大节等藏书家相媲美。著有《传经堂集》《澄怀园全集》等。

二、张廷玉个人主要功绩

翻阅有关史料，我们可以看出张廷玉作为清朝前期重臣，其一生都奉献给了清王朝，其主要贡献在雍正朝。张廷玉做了三件对清王朝影响较大的事情。他的事功主要不在于处理某件政事上，而在文字工作和规划建立军机处制度以及完善奏折制度方面。

1. 翰林院文章之事

当雍正即位之初，办理康熙丧事，特命吏部左侍郎张廷玉协办。那时，“凡有诏旨，则命廷玉入内，口授大意，或于御前伏地以书，或隔帘授几，稿就即呈御览，每日不下十数次”。张廷玉为军机大臣时，“西北两路用兵，内直自朝至暮，间有一二鼓者”。八九年间，雍正身体不好，“凡有密旨，悉以谕之”。由于撰写谕旨的需要，雍正每天召见张廷玉多达十几次。由于雍正不分昼夜地召见，以致张廷玉要到晚上一二更以后才能回去休息。雍正即位第一年，张廷玉即升为礼部尚书，后又长期担任大学士和军机大臣，可是他在雍正朝所做的主要工作，又确确实实是这些文字工作。就连雍正本人，也认为张廷玉的作用是“纂修《圣祖仁皇帝实录》宣力独多，每年遵旨缮写上谕，悉能详达朕意，训示臣民，其功甚巨”，承认他的功劳在于文字。且张廷玉所草之上谕，全合雍正本意，是以屡获表扬。军机处不过是皇帝的秘书处，军机大臣实际上只是皇帝的高级秘书，以这种地位和身份，张廷玉自然不能独树一帜，建立创新的大功业。因此，他的作用和政绩主要由参与机务和书写文字两方面来体现。

2. 规划建立军机处制度

真正称得上是张廷玉大事业的，是他完善了奏折制度。“军机处初设，职制皆廷玉所定。”军机处成为清朝的中枢机构并深深影响清代中后期的历史，这确实是张廷玉的一大功业。另外，确立并完善奏折制度，使奏折成为清朝的主要官方文书，同时这是清朝政治上的重大变化，并对清朝中后期的政治产生了十分巨大而深远的影响。归军机处办的事情，不问大小，“悉以本日完结”，绝不积压。这样的办事作风，效率自然较高。寄信方法也很快捷。张廷玉制定的廷寄办法，最后形成一套制度，由军机处将上谕函封后交兵部，由驿站递相传送。军机处根据函件内容，决定递送速度，写于函面，凡标“马上飞递”字样的，日行三百里，紧急事，另写日行里数，或四五百里，或六百里，并有六百里加急的。这就和内阁发出的“明发上谕”不同了。内阁的“明发上谕”，或由六科抄发，或由有关部门行文，多一个衙门周转，就多费时日，保密也不容易，往往被地方官员探到消息，雇人先行投递，在正式公文到来之前，他们已悉内情，做了准备，加以应付。所以，经张廷玉规划，创廷寄之法，既保证了中央政令的严格贯彻，速度又较前加快，从而提高了清朝政府的行政效率。

3. 完善奏折制

奏折是一种臣民上奏文书，它始出现于康熙年间，但在作者范围、传递方法、疏奏内容及朱批等方面，都还没有制度化。《清史稿·张廷玉传》载：“廷玉定规制：诸臣陈奏，常事用疏，自通政司上，下内阁拟旨；要事用折，自奏事处上，下军机处拟旨，亲御朱笔批发。自是内阁权移于军机处，大学士必充军机大臣，始得预政事，日必召入对，承旨，平章政事，参与机密。”自此以后，作为一种官方文书制度的奏折制度才被确立下来。不要小看这种文书制度，它的影响之大甚至远远超过中枢机构的兴衰替废。它不仅牵涉朝廷政令的推行，而且关乎君臣间权力的分配。它的确立和军机处的设立一样，都是清朝官僚政治上的重大变化，对清朝中后期的政治产生了十分巨大而深远的影响。

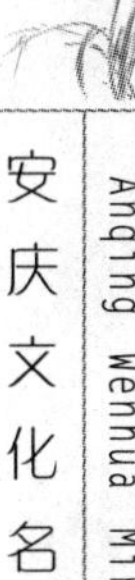

清朝入关之初，沿袭前明旧制，官员有事报告皇帝，公事用题本，私事用奏本。题本盖印，奏本不盖印。题奏本都由通政使司进呈，在皇帝阅批之前，内阁大学士已经“票拟”过。因此，这两种文书都是公开的，不利于下情上传。此外，题本办文程序太繁，运转速度十分迟缓，而且由于经办人员过多，容易造成泄密，使皇帝实施政务受到很大限制。自张廷玉把奏折制度化以后，稍微重要一点的事务，地方官员都先撰拟奏折，经过皇帝朱批，认可了，才写题本作正式报告。但奏折中的朱批内容，不得写入题本，作为奏事的依据。这样，题本就成了官样文章，价值大大降低。奏折代替了原来题本的作用，成为主要官方文书。这一制度坚持到清末。

奏折刚产生时，有资格使用奏折的官员不太多。雍正践祚之后，内苦于宗室诸王的讪谤排挤，外困于满汉大臣的朋党倾轧，急于求言，故放宽了臣民专折具奏的范围和权限。到后来，有权上奏折者多达千人以上。

由于奏折所涉事情多系国家机密，所以奏折的保密性是非常突出的。不能保密，就不要上奏折，保密是书写奏折的前提条件。为了保证奏折的

内容不致泄露，清廷订立了一整套保密制度，使奏折制度更加完善起来：第一，撰写人须亲自书写，一般不许他人代笔，写成后不得外传，否则治罪。第二，由宫中制作皮匣，配备锁钥，发给具奏官员，专门用作储藏和传递奏折。第三，督抚以上大员的折子，派专人送到大内乾清门，交内奏事处直达御前，而不像题本交通政使司转呈；一般官员的折子，亦差专人送到雍正指定的亲信大臣处，由他们代呈，代交人当然无权知道折子的内容。雍正帝阅毕，作了朱批，折子由原渠道发回。第四，收回朱批奏折。康熙在位期间，奏折御批发还具奏人后，尚无缴还内廷的规定。雍正一登基，便下令内外臣子将朱批奏折全部查收呈缴，不但前朝奏折须交回，嗣后朱批发还本人看过之后，亦须交回。由于实行了缴本制度，不但有效地防止了泄密事件发生，而且为后来保存了丰富的史料。第五，加强军机处的保密工作。其规定皇帝召见军机大臣时，太监不得在侧；每日承领事件人员，未到传领时间不得进入军机值房；严禁各衙门人员在军机值房台阶外及附近处所站立窃听；即使是高级王公大臣，非奉特旨，也不准进入；自王以下文武满汉大臣，都不准到军机处找人谈话。同时规定各章京在工作中严格执行交接制度，做到手续缜密完备。特别是文书收发登记，必画押存查；个人承办的事情，均不许任意宣泄；不经由自己办理的事情，绝不许过问；撰写寄信谕旨，办理朱批奏折，都得在办公房办理；凡办理机密事件时，军机大臣指交一二章京承旨，在军机堂上缮写后，要将底稿押封存记，俟查办之事办完后再行拆封登档。如有泄露，缮写文件的章京要受到很重的处分。

奏折的内容较之以前也更为丰富了。其中最重要的是利用奏折商讨政务。由于奏折免去了中间环节的传递，又采用廷寄方法，不但能迅速递到皇帝手中，而且在皇帝朱批御旨后，又可直接发还上奏官员，马上付诸实行，从而大大提高了行政效率，给清朝的政治带来了积极的影响。同时，由于奏折都是秘密进行的，于是在各省督抚与司道之间、地方与中央之间、内廷与外廷之间，除正常的领导与被领导等关系之外，又形成了一种相互制约的关系。大臣相互告密，皇帝的耳目遍布京内外，谁也不知道谁向皇帝打了什么小报告，中央部院和地方上的公私事件和人际关系，无论巨细，皇帝都可以从奏折中直接了解到。皇帝于是借助奏折整饬吏治，监察民情，发号施令，排斥异己，天下庶务总归一人处理，从而使封建皇权达到了无以复加的地步。因此，“在中国章奏制度史上，雍正一朝应该是最为多姿多彩的时代，而帝王对朱批运用的巧妙和有效，雍正也可以说是前无古人的了”。而这一切，张廷玉是功不可没的，说这是他的大事业大功业，一点都不夸张。

张廷玉任职年久，长期处机要之地，在雍正年间，他虽然“最承宠眷”，然而“门无竿牍，馈礼有价值百金者辄却之”。他在皇帝身边服务，担负的又是机要文字工作，深知言多必失的道理，因而处处小心谨慎，办事十分细致周到。他对黄山谷说的“万言万当，不如一默”，极其倾倒，表示“终身诵之”。少说多做，既是他立身的主导思想，也是他的为官之道。他以皇帝的意志为意志，默默去做，不事张扬，事成归功于人主，事败自己首先承担责任。雍正赞扬他“器量纯全，抒诚供职”。乾隆称许他“在皇考时勤慎赞襄，小心书谕”。作为领导人的秘书，这些确实都是很值得称道的品质。

三、张廷玉人物评价

张廷玉一生为官，分析其在宦海沉浮的经历，自然是全面认识其人的绝佳途径。张廷玉在康熙、雍正两朝仕途可谓一帆风顺，康熙、雍正二帝对其恩宠有加。尤其是雍正帝更是将其视为股肱。据《张廷玉年谱》记载：某次张廷玉病愈上朝，雍正谕其曰：“朕连日臂疼，汝等知之乎?”近侍惊问原因，朕曰：“大学士张廷玉患病，非朕臂疼而何?”可见其受宠的程度！乾隆帝亦对其十分尊崇，盛赞他与鄂尔泰为“唐之房杜”。张廷玉身居庙堂50余年，所谓“历仕三朝，遭逢极盛”，尤其在康熙、雍正两朝。张廷玉之所以获宠是由于他具备常人所难以企及的素质和能力。

1. 文思敏捷，见识远大，主事干练

张廷玉少有器识，凝重安和，自幼家风良好，故能潜心学业，年方29岁于康熙三十九年（1700）丙辰科会试中考取进士。康熙四十二年(1703)，庶吉士散馆，据《清朝续文献通考》记载：“廷玉蒙御试清书一等第一，授翰林院检讨。”自清朝入关以来，汉化日盛，精通满语者日少，然张廷玉一汉人竟获一等第一名，难能可贵，故康熙帝“天语嘉奖”。此后，张廷玉备受瞩目，仕途平步青云，由检讨五迁刑部侍郎。康熙六十年(1721)，山东有奸民聚众不法，当地政府为邀功绩，在缉拿中大肆牵连，人数高达150人，张廷玉奉旨赴山东查审盐案，据《清朝续文献通考》记载，张廷玉“抵东后，充日夜之力，捡阅卷案”，并且冒着巨大的政治风险，力主以盗案了结，避免了无谓株连，“遂天下服公平允”。随后他调任吏部，杜绝苞苴，剃除请托，并顶住各种压力严惩了吏部舞文弄墨的官吏“张老虎”。铨政肃然一新，其遂有“伏虎侍郎”之美称。

康熙六十一年（1722）冬，康熙帝在北京畅春园驾崩，当时朝廷正处于特殊时期，朝中政局不稳，稍有不慎就可能酿成祸患，据《张廷玉年谱》记载“大事典礼繁多，文章关系紧要”，继承大统的雍正皇帝深知张廷玉之才华，特旨命其加学士衔，协同办理翰林院文章事宜。据《张廷玉年谱》记载：“凡有诏旨，则命廷玉入内，口授大意，或于御前伏地以书，

或隔帘授几，稿就即呈御览，每日不下十数次，皆称旨。”事毕，雍正皇帝对其大加褒奖，并赐先帝遗物作为纪念。从此，张廷玉仕途逐渐步入顶峰。雍正元年（1723），张廷玉授为户部尚书；三年（1725），署理大学士事；四年（1726），授文渊阁大学士；五年（1727），晋文华殿大学士；六年（1728），转保和殿大学士。而后，雍正皇帝以吏部尚书事务无人管理，令其兼管部务。张廷玉典领机要，兼任民务，兼管铨曹，名副其实地成为雍正皇帝的“赞猷硕辅”。

清朝自开国以来，“其军国政事，皆付议政诸王大臣，然半皆贵胄世爵，不谙事务”，雍正皇帝深知其弊，其时西北边事紧张，遂选取亲信贤能大臣，在内廷组建了军机处。张廷玉作为皇帝的得力助手自然成为首批军机大臣，直接参与西北军务。由于张廷玉草拟上谕用时较短，而且十分准确、得当，故拟定谕旨由其专任。与此同时，张廷玉还侍君左右，以备顾问。每当雍正问及部院大臣及司员、胥吏姓名，张廷玉对各人姓名、籍贯及科目，无一差错。更为重要的是，张廷玉创制及完善了军机处的廷寄制度及奏折制度。据《清史稿》记载：“诸臣陈奏，常事用疏，自通政司上，下内阁拟旨，要事用折，自奏事处上，下军机处拟旨，亲御朱笔批发。”皇帝批发之谕旨，经军机处函封后，根据紧要程度，确定驿站递送时间。军机处经张廷玉之规划“密且速矣”，既保证了政务的机密性，又提高了政府的行政效率，对清朝的中枢行政亦影响深远，使得“大学士必充军机大臣，始得预政事”。对其办事能力，雍正帝赞道“尔一日所办，在他人十日所不能也”。

雍正十二年，西北用兵数载，战事陷入焦灼，将士疲惫，国库存银锐减。张廷玉审时度势，力主罢兵言和，积蓄力量，以利再战，得到采纳。雍正十三年八月二十二日夜，雍正皇帝突然崩逝于圆明园，张廷玉临危不乱，及时找出传位密旨，并在灯下宣读，确立了乾隆继位的合法性，保证了皇位的顺利交接。乾隆初年，张廷玉与鄂尔泰等，受命总理事务，据《清史稿》记载：“罢开垦、停捐纳、重农桑、汰僧尼之诏累下，万民欢悦，颂声如雷。”

2. 谨言慎行，缄默持重，谦虚平和

纵观张廷玉50多年的宦海生涯，勤于政事贯穿其为政始终。张廷玉身居要职数十年，始终保持清、忠、和、厚的品质。清人陈康祺曾对张廷玉日常理政的忙碌情景作过详细的描述，正所谓“以大学士管吏部、户部、掌翰林院，皆极繁要重大之职。兼以晨夕内直，宣诏不时。适西北军兴旁午，每奉密谕，筹划机务，羽书四出，晷刻不稽……舆中马上，披览文书……夜燃双烛治事，既就寝，或从枕上思及某疏某稿未妥，即披衣起，亲握笔改正，黎明付书记缮以进”。故雍正皇帝称其为“大臣中第一宣力者”。除勤于政事之外，公正廉明亦是张廷玉为官的真实写照。康熙末年，顺天府历科乡试，多有不公，士林哗然。雍正元年为开科之始，皇帝特命张廷玉充任乡试主考官。入闱后，张廷玉公慎自矢，细心搜阅，到发榜之日，舆论翕然。特别是雍正十一年其长子张若霭参加殿试，雍正皇帝阅至第五卷时，发现该卷字画端楷，文精意绝，语极恳挚，随手拔置一甲三名（即探花），张廷玉闻知，以“天下人才众多，三年大比莫不望鼎甲，官宦之子不应占天下寒士之先”为由，恳请将其子列为二甲，雍正深感其义，遂将张若霭降为二甲第一名。纵观其一生“与分校者三，主顺天乡试者一，主会试者三，廷试朝考，皆公首为阅择”，亦可见其清正廉洁，取士公允。特别是任职枢府以来，收受礼品极注意掌握分寸，“凡馈礼值百金，辄峻却之”。康熙、雍正、乾隆三帝曾先后赐给张廷玉白银近万两，他将此银或用于激励士子发奋学习，或将其寄回家乡购置公田以资助乡里的穷困者或灾民。

张廷玉一生，据钱仪吉《碑传集》记载，“长词林者二十七年，主撰席者二十四年”，“一时大臣皆出后进”，可谓久历机枢，但却始终以谨言慎行、缄默持重、谦虚平和作为人生哲学。他辅相两朝，却“无一字与督抚外吏接”，“或口奏或具折，皆请皇上特颁谕旨，宣播于外，从来不留片稿于私室”。共事之同僚、朋友数十人，皆“平心接之，多所容纳，人不见其有疾言遽色”。主荐他人“必深知其人之才品，而后上闻”。即使该人受到重用或提拔，也始终不让其知晓。张廷玉所陈奏的事件“虽家人子第不得以问请，非宣示，人终莫得而知也”。雍正元年，张廷玉主考顺天乡试，其婿恰好待考其中，按朝廷制度，翁婿之间本不应该在回避之内，然其特请一体回避，以避嫌疑。乾隆三年，乾隆皇帝欲在视学前，行三老五更之古礼，张廷玉作为元老重臣，可居此位。然其不务虚名，以“古礼隆重，名实难付”为由，坚决反对，并作《三老五更议》陈说己见，后此礼因其所奏而罢。乾隆五十年，年逾七旬的乾隆皇帝看到张廷玉当年所作的《三老五更议》时，仍然感触颇深，御笔撰文，称赞张廷玉之见识。

3. 廉洁自律，心系百姓，乐善好施

张廷玉一生身系要职，阅历颇丰，其做官、训子、关心百姓疾苦颇有心得，也给后人留下许多深刻的启示。他认为：奉职应公正自守，不要计较个人毁誉得失，不能枉法徇私，“宁受人毁，不可受人之誉”，为此要时时省察防闲。他强调居官清廉乃分内之事。“为官第一要‘廉’，养廉之道，莫如能忍。”他要求子孙后人做官“拼命强忍，不受非分之财”，这在历代官吏身上是很难做到的。他数充乡试、会试总裁，司其柄“公正无私”，努力做到使天下士子“心自静、品自端，于培养人才，不无裨补”。他把“居官理事，旌别淑慝”看成是应尽之责。他提倡为臣要直谏，“遇

事敢言”，即使亏体受辱，也无所畏惧。因此，他把“做官都是苦事，为官原是苦人，官职高一步，责任便大一步，忧勤便增一步……惟天下之安而后乐”作为自己为官的座右铭并努力践行之。这在封建社会，是难能可贵的。张英、张廷玉父子两代官至宰辅，均提倡“廉”字当头，廉靠自律，着实值得今人深思学习。难怪乾隆皇帝作诗颂他“两朝重望志逾坚”。

在为人处世方面，张廷玉强调“一言一行，常思有益于人，唯恐有损于人”。因此，他所认为的人生乐事，并不是“官宦之美，妻妾之美，服饰之鲜华，饮馔之丰洁，声伎之靡丽”，而在心之乐不乐。只有安分循理，不愧不怍，梦魂恬适，神气安闲，才能求得心之真乐。他力主为人厚道，处事要内宽外严，不可苛刻。因此，他认为刻薄之人，不能担任刑官，“聪明人”也不可任刑官。他还提倡时时以盛满为戒，不可存放逸之心，“处顺境则退一步想，处逆境则进一步想”，“凡是当极不好处，宜向好处想；当极好处，宜向不好处想”。他认为遇事必须保持清醒头脑，在得意、失意之时，都能做到检点言语，无过当之辞。他特别痛恶富贵子弟染上的纨绔之习，他自己也身体力行。他寝处皇帝赐居戚畹旧园十余年，生活非常简朴，连日用器具都不齐全，“所有者皆粗重朴野，聊以充数而已”，以致王公同僚或亲戚朋友“多以俭啬相讥嘲”。他告诫子孙“生富贵之家”，切切不可“染纨绔之习”。他憎恶赌博之陋习，通过引古论今，条分缕析，深刻指出“赌博之害，不可悉数”，同时要求国家采取严刑重罚等坚决措施，制止赌博。他说：“今赌博者，亦当加以肉刑……解其腕可也。”他教育后人要学会明辨是非善恶，并根据自己对善恶的看法，将其分为四等：“隐恶扬善，圣人也；好善恶恶，贤人也；分别善恶无当者，庸人也；颠倒善恶……小人也。”正是如此，张廷玉七十寿辰时，乾隆皇帝赐对联颂他：“潞国晚年犹矍铄，吕端大事不糊涂。”

张廷玉历官三朝，遍访全国各地，但他总是把百姓的困苦记在心上。康熙三十七年秋，桐城发生水灾，张廷玉在其父张英的支持下，在家乡设立粥场，赈济灾民。康熙四十七年（1708），桐城东乡陈家洲（今属枞阳）遭遇水灾，民不聊生，很多人只得跑到县城觅食。张廷玉的家人在信中言及此事，他深感不安，立即动员自己的弟弟、大侄儿以及在京城为官的本县好义人士，一起捐款捐物，赈恤灾民。雍正十一年十二月，张廷玉将回程路上所见所闻，上奏给雍正皇帝，请求在明年春季青黄不接之时，对山东、河北等地灾民众救开仓救济，修复水毁工程。此奏受到雍正帝的高度重视，并遣官员督察落实。张廷玉得知桐城龙眠河上的“子来桥”被洪水冲毁，雍正十三年正月至乾隆二年六月间，他捐出皇上赐银6300两，重建石桥，两岸修建桥亭，历时3年完工，大大方便了过往行人，从而得到家乡人的称赞。百姓被他这一举动所感动，为了颂扬他，取世宗皇帝赐书匾额“调梅良弼”之意，将石桥更名为“良弼桥”。今天人们漫步桥上，思古思贤之情，油然而生。乾隆五年（1740）二月，张廷玉从家人禀告信中得知乡里歉收，米价昂贵，贫民乏食，有识绅士准备号召富裕人家赈救灾民。张廷玉对这一举措大加赞赏，立即驰信回家，要求家人“捐仓谷一千石，并嘱弟侄辈实心举行，成此善举”。张廷玉平时生活无声色之嗜，一生遵循其父“读不尽架上古书，却要时时努力”的教诲，每日处理完公事归家后便手持典籍，独处一室细心阅读，旁若无人。

张廷玉有四子：若霭、若澄、若淑、若渟。长子若霭，雍正十一年中进士，官至内阁学士。工书善画，又久直内廷，遍观古人遗墨。凡御府所藏，悉命题品鉴别。著有《蕴真阁集》传世。次子若澄，乾隆十年进士，授修编，入直南书房。三充乡试、会试同考官，一主湖南乡试，官至内阁学士，喜文善画，著有《潇碧轩集》。三子若淑，乾隆丙辰荫贡，官至户部浙江司郎中。四子若渟，乾隆丙辰例贡，授刑部主事，入直军机处。嘉庆五年迁升兵部尚书，后改任刑部尚书，处事缜密，尤练习刑律，政绩卓著，赠太子太保，卒谥“勤恪”。张廷玉四子中有三人入内阁，足见其教子有方，成为后世效仿的楷模。

4. 三朝元老，堪委重任，配享太庙

康熙三十九年张廷玉中进士，并被钦选为翰林院庶吉士，康熙四十二年，御试清书一等第一名，授翰林院检讨。康熙四十三年，奉命入直南书房，充日讲起居注官，任《平定漠北方略》《佩文韵府》纂修官。深受康熙帝器重，御赐“传经堂”匾额，充会试同考官。康熙四十四年后，多次随从康熙南巡阅视河工、出关避暑及巡行蒙古诸部落等，“抱书珥笔”与康熙相去咫尺。其后十多年，张廷玉多次受康熙帝提拔，恩宠有加。康熙六十一年十一月，奉特旨，协同掌院学士阿克敦办理翰林院文章之事。“凡有诏旨，则命廷玉入内，口授大意，或于御前伏地以书，或隔帘授几，稿就即呈御览，每日不下十数次。”康熙皇帝口授，张廷玉能当场伏地挥笔而就，且每天不下十几次，足见张廷玉记忆力之强、领悟能力之高、文字功底之深。康熙六十一年十二月，迁任礼部尚书，充康熙皇帝实录副总裁官。

雍正皇帝继位后，更加倚重张廷玉，“廷玉周敏勤慎，尤为上所倚”。雍正元年，张廷玉奉特旨为诸皇子师傅。四月，充顺天乡试正考官，加太子太保衔。雍正元年五月，张廷玉在京城的居室发生火灾，雍正帝遣官员慰问，并赐官房一所，白金 1000 两，让其渡过灾难。七月，充《明史》总裁官。八月，奉特旨兼管翰林院掌院学士。九月，充会试正考官，转任户部尚书。十月，充殿试读卷官、四朝国史总裁官。雍正二年五月，充大清会典总裁官。雍正三年，张廷玉任《治河方略》总裁官，七月，署理大

学士事务，赐居圆明园东边戚畹旧居。雍正四年二月，授文渊阁大学士，三月充圣祖仁皇帝实录总裁官。雍正五年十月，晋文华殿大学士。张廷玉在《澄怀园主人自订年谱》里记载，当雍正皇帝身体不舒服时，凡有密旨，悉交其承领，事后雍正还说“彼时在朝臣中只此一人”。雍正六年张廷玉给皇帝上奏：“内阁部院奉旨事件，俱交起居注登记档案；惟八旗事件，向例不交起居注，无从记载。请自雍正五年始，亦照阁部送馆，以便纂入记注。”此建议被采纳，使后来清史档案进一步得到完善。雍正六年三月，张廷玉晋保和殿大学士，同年十月兼管礼部尚书。雍正七年七月，御赐宅第于西安门外，并赐予白金1000两，作为迁移之费，御赐“调梅良弼”匾额，赞赏张廷玉是优秀的辅佐大臣。

雍正八年，西北边事紧张，雍正皇帝为了维护国家统一，出兵征讨。因战事紧急，特设军机处，命怡亲王允祥、张廷玉及蒋廷锡领其事，由“廷玉定规制”。遵照雍正旨意，张廷玉就军机处的性质、官职、职能、纪律等方面都作出了严格规定。雍正十一年九月，谕祭贤良祠大学士张英于本籍，张廷玉驰驿回桐城，举行典礼，赐帑金两万，为祠宇祭祀费。张廷玉临行前，雍正帝还赐给张廷玉一件绿如意，愿他“往来事事如意”，还赐冠带、衣裘及貂皮、人参等物品，颁内府书籍52种于其家，其中《古今图书集成》只印64部，独赐张廷玉两部。雍正还赐张廷玉春联一副：“天恩春浩荡，文治日光华。”后来张家年年用这副春联做门联。同时还要求“所过地方派拨兵弁护送，并文武官员迎接”。十二月，张廷玉将回程路上所见所闻，上奏雍正皇帝，请求在明年春季青黄不接之时，对山东、河北等地灾民众救开仓救济，修复水毁工程。此奏受到雍正帝的高度重视，并遣官员督察落实。雍正十二年二月，张廷玉假满回京，雍正皇帝特遣内大臣兼户部侍郎海望到卢沟桥迎接，颁赐酒膳。十二月，充三朝实录总裁官，雍正说：“汝世受国恩，又系皇考多年侍从之旧臣，当年圣德神功，无不亲知灼见，今应纂修《实录》之任，记载详确，惟汝是赖。”雍正十三年正月，充皇清文颖馆总裁官。

雍正朝，张廷玉同皇上的关系已到了“名曰君臣，情同契友”的境界。从雍正帝确定皇位继承人这件事上，可以看出雍正帝对张廷玉信任至极。张廷玉在《澄怀园主人自订年谱》中记载：“雍正十三年二十日，圣躬偶尔违和，犹听政如常。二十二日漏将二鼓，忽闻宣如甚急，疾起整衣，始至圆明园，内侍三四辈待子园之西南门，引至寝宫，始知上疾大渐，至二十三日子时，龙驭上宾矣。张廷玉与鄂尔泰告庄亲王、果亲王曰：‘大行皇帝因传位大事，亲书密旨，曾示我二人，外此无有知者。此旨收藏宫中，应急请出，以正大统。’因告总管太监。总管曰：‘大行皇帝未曾谕及我辈，不知密旨所在。’廷玉曰：‘密旨之件，谅已无多，外用黄纸固封，背后写一封字者既是此旨。’少顷，总管捧出黄封一函，启视之，则朱笔亲书传位于今上之密旨也……此旨雍正八年九月曾密示廷玉，雍正十年又密示鄂尔泰。当时谕曰：汝二人外，再无一人知之。”这样重大的事情，雍正皇帝在去世前已经拟定，并让张廷玉知道，后又让同为顾命大臣的鄂尔泰作证，足见其在雍正时期的政治地位。雍正帝在遗诏中说：“张廷玉器量纯全，抒诚供职。其修圣祖仁皇帝实录，宣力独多。每年遵旨缮写上谕，悉能详达朕意。训示臣民，其功甚巨。鄂尔泰志秉忠贞，才优经济，安民查吏，绥靖边疆，洵为不出世之名臣。此二人者，朕可保其始终不渝。将来二臣着配享太庙，以昭恩礼。”从此，开清朝大臣配享太庙、文臣爵至侯伯的先例。张廷玉是清代获得此种殊荣的唯一汉族文臣。

雍正十三年（1735）八月，乾隆皇帝谕遵先帝遗旨，令庄亲王、果亲王、大学士鄂尔泰、张廷玉辅政。

乾隆元年（1736），张廷玉充纂修《玉牒》总裁。七月，充《三礼》馆总裁。九月，《明史》告竣，议叙加二级。十一月，乾隆帝御赐“台衮元臣”匾额，特恩由三等子从优授为三等伯，仍令长子张若霭承袭。乾隆二年三月，充会试正考官。乾隆四年五月，特旨晋太保。八月，充《明史纲目》总裁官。乾隆五年七月，御赐大学士张廷玉诗：“喉舌专司历有年，两朝重望志逾坚。魏公令德光闾里，山甫柔嘉耀简编。调鼎念常周庶务，劳谦事每效前贤。古今政绩如悬鉴，时为苍生咨惠鲜。”对张廷玉的工作表示充分肯定，并寄予更大的希望。九月，张廷玉七十寿辰，乾隆赐书“调元锡祉”匾额和“忠诚济美三台丽，弼亮延庥百福申”对联；再赐《大学士张廷玉七旬寿诗》：“历掌丝纶佐斗枢，必依行在想晨趋。最欣佳节当初度，要识元衡半老儒。潞国晚年尤矍铄，吕端大事不糊涂。缄事并寄黄花酒，看取瀼瀼湛露濡。”乾隆希望张廷玉老而弥坚，为国建功。乾隆七月五月，《吏部则例》告成，议叙加二级。乾隆八月十日，上谕：“大学士张廷玉服官数十年，内侍内廷，勤劳敬慎，夙夜靖共，靡间寒暑。今年逾古稀，每日晨兴赴阙，未免过劳，朕心轸念。古大臣有于居第视事，数日一至朝堂者。嗣后可仿此意，不必向早入朝。或遇炎蒸风雪，或自度宜于少休，亦不必勉强进内，其应办事务，可以在家办理，俾得从容颐养，自加强健，以示朕优眷老臣之意。”

张廷玉晚年以羸弱之躯屡遭打击，日益不支，于乾隆二十年（1755）三月二十日卒，享年84岁。乾隆得知廷玉病逝，很感悲伤，念其为三朝元老，不敢违背其父的遗愿，仍收回成命，仍遵世宗遗诏，配享太庙，赐祭葬，谥“文和”。

张廷玉历事三朝，居官50年，长词林27年，主揆席24年，赞画军国大政难于数计，无声色玩好之嗜，性情淡泊。其在服官之余，常常浏览史

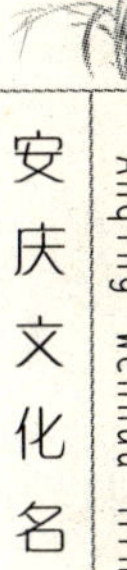

乘，讲求礼乐、刑政、用赋、兵戎、河渠、平准之实学。其理政之暇，留心时务，详察当代变革；苦读深思，细究为文为人之道。张廷玉家世儒业，自幼睿智聪明，加上有良好的家庭环境熏陶，仕途官场，平步青云。但他恪守古道家训，处事得体，“公正无私，奉职恪恭”。多次充乡试、会试总裁官，尽心竭力为国家选拔优秀人才，深受皇帝器重。以至生活中的些微小事，亦深得圣驾垂询，雍正皇帝曾面谕张廷玉：“汝父一生廉洁，无余蓄以贻子孙。汝今为朕办事，身兼数职，夙夜在公，朕常以汝眠食俱废为虑，更有何暇问及日用衣食事耶？今以官物赐汝，俾汝用度从容，尽心公务。”雍正帝对张廷玉的关爱，可谓情真意切，无微不至。雍正帝和张廷玉的关系，在中国封建社会中，堪称是君臣关系的典范。

帝制时代，配享太庙是君主对臣下的最高褒奖形式，所以历来要求都十分严格，肇兴于东北的清王朝更是如此，只有“公忠体国超众宣劳之王大臣，并有配享之例”。由于清朝是以满族为主体的多民族国家，统治者为实现清王朝的长治久安，任用了一批汉族士大夫为官，但其首尊满族的基本制度却从未改变，对汉人的戒备和限制也从未消失，汉人封爵自三藩之乱后不过公侯；中央官员虽实行满汉复职，但皆以满官掌印；地方督抚也尽量酌派满人充任；统兵将帅更是汉人不得染指。作为汉族文臣的张廷玉，能荣膺配享太庙之典，固然与其自身的才识、德行有关，但雍正皇帝对其工作的高度认可与赞许，即所谓“汝之功勋在疆场汗马之上”并不顾满汉成宪对其崇信异数，实为其获此旷世殊恩之主要原因。正如陈康祺在《郎潜纪闻初笔二笔三笔》中所言“开国名相若文肃范公，近时名臣若文正曾公、文忠骆公、胡公、似勋德尚出文和右”，然未获此恩典，可见君臣相得之重要。

作者简介：高祥德，硕士，讲师，安庆职业技术学院保卫处副处长。

一代文宗姚鼐

韩　敏

安庆是座底蕴深厚的历史文化名城。如今说起安庆的历史和文化，大家首先可能都会想到安庆乃至安徽的一张文化名片——黄梅戏，其次恐怕就会提到曾经在清代文学史上赫赫有名的“桐城派”了。而说到桐城派，我们安庆人或来安庆读过大学的人就不能不知道其代表人物“桐城三祖”的名号了。这里我要给大家介绍的安庆历史名人就是堪称一代文宗的桐城派最重要的代表人物——姚鼐。

先解释一下题目。“文宗”即文章宗师，说姚鼐是文章宗师，主要是就他对于桐城派的重要意义而言。而说到桐城派，郭绍虞先生在其《中国文学批评史》中说过：“有清一代的古文，前前后后殆无不与桐城生关系。”还说，“由清代的文学史言，由清代的文学批评言，论到它散文的部分，都不能不以桐城派为中心”。如果这样来看待桐城派对于清代文学的意义，那么姚鼐的宗师地位就不限于桐城派内部了。曾国藩在其《欧阳生文集序》和《致吴敏树书》中，曾这样评价姚鼐的文章：“举天下之美，无以易乎桐城姚氏者也”，“固当为百年正宗”。意思是说姚鼐应是自他创派以来百年间文章家里的正宗。

再来简要介绍一下桐城派。人们说到“桐城派”，传统意义上指的是清代文坛上最大的散文流派，亦称“桐城古文派”。这里就是沿用这种狭义的理解。（近些年，有学者提出广义的“桐城派”概念，认为“桐城派”是以“古文”写作为主的一个艺术流派，它还应包括“桐城学派”“桐城诗派”等。）桐城古文派理论体系完整，创作特色鲜明，作家众多，作品丰富，已被公认为是清代文学史上“规模最大、绵延时间最长、流播最广、影响最为深远和成就至为卓著的流派”。因为桐城古文派早期的重要作家戴名世、方苞、刘大櫆、姚鼐均系清代安徽桐城（包括今天桐城、枞阳两市县全境和安庆市宜秀区的部分地区）人，因而得名“桐城派”。

散文是中国古代的强势文体之一，有着源远流长的文学传统。堪称中唐以来古文运动之殿军的桐城派，其散文理论和实践有自己的特色。为了适应清初统治者提倡程朱理学和倡导清真雅正文风的政治需要，也出于顺应文学发展的内在要求——矫正明代文学空疏荒学的通病，在对传统散文理论和创作经验充分继承和总结的基础上，康熙年间，“桐城三祖”之一的方苞提出“义法”这个桐城派古文理论和创作的核心概念，同时提出“雅洁”的审美标准。此后的桐城派作家在理论和实践上都对方苞的理论进行了丰富和发展，并由此形成了桐城派的特色。早期桐城派，理论上，主张学习史传文学和唐宋八大家散文，讲究义法、提倡义理，要求语言雅洁、反对俚俗；实践中，文章大多“清真雅正”，内容多是宣传儒家思想，尤其是程朱理学，语言则力求简明达意。方苞的《狱中杂记》《左忠毅公逸事》，姚鼐的《登泰山记》，薛福成的《观巴黎油画记》等，常被收入大中学校文科教材。

关于桐城派的价值，学过近现代史的人可能还记得近百年前的新文化运动曾经给过“桐城谬种”的恶谥。这个恶谥打压了桐城派大半个世纪。其实，这个蔑称最初是钱玄同用来指斥林纾这类顽固反对白话文的桐城派末流人物，是指具体的个人，后来才扩大指整个桐城派，如“目桐城为谬种，选学为妖孽”那样。这样扩大后，显然就很不妥当了。正如梁启超在《清代学术概论》中所说：“平心而论，‘桐城’开派诸人，本狷洁自好，当‘汉学’全盛时而奋然与抗，亦可谓有勇，不能以其末流之堕落归咎于作始。”但新文化运动时期，提倡白话文和进行文体、文化、思想的解放的时代任务已刻不容缓，考虑到传统思想和保守势力的强大，为了更有利于社会舆论的发动，新文化运动的主将们的言辞往往就过重，有些偏激或走极端了。关于桐城派，胡适后来的说法就客观多了：“唐宋八家的古文和桐城派的古文的长处只是他们甘心做通顺的清淡的文章，不妄想做假古董。学桐城古文的人，大多数还可以做到一个‘通’字；再进一步的，还可以做到应用的文字。故桐城派中兴，虽然没有什么大贡献，却也没有什么大害处。他们有时自命为‘卫道’的圣贤，如方东树的攻击汉学，如林纾的攻击新思潮，那就是中了‘文以载道’的话的毒，未免不知分量。但桐城派的影响，使古文做通顺了。为后来二三十年勉强应用的预备，这一点功劳是不可埋没的。”（《五十年来中国之文学》）批评桐城派最猛烈的周作人也承认：“和明代前后七子的假古董相比，我认为桐城派倒有可取处的，至少他们的文章比较那些假古董为通顺，含蓄而有余味，在这些方面，桐城派的文章，有时比唐宋八大家的还好。”（《中国新文学源流》）可见，对于这个在中国文学史上发生过较大影响的散文流派，我们应该全面、客观、公正地予以评价。

姚鼐，字姬传，又字梦穀。因室名惜抱轩，后学尊称为惜抱先生、姚惜抱。清代文学家，桐城派“三祖”之一。关于姚鼐在桐城派中的地位，没有争议的说法是：他是桐城派的集大成者。此外，有相当多的学者认为：桐城派的真正创立者不是方苞，而是姚鼐，即所谓“桐城立派，实始于姚鼐”。有关的代表性意见如：

姚鼐“是桐城派定鼎的皇帝”。

——周作人《中国新文学的源流》(1932)

戴、方、刘“都还没有创为文派的意思。到了姚鼐时，桐城派之名始著”。

——漆绪邦、王凯符《桐城派文选》(1984)

桐城古文学，“如果没有姚鼐的继承发展，蓄意成派，恐怕也不会旗帜鲜明，蔚然而起”。

——魏际昌《桐城古文学派小史》(1983—1985)

“桐城立派，实始于姚鼐”；“桐城派的建立，姚鼐为功最高”。

——陈平原《桐城文章流变》(1996)

“桐城派的真正创始者，不是其他任何人，而是姚鼐。”

——王达敏《姚鼐与乾嘉学派》(2007)

以上都是现当代学者的观点。要追溯历史，更早的代表性论述见于曾国藩：

乾隆之末，桐城姚姬传先生鼐，善为古文辞，慕效其乡先辈方望溪侍郎之所为，而受法于刘君大櫆，及其世父编修君范。三子既通儒硕望，姚先生治其术益精，历城周永年书昌，为之语曰：“天下之文章，其在桐城乎？”由是学者多归向桐城，号桐城派，犹前世所称江西诗派者也。

——曾国藩《欧阳生文集序》

顺便说一句，为什么许多人习惯上都说方苞是桐城派的创立者呢？是姚鼐自己先这样说的。姚鼐为什么这样做？当代学者王达敏认为，这主要是姚鼐在创派之初，因“势单力孤，欲藉垂统以自壮”，因而在其精心构建的文统中“有意过度推戴桐城前辈方苞和刘大櫆”。这样，后世学者仅以姚鼐所建文统为据，未及深究历史底蕴，导致此说广泛流传。

一、姚鼐生平

姚鼐是个什么样的人？他的生平经历是怎样的？

关于姚鼐的为人，《清史稿·文苑·姚鼐传》作如下评判：“鼐清约寡欲，接人极和蔼，无贵贱皆乐与尽欢；而义所不可，则确乎不易其所守。

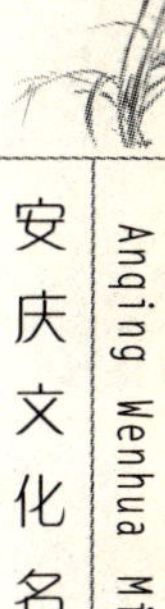

世言学品兼备，推鼐无异词。”当代学者周中明认为：姚鼐是一个“执着地追求和坚守君子的人格理想”的人。

为帮助大家对姚鼐有更多了解，下面我们就按时间的顺序，概述一下姚鼐的生平。

1. 求学应试

雍正九年（1731）十二月二十日，姚鼐出生在安徽桐城城南树德堂宅。姚鼐生于官宦世家，但此时家境已不富裕。始祖字胜三，宋末从浙江余姚迁居桐城大宥乡麻溪之南（麻溪，在今枞阳县钱桥镇），人称麻溪姚氏。明代有姚旭，任云南布政使右参政（告老还乡后，定居县城）。高祖姚文然，康熙年间官至刑部尚书，卒谥“端恪”，《清史稿》有传，麻溪姚氏官位最显赫的人物。曾祖姚士基，为湖北罗田知县。伯父姚范进士及第为翰林院编修，以诗古文经学著名。父亲姚淑虽有学识但终身不得志。

乾隆三年（1738），鼐“八岁时，宅售于张氏，伯父太史公与先赠大夫乃徙北门口之宅曰初复堂”。初复堂原址在今天的桐城中学校园内，原宅院中植有银杏树，今树冠茂盛，树旁校舍，日闻读书之声。这一年起，姚鼐在家馆内从名师受业。他的塾师是方泽（字待庐，以文学名于时，是“龙眠十子”“江左七子”之一），即“姚门四杰”之一的方东树的曾祖。姚鼐后来的成就也有其家学渊源。刚才介绍过，姚鼐的伯父是姚范，进士及第为翰林院编修，以诗古文经学著名。姚范厚爱姚鼐，“每谈必令侍”，誉其为“吾家千里驹”。姚鼐八岁这一年，又因伯父而初识刘大櫆并深为吸引。姚鼐后来在《刘海峰先生八十寿序》中对此有生动描述：“鼐之幼也，尝侍先生（按：指刘大櫆），奇其状貌言笑，退辄仿效以为戏。及长，受经学于伯父，学文于刘先生。”姚鼐十二岁前，跟随姚范学习经学。十二岁后，又跟随刘大櫆学习古文作法。

乾隆十五年（1750），姚鼐虚岁二十，中江南乡试。年少中举，名声更振于乡里。姚鼐后来作诗《阜城作》追述：“仆年弱冠岁，始窃乡曲名。充赋自南来，意气颇纵横。谓当展微抱，庶见康民甿。”

乾隆十六年（1751），姚鼐二十一岁。从这年起，姚鼐先后六次应礼部试，连续五次落榜，用去十二年，才于乾隆二十八年（1763）33岁时得中进士。姚鼐首应礼部试不第，将归，刘大櫆作《送姚姬传南归序》送之，对姚鼐给予勉励：“读其所为诗赋古文，殆欲压予辈而上，姬传之显名当世，固可前知”，并期望“宜以第一流自待”，追求在人格、人品上成为“第一流”的“圣贤”。可见老师刘大櫆对姚鼐的赏识和寄予的殷切希望。

在12年求功名的过程中，姚鼐除在家乡等地“授经四方以为养”，还广泛交游。滞留京师期间，与戴震、朱筠、王昶、纪昀等当时名士有广泛交游，并结识了两位重要的朋友：朱孝纯（子颖）和王文治（禹卿）。后朱孝纯在泰安做太守时，姚鼐曾赴泰安，由朱氏陪同上泰山，写下散文名篇《登泰山记》。王文治更是姚鼐在诗文和书画方面的至交，他们自25岁左右相识，终生诗词相和不断。

2. 仕途平顺

乾隆二十八年（1763），姚鼐33岁，中进士。殿试在二甲，授庶吉士。

乾隆三十一年（1766），姚鼐散馆后分兵部主事。次年补礼部仪制司主事，再次年转祠祭司员外郎。这期间先后充当山东、湖南乡试副考官。

乾隆三十六年（1771），充恩科会试同考官，“先生两主乡试，一为会试同考官，多得气节通经士。”（郑福照《姚惜抱先生年谱》）程晋芳、孔广森、钱沣、周兴岱、周书昌等名士，皆于是科考中进士。这跟姚鼐“阅卷颇具眼力”有关，其总批钱沣卷曰：“胎息古文，步趋先正，语语具见本色，立心不苟。可知后场尤源源本本，博奥沉雄，益征积学功深。榜发，知为滇名士，愈信文章自有定价，无谓世无碧眼人，尽皆买椟还珠。”（方树梅《钱南园先生年谱》）后来钱沣果以御史弹劾和珅而名闻天下，备受朝野称赞。会试结束不久，姚鼐被擢升为刑部广东司郎中。后又被刘统勋保荐为记名御史。

3. 荣膺馆选及中年辞官

乾隆三十八年（1773），姚鼐43岁。乾隆帝诏开四库全书馆，以纪昀为总裁官，征戴震等入馆编校，并选一时翰林宿学为纂修官。姚鼐虽非翰林，却也被大学士刘统勋、安徽学政朱筠举荐为纂修官。当时非翰林而为纂修者仅八人，姚鼐属其中之一。可是在馆不到两年，于乾隆三十九年（1774）秋，正当四十四岁壮年之际，他却借病辞去刑部广东司郎中及《四库全书》纂修官。十二月，乘风雪，赴好友朱孝纯泰安任所，除夕登泰山后作名文《登泰山记》。乾隆四十年（1775）春，姚鼐45岁，举家南归桐城故里。

姚鼐从京师告退的主要原因是什么？据中国社科院的当代著名学者王达敏先生归纳，学术界大致有六种说法，而有比较多的材料说明姚鼐辞官的主因是：他与主持《四库全书》编撰工作的汉学家纪昀、戴震等的学术观点存在严重分歧并陷于孤立。这种学术分歧也就是清代学术界旷日持久的一桩公案——汉宋之争。

清初以来，在学术文化上一直存在着崇尚宋学与服膺汉学的争论。汉学和宋学都是传统“经学”当中的派别。“汉学”之得名，是因为它崇尚、

提倡汉代对经学的解释，继承汉代学者训诂考订的治学方法，“用汉儒之训诂以说经，及用汉儒注书条例以治群书”，研究“以经学为中心，而衍及小学、音韵、史学、天文、舆地、典章制度、金石、校勘、辑佚等等”。因其治学严谨，学风朴实，故又有“朴学”之称。因这种学风到乾嘉时盛极一时，清代学术史中又称为“乾嘉学派”。在当时的汉学家们看来，“但当正文字、辨音读、释训诂、通传注，则义理自现，道在其中矣”，因而视宋学为空疏，更视辞章为末流。而“宋学”之得名，则是因为继承了宋代理学，尤其是心学的传统，主要通过思辨的方法来阐发儒家经典的微言大义，他们大多不太注重训诂考据，而是注重“性命义理”之学。这就造成了汉宋之争。

姚鼐受家学训导及乡风熏染，终身服膺宋学，重视辞章。他坚守程朱理学的核心价值，维护程朱在道统中的核心地位；主张学问有义理、考证、文章三途，而以义理为依归，反对专走考据一路。时任总纂修官的纪昀却是汉学家，四库馆堪称汉学家的大本营。他们“厌薄宋、元以来儒者，以为空疏，掊击讪笑之不遗余力”（姚莹《惜抱先生行状》）。为捍卫自己的学术主张和价值取向，姚鼐最终毅然辞官。但为了捍卫自己的学术主张和价值取向而辞官，姚鼐付出的代价是否太大了些？姚鼐自己对辞官也曾做过一些解释，似乎正好可以回答这个疑问，他说：“古之君子，仕非苟焉而已，将度其志可行于时，其道可济于众。诚可矣，虽遑遑以求得之，而不为慕利；虽因人骤进，而不为贪荣。何则？所济者大也。”姚鼐不贪荣慕利而坚决辞官的深层思想背景，竟然是以“古之君子”为榜样，以“志可行于世”“道可济于众”作为出仕的前提条件！这是多么崇高的精神境界，多么的可贵可敬啊！

4. 书院讲学

从乾隆四十一年（1776）起，直到嘉庆二十年（1815）去世为止，在辞官后的这40年里，姚鼐先后在扬州梅花书院、安庆敬敷书院、歙县紫阳书院、南京钟山书院教书育人，宣扬儒家思想，倡导古文作法。

5. 重赴鹿鸣宴

嘉庆十五年（1810），姚鼐虚岁80。姚鼐中举60周年，应邀与同科举人赵翼（诗坛“乾隆三大家”之一，时年84岁）重赴江宁鹿鸣宴，诏加四品衔。鹿鸣宴是“科举四宴”之一，是地方官为祝贺新科举子而设的宴会，起于唐代，明清沿此。因为宴会上要唱《诗经·小雅》中的“鹿鸣”之诗，所以取名鹿鸣宴。姚鼐赴宴时，有人见他神明如六十时，“行步轻健如飞，见者以为神仙中人”。姚鼐后作《题赵瓯北重赴鹿鸣宴图》律诗两首，有“绿发诸郎并白头，同承天泽赋呦呦”句。

6. 终老归葬

嘉庆二十年（1815）九月二十三日，85 岁的姚鼐卒于南京钟山书院，归葬桐城杨树湾。嘉庆二十四年，与元配夫人张氏合葬于今枞阳县义津镇阮贩村铁门口。今墓为省级文物保护单位。

二、姚鼐对桐城派的贡献

前面说过，有相当多的学者认为：桐城立派，实始于姚鼐，因而姚鼐是桐城派的最关键人物。为什么这样说呢？他对桐城派的贡献可以从下面五个方面的实践看出：

1. 构拟文统

乾隆四十二年（1777），姚鼐主持扬州梅花书院的第二年，刘大櫆八十华诞。姚鼐在为老师贺寿的《刘海峰先生八十寿序》中，引用程晋芳、周永年的话语，提出："为文章者，有所法而后能，有所变而后大。维盛清治迈逾前古千百，独士能为古文者未广。昔有方侍郎，今有刘先生。天下文章，其出于桐城乎?"明确"桐城派"的概念，并将桐城派的文统，上溯到方苞和刘大櫆。这标志着姚鼐正式扛起桐城派的大旗。此后在《祭刘海峰先生文》《刘海峰先生传》等纪念文章中，姚鼐进一步明确了文章之学在方、刘与自己三代学人间的传承，"桐城三祖"的名号呼之欲出。

两年后（1779），姚鼐所编古文选本《古文辞类篹》告竣，此书于清代古文只选方、刘两家，以接续由先秦两汉文、唐宋八大家文和明代归有光文所构成的古典文系，这就以选文方式确立了桐城派古文为千古文章之正宗的地位，也在更为深远的时空背景上构筑了桐城文统。

2. 创立理论

姚鼐在戴、方、刘的基础上建构起桐城派古文理论较完整的体系，具体体现在以下几方面：

（1）"道与艺合"论

文道关系问题，涉及文学的本体论，是构建文论体系所不能回避的问题。姚鼐说："夫文者，艺也。道与艺合，天与人一，则为文之至。"（《敦拙堂诗集序》）"夫天地之间，莫非文也。故文之至者，通于造化之自然。"（《答鲁宾之书》）又说："诗文皆技也，技之精者必近道，故诗之美者，命意必善。"（《答翁学士书》）他扩大了"道"的涵盖内容，超越狭隘的"义理"，将文之"道"升华为天地自然之"道"；同时既肯定了"道"对"艺"的主导作用，又突出了"艺"对"道"的相对独立性和积极作用，在一定程度上提升了文的地位。

（2）“义理、考证、文章”三者兼收说

乾隆时期，汉学盛极一时，成为学坛主流。姚鼐积极回应学坛重心由尊宋到崇汉的转移，在尊宋、崇文的同时，吸纳汉学考据之长，提出兼收“义理、考证、文章”三者之长的主张。他说：“鼐尝论学问之事，有三端焉：曰义理也，考证也，文章也。是三者，苟善用之，则皆足以相济；苟不善用之，则或至于相害。”（《述菴文钞序》）又说：“义理、文章、考证三者之分，异趋而同为不可废。……必兼收之，乃足为善。……天下之大，要必有豪杰兴焉，尽收具美，能祛末士一偏之蔽，为群材大成之宗者。”（《复秦小岘书》）他所谓的“义理”，当然指儒家的经义，尤其是程、朱理学，今天我们可以转换成立言之旨，即文章的思想观点；所谓“考证”，本指经学考据之类，今天我们可转换为就是要求材料确凿，实事求是；所谓“文章”，本指诗文的修辞技巧，今天可转换为就是要求讲究行文的字句和章法，力求将文章写得明白畅达，富于韵味。总之，他主张文章必须以“考据”“辞章”为手段，以阐扬儒家的“义理”。虽然在姚鼐自己的创作实践中也难以真正做到“义理、考证、文章”相统一，但兼收义理、文章、考证三者之长，作为一种文章理念或理想，至今还令人向往。

（3）文章“八字诀”

姚鼐在《古文辞类篹序目》中，将文章的艺术要素分为八类，他说：“凡文之体类十三，而所以为文者八，曰：神、理、气、味、格、律、声、色。神、理、气、味者，文之精也；格、律、声、色，文之粗也”，“学者之于古人，必始而遇其粗，中而遇其精，终则御其精者而遗其粗者。”也就是说，文章要写得有精神、有道理、有气势、有韵味，必须通过适当的布局、严密的文律和声情并茂的词句，才能表达出来。姚鼐此说，进一步发展了刘大櫆的“因声求气”之说，并接受了传统诗歌创作论的影响，提高了古文的艺术性标准。

（4）“阳刚阴柔”论

“阳刚阴柔”说，是姚鼐的艺术风格论和审美形态论。阴阳刚柔本是中国古代哲学的基本范畴，后被引入文艺批评领域。但真正把“阳刚”与“阴柔”结合起来，作为审美范畴而详加阐发的是姚鼐。他首次明确提出了“阳刚之美”与“阴柔之美”的概念，提出“文章之美”“有得乎阴阳刚柔之精”，或“得于阳与刚之美”，或“得于阴与柔之美”。他对刚柔关系作了颇为辩证的阐述，首先肯定“阴阳刚柔，并行而不容偏废”，继而强调“二者之用，亦不能无所偏优于其间”。后来王国维在此基础上提出了“优美”与“宏壮”的概念，朱光潜将之类比于西方美学中的“崇高”与“优美”，从而将之确立为两大美学范畴。

总之，姚鼐的文学理论具有集大成的特色。它有相当完整的体系性和周密的理论性，不只是对戴名世、方苞、刘大櫆等桐城派文论的继承和发展，也在一定程度上总结了中国古代文论和文学创作经验。

3. 选编古文范本

姚鼐辞官后，主讲于扬州梅花书院二年，其间有“少年或从问古文法”，为了广泛传扬其文论思想，遂于乾隆四十三年（1778）八月归里后编《古文辞类篹》，于乾隆四十四年（1779）七月完成，计 75 卷。该书将古文划分为十三类，并对每一类都进行了溯源和评点，比以往的选本分类更科学、细致。同时将选文重心从“实用文章”的范畴移向了“文学作品”范畴，显示了姚鼐将古文从杂博引向纯美，从而提高古文艺术品格的意图。姚鼐在四十余年的教学生涯中“无一日不讲此书，无一日不修订此书”，以致该书成了姚门数百弟子为文的范本。又经其再传弟子和私淑者的更为广泛深入的传播，《古文辞类篹》成为与《昭明文选》《古文观止》并驾的我国古典文学的三大选本之一。曾国藩说：“嘉、道以来，知言君子群相推服，谓学古文者求诸是而足矣。”（《读书录·古文辞类篹》）吴汝纶称：“先生所编《古文辞类篹》，两千年高文略具于此，为六经之后第一书，后改习西学，中国浩如烟海书籍尽可废去，独留此书，即可令周孔遗文绵延不绝。”（《答严几道》）此书还有不少续作，也可见它的影响之大。《古文辞类篹》也是毛泽东喜欢读的古籍之一。

4. 培养后学

姚鼐不仅是一个古文家和古文理论家，而且还是一个古文教育家，在长期的书院讲学中，他直接培养了如梅曾亮、管同、方东树、刘开、姚莹、陈用光、邓廷桢等一大批古文作家和英才，另有私淑弟子如曾国藩等。大致自刘大櫆、姚鼐始，书院讲学就为桐城文派的传衍开拓了许多地域空间，最终影响了大半个中国；同时因为书院讲学而人才辈出，也为文派生命的延续提供了切实的保障。

姚鼐曾两度出任我们安庆敬敷书院的山长（即担任主讲）。敬敷书院是清代安徽省最大、办学时间最长的一所官办书院，为国立安徽大学的前身。原名培原书院，于清顺治九年（1652）创建，原址在魁星楼旧址（现安庆一中内）。乾隆初更名为敬敷书院，“敬敷”之词，语出《尚书·尧典》，意思为“恭敬地布施教化”。乾隆四十五年至乾隆五十二年，姚鼐首次主讲安庆敬敷书院，前后八年。乾隆四十五年冬，姚鼐选明清四书文（时文）二百五十一篇，名为《敬敷书院课读四书文》，授敬敷书院诸生课读。姚鼐诗集中有《敬敷书院值雪》一首可略见其讲学生活：“空庭残雪尚飘萧，时有栖鸦语寂寥。久坐不知身世处，起登高阁见江潮。”嘉庆六年（1801）至嘉庆九年（1804），姚鼐再次主讲安庆敬敷书院，前后四年。

姚鼐在敬敷书院期间培养的著名弟子有姚莹。敬敷书院于咸丰年间毁于兵燹，后迁到现址（安庆师范学院内），书院遗址尚在，大家可去参观。光绪二十七年（1901），清廷实行教育维新，下诏改全国书院为学堂。兴办250年的敬敷书院停办，与求是学堂合并后产生了安徽省近代第一所高等学堂——安徽大学堂，即后来国立安徽大学的前身，开安徽高等教育之先河。

5. 创作实践

姚鼐一生著作颇丰，除编选文集和诗集外，还创作有《惜抱轩文集》16卷、《文后集》12卷、《诗集》10卷、《笔记》10卷、《法帖题跋》1卷、《老子章义》1卷、《庄子章义》10卷、《九经说》17卷、《三传补注》3卷、《惜抱轩书录》4卷、《惜抱轩尺牍》8卷。

《清史稿·文苑·姚鼐传》对姚鼐文章的评价是："鼐工为古文。……所为文高简深古，尤近欧阳修、曾巩。其论文根极于道德，而探源于经训。至其浅深之际，有古人所未尝言。鼐独抉其微，发其蕴，论者以为词近于方，理深于刘。"方宗诚认为其为文"以神、韵为宗"（《桐城文录序》），形成一种迂徐深婉、一唱三叹，而又耐人寻味、意蕴无穷的风格。姚鼐侄孙姚莹说："故世谓望溪文质，恒以理胜，海峰以才胜，学或不及，先生乃理文兼至。"（《惜抱先生行状》）姚文呈现出雅肆相善、刚柔相济的艺术风貌，尤其体现在游记散文中。

《登泰山记》是姚鼐的代表作，一度被人认作是近现代散文的典范，中学语文教材也曾收录，较易见到。文章以时间为顺序，以游踪为线索，依次记叙了作者游泰山的历程和所见到的景色，剪裁得体，文字简洁生动，写景尤为出色，是桐城派古文的名篇。文中对泰山的地理位置和方位距离都通过实地考察而给出了准确的描述，一般以这篇文章为体现姚鼐"义理、考证、文章"三合一理论的典范，而且从中也可体会桐城派"雅洁"的审美标准。姚鼐其他名作还有《复鲁絜非书》《海愚诗钞序》《赠钱献之序》和《游媚笔泉记》《游灵岩记》《游双溪记》《观披雪瀑记》等游记。下面我们来欣赏他的另一篇游记：

游媚笔泉记

桐城之西北，连山殆数百里，及县治而迤平。其将平也，两崖忽合，屏矗墉回，崭横若不可径。龙溪曲流，出乎其间。

以岁三月上旬，步循溪西入。积雨始霁，溪上大声淙然十余里，旁多奇石、蕙草、松、枞、槐、枫、栗、橡，时有鸣雟。溪有深潭，大石出潭中，若马浴起，振鬣宛首而顾其侣。援石而登，俯视溶云，鸟飞若坠。复西循崖可二里，连石若重楼，翼乎临于溪右，或曰："宋李公麟之'垂云沜'也。"或曰："后人求李公麟地不可识，被而名之。"

石罅生大树，荫数十人。前出平土，可布席坐。南有泉，明何文端公摩崖书其上曰"媚笔之泉"。泉漫石上为圆池，乃引坠溪内。左丈学冲，于池侧方平地为室，未就，要客九人饮于是。日暮半阴，山风卒起，肃振岩壁榛莽，群泉矾石交鸣。游者悚焉，遂还。是日，姜坞先生与往，鼐从。使鼐为之记。

这篇游记是姚鼐早年之作，是他中进士后次年（1764），"从世父（姚范）自天津归"后写的。其时，左学冲（名世容，字学冲，号笔泉。乾隆戊午举人，曾任武进教谕）隐居媚笔泉，"邀编修府君及鼐游于泉上，鼐归为作记，先生大乐而时诵之"。作者以简洁平实的语言描形绘态，创造真切的环境气氛，产生了引人入胜的艺术效果。他不是静止地写潭中石头，而是化静为动，把"大石出潭中"，想象和描绘成"若马浴起，振鬣宛首而顾其侣"；把山崖上的"连石"，想象和描绘成"若重楼，翼乎临于溪右"，这就不仅大大增强了自然景色的生动性，而且写出了游人热爱大自然、富有美好想象力的高雅情趣，形成独具神韵的迷人意境。此外，李兆基先生评论说："文章对造句选词用字也十分讲究，句式短，节奏明快，富有声韵，深得刘大櫆'因声求神'的要领。"

三、姚鼐的诗学成就

桐城古文家也有兼能为诗者，并形成了独特的诗学思想。钱钟书先生说："桐城亦有诗派，其端自姚南菁范发之。"（《谈艺录》）姚范的诗论、刘大櫆的诗选及诗作对姚鼐都有重要影响。青出于蓝而胜于蓝，姚鼐以其诗歌理论和创作成就，被公认为桐城诗派的代表人物或核心诗人。

1. 诗学思想

姚鼐诗学思想没有以诗话之类专著的形式表现，大多散见于其诗文和尺牍中，比较集中反映他诗学思想的是他编选的唐宋律诗合选集《五七言今体诗钞》。编成于嘉庆三年的《五七言今体诗钞》18 卷，被当代学者孙琴安先生评价为"不仅是我国古代最著名的唐宋诗合选本之一，而且堪称桐城诗派诗选中的经典之作"。下面列举他的几个诗学观点：

（1）正雅祛邪

诗讲"雅正"，本来就是传统儒家诗学思想的重要命题，儒家要求诗、乐必须具有教化人心于正道的社会作用。姚鼐说："大抵作诗，皆急须先辨雅俗，俗气不除尽，则无由入门，况求妙绝之境乎？"还认为古往今来善为诗者虽然"门径不同"，但"同者必归于雅正，不著纤豪俗气"（《与

伯昂从侄孙》)。可见，姚鼐论诗首重雅俗之辨，雅正与否是他论诗、选诗及指导学诗的首要的基本准则。姚鼐在《五七言今体诗钞序目》中针对“今日而为今体者，纷纭岐出，多趋讹谬，风雅之道日衰”的现实，也自信地宣称自己的这个选集“存古人之正轨，以正雅祛邪，则吾说有必不可易者”。以“雅正”为标准衡量，姚鼐斥责当时的性灵派与浙派都是诗家“恶派”。

(2) 熔铸唐宋

清代前期，诗坛围绕着取法唐诗还是宋诗有很多争论，这就是清诗史上的唐宋之争。到乾嘉时期双方意见渐趋融合。姚鼐论诗，多次申明兼采唐宋的主张。姚鼐说：“熔铸唐宋，则固是仆平生论诗宗旨耳。”(《与鲍双五》)对于他编选的《五七言今体诗钞》，曹光甫先生评论说：“举凡唐宋今体诗中的名家名篇，大略已备。”

(3) 以文论诗

桐城派对诗歌有一个独到认识，即“诗文一律”思想，认为诗歌与古文有共同的审美创造规律。戴名世就说过：“诗之为道，无异于文章之事也。”(《方逸巢先生诗序》)姚鼐也认为：“诗之与文固是一理，而取径则不同。”(《与王铁夫书》)因而他在谈论诗文学习和创作等问题时，往往诗文并提，采用同一标准。基于这种认识，桐城派文人论诗形成了“以文论诗”的特色，即将古文理论运用到诗歌批评中。虽然“以文论诗”并不是桐城派的独创，但这一理论的集大成者应该是姚鼐的弟子方东树。而姚鼐“以文论诗”主要表现为对杜甫五言长律的推崇。姚鼐高度肯定杜诗长律“千门万户，开阖阴阳”的艺术境界和“旁见侧出，无所不包，而首尾一线，寻其脉络，转得清明”的文法之妙，在《五七言今体诗钞》中将杜甫五言长律独作一卷，收录37首，并特别地对其中22首进行了笺注或评点，重在以文法提示长律的结构层次，进而说明杜诗长律脉络清晰、转接无痕和结构完整的特点。

2. 诗歌创作

姚鼐自谦说他“不工于诗”，实际却“为之数十年”而不辍，并很有造诣。著有《惜抱轩诗集》10卷，内容广泛、体裁多样。姚鼐的诗歌早年模仿明“七子”学唐诗，晚年兼取宋人，格意俱高。袁枚称赞姚鼐的诗“七古雄厚”。曾国藩评价说：“惜翁能以古文之法，通之于诗，故劲气盘折。”吴汝纶说：“先生诗勿问何体，罔不深古雅健，耐人寻绎。”故后人称“惜抱诗精深博大，足为正宗”(程秉钊《国朝名人集题词》)。

下面我们欣赏他的一首七言古体诗：

岁除日与子颖登日观观日出作歌

泰山到海五百里，日观东看直一指。万峰海上碧沉沉，象伏龙蹲呼不起。

夜半云海浮岩空，雪山灭没空云中。参旗正拂天门西，云汉却跨沧海东。

海隅云光一线动，山如舞袖招长风。使君长髯真虬龙，我亦鹤骨撑青穹。

天风飘飘拂东向，拄杖探出扶桑红。地底金轮几及丈，海右天鸡才一唱。

不知万顷冯夷宫，并作红光上天上。使君昔者大峨眉，坚冰磴滑乘如脂。

攀空极险才到顶，夜看日出尝如斯。其下濛濛万青岭，中道江水而东之。

孤臣羁迹自叹息，中原有路归无时。此生忽忽俄在此，故人偕君良共喜。

天以昌君画与诗，又使分符泰山址。男儿自负乔岳身，胸有大海光明暾。

即今同立岱宗顶，岂复犹如世上人？大地川原纷四下，中天日月环双循。

山海微茫一卷石，云烟变灭千朝昏。驭气终超万物表，东岱西峨何复论？

这首诗可与《登泰山记》参看，写的还是作者辞官之后的除夕夜与好友朱孝纯冒雪登泰山的壮游。姚鼐先作此诗，下山后作《登泰山记》。对比阅读这两篇诗与文，可以鲜明感受到姚鼐诗风与文风的不同。此诗气势雄浑，情韵畅达，景物描写生动，声韵铿锵而和谐，完全是另一副豪杰胸襟和大家笔墨。

姚鼐的近体诗以七律成就最高，多受称赏。这里再举一首浅易的七绝，对姚鼐的诗才再感受一二吧：

送人往邺

九月燕郊草尚青，送君且为住邮亭。
明朝月落漳河晓，无限飞鸿不可听。

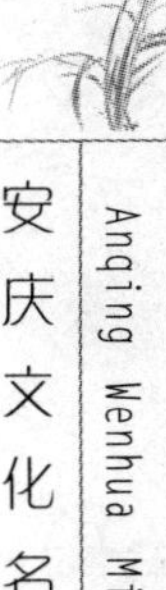

首句写在草色尚青的燕郊送客，托出气氛。次句“住邮亭”写出友情之深。后面揣想明朝月落，彼时好友已异宿他方，彼处飞鸿哀鸣，令人耳不忍闻。诗人借美妙感人的形象写出了深深的惜别之情。

姚鼐有些诗歌还很有批判性。这些诗作说出了在文中不敢说的话，当然更为难得。如《述怀》中写道：“自是百年来，法家（指酷吏）常继轨。尚足禁暴虐，用威非得已。所虑稍深刻，轻重有失理。”写出了清兵入关以后峻法的残酷不仁。再如《漫咏》中写道：“秦法本商鞅，日以劳使民。竟能一四海，诗书厝为薪。发难以铲除，籍始项与陈。焉知百世后，不有甚于秦。天道且日变，民生弥苦辛。”诗借古讽今，语意甚为激烈。他在《咏古》一诗中，借汉武帝的“巡游既已疲，神仙不可遇”，讽刺清帝的“下江南”。这样一些言论，是当时其他许多诗人所不敢言或不能言的，鲜明反映了姚鼐的思想中进步性的一面。

四、姚鼐的书学成就

姚鼐的书法造诣很深，作有《论书绝句》五首。清代书法评论家包世臣（1775—1855）推邓石如、刘墉及姚鼐为清代书法之冠，将姚鼐的行草书列为妙品。沙孟海先生高度评价了包世臣对姚鼐的评述，他在《近三百年的书学》一文中说道：“他是个著名的古文家，他不专以书法为名，可是他的书法并不比他的古文差，他的书名被文名掩煞了。包世臣《国朝书品》把他的行草书列在‘妙品下’是很有眼光的。”所以姚鼐不仅是文章大家，其翰墨亦为世重。其书画作品已被国家文物局列入限制出境的名单，属于“作品原则上不准出境者”一类。

据安徽省文物鉴定站张耕先生统计，流传下来的姚鼐书法作品仅故宫编入《中国古代书画目录》的就有 14 件。其中行书 12 件，草书 2 件。另外上海博物馆、南京博物院、安徽省博物馆、桐城市博物馆也有较多收藏，形式有立轴、册页、楹联。

清代书法嘉道前帖学主宰，嘉道后碑学振兴。姚鼐书尊帖学，由董、赵而上追“二王”，以学养辅书艺，多所自得，终成有清一代帖学代表书家。其流利婉转的行书手札、飘逸连绵的草书大轴一直为世人所重。其墨迹飘逸秀姿中蕴藏的儒雅文士气息，不同凡响。

在这个意义上，张耕先生认为：姚鼐对书法艺术的贡献，在于以他的现象证明书法作为艺术不是“小技”，而是熔书者身心、道德、学养于一炉的综合艺术。尤其是道德文章之气，非一朝一夕可以养成。

以下是两幅姚鼐书法作品的图片。

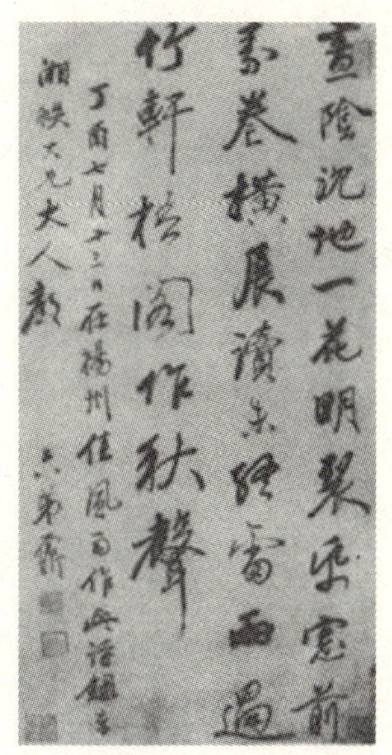

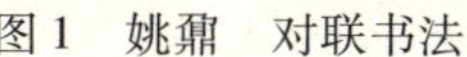
图1　姚鼐　对联书法

图2　姚鼐　诗作书法

以上我们主要从古文、诗歌、书法三个方面对姚鼐的成就作了一个简介。姚鼐自甘清贫、终生勤勉，但最终赢得了文章宗师的生前身后名，在某种意义上，姚鼐也是个成功者。按照惯例，我们了解一个成功的名人，都希望从他身上获得一些“成功秘诀”之类的教益。那姚鼐的成功能给我们什么启迪吗？相信大家都会有自己的思考。比如乡风熏染与家学渊源这些外在环境因素，比如对名利得失的淡泊态度，比如兼收并蓄与博采众长的治学胸襟等等。而我觉得在姚鼐第一次参加会试失利的时刻，老师刘大櫆专门写的那篇《送姚姬传南归序》，给了学生姚鼐以极大鼓励和极高期许，那里算不算姚鼐成功的起点？后来姚鼐编《古文辞类纂》时即收入了此文。那篇文章里，刘大櫆希望姚鼐“宜以第一流自待”，追求在人格、人品上成为“第一流”的“圣贤”。姚鼐后来有没有成为圣贤？曾国藩认为他已是圣贤，将姚鼐列入古今三十二位圣哲之名（《圣哲画像记》）。“以第一流自待”，姚鼐后来辞官从教的道路选择和取得的巨大成就也许都离不开老师这句金玉良言的影响。姚鼐后来在谈诗歌创作时说过下面这样一段话，说明诗人的心胸和精神境界对他的诗歌艺术价值起着决定性作用：

古之善为诗者，不自命为诗人者也。其胸中所蓄，高矣，广矣，远矣，而偶发之于诗，则诗与之为高广且远焉，故曰善为诗者也。

——姚鼐《荷塘诗集序》

陆游说过："汝果欲学诗，功夫在诗外。"其实不仅是学诗如此，在别的很多领域，能走多高、多远，很多时候都受我们的心胸、眼光、精神境界等的制约。套用一句广告语就是："心有多大，舞台就有多大。"

作者简介：韩敏，硕士，讲师，安庆职业技术学院公共基础部教师。

“千年一人”邓石如

朱松节

邓石如，安徽怀宁人，一代书法大家。他出身于清寒书香门第，终身布衣，但以其“胸有方寸，身无媚骨”的文化人格和潜心传统、勇于创新的治学精神，铸造了一位“开拓万古之心胸，推倒一时之尊贵”的书法大家形象，其书法成就被世人誉为“千年来之集大成者”“千年一人”。

一、“千年一人”书圣路

1743 年 5 月 22 日，邓石如诞生在安徽省安庆市怀宁县五横乡白麟村的邓家大屋。邓石如原名邓琰，字石如，号顽伯、完白山人、古浣子，又号笈游道人、凤水渔长、龙山樵长等，人称邓怀宁，因避清帝仁宗（嘉庆帝·爱新觉罗·颙琰）名讳，于嘉庆元年（1796）以字行，更字顽伯，号完白山人、铁砚山房、龙山樵人等。

1. 穷且志坚，立志成才

邓石如的祖父是个穷秀才，酷爱明史和书画。因此，邓石如有良好的家庭书法素养。其父善诗文、工书画、爱刻石，终年在外教书，但难能维持家庭温饱。受祖父及父亲的影响，邓石如幼年时，便处于“家贫寒，酸甜苦辣无不倍尝”的窘境。9 岁时，跟从父亲在私塾中读了一年书后，为家境所迫而辍学。14 岁时，在祖父和父亲潜移默化的影响下，对书法、金石、诗文发生了浓厚的兴趣。17 岁时为“潇洒老人”所作《雪浪斋铭并序》篆书，博得许多人的好评。这一来，他便以卖字、刻印代替砍柴、卖烧饼度日，开始专攻书法与篆刻。乾隆三十九年，邓石如辗转至寿州。后来在亳州著名的书法家梁献的引见下，客居江宁大收藏家梅镠家，学习深造八年，书学成功。其间的邓石如备受梅府款待，为其尽出所藏，以供学习临写，并供以食宿笔墨之用。在梅镠处八年，“每日昧爽起，研墨盈盘，至夜分尽墨，寒暑不辍”。邓石如如鱼得水，饱览历朝名碑法帖，推索其意，明雅

俗之分。但此时的梅家境况日衰，不能再予照顾，邓石如遂离开梅家，开始了游历名山大川，写字刻印的生活。

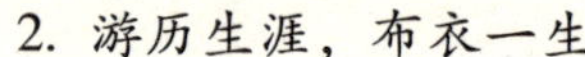
2. 游历生涯，布衣一生

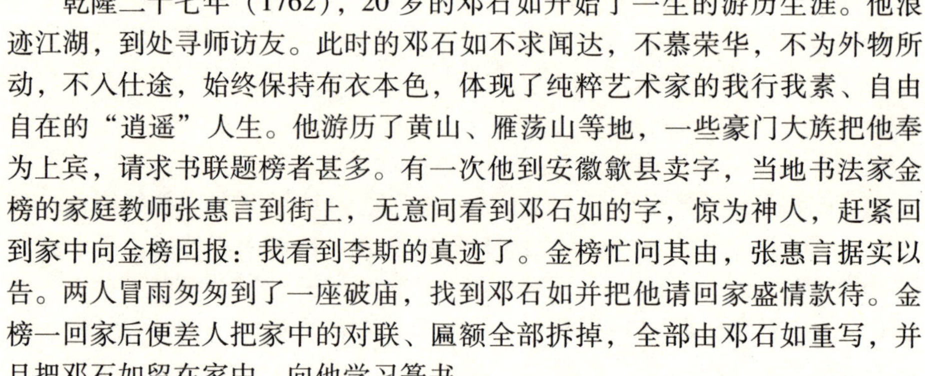
乾隆二十七年（1762），20 岁的邓石如开始了一生的游历生涯。他浪迹江湖，到处寻师访友。此时的邓石如不求闻达，不慕荣华，不为外物所动，不入仕途，始终保持布衣本色，体现了纯粹艺术家的我行我素、自由自在的“逍遥”人生。他游历了黄山、雁荡山等地，一些豪门大族把他奉为上宾，请求书联题榜者甚多。有一次他到安徽歙县卖字，当地书法家金榜的家庭教师张惠言到街上，无意间看到邓石如的字，惊为神人，赶紧回到家中向金榜回报：我看到李斯的真迹了。金榜忙问其由，张惠言据实以告。两人冒雨匆匆到了一座破庙，找到邓石如并把他请回家盛情款待。金榜一回家后便差人把家中的对联、匾额全部拆掉，全部由邓石如重写，并且把邓石如留在家中，向他学习篆书。

1786 年，金榜向当时的户部尚书曹文埴赞荐邓石如。曹文埴嘱咐邓石如作四体千字横卷。邓石如一日而成，曹文埴看后赞不绝口。这一年，邓石如还为姚鼐刻制“桐城姚鼐之印”和“惜抱居士”白文印两方。

此后两三年，邓石如先后游历金陵、扬州等地，至京口（今镇江），登北固楼。此前，邓石如云游的地方主要集中在长江中下游，西至九江，东至南京。现在他已跨越长江淮河，几度北登岱峰，攀居庸关，谒昌平十三陵，南入衡岳。为搜访秦汉石刻，数月不返，攀崖涉岭，忍受风霜烈日之苦。

乾隆五十五年（1790），皇帝八十寿辰，曹文埴入都祝寿，要邓石如同去。他不肯和曹文埴的车马大队同行。自己一个人戴草帽，穿芒鞋，骑着毛驴独自前往。曹文埴到山东后，巡抚以下地方官员到郊外迎接。曹文埴和邓石如车队经过辕门的时候，守门卫士看到邓石如寒酸的样子，大声斥责，不让邓石如入内。曹文埴急忙上前解释，并向诸官员推荐他，说他此乃江南高士邓石如先生，其四体书皆为国朝第一。诸官员才大惊，给他好车马坐，让他同行，不过邓石如还是谢绝了，独自骑着毛驴前往。到北京后，邓石如的书法得到当时的大书家、宰相刘墉和左都御史陆锡熊的盛赞。尤其得到刘墉的倍加赏识，说他的书法“千数百年无此作矣！”没多久，刘墉被贬官，邓石如也就过着不得志的生活。尽管邓石如的书法千古一人，但还是遭到当时内阁大学士翁方纲为代表的书家排挤，被迫“顿踬出都”。

乾隆五十六年（1791），曹文埴将邓石如介绍给兵部尚书、两湖总督毕沅，在府内做幕僚，也就是做谋士。在毕府，邓石如始终保持着自己特立独行的布衣形象。当时吴中的一些知名人士多在毕沅府中，过着裘马都丽的生活，但唯独邓石如布衣徒步。

邓石如在毕沅总督府内做了3年幕僚。因不合官场作风，邓石如提出还乡的要求。毕沅挽留不得，遂举宴为他送行。席间，毕沅说："山人吾幕府一清凉散也，今行矣，甚为减色。"这种高度评价，使四座宴众惭愧不已。邓石如在毕沅府做幕僚期间得到一块精铁冶制的铁砚，两年后又用毕沅赠金购置了田产，建舍于五横乡白麟坂故里老屋之侧，置铁砚其中，命名为"铁砚山房"，亲书匾额悬于门首。铁砚山房今还保存完好。

邓石如对才俊青年赞赏有加，尽力培养。1803年邓石如与28岁的包世臣在镇江相会，此时的他年已六旬。包世臣（1775—1855）是安徽泾县人，是一个学者、书法家、书学理论家，在中国书法史上也占有重要地位的一个人。包世臣受到邓石如的指点后，开始学习篆隶，后又倡导北魏，其书论《艺舟双楫》，倡导碑学，对清代中、后期书风的变革影响很大，至今为书界所称颂。

清嘉庆十年（1805）十月，邓石如病逝于铁砚山房，终年62岁。著有《完白山人篆刻偶存》《完白山人印谱》《邓石如印存》等。

二、胸有方寸四体精

1. 书法艺术成就

邓石如集千古大成，开一代书学新风。明清以来，流行于馆阁中的力求典雅庄重的"馆阁体"书法笼罩中国书坛，并以此作为科举取士的要求，使书法艺术走向僵化。为了改变这一事实，弘扬书法之精髓，邓石如敢于迎当时"馆阁体"大潮而"反动"，独辟蹊径，致力于秦汉六朝金石碑版的钻研，兼收历代名家之长，融会贯通，大胆创新，终于在书法、篆刻领域取得了创造性的、自成体系的成果，超越了同代书法家、篆刻家。

时人对邓石如的书艺评价极高，称之"四体皆精，国朝第一"。他的书法以篆隶最为出类拔萃，而篆书成就在于小篆。他的小篆以李斯、李阳冰为师，结体略长，却富有创造性地将隶书笔法糅合其中，大胆地用长锋软毫，提按起伏，大大丰富了篆书的用笔，特别是晚年的篆书，线条圆涩厚重，雄浑苍茫，臻于化境，开创了清人篆书的典型，对篆书一艺的发展做出了不朽贡献。隶书则从长期浸淫汉碑的实践中获益甚多，能以篆意写隶，又佐以魏碑的气力，其风格自然独树一帜。楷书并没有从唐楷入手，而是追本溯源，直接取法魏碑，多用方笔，笔画使转蕴涵隶意，结体不以横轻竖重、左低右高取妍媚的方法而求平正，古茂浑朴，与时俗馆阁体格格不入，表现出勇于探索的精神。

（1）篆书。既深得秦李斯、唐李阳冰的精髓，又获史籀（籀文，古汉字一种书体的名称。也叫籀书，又称大篆。起于西周晚年，春秋战国时期行于秦国。字体与秦篆相近，但字形的构形多重叠）之意，参以隶意，熔篆隶于一炉，虽自谦“吾篆未及阳冰”，在酒酣落墨之际，却深有自信地说“何处让冰斯”。

右为邓石如的《四箴四条屏》，篆书，纸本，纵 206cm，横 31.3cm。北京故宫博物院藏此屏录宋程颐《四箴》，计 12 行，行 17 字。首篆“程夫子四箴”，下隶书“乾隆辛亥岁末古浣后学邓石如敬书”，下钤“邓琰”印、“石如”印。“乾隆辛亥”为乾隆五十六年（1791），作者时年 49 岁。本幅无藏印。

此屏为邓石如中年时期篆书精作，结构谨严，笔法洒脱自如，突破传统“玉箸篆”的风格，融入金石铭文的书法特点，又掺入隶书笔法，独具婉丽圆劲的魅力。

（2）隶书。集名家精髓于一炉。包世臣谓其为“奇天时之舒惨，变人心之哀乐”，康有为谓其“从句容六梁碑出，画法极厚，中边俱彻，不得以抹笔议之”。

下为邓石如的《隶书七言》轴，纸本，纵 134.7cm，横 62.6cm。北京故宫博物院藏。本幅录自作七言《新洲诗》一首，末识：“皖口新洲诗次江上学堂韵为楚桥八兄先生正之，完白山人邓石如初稿。”下钤“石如”、“邓氏完白”印。引首钤“日湖山日日新”印。无藏印，未见著录。从用印、题款用语及书法风格分析，此轴当为嘉庆年间所书，是邓石如晚年隶书精品。

此轴书法结字扁长互见，行距紧密而字距宽疏。墨气浓重，用笔挺健，转折处方圆互见，而撇捺之笔复具北碑之形态，自成隶书一种新风格。近人李瑞清评其隶书云：“完白隶书，下笔驰骋，殊乏蕴藉，但瞻魏采，有乖汉制，与正直残石差足相比。”邓石如隶书确与汉隶有别，更多呈现出魏碑的书法特征，这也正是邓石如书法所独具之特色。

（3）楷书。真气弥漫，楷则具备。笔法纯正自然，参以康意，结体力追端庄、安详、率真的风格，表现了从容不迫的大将风度。

（4）书学理论。邓石如不仅在长期的艺术实践中产生了大量的艺术珍品，而且形成了他书法理论上的创见：“疏处可以走马，密处不使透风”和“计白当黑”之论。其书法理论不仅卓有成效地指导着书法实践，而且使哲理、画理、书理融于一体，使书法理论得以升华，进一步提高了后人对于书画艺术规律的认识。绘画大师黄宾虹受此影响，在他画论中也有“疏可走马，密可透风”的说法。

（5）篆刻艺术。以其“游刃徜徉，行刀如笔”的高超技艺，“书从印入，印从书出”，汇徽派的阴柔之美与浙派阳刚之妙于一炉，终以独树一帜的风格，巍然崛起于印坛，形成咄咄逼人的“邓派”。

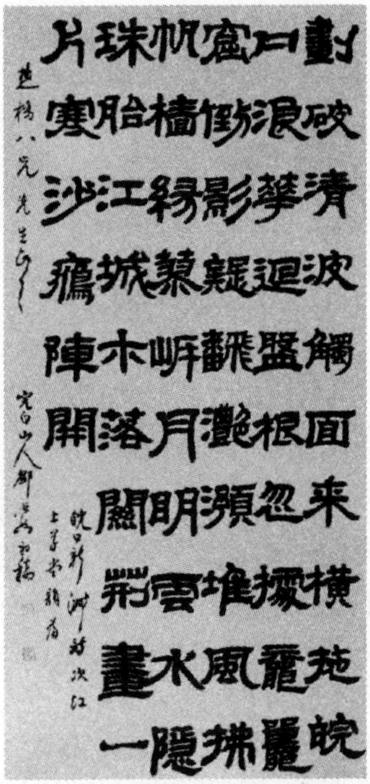

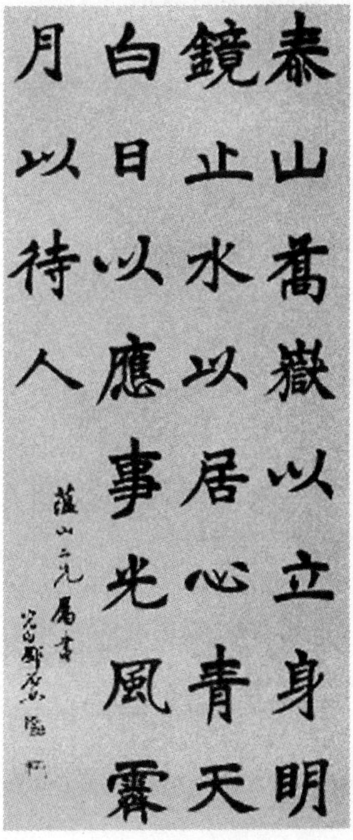

第一方印为“江流有声，断岸千尺”。句出苏轼《后赤壁赋》，是邓石如的代表作之一。艺术构思最忌平均呆板，邓石如在书法理论上曾提出的“字划疏处可使走马，密处不使透风”的美学观念，在这方印上得到了生动的体现。“流、断”二字繁写增其密度，以密衬疏。“江”字与“岸、千、尺”三字相呼应，笔势开张，大片宽地又正好与“断”字相呼应，加上“流、有、声”之繁密形成了鲜明的对比。他的用刀既不同于皖派，也不同于浙派，而是使刀如笔，婉转流畅，刻出了他刚健婀娜的风格。

第二方印为“家在四灵山水间”。全印七字，一如其书。此印的章法正好与上印相反，中间密而左右两边疏，紧密处不使人感到窒息，疏处则绰绰有余。

2. 佳联欣赏

在邓家大屋内，邓石如撰书有一副以隶书书写的计有 146 字的“龙门”长联，即：

沧海日、赤城霞、峨嵋雪、巫峡云、洞庭月、彭蠡烟、潇湘雨、武夷峰、庐山瀑布，合宇宙奇观，绘吾斋壁

少陵诗、摩诘画、左传文、马迁史、薛涛笺、右军帖、南华经、相如赋、屈子离骚，收古今绝艺，置我山窗

此联气势恢宏，构思奇特，有如南朝文论家刘勰所说的“视通万里”“思接千载”之神奇。

上联摄景，五彩纷呈；下联取文，绮章叠秀。上下联气脉连贯，一气呵成。景物典型，文事精粹，语言雅丽，含蕴深长，实属对中之杰作，联里之菁华。

此对联之所以盛传不衰，除上述之外，与作者善于运用列锦修辞手法也有关。列锦修辞法是以名词或名词为中心的定名结构组成语句，里面没有形容词谓语，却能写景抒情；没有动词谓语，却能叙事述情。邓石如的

这副对联，堪称列锦修辞的经典。

邓石如文学创作还体现在他的许多楹联上，这里把他主要的一些楹联列出同大家一起欣赏。在这些楹联中，我们也可以看到邓石如的人生观、价值观。

涉水跋山，来泻两行寒士泪
临风对月，常怀一片故人心
——挽曹文埴

周围积奇石几层，月色夹空，如窥古涧
其地有高松百尺，绿荫翳日，时到异人
——题扬州瘦西湖小金山草堂

茅屋八九间，钓雨耕烟，须信富不如贫，贵不如贱
竹书千万字，灌花酿酒，益知安自宜乐，闲自宜清
——述怀

容人却悔，谨身却病，小饮却愁，少思却梦，种花却俗，焚香却秽
静坐补劳，独宿补虚，节用补贫，为善补过，息忿补气，寡言补烦
——自题草堂

长七尺大身躯，享不得利禄，享不得功名，徒抱那断简残编，有何味也
这一块臭皮囊，要什么衣裳，要什么棺椁，不如投荒郊野草，岂不快哉
——自题

三、庶民艺术无媚骨

1. 庶民式的审美意识

据说，邓是“禹”的后代，“禹生十三子，各守一艺”。邓石如有着老祖宗的血脉，终也以“守一艺”而在大千世界中安身立命。他幼年“家贫甚，酸甜苦辣，无不备尝”，靠“采樵贩饼饵，日以其赢以自给”。在他17岁那年，写的字博得人们的好评，有了市场，于是就以写字刻图章代替了砍柴打烧饼的活计，这便是邓石如走上书法篆刻专业之路的直接原因。

邓石如一辈子没有做官，他既不同于刘墉这些显官达贵，也不同于八大山人、傅青主这些野隐遗贤，而是一个彻底的庶民。从青年开始，他便靠着书法篆刻这一技之长外出游食，他力求书刻技术精湛，因为这门“手艺”是他的立身之本，甚至可以说，他是一个游食一生的写字刻印的艺术

工匠。这里不是指艺术上作为贬义的“写字匠”或“刻字匠”，而是指其在创作观念上与文人士大夫书法家有着截然不同，尽管从知识修养、艺术修养上讲，邓石如也是一个出色的文人，但庶民意识决定了邓石如的审美思想及艺术表现形式。

邓石如不在朝也不在“野”，以写字刻印为生。他没有在朝者的正统与威严，也没有在“野”者的狂放和牢骚，作品中没有刘墉式的富贵堂皇、珠圆玉润，也没有“扬州八怪”的标新立异、狂放不羁，而是平平安安地写字刻印，自自然然地去表现书法篆刻之美，精益求精地完善书刻技巧，这是典型的庶民式艺术家的风格。邓石如正是以庶民艺术家式的创作观念去构筑新的艺术形式，突破了旧的习惯，突破了文人的审美定式。

邓石如是位庶民书法家，不单指其一生的庶民经历，重要的是他具有庶民式的审美意识。如果说文人书家以虚和的韵致为审美追求，邓石如则求的是充实的力感。他的书法艺术不是大观园中林妹妹的病态美，也不是薛宝钗式的贤淑之美，而是山姑村妇式的“天然去雕饰，清水出芙蓉”的健美，这种健美在他的隶书中表现得非常充分。细察其结字用笔，与其说这种圆的意味源出于篆，还不如说来自南北朝、隋、唐楷法恰当，他写的隶书中有魏碑的意味。文人行笔讲求虚灵，而邓石如则如“铜墙铁壁”；文人讲求取法乎上，求高古深奥，而邓石如则取意于下，求平实可亲，这种平民意识对书法的渗透，在清代由文人所垄断的高雅的书法艺术中注入了“俗”的色彩，所以难免被后来的文人书家所非议。李瑞清说：“完白隶书，下笔驰骋，殊乏蕴藉，但瞻魏采，有乖汉制。”马宗霍说：“卒不能侪于古者，以胸中少古人数卷书耳。”就连他的学生包世臣也说：“怀宁笔势固如铜墙铁壁，而虚和遒丽，非其所能……”邓石如的书法篆刻确实同文人心目中的金石书卷之气距离甚远，他追求的是“下笔驰骋”的健美，而无意于求“蕴藉”儒雅。

2. 龙山隐逸文化：造就了庶民艺术家

安庆城北大龙山麓白麟畈是邓石如的家乡，邓石如很多名号都源于家乡地名，如完白山人、龙山樵长、凤水渔长、古浣子。大龙山在龙山山脉东侧，西侧叫小龙山，中以石塘湖为界。小龙山龙氏家族的明末遗民诗人钱澄之在《题小龙山庄图》一文中写道：“吾皖有二龙，其大龙，当郡北障，皖之望也；旁有山蜿蜒离即，与相辅行者，为小龙。自江上来者，数十里外即望见二龙。”

在17世纪下半叶和18世纪上半叶，安庆府众多明朝遗民隐逸于大小龙山，他们以诗酒自娱，不参加科举，不入城市，终生布衣蔬食，以田园生活为乐，这股风气一直延续到清乾隆年间。龙山遗民的中心人物是江南三大遗民诗人之一的钱澄之，在《田间文集》和《田间诗集》中，可以看出与钱澄之来往密切的龙山遗民，有白鹿山庄的方还山和方中发（方以智侄子）、大龙湾深庄的刘鸿仪、居住在枞阳的陈官仪、小龙山庄的龙骥君。

在明清时期，龙山有许多景物，如杏花村、白家湾、白安石故居、深庄、龙泉庵、白鹿洞、白鹿山庄、小龙山庄，都成为安庆文人的隐居之地。而邓家是当时最多的遗民群体。直至邓石如祖父邓士沅，仍酷爱明史和书画，以隐逸为乐事。到邓石如父亲邓一枝，已是清乾隆年间，却依然“性不偕俗，居常歌咏”，且“萧然一室”，可见龙山遗民文化对邓氏家族影响之深远。

这就是一代艺术宗师邓石如身后庞大的文化背景，不了解这个背景，就无法真正了解邓石如庶民艺术的境界。邓石如清风傲骨和庶民情怀，皆源于方以智、钱澄之、徐羽先、刘鸿仪、方中发等人在龙山风水间播撒的遗民文化种子。邓石如对清廷乾嘉书坛的傲视，藤杖芒鞋，师法造化，狂搜北碑，寻觅创造的源泉和灵感，皆源于他深刻的遗民文化自信。

四、一代宗师满门俊

邓氏家族自邓石如开始，代代名人辈出，先后有晚清时期的书画家邓传密，清末教育家邓艺荪，现代教育家邓季宣，现代美学家、教育家邓以蛰，他们都诞生于铁砚山房，其中邓石如、邓稼先是这个家族的杰出代表。

邓传密（1795—1870），邓石如之子，书法家，毕生极力搜集邓石如的遗迹、金石，并以唐人双钩之法摩之，晚年主讲石鼓书院。

邓艺荪（1857—1913），字绳侯，号世白，邓石如重孙，教育家。幼时丧父，随祖父在湖南读书。因天资聪颖，深受曾国藩、左宗棠青睐。历任芜湖安徽公学（原旅湘安徽公学）总理、安徽师范学堂斋务长兼经学教员。安庆马汗青等人筹办尚志小学，苦于经费不足和人才缺乏，邓艺荪着女婿葛温仲出任校长，并亲自筹集经费、聘请教师。1911 年 11 月 8 日，安徽独立，不久浔军黄焕章乱皖，省城无主，士民惊恐不安，为稳定形势，邓艺荪和韩衍等组织皖省维持统一机关处支持危局，奔走南京、上海完成全省统一，被推任教育司司长，起草新教育制度，创办省立图书馆及女子师范。1913 年秋任江淮大学校长，未及两月病逝。著有《毛诗讲义》《尚书讲义》和《楚辞解》等。

邓以蛰（1892—1973），字淑纯，邓石如的五世孙，邓艺荪的第三子，邓稼先之父。美学家和艺术理论家，中国现代美学的奠基人之一。邓以蛰出身于翰墨世家，将画史与画学、书史与书学紧密联系起来研究，对中国书画理论作现代性的学术研究，提出了中国书画历来就有着相当完整和系统的美学理论，其美学思想中融汇了西方美学思想的超功利原则，在我国

现代美学史上有着重要的地位。

邓季宣（1893—1972），邓稼先四叔，著名平民教育家，安徽教育界重要人物。八岁始入私塾破蒙，后入安徽省立甲种农业学校、北京南堂高等法文学堂读书，受《新青年》杂志言论思想的影响及五四运动的推动，于1919年赴法国勤工俭学，先入里昂大学文学院，后毕业于巴黎大学文学院哲学系。1928年学成回国，先后担任上海复旦大学教授、光华大学文史教授、安徽大学文学院哲学教授兼预科主任、国立四川女子师范学院哲学教授、安徽省督学、安徽省立高级工业职业学校校长、安徽省立宣城师范学校校长、国立第九中学校长、安徽省立安庆女子中学校长。1949年春安庆解放后，仍担任女中校长，暑期因患喉症，三次请求休息，后获准辞职。1952年赴南京，任南京国学图书馆馆员、南京图书馆馆员、江苏文史馆馆员、研究员。1957年，邓季宣响应鸣放号召，坦诚地向党提出一些意见，于1959年被补划为“右派”分子，1972年4月2日在安庆含冤病逝，1978年经江苏省委统战部行文，为他平反昭雪，恢复名誉。

邓稼先（1924—1986），中国两弹元勋，两弹之父。著名核物理学家，中国科学院院士，一位伟大而倍受尊敬的物理学大师，中国核武器理论研究奠基人，为中国原子弹、氢弹原理的突破和实验成功及其武器化做出了卓越的贡献。

作者简介：朱松节，硕士，副教授，安庆职业技术学院公共基础部党总支书记。

晚清名臣姚莹

徐北平

姚莹（1785—1853），字石甫，名明叔，自号幸翁，晚号展和。安徽桐城人。晚清政治家，还是桐城派后期重要学者、诗人。作为一个读书人，姚莹走了中国历代绝大多数知识分子的传统道路：读书做官，但是终其一生也都是做中下层的官员，累官不过广西按察使（正三品），然而他却在中国近代史上留下了浓墨重彩的篇章；作为一个学者，他并没有追随桐城派的前辈去继续研究义理辞章，而是放眼看世界，专心经世之学，甚至还研究那个时代相当一部分士大夫不屑的“夷务”；他出身贫寒，想通过读书做官改变命运，少年高第，在官场也曾得意过，一度还护理（代理）过盐运使之类的肥差，可是他一生文采总被油盐累，读书确实在某种程度上实现了他的理想抱负，但并没有使他大富大贵。一身正气上朝去，两袖清风下堂来，不做官也要去谋个幕僚、教席混混，否则就要饿肚子。上个世纪末，曾有不法之徒爬上桐城龙眠山去盗姚莹墓，几乎是一无所获。

姚莹出身于桐城名门望族，但他与富贵无缘。姚家虽然文脉昌盛，有姚文然（七世祖，累官刑部尚书）、姚范（曾祖，翰林院编修）、姚鼐（叔祖，桐城派三祖之一），但姚莹的祖父（秀才）和父亲（童生）在功名的道路上并无出色表现，家道中落，到姚莹出生时已经是华堂不再，满室萧然。然而姚莹十分有幸，生于翰墨之地，长在书香之乡。桐城派学风严谨，姚家书香鼎盛。祖父和父亲虽然功名不遂，但都是刻苦认真的读书人，在学问和学风方面有长期的积累。姚莹的成长还得益于两个关键性的人物：母亲和叔祖姚鼐。

姚莹母亲张氏是同邑大学士张英曾孙女。知书明理，特别重视子女教育。丈夫常年在外地执教谋生，她独自撑起门庭，为姚莹兄弟不惜典当衣物以助笔墨之需，亲自抄录诗文数百口授身传。每晚必对孩子们的学业进

行督查，慈祥勤俭，对子女要求极严。冬夜滴水成冰，姚莹“常抱母足而眠”。这对姚莹坚韧勤学、勤政廉洁品质的形成起了关键性的作用。姚家缺钱，却从来不缺教育、教养。

姚鼐（1731—1813），字姬传，与方苞、刘大櫆并称“桐城三祖”，乾隆二十八年（1763）进士，曾任礼部主事、四库全书纂修官等职务，四十之年即辞官南归，终身以教书为业。“桐城家法，至此乃立，流风作韵，南极湘桂，北被燕赵”。他学问精深，在文学理论和创作方面是桐城派的集大成者，尤其是教书育人成就丰硕。姚莹即是“姚门四大弟子”（其他三位是梅曾亮、管同、方东树）之一。遇到如此名师，真是姚莹的人生大幸。自古做官者不是专攻八股，就是幸逢机遇，或者得贵人赏识。姚莹靠的是学问立身。在其叔祖的教育影响之下，在训练八股策对的同时打下了实在的学问基础，于立身行事、道德文章方面有实实在在的准备，所以能够在未来的宦海生涯中有思想、有主见，忠君爱国，矢志不移。

1805 年，21 岁的姚莹参加安庆府试，由于囊中羞涩，借宿于亲戚家，受到冷遇，怒而回家，幸赖叔祖姚鼐以银两相助才得以重返安庆完成考试，以第一名的成绩成为府学附生（秀才），实现了父亲姚骙一生都没有实现的愿望。姚家喜气洋洋，姚莹回家娶桐城名门方氏小姐为妻。金榜题名，红袖添香，姚莹一鼓作气，于次年去南京应“丁卯科”江南乡试，中第十八名，成为“举人”。超过祖父姚斟元。隔年，姚莹远赴京师，参加“戊辰科”会试，考中第三十二名，经殿试以三甲第十名成为进士。至此，24 岁的姚莹完成了在那个时代许多读书人耗费毕生心血孜孜以求、可望而不可即的科举历程。

科场连捷带给姚莹的不仅仅是功名，也使年轻的他开阔了眼界，结识了一大批同年、同乡、世谊。姚莹，这个龙眠山中默默无闻的乡下孩子从此声名远播，年轻的新科进士文起窗外九重天，更添桐城文风之盛。

姚莹是幸运的，在风华正茂的年代就结束了别人皓首穷经的磨难，从而在时间和精力上赢得了未来发展的先机，得以在以后的岁月里集中精力研究经世之学，关注国计民生，成就一番事业。

有了功名并不一定就有官做。清代做官难，官难做。第一，清代科举满汉分别对待，满族人数少而名额多，且有任官优先权；满汉加起来待选的官员数量本来就很庞大，加之朝廷没有限度的“恩赐”进士、举人头衔，这样就出现了“僧多粥少”的局面，一官难求，致有终身不得一职者。第二，清代有一个很坏的选官制度：“捐纳”，即公开卖官。有钱无功名者买，有功名者也可以买，加快任官速度。第三，清代官员薪俸极低，一品大员年俸也只有一百多两银子，靠薪俸生活的官员日子特别清苦，很难应付官场上的往来，维持体面。后来虽然有“养廉银”（京官没有）之类的补贴，但经费来源基本靠自筹。所以姚莹一生生活困难也就不奇怪了，即使像他母亲张家，世代簪缨、官居一品的内阁大学士也是家具粗陋、碗碟不全。这样必然导致清官特别清苦，官场难容；贪官数量庞大，官风腐败，政治生态十分恶劣。姚莹为此吃尽苦头。

姚莹怀揣任职资格证，但暂时没有办法到朝廷里进行运作，无职可任。可是他等不得，家里生计困难，一贫如洗。

机会还是有的，1809 年春，山东巡抚百龄升任两广总督，闻新科进士姚莹之名，遂趁途经桐城之便，邀请姚莹为其幕僚，随他同去赴任。当时的总督府所在地广州工商业发达，华夷杂处，中外贸易频繁，是朝廷的赋税之地，也是大清国的是非之地。摆在朝廷重臣百龄面前的首要任务是两项：内乱和外扰。百龄不负众望，整军经武，沿海戒严，剿抚并用，一时间盗贼敛迹，拥众数万的张保集团也束甲归降。内部问题解决了，来自国外的不法商人也就很难进行内外勾结，作奸犯科。广州十几年的乱局基本平定。

姚莹此时主要活动一是协助百龄处理行政事务，出谋划策，参赞机务，代撰文稿。百龄在政治上的老练、处理政务方面的干练在满族官员中属凤毛麟角。这为初涉官场的姚莹提供了非常宝贵的实习机会。正当百龄声誉鹊起、圣眷日隆之时，姚莹却建议百龄带上张保（不留后患）功成身退。由此也可以看出姚莹政治上的远见，广州的太平只是表面上的，根本问题是难以解决的。

姚莹此时的主要精力用在了调查研究上了，具体就是“夷务”。当时的广州商贾云集，八面来风，一方面是工商业的繁荣，另一方面又对大清帝国的主权和安宁形成巨大的冲击和挑战。姚莹深有感触。“购求异域之书，究其情事”，旨在“知彼虚实”“徐图制夷”，以“冀雪中国之耻，重边海之防”。他说：“欲吾中国稍习夷事，以求抚驭之方耳。”近代学者常用“主和派”“主战派”来界定历史人物，姚莹自然被划入“主战派”之列。其实，从教育、教养和后来在政治上的举措来看，在处理民族问题与国际关系上姚莹从来都不求战，他维护的是大清帝国的尊严和士大夫的气节。他一心追求的是“抚驭之方”，而非战胜之策。百龄走后，姚莹失掉饭碗，只得去一些官宦之家当家庭教师，四处求食。这使得他有机会深入社会各个方面了解民情世风，熟悉山川地理，特别是台湾海峡两岸迥异于内地的特殊情况。还为后来的重要著作《东槎纪略》积累了大量宝贵的资料。

幕僚和教师不是姚莹的职业理想。政治上的寂寞、生活上的颠沛，远离家人的愁苦使他这一时期精神上相当复杂。1814 年 11 月，姚莹年满 30 岁，他有了“三十功名尘与土”的感觉，赋诗云：“忽惊三十岁华新，转

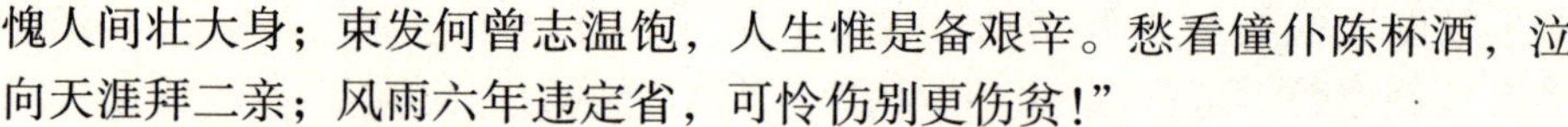

愧人间壮大身；束发何曾志温饱，人生惟是备艰辛。愁看僮仆陈杯酒，泣向天涯拜二亲；风雨六年违定省，可怜伤别更伤贫！”

贫困交集的他决定北归待选，实实在在做一番事业。

经过在家乡的短暂休整，游历南京（拜见姚鼐）杭州之后，再进京铨选，姚莹得以任福建平和县知县。从24岁到32岁，姚莹才得到一次独当一面的机会。平和县并不平和，汉唐称为“蛮夷之地”，居民王化时间不长，械斗讼诉成风。且地处闽粤交界，山高地僻“民皆依山阻水，家自为堡，人自为兵，聚族为疆，世相仇夺，故强凌弱，众暴寡”。执政之始，姚莹就表现出他强势的施政风格。其实，他的作为也并不新鲜：恩威并举。不过他做到了极致。

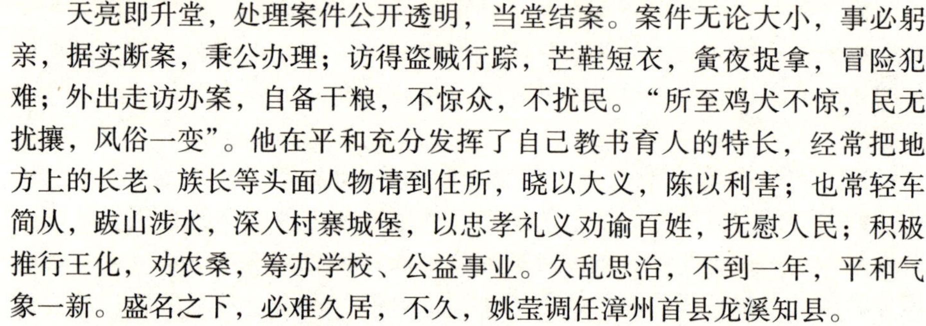

天亮即升堂，处理案件公开透明，当堂结案。案件无论大小，事必躬亲，据实断案，秉公办理；访得盗贼行踪，芒鞋短衣，夤夜捉拿，冒险犯难；外出走访办案，自备干粮，不惊众，不扰民。“所至鸡犬不惊，民无扰攘，风俗一变”。他在平和充分发挥了自己教书育人的特长，经常把地方上的长老、族长等头面人物请到任所，晓以大义，陈以利害；也常轻车简从，跋山涉水，深入村寨城堡，以忠孝礼义劝谕百姓，抚慰人民；积极推行王化，劝农桑，筹办学校、公益事业。久乱思治，不到一年，平和气象一新。盛名之下，必难久居，不久，姚莹调任漳州首县龙溪知县。

龙溪乃府治所在，衙门多，盗贼更多，且成团伙，全县“大小一千有八社，积怨深仇，蔓延滋斗。视杀人如草芥，以掳掠为故常，一日之中或十余命，一岁之内，伏尸盈千……四郊近地，皆为战场”。漳州城内盗贼公行，兵勇巡夜，必整队而行，单身不敢外出。

漳州知府知人善任，姚莹也的确不负所托。他一上任就快刀斩乱麻，访得首恶强社，亲率兵丁于深夜以迅雷不及掩耳之势捕得一批罪犯，于城门闹市公布其罪恶，召万人观看，公开处决，杀一儆百。然后布告四方：侵田夺地者，各还旧业；焚庐毁屋者，偿价修葺；死者之家，寡妇孤儿，各社族人共同养恤；其杀人者，令家长自己捕送官府，不使兵役妄拘一人，不听死者家属妄诉株连……严宽相济，恩威并举，效果相当好：“一时弃刀修和者，七百余社。”

姚莹“治事自朝入夜，常不解衣而卧”，“心神况瘁，心血为之虚耗”，白了头发。福建官场对他也大力支持，“合力同心，彼此信任，毫不间言”。立身以廉，治乱以威，行政以仁，做事以信。姚莹很快打开了局面。上司评价：“闽吏第一”。

两年后，姚莹奉调台湾知县。士民挽留，哀声动地，上司只得妥协：暂时留任一年，以慰百姓之心。

1809年，35岁的姚莹渡海任台湾知县，不久加海防同知。从此与台湾结下了不解之缘。

台湾孤悬海外，明亡之后郑成功家族打着反清复明的旗号经营三世；清廷收复后重统一轻治理，设四县五厅，置一府一道一总兵，长期驻军14000人，堪称重镇。但是忽视开发经营，来自内陆各地的移民之间矛盾重重，土著居然被分为“熟番”、“生番”（化外之民）。西方殖民者垂涎已久。加之地形复杂，社会建设滞后。真是“叛服不常，时存危象”。台湾县是府治所在，重兵屯守，虽然相对安定，但矛盾依然重重，特别是兵民矛盾由来已久。姚莹不知就里在街上抓赌，有次差点被乱兵所杀，好在他临危不惧，仗官威大义，晓以利害，处置有方才得以免祸，并且遏制了骄兵悍将的气焰。

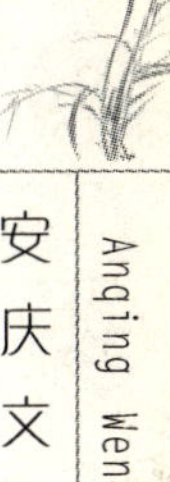

姚莹在台湾县施政的重要内容之一就是推行教化。孔孟之道在台湾没有在大陆的地位与市场，台湾人在科举方面也不出色，整个清代台湾籍进士仅33人，其中原籍福建广东的就占17人，剩下的16个勉强算台湾人，而同时期姚莹老家桐城一个县就出了进士152名。长此以往，居民在思想文化上将会同大陆形成隔膜。因此，姚莹大力推进教化力度，建制度、兴学校、重礼仪、破迷信，同时修水利、课农桑，发展生产。有时还运用了很特别的手段。台湾县民间不尊孔孟，不信医药，信一个神灵“五妖神”，百姓不知费了多少钱财，也不知误了多少人的性命。正好有个诚实强壮的年轻人病了，其家人不寻医问药，而是倾全力供奉“五妖神”，求其保佑，结果人死了。姚莹借题发挥，大做文章，把神像绑到大堂之上，召大众来看，公开审判，喝道：“今尔敢虐我良民，肆为妖妄，岂可纵容!”令衙役将神像打得粉碎，放火焚烧。又放言：“倘尔有灵，三日内降祸吾身，使吾得闻诸上帝。”接下来的几天姚莹当然活得好好的，事实证明“五妖神”不是神。老百姓渐渐丧失了对神灵的敬畏之心。此举虽然有些滑稽，但却表现了姚莹政治上的远见和切实的办事作风。未几，姚莹又被调到噶玛兰厅代理通判。因为亲冒矢石捕获了一批海盗，立了大功，经层层保举，得到送部引见的通知，穷乡僻壤的小吏有面见天颜的机会，眼看就要升官!可偏偏就在这关键时刻，有人检举他在福建任上断案有问题，官没升上去，反而被免职了。断案之事后人一直不能说清，姚莹自己说其中原因是：“平素不合之上官，方耽耽欲投石于井。”台湾士民奔走呼号，为之喊冤请留，但无济于事。姚莹在台湾三年一清如水，一旦罢官，一家三代老小顿时生活无着，贫不能返乡。幸得百姓接济勉强度日，挨到次年因官绅相助才填了前任亏空启程回家，哪知船帆未举，老父病故，扶灵归葬费用浩大，只得在福州守制。焦急之际，他的座师赵慎畛总督两广，而他老上级漳州知府移镇台湾，他于是叫家人运父亲灵柩归葬，自己回台湾做幕僚借以弄些柴米之资。事亲，生不能养而死不能葬，乃人生痛事、耻辱。这

是姚莹的屈辱，也是他的书生本色。

以前在台湾是身处前台，理繁任剧，处在风口浪尖，心无旁骛；这次作幕，只不过是建言献策，自然神闲气定，可以悠游山水，纵情典籍。对台湾政治、经济、社会状况作全面的考察，对未来的政策措施作系统的思索、思考。“述海外岩疆所以安危之要及近时贤执政之所兴革、论建。”从而奠定了他“台湾通”的基础，《东槎纪略》的主要素材也是此时积累的。

1825 年姚莹“守制”期满，奉旨：“以获盗功，改为降二级调用。”依例捐（交钱）复原官，归部铨选。在京候旨期间同魏源、张际亮一批清流人物过从甚密。不幸的是 1827 年初姚母张老夫人在广州逝世，姚莹悲痛欲绝，奔丧广州。

撤职、丧父、丧母，四海飘零，生计无着。人生坎坷，岁月蹉跎，但姚莹不坠青云之志：“造物者能厄人之遇，不能厄人之心。古人君子虽极颠连困苦，而秉志坚定，百折不回。仆于古人，何能为役？然穷困愈甚，乃见理愈明，觉确然有据，故倔强自好之气，亦愈不为人屈。盖此心不为穷达所系久矣，造物其如人何？”然而，政治上的失意也的确忧能伤人，在与友人的书信中流露：“仆幼贫贱，备极艰苦，甫欲见伸即，重遭困踬”；贫困促使他只得让兄弟和家人扶母亲灵柩送回乡，又入幕府谋生。

1830 年姚莹守丧期满，穷学生专程赴湖南常德千里奔恩师赵慎畛之丧，祭奠于墓前，追思拔识之恩。

1831 年江苏大水。急需干练之人，朝廷这才想起启用姚莹。自 37 岁因事罢官，经过了十年，再次任官，姚莹时已 47 岁。报到后，先是跟随总督巡查河工、漕运，然后被任为临时代理武进知县。不久，姚莹即奉旨被提升为高邮知州（文从五品）。但姚莹未去高邮上任，便被调署淮南监掣同知（文正五品）。还代理过一段时间的盐运使。此时江苏巡抚为林则徐，两江总督为陶澍，均为一代名臣。“好风凭借力，送我上青云”，良好的政治环境使姚莹专心任事，在民政、司法、水利、农林、盐务等方面建树颇大。这一阶段上司把姚莹当作了消防队员，哪里吃紧哪里去，姚莹也在繁杂、不断变换的工作中得到了难得的历练，这对书生气十足的他非常重要，为后来统筹全局的工作积累了丰富的经验。另外，他的官阶也在不断的职务变动中得到提升，这对于仕途的发展是极为重要的。

1834 年，宣宗皇帝诏谕天下明保人才。两江总督陶澍、江苏巡抚林则徐，均保举属下的姚莹。陶的评语是：“精勤卓练，有守有为。”林的评语是：“学问优长，所至于山川形势，民情利弊，无不悉心讲求，故能洞悉物情，遇事确有把握。前在闽省，闻其历著政声。自到江南，历试河工漕务、词讼听断，皆能办理裕如，武进士民至今畏而爱之。”“学问优长”值得自豪；“明保”透明度高，海内尽知，且为贤臣所举荐，非常光荣。这被姚莹视为平生一大幸事。

1836年姚莹奉旨进京。1837年10月间奉旨："台湾为海外要区，非熟悉情形、才守兼优之员，不足以资表率。因思淮南盐掣同知姚莹，前经陶澍等保举，朕于召见时察其才具明白谙练，曾任台湾县知县、噶玛兰厅通判，于该处情形较为熟悉。所有福建台湾道员缺，即着以姚莹升署，仍俟期满再请实授，并着照例赏加按察使衔。钦此!"天涯海角，幸得其人；贤臣孝子，幸得其所，真是天恩高厚!

1838年6月，54岁的姚莹渡海抵台湾，就任福建按察使衔台湾道。这已经是他第三次来到台湾了，此番非比寻常，书生报国万里路，男儿杀敌到天涯。虽已年过半百，但壮心不已。台湾道是台湾最高文官，因身负重任，拥有一项特别权力：（向皇帝）专折奏事。专折奏事就能通天，清廷一、二品官员才是朝廷大臣，具有直接奏事权。其他官员除钦差大臣外均不具专折奏事之权。姚莹挂名的按察使只不过三品，可见当时台湾在朝廷心目中的分量。当然，这种专折奏事之权也很容易引起猜忌，弄不好就会引起上司反感。

13年了，台湾经过这一段岁月情形则变得更加复杂棘手了。姚莹成局在胸，对症下药："结人心、安反侧"，"筹经费、缮守备、合文武、策群力"，具体在几个方面：

和：首先是"和"同僚。台湾设有加提督衔（从一品）的总兵官，常与兵备道不相能，有时形同水火。当时的总兵是满人达洪阿，刚烈异常，姚莹虽然不善拉关系，但明白没有达洪阿的支持，台湾就难治。他的方法很简单，推诚相待，任劳推功，经过两年的磨合，达洪阿深为感动，同他结为兄弟。再是"和"上司，对闽浙总督邓廷桢执弟子礼，邓是贤人，果然"不为遥制"，让姚莹放手去干。最后是接受从前教训，主动"和"朝廷，朝廷也认为："台湾孤悬海外，防堵事宜，尤应准备。著该督飞饬该镇、道等与前任提督王得禄，同心协力，加意严防，毋稍疏懈。"这样就形成了上下同心、众志成城的局面。

减：减少政府开支，减轻人民负担。姚莹的廉洁是有名的，他从自身做起，节约用度。台湾有兵一万余人，为了抗英，势必增加军队数量，他创造性地选用精装农民组成兵勇，加强训练，平时为民，从事生产；战时为兵，只发给武器口粮，战事结束，复为良民。这种兵民一体、平战结合的创举节约了大量的军费开支。

抚：安置"流民"，变匪为兵。由于历史的原因，流民是台湾社会的一大毒瘤，这些人不事生产，专以抢劫为生，招不来，剿不尽。姚莹任台湾道不久，就提出要求将流民编入各庄保甲，由各庄的总理、董事进行约束，"无事则使巡守田园，有事则逐捕盗贼。"游民滋事的数量明显减少。

鸦片战争爆发后，姚莹收养游民的规模进一步扩大。他在《会商台湾夷务》中说："水师兵少，不敷分拨，必须多募乡勇，既得防夷之用，又可收养游手，消其不靖之心。"这些游民大多被编入乡勇，直接补充了军事力量。

剿：斩首四百余人。对那些危害社会、荼毒百姓的犯罪分子和屡教不改的游民坚决镇压。对于部分游民趁抗英斗争期间制造混乱，抢劫财物的行为，姚莹则给予坚决的打击，以保证后方的稳定。1841年9月，嘉义发生了游民暴动。他们数十成群，向铺户强借银钱，并于15日黎明攻击官员寓所，杀死兵丁，达洪阿迅速带领兵丁平定了这次骚乱。不久又有游民在凤山竖旗滋事，杀人祭旗，并攻击汛地。姚莹迅速调兵缉拿，干净利索地击溃了这一股势力，稳定了形势，从而保证了抗英斗争的顺利进行。

继续推行教化：姚莹非常注重当地人民的文化教育，凡其为官之地，均不忘"立学校、敦士习"。在出任台湾兵备道后，即使军务非常繁忙之时，"犹不忘整顿台南的海东书院"，拿出家藏图书，供在院肄业诸生学习。后又"整顿海东书院规约，时与诸生相讨论"。亦曾筹款、捐款助修台南学府、台湾县书院以及宜兰县之仰山书院，并为延请当地贤达主持教务。

资兼文武，统筹万方，学而优则仕。当年龙眠山中青灯苦读的文弱书生姚莹已经是指挥若定、叱咤风云的方面大员了。

此时台湾已经是山雨欲来、烽烟在望了。继林则徐虎门销烟、邓廷桢江浙抗敌之后，英国兵船连犯京津地区，朝野震动。1842年初，宣宗皇帝以琦善与英人所议条件，所求过苛，概不允许，严令琦善"整饬兵威，相机进剿"，而琦善早无海防可恃，英船进犯虎门，陷大角、沙角炮台，威胁广州，惊慌之际竟答应英人条件，而以"拒守实难"，再次建议与英定约。宣宗皇帝大怒，即革琦善职，命奕山为靖逆将军，发兵赴粤攻剿。奕山未能"靖逆"，却传来了虎门炮台失守、广州为英军占领的消息。继而，英军又北上连陷厦门、镇海、宁波、余姚、慈溪等县。宣宗急命奕经为扬威将军，赴浙督师。一年之间，败报频传，人心震惊。台湾汉奸四出，人们一日三惊。更严重的是伴随厦门被封锁，台湾后援不继，基本只能孤军奋战了。

在此期间，姚莹眼见局势急转直下，更加倍警惕，他亲赴各海口了解情况，添设炮台巡墩，雇募乡勇水勇，加强防御。沿途传见地方乡绅，谕令各庄团练壮勇，保证治安而防奸人勾引外敌。姚莹深知："台湾不同内地，他处但防夷耳，台则兼防内乱也"。因此，姚莹马不停蹄，督察防堵事宜，并沿途召见耆老、士绅，视察团练乡勇。"每庄自一、二百名至七、八百名，通计四县二厅，团练壮勇13000多人，一旦有警，半以守庄，半听调用。”当时5个比较大的口岸共用防卫士兵3481人、屯丁200人，而调用的协防乡勇数量则为2160人、水勇520人，其数量与时俱增；二是添置武器，加强防御工事，新增了6000斤和8000斤的大炮，购置兵船，测量港口水文情况，海防设施重新加固，姚莹亲自查验；三是根据敌我实际情况制定了作战预案：“以守为攻，诱敌入境”；四是严禁鸦片，肃清内奸，“有买卖鸦片者分别搜拿封毁”，“初犯者刑，再犯者死”，于是各地烟馆，纷纷关闭，一时鸦片几绝。帝国主义者多以金钱鸦片收买奸人为其提供情报，甚至带路，姚莹发动人民严惩汉奸，还派几十条兵船在海上巡逻，随时捉拿。大敌当前，血浓于水，台湾上下同仇敌忾，内部的民族矛盾也得到缓和。

疾风知劲草，国难赖孤臣。1840年6月，英舰闯入台湾鹿耳门外马鬃洋面挑衅，姚莹即令水师出击，英舰狼狈逃向外洋。台湾首战得胜，侵略者没有占到便宜。姚莹亲自巡视南北各路海口，勘察水域深浅，查明船只炮位配备，进而制定台湾十七口设防图。

接着英舰第二次进犯台湾，未能得逞。

同年8月，英舰“纳尔布达”号驶入鸡笼（基隆），攻打二沙湾炮台，参将邱镇功发射八千斤巨炮，轰断其桅杆，这大出英国人的意料，英舰狼狈退向外海，触礁碎船，枪炮优势尽失，英军纷纷落水，死者无数，有的凫水上岸，有的抢搭舢板逃生，官兵与壮勇结合，分头追击，击毙和俘虏英军一百六十六人，缴获新式大炮十门。

为了进一步加强防御，姚莹积极组织民力，即发谕示数百道，由各地耆壮，申约连庄，添练壮勇，“家自为守，人自为兵”，乡勇从原来一万三千余人增至四万七千余人；并且，揭露英军野蛮逞凶罪状，遍加晓谕，“使人皆切齿，共奋同仇”，又颁发告示，实行信赏必罚，“如兵民奋勇破夷，凡所获夷船银货，悉与出力兵民充赏”，于是，“台湾擐甲之士，不懈于登陴，好义之民，咸奋于杀敌”。

9月，英军攻陷定海后，借口索还上次战俘，于十三日凌晨，再到鸡笼窥伺，进攻二沙湾、三沙湾，受到当地军民还击，英舰见我人众山险，不敢仰攻。

1842年2月，英舰三艘，进犯淡水、彰化交界的大安港，姚莹示弱海上，采取“计诱搁浅，设伏歼擒”战术，密示巡检高春如等，募渔民周梓伪装奸细，把敌舰“安因”号引入土地公港，触礁搁浅，即令该处伏兵奋力攻击，打死打伤英军六十人、汉奸五人，缴获大小铜铁炮十三门、鸟枪二十支、短刀二十七把。

后来，英军勾结草鸟船，侵扰台湾，又遭失败。

姚莹同达洪阿商量后决定：英军官兵和汉奸经奏明朝廷后就地处决，

这违背了闽浙总督和福建巡抚的意愿，却极大地震慑了侵略者和卖国贼，振奋了军心士气。

书生典兵，在台湾这个人力物力资源都十分匮乏，军民关系、民族矛盾也非常复杂的地方，古老的大清帝国的军民用古老的装备抵抗早已完成了工业革命、实现了军事现代化的侵略者。姚莹在最不可能取得胜利的时间、最不可能取得胜利的地点取得了胜利。客观地说，这场胜利在世界战争史上甚至就国内战争史来说都算不上是一场特别巨大的胜利，但对于大清帝国的君臣来说是太及时、太重要了。各地抗英败报频频，唯独台湾传来捷报，宣宗皇帝龙颜大悦："达洪阿著加恩赏加太子太保衔，并赏加阿克达春巴图鲁（之勇号）；姚莹著赏加二品顶戴"，赐云骑尉世职。"均仍交部从优议叙。"其余有功者升赏不一，死伤者依例赐恤。

如果说姚莹抗英创造了奇迹，那么在后方远离战火的朝廷官员接着却创造了一个更大的、令人匪夷所思的奇迹：由于战争总体上战败，侵略者视姚莹为死敌，编造了一个"冒功贪赏"的谣言，这同朝廷中一些被侵略者吓破了胆的人找替罪羊的需求不谋而合。闽浙总督怡良东渡台湾，奉旨查办姚莹等"冒功"之罪。虽有台湾官兵1000余人在行辕门外为姚莹鸣不平，姚莹仍被刑部关入狱中。以两广总督耆英为代表的一部分人居然声称："不杀台湾镇道，我辈无立足之地。"在押期间，刑部要他和在台湾被俘的英国人对质，他严词拒绝说："我作为堂堂天朝臣子，岂能穿囚服和被俘夷人对质？定罪由尔，国格不能丢！"

其实，稍有常识的人都知道，"冒功"根本不值一驳：英国人说他们的船只是自己触礁，被姚莹俘获领赏。全副武装的军舰在交战国的领海游弋，意欲何为？不管是触礁还是被击毁都是罪有应得。姚莹和达洪阿罪名是"欺饰冒功"，朝野上下"台谏交章论救"，有识之士都认为姚莹冤枉，著名诗人、姚莹挚友张际亮，专候于起解必经之路苏州，弃家陪同姚莹北上，风雨三千里；曾国藩等数十名在京官员郊迎披枷带锁的姚莹、达洪阿。

1843年10月5日，姚莹至京入刑部监狱。按照官场惯例，照旧引咎请罪，供词既上，宣宗看也不看，说："台湾事，朕已知之，毋庸阅也。"16日，得释。

1843年末，奉旨："姚莹著以同知知州，发四川补用。"因"冒功"而降为文正五品，依朝廷惯例，以前所赏二品顶戴等皆黜罢。皇帝也明白姚莹有功于国，在外部巨大的压力下不得不暂时委屈自己的忠臣。对于这一段经历，姚莹自己在《再与方植之书》中表达了心中感慨："莹五载台湾，枕戈筹饷，练勇设防，殚力竭虑，甫能保守危疆，未至偾败。然举世获罪，独台湾屡邀上赏，已犯独醒之戒；镇、道受赏，督、抚无功，又有以小加大之嫌。况以英夷之强黠，不能得志于台湾，更为肤愬之辞，恫喝诸帅。逐镇、道以逞所欲，江南闽中，弹章相继。大府衔命，渡台逮问，成见早定，不容剖陈。”

1844年5月初，年已60的姚莹自桐城启程西赴四川，于8月初抵四川省会成都报到候补。当时的四川总督琦善是姚的冤案制造者之一。11月初，姚莹被宝兴（时任总督）派赴乍雅处理正、副呼图克图（中央政府对喇嘛教大活佛的封号）之间的权力纠纷。两个正副土官之间的权力之争基本属狗咬狗，很难分出个是非；并且朝廷也希望少数民族上层存在些矛盾，以便于控制，姚莹此次只身前去，既无军队也无朝廷封赏，赤手空拳，注定劳而无功，结果是来回奔波，在雪域高原往返上万里，到达现在的四川理塘、西藏的昌都地区，不得要领。这一番折腾，极大地损害了姚莹的健康，他已经年过六十了，即使是今天，物质条件极大改善，高原对一个年迈的人来说也是生命的考验，何况是对几十年操劳过度的姚莹，其伤害程度自不待言。对于这种遭遇，姚莹却安之若素。虽“两次奉使往返万里，冰山雪窖中，崎岖备至”，却能“处之如恬，途中诵读吟咏不辍”。入藏期间，他将所到之地的政治状况、山川形势、人情风俗详考博征，编成《康輶纪行》15卷，附《中外四海地形图说法》1卷。他在《康輶纪行》中，除撰有“前后藏三十一城”“葱岭”“西昆仑”等专篇论及西藏地理外，还将古地理书与现实状况相印证，写出“古三危”“《禹贡》黑水有三”及“古书言异域”等篇，用大量资料证实前后藏并非“天竺”，而自古以来就是中国领土。该书还介绍了西藏邻国印度、尼泊尔、锡金的情况，对英、法、俄等国情作了研究，揭露了他们的侵略野心。他指出英在吞并印度之后，早已蓄谋侵犯我国的西藏，建议清廷务必要加强边疆和沿海地区的防务。所著《识小录》8卷，记述了当时蒙古各盟旗、库伦、卡伦形势。这些书和魏源的《海国图志》、徐继畬的《瀛环志略》一起，开启了中国近代思想启蒙、边疆研究与边疆治理的先河。同时，姚莹那种“处江湖之远，则忧其君”的拳拳赤子之心，足以垂范后人。雪域高原，饱学的姚莹仍然寻到了他生命的芬芳。

其后姚莹补四川蓬州，有劳无功，还被罚俸一年。1848年4月，姚莹告病乞退，得准卸任回乡，才结束了他自60岁到64岁的贬官四川的岁月。

四川官场非姚莹用武之地，因其秉性早应辞官归隐。但他认为“国恩不可负，身累未能偿，是以忝颜至此，甘困辱而不辞也”。早年的志向、亲人的期望、忠君爱国的理想一直激励他勇往直前；多年的官场亏空、自己及家人的生计也迫使他流连职场难以脱身。

1848年6月底，姚莹从四川回到故乡。临启程前，不得不将在四川已典当二年未能赎回的貂裘当票抵债，幸赖蓬州士民赠路费，蜀中同僚送给

他一些川资才能出发。已到了颐养天年的年纪，故乡龙眠山水，天下奇秀，但姚莹不能学古人归隐山林，他身无长物，无以为生，只好再出为幕，代人纂修书籍。

1850年文宗继皇帝位，诏中外大臣举荐人才，两江总督陆建瀛奏以姚莹充九江盐卡委员，奉旨："俟盐务办有起色，送部引见"。9月至九江干起了20年前在江苏早已经历过的差事。

次月，大学士穆彰阿、耆英被黜，上谕列举二人，祸国多事，有一条是："达洪阿、姚莹前在台湾尽忠尽力，必欲陷之"。所谓"冒功"冤案，总算变相昭雪。

1851年初，姚莹奉旨授湖北盐法道。此时朝廷西南失火，太平军兴。国难思良将。2月又奉旨前往广西"赞理军务"。"命参大学士赛尚阿军事。时广西寇渐炽，诸将不合，师久无功。"抵省会桂林，奉旨授广西按察使（正三品），随军办理粮台。时赛尚阿、乌兰泰、向荣几个统兵将帅争吵不休，互相掣肘，连战皆败。姚莹只有建言献策的机会，没有发号施令的权力，清廷的内耗致使洪秀全的太平军一路凯歌，如入无人之境。姚莹尾随太平军转入湖南，湖南巡抚张亮基素闻姚莹干练能战，奏请留下权理湖南按察使，国事到了不可收拾的地步，姚莹也感回天乏力，忧愤成疾，只得以近古稀之年抱病征讨。

"出师未捷身先死，长使英雄泪满襟"。1853年1月24日，姚莹病逝于湖南永州军中，终年68岁。归葬于桐城城北龙眠山中。从24岁到68岁，风雨奔波44年，故乡亲切的泥土才是他最后的安息之所。

姚莹读书做官之路漫长而颇具特色。他读书早、勤、快，由于家学源远，桐城"文章甲天下，冠盖满京华"的读书氛围，加之天分高、勤奋用功，取得功名速度快。幸有名师指导，在应付科举考试的同时打下了坚实的学问基础，他的官靠的不是运气靠山，是实实在在的学问和扎实勤奋的献身精神。姚莹的可贵之处还在于"八股"泛滥、"朴学"（考究古书、古物、古事、古义之学）盛行之际，"志在经世"，由此出发，博览群书，凡涉及治国安民的知识与学问，无不悉心讲求，反之，则不费精力去钻牛角尖。秉承家学，掌握要领；关心时局，不为空谈。从而在人生道路上迈出了坚实的第一步。研讨"海上事"和"海外事"呕心沥血，学以致用，既有实践上的创举，也有理论方面的建树。与同时代的林则徐、邓廷桢遥相呼应，更启发了后来的曾国藩、李鸿章、左宗棠、张之洞，他的政绩影响也为数十年之后台湾建省、刘铭传巡抚台湾奠定了基础。

姚莹的宦海生涯基本是在中国封建社会末期，官场腐败已到无可救药的地步，他能在浑浊的晚清官场独善其身、廉洁自守，甚至在穷愁潦倒的情况下也不改初衷，实属难能可贵。他在《一腔热血须真》中自明心迹：

“或谓余：一腔热血，何必掬以示人？余谓：君血自未真耳！所谓热者，视天下国家之事，皆如己事；视人之休戚痛痒，如己之休戚痛痒，辗转于怀，不能自已。夫是之谓热血，岂可轻言之耶！试思三教圣贤，苦心苦口，著书垂训，所为何事？千古忠臣义士，剖心沥血，又是何为？世人只知自己身家名利，于他人是非得失，不甚关痛痒；又习见世俗轻浮巧薄，以为此处世之道当然也。不但古圣贤忠义之所以存心为人者，未尝体会，即前辈诚朴忠信之风，亦所未见。故见有正直不时趋者，则诧而怪之矣！此事存乎其人，岂口舌所能喻哉！”真可谓“一代文章，千秋风义”！

姚莹在我们的史书上不属循吏，更不是酷吏。家之孝子，国之能臣，姚莹之谓欤？由于官职不高，《清史稿》把他放在“列传”里面，云“朝廷未尝不谅其忠勤，海内引领望其再用，亦不可谓不遇矣”。他勤政爱民，关注民生；也不可否认，在维护国家利益和执行朝廷指令方面，“乱世用重典”，姚莹态度坚决，手段狠毒，有杀伐过重之嫌。书生用武，血光耀眼，这同三国时的诸葛亮和后来也同样是文人典兵的曾国藩有相似之处。

“大江日夜客心悲，发语苍茫逸思飞”。作为学者和诗人，姚莹无疑是学识渊博、才华横溢。但他志不在著书立说，而是实心任事。数十年劳碌奔波，宦海沉浮，笔耕不辍，在任事济世之际无心插柳，但身后却是柳暗花明，果实累累。除《东槎纪略》五卷、《康輶纪行》十六卷外，还有《东溟文集》六卷、《东溟外集》四卷、《东溟文后集》十四卷、《东溟文外集》二卷、《后湘诗集》九卷、《后湘二信集》五卷、《后湘续集》七卷、《东溟奏稿》四卷、《寸阴丛录》四卷、《识小录》八卷；亲自编定、付刻《姚氏先德传》六卷；总计《中复堂全集》九十八卷，《中复堂遗稿》五卷、《遗稿续编》三卷。著作等身，足为后世范。

官不在高，事不在大，尽忠尽力，立功、立言、立德尽在其中矣。

子濬昌，能继家学，承父志。武英殿大学士、两江总督曾国籓以名家子留佐幕府，历官江西安福、湖北竹山知县，有政声。亦工诗，有《五瑞堂集》。

作者简介：徐北平，副教授，安庆职业技术学院建筑工程系党总支书记。

京剧鼻祖程长庚

杨厚松

京剧是中国的国粹，被称为“国剧”，它在历史上曾有皮黄、二黄、黄腔、京调、京戏、平剧、国剧等称谓。它肇始于徽剧。安徽安庆怀宁县的石牌镇是它的发源地。自古就有“无徽不成调，无石不成班”之说。徽剧自清朝乾隆五十五年（1790）随四大徽班（三庆、春台、四喜、和春）进入北京，此后就与北京剧坛的昆曲、汉剧、弋阳、乱弹等剧种经过五六十年的融汇，逐渐衍变成为京剧。而将徽剧推向京剧的关键人物就是生前被称为“老生三杰”“老生三鼎甲”“同光十三绝之首”“大老班”“伶圣”“至圣先师”“‘精忠庙’庙首”，获“五品顶戴”赏赐，身后集“京剧鼻祖”“开山祖师”“乱弹巨擘”“徽班领袖”“老生泰斗”“剧神”等美称于一身的程长庚。

一、戏剧人生

程长庚（1811—1880），名椿，谱名程闻檄，一名闻翰，字玉山（一作玉珊），号荣椿，乳名长庚。祖居怀宁县石牌镇，进入北京后曾先后居住在宣南石头胡同和百顺胡同，享名后将寓所取名为“四箴堂”。

程长庚于清嘉庆十六年农历辛未十月初七日出生于潜山县黄泥镇程家井，为宋代著名理学家程颐51代裔孙。程长庚成名后在他的家乡流行这样一个有趣的传说，据说他的祖父在某年大年夜去世，后来葬在程家屋后，风水先生说这一葬程家会出一个官人，但由于是晚上葬的，可能是个夜朝官，也就是个名角。程长庚的出生和成名的确使这一传说显得非常神奇。

程长庚的父亲程祥桂是道光年间三庆班掌班人。由于家庭环境的熏陶，程长庚从小就对戏剧产生了浓厚的兴趣。他幼年在三庆班坐科学戏，由于勤学苦练，小小年纪就在各大徽班登台献艺，并成为一名小有名气的徽调演员。道光二年（1822）他随父亲北上入京。当时他的舅舅也是一位徽调演员。舅舅非常喜欢他，并看好他的表演才能，便创造机会让他登台演出。可是出人意料的，程长庚京城首秀却并不成功。他放声之后，抬眼望去，只见台下满目的鄙夷和嘲讽，最后被尴尬地轰下了台。他是从安徽来北京的，乡音乡韵未免显得土气。这也许就是他被满场嘲笑的原因。

程长庚大耻，但他却并不服这口气。于是，他开始了三年的闭门修炼。三九天，北风呼啸，他迎风吊嗓，一练就是半天；三伏天，烈日炎炎，在太阳底下，他练倒立，一练就是几炷香。晚上，他则总是躲在戏台的前台柱下，偷学那些名角的一招一式；在茶馆里，他跟卖唱的丫头学戏；甚至吃饭时还在琢磨身段动作。不少人都说他走火入魔了。然而三年的苦练终于使他修成正果。一天，某贵人大宴宾客，请了不少王公大臣，席上演戏助兴。这位贵人用《昭关》这出戏来考验演员的功力。其他演员战战兢兢，然而不被看好的程长庚却突然提出出演主角伍子胥。只见他装扮完毕，迈步出台，“冠剑雄豪，音节慷慨，奇侠之气，千载若神”。一亮相、一张口，艺惊四座。史书记载“座客数百人皆大惊起立，狂叫动天”。主人大喜，在一个个向客人敬过酒后，回过身来手捧一个巨大的酒杯向程长庚祝酒，并称呼程长庚为“程叫天”。从此以后“叫天”这个名字很快传遍京城。老百姓以能一听程长庚的演唱为荣，大街小巷上自王公大臣，下至剃头的、挑担的等寻常百姓，纷纷学程长庚的唱腔，模仿他的身段动作。当时京城流行一句口头禅：“吃喝玩乐逛京城，听戏要听程长庚。”王公大臣家每有宴聚，如果请到程长庚，大家就欢天喜地；如果程长庚因故不能来，则所有宾客都会感到索然无味。巨大的声名很快传到了宫廷，惊动天子。当时的咸丰皇帝深以为奇，命人召程长庚入宫献艺。一曲唱罢，龙颜大悦，不仅赞不绝口，还亲自授予程长庚五品官衔，敕领供奉。以唱戏而受封五品官，领取朝廷俸禄，这不仅在整个大清王朝甚至在中国历史上恐怕也是绝无仅有的。它自然让人联想起当初那个有趣的“夜朝官”的传说。程长庚在唱戏的时候有一个奇怪的规定，那就是不许观众喝彩。他认为喝彩会打乱他的节奏，也会让其他观众听不到他的演唱。因此，哪怕进入皇宫为皇上演唱，他也要求皇帝不要喝彩，并对皇帝说：“您一喝彩我就停下来不唱，希望皇上不要怪罪。”没想到皇帝居然大笑着答应了。皇帝都不敢喝彩还有谁敢？因此，程长庚演戏几十年，只要他出场，就没有谁敢大呼小叫。这一奇怪的规定反而让程长庚更加名重天下，从咸丰帝到同治帝，“谈皮黄者，靡不知有‘四箴堂主人程长庚’，自程长庚出，人皆奉为圭臬，以之相竞”。到 1866 年左右，他已成为誉满京都的著名演员，被称为“伶圣”。同治、光绪年间，程长庚担任三庆班班主，兼任春台、四喜两班总管，同仁尊称他为“大老板”。当时戏班的人称呼班主为“老班”，由于程长庚名、德、才、艺举世无双，因此当时无论是哪一个戏

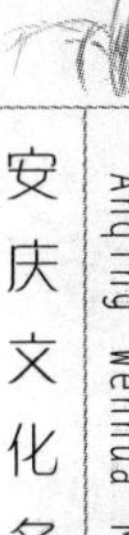

班，都称呼他为“大老班”。京城上流社会的士大夫们因酷爱他的表演，更因为推崇他的人品，也用人们习惯的敬称“大老班”来称呼他。

咸丰、同治年间，朝廷为了方便传差和管理艺人，重新恢复精忠庙。精忠庙是北京戏曲艺人于明末清初成立的群团组织，机关设在岳忠武庙，称之为精忠庙会，相当于今天的中国戏曲家协会，属半官方机构。当时京城戏曲界凡是组班邀角、贫苦艺人生养死葬及其他公益事项，均由该所办理；遇有重大事件，由首领召集各班“言公人”开堂公断。精忠庙一时成为号召梨园的核心。精忠庙的首领称为庙首。雍正七年朝廷撤销教坊司后，精忠庙的作用显得越来越重要，庙首的权威也越来越高。精忠庙的首领都由梨园界威信最高的艺人担任。程长庚凭借他杰出的声望，被推举出任精忠庙恢复后的第一任庙首，直到他离开人世，30 年间，他成了北京梨园界一面团结的旗帜。

二、艺技精湛

程长庚出身徽班，功底扎实。他擅演文武老生戏，能演 300 多个剧目，连演几个月而不重复。拿手曲目有《文昭关》《战长沙》《古城会》《秦琼发配》等。他与四喜班张二奎、春台班余三胜，为京剧第一代演员的三位老生杰出人才，虽比余、张享名较晚，但他威望极高，并称“老生三杰”“老生三鼎甲”，而程长庚名列“三鼎甲”之首。

角色上，程长庚“文武昆乱不挡”。文就是文戏，武就是武戏。昆是指昆曲，当时被称为雅部，是上流社会认可的正统戏；乱是指乱弹，被称为花部，是来到京城的各地方戏曲的总称，后来专指京剧。程长庚除擅演文武老生外，小生、旦、净、末、丑等角色，一样应付自如。程长庚最拿手的是《樊城》《长亭》《昭关》《鱼藏剑》几出老生戏，后人拼命想学他，但最终没一个人能达到他的高度，所以这几出戏几乎遥不可及，成为京剧中的阳春白雪。同时他又会净角戏，扮演过《临江会》中的净角张飞；他还能反串花脸，为何桂山演出《白良关》配演“小黑”尉迟恭，《风云会》中的黄靠赵匡胤，《战太平》中的红靠华云；也经常主演昆曲《钗钏大审》。在《法门寺》中，他时而饰赵廉，时而饰刘瑾。他曾对人说：“既为班主，则生、旦、净、丑、末必须一一习之，某无此技，何敢主此三庆班?”可以说戏路极宽。据说武生徐小香，为当时武生中的头牌，就算日后杨小楼极鼎盛的时候，在一些剧目上都无法与其相比。也正因为如此，徐小香相当自傲。他本在三庆班中演戏，但是钱赚多了之后，自己也知道这份行业被外人看不起，屡屡想要改行。终于有一天，徐小香不辞而别回了老家苏州。程长庚知道之后，费尽周折将他请回来。可是徐小香回来之后，程长庚却不让他演戏，专门给他定了一个位置，对徐小香说：

“我让你回来，并非是离开你我就不能演戏。而是咱们行里有规矩，你这么一走了之，就坏了规矩。以后这里专门给你留个座看戏，看看没了你，我能不能演戏。”从此以后，程长庚每天的戏码除了以往的戏之外，总要在最后加演一个原先徐小香拿手的小生戏，演起来丝毫不比徐小香差。徐这才心悦诚服地回到三庆重新演戏。

程长庚专唱生角戏，声调奇高。他当时演唱是纯粹的徽调，很少花腔。他一开口演唱，声音响彻云霄。在唱腔上，程长庚字正腔圆，不事花哨，直腔直调，沉雄爽朗；嗓音洪亮，咬词准确，于高亢中又婉转抒情，独具特色，刚健沉雄，大势磅礴，既有“穿云裂石”“余音绕梁”之势，又有“声情交融”“神形并备”的艺术之功。虽无花腔，但观众听在耳里，美在心里，如品甘味醴，无一处不舒畅，无一处不服帖，反而觉得花腔拗折难听。每当程长庚开口演唱，听众便如痴如醉，甚至连与他配戏的人都听入了神，以致忘记了自己的演唱，台下观众见了好笑都浑然不知；敲锣打鼓的也每每因醉心于品味他的演唱而忘记了自己的职责，闹出不少笑话。程长庚最令人叫绝的是慢板二黄唱腔。他本身就擅演昆曲，所以在唱腔字法上，极其讲究精准。他的许多演唱方法，都被人视若神明、奉为标准。据说有一天程长庚演《天水关》，唱“先帝爷白帝城”句时，正好咳了一下，“白”字音仿佛像“拍”字音。第二天，京城里的人便哄传他又创造了新唱法，此后凡唱这出戏的人，都纷纷效仿他将“白”字唱成“拍”字。程长庚不光演唱技巧高超，更重要的是他能以情带声。据史料记载，鸦片战争后，列强入侵中国时，程长庚演诸葛亮、刘基沉郁英壮之气概，可使“四座肃然”；演关羽忠义节烈之豪情，可使观众“泪下沾襟”。程长庚音域宽阔，腔调可高可低，在演出时总是替对手考虑，能根据对手的需要来调整自己的音高。

表演上，程长庚善于体察人物的性格、身份，重视人物形象塑造，长于表现典雅庄严的风度，以凸显角色神采、气质为重。《旧剧丛谈》称：程长庚登场，“不但声容之美、艺术之高人不能及，其神采举止，雍容尔雅气概，亦难能而可贵。盖于古人之性情身份，体察入微，一经登场，不啻现身说法。故为大臣则风度端凝，为正士则气象严肃，为隐者则其貌逸，为员外则其神恬。虽疾言遽色而体自安祥，虽快意娱情而神殊静穆，能令观者油然起敬慕之心”。每一角色经他一演，无不活灵活现。

身段上，程长庚做功沉稳、大气、凝重。一招一式，肃穆神威。演绿靠红生关羽，青龙偃月刀直劈直回，不要花刀，以示壮伟肃穆；饰演白靠武生岳飞，持枪亮相，不偏不斜，犹如冲刺的雄鹰，表现英雄的刚正威武；扮演儒雅老生鲁肃，双手握玉带前端亮相，先提袍后抬腿迈步，以显示人物的凝重端庄。他善于体察人物的性格身份、神采举止，擅长表演庄

重威武的忠臣义士，有“活关公”“活鲁肃”之称。艺术上的精湛造诣为他赢得了“老生泰斗”的美誉。

三、催生京剧

京剧的诞生是从四大徽班进京开始的。清乾隆五十五年（1790），著名戏曲艺人高朗亭率领“三庆”徽班入京，拉开了徽班晋京的序幕。此后又有四喜、启秀、霓翠、和春、春台等安徽戏班相继进京。在演出过程中，六班逐步合并成为著名的三庆、四喜、春台、和春四大徽班并形成各自特色，即：“三庆的轴子（指三庆班以连演整本大戏见长）；四喜的曲子（指四喜班以演唱昆曲戏著称）；和春的把子（指以擅演武戏取胜）；春台的孩子（指以童伶出色）”。出现了“四徽班各擅胜场”的局面（《梦华琐簿》）。徽班进京后很快显示了强大的生命力，“嘉庆以还，京师苏班日就衰微，徽班乃遂铮铮于时。班中上流，大抵徽人居十之七，鄂人间有，不及徽人之多也”。此后徽班历经两次与兄弟剧种的大融合进而催生了京剧。

第一次融合是徽秦合流。清初，京城戏曲舞台上盛行昆曲与京腔（弋阳腔）。乾隆中叶后，昆曲逐渐衰落，京腔兴盛取代昆曲一统京城舞台。乾隆四十五年（1780），秦腔艺人魏长生由川进京，连演数场，一时轰动。但很快，清廷以魏长生表演艳俗有伤风化为由将他逐出京城。后来魏氏搭三庆班演出秦腔《滚楼》《背娃进府》等剧。魏长生扮相俊美，嗓音甜润，唱腔委婉，做工细腻，一出《滚楼》即轰动京城。三庆班也因此被誉为“京都第一”。从此，京腔开始衰微，京腔六大名班中的大成班、王府班、余庆班、裕庆班、萃庆班、保和班也无人过问，纷纷搭入秦腔班谋生。秦腔艺人搭入徽班后，徽班以唱二黄调为主，兼唱昆腔、吹腔、四平调、拨子调、罗罗腔和梆子腔，形成诸腔并秦的传统，唱腔得以丰富；同时，徽戏还把秦腔所有剧目移植过来，大大丰富了演出内容。从此，素为北京市民所喜爱的秦腔，以及一向为宫廷和士大夫所推崇的昆曲、京腔，都被徽班吸收融会，使徽班在竞争、创新中迈出了最坚实的一步，形成一枝独秀的局面。

第二次融合是徽汉合流。道光初年也就是1821年，汉剧演员米应先、李六、王洪贵、余三胜、小生龙德云等先后入京并搭入徽班，将汉调的声腔曲调、表演技能、演出剧目融于徽戏之中，使徽戏的唱腔板式日趋丰富完善；唱法、念白更具北京地区语音特点，而易于京人接受。徽戏进一步丰富壮大。徽汉合流后，促成了湖北的西皮调与安徽的二黄调再次交流（汉剧既唱西皮，又唱二黄，汉剧的二黄也是由安徽而来，与徽调二黄同出自青阳腔）。西皮调和二黄调是京剧的基本唱腔。因此，徽、秦、汉的合流，为京剧的诞生奠定了基础。

徽汉合流是徽戏改革创新进而形成京剧的高潮。在这一蕴藏巨变的历史进程中，程长庚发挥了无可替代的作用。他不失时机地抓住了竞争中的机遇，把自己巨大能量溶化在刷新舞台、美化皮黄、争夺观众的戏剧改革之中，以他无与伦比的影响力，架起了中国戏曲史上通向京剧的最后一道桥梁，开辟了“同光十三绝”光耀京剧的崭新历史。而这一切都体现在他对徽剧一系列的探索和创新之中。

程长庚对剧种的第一个改革是提出了“以老生呼天下”的主张。当时，在京城，和徽班形成鼎足之势的是昆曲和秦腔。昆曲以风格典雅见长，秦腔以“旦色之涂抹科诨取妍者”取胜。但由于都风靡已久，让观众出现了审美疲劳。程长庚恰在此时提出“以老生呼天下”的主张，无疑适应了时代的发展和观众的审美需求，从而使徽班在京城很快脱颖而出。“以老生呼天下”，不只是简单的行当改革，而是起到“牵一发而动全身”的作用。通过行当中心的转移，实现从剧本创作到舞台呈现的变化，从而达到剧种的改革。更重要的是通过这种改革扩大了剧种的表现内容——专重旦角，只能表演一些儿女情长的小戏。改以老生为中心后，可以表演一些连本大戏，比如“三国戏”“战国戏”等，在舞台上频繁出现了伍子胥、诸葛亮、关公、张飞等叱咤风云的历史人物。当时正是鸦片战争后，内忧外患、民情激奋时期，这些连本大戏的推出无疑满足了观众雪国耻、平民愤、救国救民的爱国热情。由于题材和人物的要求，徽班的戏大气磅礴、酣畅淋漓，是其他剧种无法比拟的，从而崭露“国剧”端倪。因此，日本著名戏曲史家青木正儿曾给予高度评价：“自程长庚以‘老生呼天下’，生旦易处，剧道渐趋于正，此皮黄之能大成欤！”

程长庚还是声腔改革家。程长庚唱腔，脱胎于“徽调”，取法于楚调，兼收昆曲、山陕梆子诸腔之长，融会为“皮黄调”，却以徽音为主，当时称徽派。他的嗓音内行话叫“脑后音”，“穿云裂石，余音绕梁而高亢之中又别具沉雄之致”（倦游逸叟《梨园旧话》）。他讲求字正腔圆，不事花哨，直腔直调，沉雄爽朗。徽班进京后，艺人们为了适应以北京为中心的北方观众的需求，在唱腔和道白上都进行了很大的改革，但真正的改革还是程长庚执掌“三庆班”帅印后。他在徽调也就是“二黄调”的基础上，融昆、弋、秦腔等所长，并予以“京音化”，创立了“京剧”。民国十四年成书的《中国戏曲》说“今日京派之戏剧声调技术多发源于程长庚”；《燕尘菊影录》一书也说程“熔昆、弋声容于皮黄中，匠心独造，遂成大观”，称程长庚为“京剧鼻祖”正由此而来。

程长庚还是一个大剧作家。剧本是一剧之本。在进行徽调改革和创新剧种过程中，程长庚深刻认识到剧本的重要性，因此他把剧本创作始终放在重要位置。为适应当时观众的需求，他和“三庆班”的“秀才”卢胜奎

等一起，在《三国演义》中寻找素材，编演了大量连轴的“三国戏”，一个故事、一个人物可以连续演数天数场，相当于现在的连续剧。据不完全统计，程长庚编写或和别人合作编写的剧本有100多部，这些剧目至今还有不少是京剧传统保留剧目。这是当今任何一个剧作家都难以达到的成就。

应该说程长庚对戏剧的改造和创新是全方位的。除在声腔、角色行当、剧本创作上对徽剧进行了大胆改革外，他还创新了戏剧人才的培养模式。程长庚晚年为培育第二代戏剧人才费尽了心机。他亲自创办了三庆大科班，也称四箴堂科班。对于那里的学生和教师，他严肃认真而又慈祥宽厚。每天放学，他必然亲自站在练功房门口，用高亢而富有谐趣的韵律，发出“放——学”的命令。倘若有人为学不专，他会像私塾先生那样予以惩戒。陈德霖可算是他的得意小弟子，为《断桥》中“许郎”的“郎”字没有按照昆韵唱念，他可是责罚了他两次。陈德霖日后成了功底深厚的名旦，继承了程派艺术阳刚美的传统，直接影响到以梅兰芳为代表的梅派声腔艺术的发展。另外孙菊仙、谭鑫培、钱金福等这些后来在京剧界响当当的人物都是他的弟子。其中谭鑫培、汪桂芬、孙菊仙被称为“京剧”老生新三派。程长庚还特别善于发现和任用人才，如对落榜考生卢胜奎的信任和重用，对杨月楼的赏识和托以身后之事，都体现了他对人才的敏感，也是他能将三庆班社乃至整个京城戏剧界带好，将徽戏发扬光大进而形成京剧的原因。

四、艺德流芳

程长庚台上技艺精湛，台下品德卓越。旧时人们从艺大多不过是为了养家糊口而已，所以很少考虑演戏以外的东西。程长庚则不然。他非常重视戏剧的教化功能，时刻维护戏曲演员作为人的尊严。他对剧目的挑选十分严格，诸葛亮的戏，只演《安居平五路》和《天水关》，从不搬演与诸葛亮谨慎性格相乖戾的《空城计》《战北原》等剧目；他也不演《薛平贵》《赶三关》《武家坡》，认为这些戏于史无据，不近情理。1840年（道光二十年）鸦片战争爆发，清政府丧权辱国，与洋人签订了臭名昭著的“南京条约”，为此全国人民义愤填膺。这时“长庚痛欲绝”，他从此“谢却歌台，终日闭户不出，郁郁于心”。不唱戏无生活来源，经常寅吃卯粮，食无隔宿，友人劝他“出山权宜，以解燃眉”，他“泫然涕泪曰：‘国蒙奇耻，民遭大辱，吾宁清贫亦不浊富。何忍作乐歌场！’”说完“潸然泪下”，表现了一个艺人崇高的爱国情怀；同治末年，都察院团拜，点名要程长庚应其他戏班外串。因为此举破坏了行规，有损同行的利益，他拒不赴演，当局派人把他强行捆了来。他一听说要演的是《击鼓骂曹》，又转怒为喜，欣然粉墨登场。谁知他扮演祢衡，“袒而坐，击鼓三，气概激昂”，指着堂下那些花天酒地的权贵们怒骂：“方今外患未平，内忧隐伏，你们一般奸党，尚在此饮酒作乐，好不愧也！有忠良，你们不能保护；有权奸，你们不能弹劾。你们一班奸党，尚在此饮酒作乐，好不愧也！”又表现了一个艺人的骨气和血性。他从不向权贵低头。有一位名叫路慎庄的官僚，他的父亲以工制艺而闻名于翰林。他继承父业，也提拔为翰林，后来升迁为御史。一次，他会集同窗饮宴，请了一个戏班唱戏。戏班并非是三庆班，但又点名要程长庚前来串戏，程长庚自然一口拒绝。结果对方以势压人，将程长庚捆押到戏台，逼他演唱。他说：“诸君乐，故奏曲；以长庚善奏曲，故传长庚。长庚亦须乐，奏故善。今锁，不乐，奏也不善，何奏为?”坚决不唱。

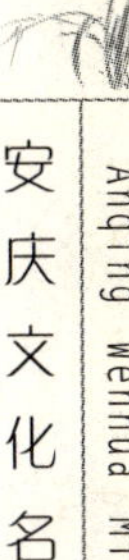

戏子地位卑微但人格不容侮辱。程长庚无论在台上还是台下，始终保持着他刚正严直的气质和个性。他以顽强无畏的勇气维护自己的人格，捍卫演员的尊严。在他以前，戏曲舞台一直残存“站台”的陋习，开戏之前，戏班旦角演员必须站在台前应酬看客，高尚的献艺夹杂着低下的逢迎。他执掌三庆班后，坚决废除了这种“站台”的陋习，维护了演员的神圣尊严。

作为三庆班的班主、四大徽班的总管、精忠庙首，他始终以身作则，不谋私利，正直无私，宽严相济。尽管身兼数职，管理事务繁重，但“长庚日课甚严”，练功不辍，从没荒废技艺：“其在中年，到班时刻，不差寸晷。每张报将演某剧，至期，风雨必演。日取车资不过京钱四十千而止。”他一反同行相倾的传统陋习，充分运用自己的人格感召力，以博大的情怀聚集各路人才，逐渐建立起三庆班在京城的基业。三庆班阵容齐整，在当时凑齐了一出《群英会》。北京观众盛传，程长庚本人是活关公和活鲁肃、“卢台子”是活孔明，徐小香是活周瑜，钱宝丰是活张飞，黄润府是活曹操。徐小香、钱宝丰、刘赶三等人当时都是京城艺界各行当的顶尖人物。这些人齐聚三庆班，使三庆班成为名副其实的“京城第一班”，靠的正是程长庚巨大的声威。尽管大腕云集，但程长庚治班甚严。他规定，堂会戏必须全班演出，不能单独应邀演出。这是考虑集体生计，这样做其实减少了他自己的收入，但他带头遵守这样的班规。据说有一年春节，都察院请四喜班唱堂会戏，也想请程外串（类似今“走穴”）参加四喜班演一出戏，但被程婉谢。于是又托一满洲贵族来劝说，还没答应。因而惹恼了那班老爷，认为一个戏子竟然如此大胆，不识抬举，将其锁在戏台柱子下。后有人问他怕不怕，他很严肃地说不可怕，怕的是对不起三庆班的众位弟兄。正因为怕“对不起三庆班的众位弟兄”，因此如果有人胆敢违反班规，他也决不姑息。小生头牌徐小香擅自离职坏了行规，他费尽周折把徐请回

来，并现身说法教育徐小香，使徐心悦诚服地回归三庆班效力。治班严格但他却不计前嫌。例如刘赶三，祖籍天津，票友出身，是当时的名丑。他和程长庚有过一段恩怨。程长庚执掌精忠庙，曾经因为刘赶三不守规矩私应堂会，把他开除伶籍赶出了京城。刘赶三当时已经很红，和很多官员有来往。他找到巡城御史李某，把程长庚绑在茅厕，还当众奚落了他。但是程长庚不计前嫌，在刘悔改认错过后重新收录他进了三庆班。他从此感念大老板的恩德，成为三庆班的主力。程长庚就是这样以自己的宽宏大量折服了大家，所有人无不心悦诚服地尊他为"大老班"。

虽为"大老班"，程长庚却从不以大老板自居。他不为名利，甘当配角。何桂山主演《白良关》，他曾经扮演配角尉迟宝林。他根底厚，戏路宽，十门角色都能拿起来，随时都可填空补漏，以至于常常连演二三出戏。戏剧同仁担心这样会损伤他的崇高声誉，有污盛名，一再劝阻他。可是，他却十分严肃地说："众人之搭三庆班，乃因我程长庚，众人为我，我又何敢不以手足视众人！正角唱戏，配角亦何独不唱戏耶？同一唱戏，又何高低之分，贵贱之别耶？"在那时，梨园戏班中班主与演员、首席演员与一般演员、主角与配角之间尊卑贵贱等级森严，以堂堂班主陪着演员唱配角，这不仅表现了他谦让的戏德和与戏友平等相待的风格，还维护了普通演员的人格。他的特著操行不禁令人肃然起敬。

他诚待观众，爱护同仁。某年冬日，大雪封门，空旷的剧院里只有一名观众，执事主张回戏，但程长庚没答应，并特意到台前对这位观众说"今日如此风雪寒冷，他人足不出户，你却独来，可见是个知音。"他命全班照常演出，并自演《文昭关》，供其观赏。这一消息第二天很快传遍京城，大老板竟然为一人演唱拿手好戏，全城轰动。此后广和楼座无虚席。程长庚诚信于民，为一人演戏，自此成为梨园佳话。尤为可贵的是，程长庚"视同行如手足，艺友每遇家资拮据，便勇解私囊从不吝惜"。而他自己却是"布衣粗食，素资甚微"。作为当时三庆班的班主，"四大徽班"的总管，又是精忠庙的庙首，还独一无二受过咸丰皇帝恩赐的"五品顶戴"，在生活上却极简朴，"终年身着一件旧布蓝衫，犹如乡下教书先生"。清代每遇皇帝去世便要"遏密八音"停止一切娱乐活动，此时戏曲艺人几都生活无着，程长庚仗义疏财，倾其所有，施粥赈饥，接济同行使他们熬过难关。艺人们感其救命之恩，为他立了"长生禄牌位"，上书"优人大成至圣先师"，将长庚当作"孔子在世"来供奉，其德重于泰山。程长庚感到，作为一位艺术家，必须全心全意地奉献，从来不把自己当作是艺术的贵族。直到他年老体衰，仍然时时登台演出。有人不解地问他："君衣食丰足，何尚乐此不疲？"他很有感慨地说："某自入主三庆部以来，于兹数十年，支持至今日，亦非易事。某一旦辍演，全班必散，殊觉可惜。且同人依某为生活者，正不乏人。三庆一散，此辈谋食艰难，某之未能决然舍去者，职此故耳。”年老体衰如此，依然顾念着同行的衣食安危，他的高风亮节不仅赢得了同行的衷心尊敬和爱戴，也赢得了社会的普遍尊重与赞美。辰穆公在其所著《伶史》中记称，程的品德“虽古时贤宰相，比之亦不及矣！”连高高在上的皇帝也直夸他“有艺有德”。

扶危济困的责任、鞠躬尽瘁的精神、执着于艺术的顽强毅力，构成了大老板程长庚的人生准则和价值取向。他对于强权的刚直和对于同仁的体恤，对于纪律的严正和对于私利的冷漠，把中国艺术家的传统美德昭示于人。他的精湛技艺和崇高品格为后人树立了一座顶天立地的丰碑。

五、巨星陨落

光绪五年冬腊月十三（1880 年 1 月 24 日），这是京都戏剧界最灰暗的一天，也是中国戏剧史上最悲伤的一天。这天早晨程长庚起来，神清气爽，精神格外好。自坐科学戏算起，他在舞台上辛苦了近六十年之久，今天终于可以告别舞台，安享晚年了，他的心上弥漫着一股温情。

长庚今天的谢台戏，唱的是《华容道》里的关云长。他坐到妆台前化妆，手抚到面皮上有些发烫，摸摸头，似乎又不像发烧，他知道这是兴奋过度所致。终于该长庚登场了，他捋了一下美髯，转过身来，冲众人抱手一揖，双眼微微眨了一下，似乎有千言万语要说，然而，他什么也没说，转过身去，接过青龙偃月刀，大踏步地走上台去，走到台中，一个转身，一个亮相，台上台下不由自主地发出一阵冲天的叫好声，人们早已忘记程长庚唱戏不准喝彩的规矩。卢台子和徐小香紧张地盯着大老板，一声叫好后，大老板似乎轻轻地摇了一下头，微微地皱了一下眉。待到器乐响起来，只见大老板将青龙偃月刀的刀把往地下一杵，向前一步。这一步好像有些摇晃，卢台子与徐小香心下一紧，待要喝叫拉幕，只见大老板又稳住了，笛子给了一个音，长庚张开口来放声就唱——却见一股血箭从他的口中喷出，长庚圆睁双眼，左手抚胸，右手杵着青龙偃月刀就要倒下。卢台子与徐小香抢上台来，一把抱住，然后将他轻轻地放倒。全体看客先是吃惊，待醒悟过来，个个都要往前拥，叫赵德禄劝住，看客们站在自己的位子上，眼巴巴地盯着台上。长庚倒在猩红色舞台上，睁着一双无神的大眼，口里已不能说话。章圃（程长庚养子）扔掉鼓键抢上前来，拉着父亲的手，不知说什么好，只有哀哀痛哭。望着大老板渐渐失散的目光，卢台子和徐小香也终于控制不住自己，放声大哭起来。为了皮黄，为了中国的京剧事业，他奋斗到最后一口气！

一代巨星走了，带着他对京剧的无限痴情和对热爱他的观众的无限眷恋。他或许会有些许遗憾，但他为 200 年多年来的中国社会大众留下的却

是无穷的财富。他以：

匠心独运的唱腔艺术
声容殊众的老生艺术
以德孚众的治班艺术
技艺超群的导演艺术
因人施教的育才艺术

成就了梨园泰斗程长庚，成就了京剧鼻祖程长庚，也成就了安徽、安庆人民的无上荣耀！

作者简介：杨厚松，副教授，安庆职业技术学院社会事业系副主任。

中国近代教育先驱吴汝纶

王瑞兰

吴汝纶（1840—1903），字挚甫，又字至父，安徽桐城人，桐城派后期大师，晚清著名学者、文人和教育家，生前有“海内大师”和“古文宗匠”的盛名，1865 年中进士，曾先后任曾国藩、李鸿章幕僚及直隶深州、冀州（今均属河北）知州，长期主讲保定莲池书院。晚年被任命为京师大学堂总教习，并创办了名校桐城中学。1903 年，吴汝纶病逝于故里。

一、吴汝纶生活的时代背景及其生平活动与历史功绩

1. 吴汝纶生活的时代背景

吴汝纶生于 1840 年（清道光二十年）10 月 15 日，死于 1903 年（光绪二十九年）2 月 9 日。吴汝纶生活的时代，是中国封建社会走向穷途末路的时代，当时的中国千疮百孔，危机四伏，面临着数千年来未有之变局，时代的变迁在吴汝纶的思想中留下了深深的印迹。

1840 年是中国历史上特别不寻常的一年，这年 6 月英国侵略者进犯我国东南沿海，鸦片战争爆发，1842 年 8 月，历时两年的鸦片战争以中国的失败而告终，这是中国近代屡屡败于西方列强的开端。此后，清政府又相继败于第二次鸦片战争、中法战争、中日甲午战争、八国联军侵华战争以及其他若干次军事对抗和战争。每次战争失败后，中国都被迫与侵略者签订了一系列不平等条约。通过这些条约，西方列强从中国掠夺了巨额财富，获取了单方面的最惠国待遇，瓜分了中国的大片土地，取得了在中国境内驻军的特权。在条约之外，西方列强还通过经济强势、外交压力和军事恐吓，影响甚至在最后基本牵制着清政府的日常运作，中华民族进入了一个风雨飘摇的多事之秋。

为了挽救空前深重的民族危机和社会危机，中国无数仁人志士苦苦探索救国救民的道路。鸦片战争失败后，林则徐、魏源等经世致用派，发扬

了儒家思想中固有的“经世致用”思想因素，提出要“睁眼看世界”，要“师夷长技以制夷”，对后来的洋务派和维新改良派都有很大影响。

第二次鸦片战争之后，统治阶级中的开明官僚和有识之士痛定思痛，认识到“师夷长技以制夷”的迫切性，在他们的推动下，以 1861 年 1 月总理各国事务衙门成立为标志，洋务运动正式展开。以曾国藩、李鸿章等为代表，除兴办军事工业、民用企业外，洋务运动还进行了文化教育上的变革，如成立京师同文馆，培养外语翻译人才，向西方派遣留学生等。历时 20 多年的洋务运动，是一场相当片面的变革。它主张“中学为体，西学为用”，只是在器物层面上向西方学习，没有触及制度层面。

甲午战争失败后，民族生死存亡的危机感弥漫华夏，以康有为、梁启超、谭嗣同为代表的维新改良派在这样的背景下跃然登场。改良派的维新运动以 1895 年的公车上书为起点，以 1898 年的戊戌政变为终结。他们认为中国之所以贫困落后，并不是洋务派所说的“器用不如人”，而是因为政治制度不如人。如康有为提出，要挽救民族危机，就必须用君主立宪制取代君主专制。梁启超更激进，他一方面强调教育制度和政治制度改革的重要性，另一方面，提出了建立“新的政治共同体”的理想。谭嗣同还引用法国大革命传诵一时的“誓杀尽天下君主，使流血满地球，以泄万民之恨”。戊戌政变后，改良运动在政治上彻底失败，但在教育上却催生了近代观念的萌芽，加快了中国教育近代化的步伐。

吴汝纶就是生活在这样一个危机四伏、思想激荡、变革剧烈的年代。身置其中，无论其成长和生活，思想与活动，治学与为官，无不受其影响，深深打上了那个时代的烙印。吴汝纶作为我国近代教育的一位启蒙者和先行者，其生活的时代背景必然成为其思想形成的历史和社会基础。

2. 吴汝纶的生平活动

(1) 幼承家学　师法乡贤

吴汝纶生于桐城义津桥（今属枞阳县）一个世代书香家庭，自幼家境贫寒，早年随其父学习，祖父也对他有一定的教育和影响。他的祖父是一位乡间私塾教师，不仅治学为文，而且乐善好施，“每遇饥岁，必为粥以待饿者”，“晚年优游林下，诗酒之余，惟喜课孙”。吴汝纶的父亲吴元甲，“九岁能属文，著中正论三篇，长者惊异。后每为诗文，知言者皆心服”，是桐城当时非常有名的秀才，因品行高尚、才华横溢而“名震六皖”，但科举并不顺利，“一生未中”，也只能谋馆为业。吴汝纶初见曾国藩时，曾国藩对他的才华非常惊异和欣赏，问他师从何人，吴汝纶回答说，“但禀庭训，无他师”。曾国藩极为钦仰，随礼聘吴元甲为家庭教师。其后因吴元甲不愿久居官宦之家，不久便辞馆。

吴汝纶早年随父亲学习，父亲不仅教其课读，同时也以其孝悌、仁义、忠恕影响着他，父亲所作所为给他留下深刻印象：“家君孝义著于乡里”，“家故有薄田，诸父剖分而食，家君推不取”，“性素俭，居常御酒食，稍丰腆，必斥去，衣弊故，数年不易”。父亲总是尽力帮助亲邻，为人宽厚，“平居好静坐，尽月不闻疾言。口不谈人过失，闻汝纶兄弟私有讥弹，即大谯诃之”。父亲还是一位有主见的人，且不居功，“遇事有疑议，众噤不发声，家君徐出一两言，无不判决，为之，无不辨。治事毕，不言劳”，他教诲吴汝纶，“士人当使实出名上，无使名出实上”。父亲对吴汝纶无论是在学问文章，还是人格品行上的影响都是巨大的，多年后，吴汝纶回忆其父亲对他的教诲，依然铭记：“先君子尝所教汝纶者二言，曰有恒，曰恕施。”

吴汝纶幼时非常刻苦好学，曾得一鸡蛋不肯吃，至集市换成松脂，供夜读时照明。有次边看书边吃米粑，错将墨砚当糖钵，吃得满嘴染黑。由于自幼刻苦好学，加上聪颖过人，博览群书，吴汝纶十几岁便以“桐城才子”闻名乡里。1863 年，吴汝纶 24 岁，他和其兄肫甫同时参加县试，以分获县试第一、二名的成绩考取秀才，接下来的府试中，其兄肫甫获第一、吴汝纶第二。1864 年，吴汝纶中江南乡试第九名举人，也就是在这一年，吴汝纶迎娶妻子汪氏，并作一联述怀，上联曰：“十三经，廿四史，十载寒窗，未脱那领蓝衫，愧把门身偕绿鬓。”下联曰：“甲子年，癸酉月，甲戌良辰，且牵这条红线，行看黄榜点朱衣。”1865 年，吴汝纶入京会试，中第八名进士，被录用为内阁中书。吴汝纶在弱冠之年，完成了一个封建士人的科举仕宦的梦想。真可谓是少年登科，一路绿灯。

作为一位桐城学子，早年的吴汝纶必然受到桐城派的熏陶与影响。凡是学过中国文学史的人都知道，桐城派拥有作家 1200 余人，创作传世作品 2000 余种，以戴名世、方苞、刘大櫆、姚鼐为代表雄霸文坛 200 多年，是中国文学史上迄今为止时间最长、作家最多、影响最大的散文流派。吴汝纶博览诸子百家之书，笃好文学，自幼受桐城文风的熏陶，对同乡先辈桐城派名家方苞、刘大櫆、姚鼐的文章尤其景崇，“桐城之言古文。自方侍郎、刘教谕、姚郎中，世所称‘天下文章在桐城’者也”，“汝纶窃自维念，幸生桐城，自少读姚氏书”。他评价：“《古文辞类纂》（编者姚鼐）一书，二千年高文略具于此，以为六经后之第一书。”桐城派古文理论的核心是“义法”说。义，是指文章的思想和内容，要符合程朱理学的精神；法，则指文章的结构和形式，要剪裁得当，文辞雅洁。“学行继程朱之后，文章在韩欧之间”是后人对桐城派的评价，也是桐城派自身的追求。桐城派的价值观念、为文思想给吴汝纶思想打上深深的烙印。阅读这些先贤的道德文章提高了他的才识，也陶冶着他的性情。

作为一个读书人家的后代，作为一个以文章名天下的桐城派后裔，处

于家庭和家乡浓郁的教育氛围之中，吴汝纶在青少年时代就饱读经书，就怀有“富贵极于一时，文章传于后世”的人生理想，一生以治教兴学和做学问为重，而不以做官为追求。

（2）佐幕曾李　进学成材

吴汝纶在1865年中进士，曾国藩当时任两江总督，对吴汝纶的文章大加赞赏，称之为“异材”，曾国藩在日记中写道：“吴挚甫来久谈，吴，桐城人，本年进士，年仅26岁，而古文、经学、时文皆卓然不群，异材也。”曾国藩爱其才，当吴汝纶“连捷得内阁中书”时，曾国藩劝其“不必遽而进京当差，明年可至余幕中，专心读书，多作古文”，硬是将他从内阁调出，留在自己府中作为幕僚，参赞政务。1870年，曾国藩回江南，李鸿章继任直隶总督，又将吴汝纶留在自己帐下，吴汝纶参与李鸿章幕府，也深受倚重。

幕府是中国封建社会政治生活中的普遍现象。晚清幕府发展的最大特点是幕僚官员化。到太平天国时期，由于原来的权力体系不足以弹压风起云涌的农民起义，所以清政府不得不出让部分权力，于是一部分幕僚从幕后走到台前，开始部分地拥有原来属于政府官员的权力。而到洋务运动后半期，随着对新式人才需求的增加，幕僚正式行使政府权力。曾国藩幕府的幕僚，不仅从事批阅文件、起草奏章、处理刑役、田粮诸务、编辑书籍、修志教学等事务，而且汇集了一批懂西学、会西艺、通洋务的人才；李鸿章幕府的职能以协助处理洋务、外交事务为主，着重于经世致用，所以吴汝纶作为两府幕僚身置其中必能增加见识。

吴汝纶自进入曾国藩幕府，就开始了他的幕僚生涯，也开始走入当时中国政治的前沿。在幕府中，他一是办理钱粮事务，二是替曾国藩、李鸿章草拟奏章，三是开始研究中外关系、了解与开办“洋务”，四是继续学习、研究和创作。作为幕僚，他还影响着曾国藩、李鸿章的重大决策。

在曾国藩幕府中四年，吴汝纶得到曾国藩的指教，学问日益精进，除了帮助曾国藩处理日常公务外，还常与张裕钊、黎庶昌等人谈文论史，切磋技艺，一时文思泉涌，著述不断，笔涉经史子集，包罗万象，令曾国藩看了都“咋舌自失，谓尽平生所未知”。在曾国藩的大旗下，桐城派因号称“曾门四弟子”的吴汝纶、张裕钊、黎庶昌、薛福成等人的努力和成就，而呈现出最后的辉煌。

（3）主政深冀　誉满京华

吴汝纶在河北境内先后做过两任地方官，都有出色的政绩。1871年6月，吴汝纶任深州知州（明、清以知州为正式官名，为各州行政长官，知州一般是从五品文职官员），开始了他的地方官生涯。吴汝纶关心民众疾苦，尽职尽责，循声卓著。他上任的第一件事就是振兴教育。当时深州境内归书院、学堂所有的田地都被豪民侵占，致使教育废弛。吴汝纶清查被侵占的田地，限期退还，共收回学田一千多亩“以资膏火”。他还采取果断措施，把散在乡村的学田都收归书院所有。这些措施保证了书院的教育经费。之后，吴汝纶选拔一州三县（深州、武强、安平、饶阳）的高才生入书院读书，亲自为他们授课。他平时注意发现人才，并悉心培养。一天，一位武强籍的学生写了一篇《反离骚》的文章，吴汝纶看后，大奇之，遂授以平生所学，这个人就是日后成为吴汝纶得意门生的贺涛。贺涛于1896年中进士，官至刑部主事，是比较有名的学者。两年后，吴汝纶结束在深州的为官生涯，先后丁父忧、母忧（过去做官，父母去世要告“丁忧”，回乡守孝三年，孝服满后再陈请复职）。丁忧期满后，1881年改任冀州知州，仍然锐意兴学。他“遍查境内庙产，为豪巨寺僧所狼拒者，尽没入书院”。书院建成后，他亲自赴百里之外聘请王晋卿、范当世这些知名学者到书院授课。吴汝纶在冀州主政八年，为冀州培养了大量人才。由于吴汝纶的努力，深、冀两州文教事业成绩卓著，誉满京华。

他在为政期间，还注意倾听来自民间的呼声。在冀州，他经常邀请当地贤达，每月到书院议论一次时政，征求对州内各项大事的意见是否便民利民，以定兴革。他采纳了众人的意见，开通了30公里长的冀衡大渠，排除低地的积水入滏阳河，不仅使千亩贫瘠的卤田变成膏腴的良田，还便利了商旅交通，受到当地人们的称赞。

他还大力整顿治安，清理狱讼。在深州时，吴汝纶“亲谕各村，轮流之更，一家被贼，合村齐起，务令各村自保本村”。他还完善深州旧制，“一村有乡长一人，有月头十二人，月头率系殷富之家，分领人户，有条不紊”，使州境“安谧无事”。冀州多盗匪，人民常受其害，吴汝纶很重视捕盗和断狱，“所领之州，民穷多盗，土瘠不毛，郊畿之间，最号难治”，他“以听断为主，每月结正讼狱约在四五十起，庶冀穷民少清讼累，不为胥役所鱼肉”，注重“清查盗源”，并“督令各村办理联庄，搜访正人为之分任，略师保甲之意，而去其无益烦琐之事”，实施颇有成效。经过几年的努力，“监狱近已空无一人，殆数十年未见之事”。

吴汝纶不仅是一位能吏，也是一位廉吏。做了两任十年知州的吴汝纶，除了有数万卷藏书之外，身无长物。他在丁父忧还乡前给李鸿章的信中说：在深州虽无治绩，但“可告慰者，未有朘灾黎，以饱囊橐。全家数十口，绝无负廓之田，服官以后，未尝增置一金之产”，就连“此次南旋资斧，现尚一筹莫展”。家乡薄有田产，是他弟弟诒甫购置的，他知道后不以为然，写信批评道：“吾兄弟平日全无不合意见，唯吾两弟时时欲买田宅，乃与兄大剌缪。”“如兄弟并为州县，而能不增产业，归时仍系饥寒，则世间可贵之事，莫大于此。”他常以黄鲁直诗“食贫自以官为业”

自嘲。身为直隶知州，为了养活数十口家人竟多次举债度日，其廉洁可见一斑。

吴汝纶为官只有十年，仅为五品（地市级）。但他的声名、学品、人品远在官品之上。他在地方官的人生征途上作出了光辉的功绩，感人至深。

（4）退隐莲池　心系世变

吴汝纶性情淡泊，不愿长期做官，他把治教兴学作为理想追求，热心教育事业。吴汝纶就任深州不久，就感到州县之职与其志趣相去甚远，“承乏深州，毫无绩效，外惭知己，内负生平”，“折腰尘土，行止不得自由”，不免“生拂衣江湖之感”，此后不止一次想弃官治学。吴汝纶在与两弟书中说：“吾生爱读书，于官不相宜。每念李杜穷困而能辞荣，今人则姚梅诸公亦能之，高山景行，不可及也。近日闻方存之亦已辞官，吾甚羡之。”“士各有志，若令我早归田，稍理文字，将来或冀有闻于后，岂非计之最得者。”就在吴汝纶徘徊彷徨之际，命运终于给了他一个重新选择的机会。

1888 年，保定莲池书院山长张裕钊辞职，转任江汉书院教习，莲池书院山长出缺，李鸿章欲延张佩伦（李鸿章新赘女婿）主莲池讲习，不料莲池诸生闻知哗然，张佩伦遂不敢就。这时吴汝纶便找到李鸿章，要求辞去官职，接任莲池书院山长之职。李鸿章也是爱才之人，吴汝纶是他治下能吏，如何舍得放他归山。无奈吴汝纶去意已决，当即上了一道辞呈，“称病乞休，讲习遂定”。1889 年 2 月，吴汝纶正式出任莲池书院山长，开始了他教书育人、修身治学之路。远离腐朽的政坛，执起小小的教鞭，他心情舒畅，在给朋友的信中欣然写道：“此间书院园亭之乐，全省所无，弟以冀州易此，真乃舍鼠穴而归康庄也，此近日一胜事耳。”透露出心底少有的欢愉和自得。

吴汝纶深受桐城文派所承继的理学经世思想的影响，笃信“学行起家，出为世用”，关注世变，并有所贡献，是他孜孜追求的目标。吴汝纶主讲莲池的十余年，正值中国面临着西方列强侵凌瓜分，民族危机深重，改良运动兴起的变局，他虽退居莲池，“疲于校阅，视在官时尤苦”，但仍时刻关注世事变化。

1894 年 7 月，中日甲午战争爆发。吴汝纶高度关注战争进展，认为要赢得战争唯有“添大枝水师，购铁船”。“旅顺、威海既失，海军覆没”，他认识到“中国绝无能守之望”，战争失败不可避免。他还对战争失败的原因进行深入分析，认为甲午战败“由陆师仍中国剿办内匪之兵，全未讲求西法”，“水师船少炮旧，不能御敌”。他还敏感看到：“倭人艰苦卓绝，廿余年日进无疆，我乃漫不经心，朝野皆以用夷变夏为耻”，这才是日本敢于发动战争以及中国战败的根本原因。

吴汝纶在主倡学习西方科学文化的同时，还与留英归来的近代另一著名思想家、教育家严复结成了好友，欣然为严复1896年翻译的《天演论》（今译《进化论与伦理学》）作序，以扩大严氏译著在国内的影响。《天演论》中物竞天择、弱肉强食、优胜劣败的进化论观点深深震撼了当时的社会，激励着国人奋发图强、振兴中华。此书对后来的戊戌变法产生重要影响，也影响了整整一代投身救亡图存运动的仁人志士，对中国近代化发挥了重要的思想指导作用。

（5）渡海东游　考察学制

戊戌变法的失败，吴汝纶再次感到深切的悲哀和失望。1901年9月李鸿章病逝，已逾六旬的吴汝纶决定南归终养，吏部尚书张百熙却登门拜访，请他出任京师大学堂总教习。京师大学堂是北京大学在1898年到1912年间所使用的名称，是中国第一所国立综合性大学，也是当时中国的最高教育行政机关。当时新式学校的教师都称为教习，总教习就是教习的领导，相当于后来大学中的教务长、教导主任或约略等于现在大学里管教学业务的副校长。

1901年清廷废科举，议复办京师大学堂。1902年清廷下诏开办新学，派吏部尚书张百熙为京师大学堂管学大臣（相对于现在的校长）。张百熙认为，办京师大学堂首先要物色优秀的主办人。他认为总教习人选需“人德、人望具备，学问、品行皆优”，“学问纯粹，明察时事，深通古今，详知中外”，结果他选来选去，看中了桐城派大家吴汝纶，可见张百熙对吴汝纶的评价是很高的。张百熙是京师大学堂第一任管学大臣，爱才如命，但不喜欢谄媚之徒。曾有一位青年为张百熙所器重。一次，张百熙的小妾生病，这位青年知道后，居然在家中设立香案，天天为之祈祷。张百熙闻听此事后，叹息道：“我一直很爱他的才气，但我没想到他的德行却是如此。”后来就逐渐疏远了这个青年。

关于张百熙聘吴汝纶为京师大学堂总教习，其过程也颇有戏剧性。开始，张百熙派了一位知县级的官员前去聘请，吴汝纶断然不见。后来，身为“宰相”的张百熙备礼亲自登门，又遭拒绝。接着，他“三顾”吴门，大清早穿着官服，站在吴汝纶的门外等候相见，吴汝纶借口年纪已经很大了，不肯应聘。一而再，再而三，张百熙竟然当场跪下，非要吴汝纶答应不可，仍然遭到婉言谢绝，直使得张百熙下不了“台”。但他求贤若渴，搬出圣旨，在圣旨中加封吴汝纶为五品京卿充大学堂总教习。然而此举也没有使吴汝纶感到“皇恩浩荡”，仍是“不干”二字。吴汝纶一生中很多时间都是从事教育，办学校、走新路，正是他朝思暮想的事，但为何真要他干时，又打“退堂鼓”呢？一非年迈体弱，二非不能胜任，而是他看透了清廷腐败透顶，倾轧排斥太甚，教育尽管无名无利，卷进“政府窝”里

也不安生，雄图大略难以施展。但树欲静而风不止。请吴汝纶“出山”的不仅有“上面”的旨意，还有下面的呼声。此时顺天府一位廪生魏仲瀚，竟然发动了1200多人的签名运动，上了万言书，拦住吴汝纶一次出行的坐车，恳切陈词，劝他就任。但吴汝纶仍不改初衷。这可急煞了张百熙，急中生智，他于圣旨下达后的第三天，又给曾国藩孙子曾广镕信中提出只“暂留一年”的妥协条件，以免他对朝廷交代不了。这时，吴汝纶的心也软下来了，只得应允。像这样的“聘”与“拒聘”的拉锯战，来了这么多的“回合”，实为中外史上所罕见。且不说当时张百熙是朝廷大吏，吴汝纶只是一介文士。就是搁现在，一位大学校长要请一名教导主任，有这样干的没有？用“爱才如命”四个字形容张百熙，十分到位。当然，这也同时说明吴汝纶“学问、品行皆优”，堪当重任。

吴汝纶虽答应了当总教习，但要求先到日本考察学制，回来后才能到任。他认为，日本明治维新以后，国力迅速强盛，是由于其教育的成功，要办好中国的京师大学堂，必须借鉴于日本。张百熙答应了。1902年5月1日，吴汝纶率队出访日本，考察学制。

由于吴汝纶“绝世文章冰雪洁，漫天珠玉画图开”，道德、文章，蜚声瀛海。所以吴汝纶一到日本，立时产生了“轰动效应”，他受到日本朝野各界数千人的欢迎。他先后访问了长崎、神户、大阪、西京、东京等地。他参观访问时，均由日本外部、文部派官员陪同，礼以上宾。日本的文化、教育、学术界名人慕名来书来访，或组织各种欢迎会、座谈会，向他请教，或探讨中国文化研究中的疑难问题。吴汝纶访日，传到了明治天皇那里。这位维新变法的强国之君，竟然也礼贤异国下士、不嫌吴汝纶的官卑职低，破例接见了这位才五品的京卿。按一般惯例，他只接见大使级的外国官员。这种殊荣，说明了吴汝纶德才威望，非同凡响。吴汝纶在日本受到的热烈欢迎，引起当时清廷驻日公使蔡钧的猜忌，以为吴汝纶是来争夺他的公使宝座的，于是向清廷诬告吴汝纶在日率领留学生宣传革命。此时国内官场又大起变化，原为北洋大臣的袁世凯和湖广总督张之洞，奉诏入京，参与国务政事。他们对主办教育者都想换用自己的亲信。这时，张百熙自身不保，不得不连发数封电报，催吴汝纶回国。但吴汝纶认为考察未结束，既来之，则安之，不能半途而废。他抓紧时机，勉留三月，到1902年秋初才回国，基本完成了考察任务。

考察日本学校教育制度是吴汝纶东渡扶桑的中心任务。他殚精竭虑，以“拼命三郎”的精神投入参观考察活动。他每天黎明即起，在赤日炎炎之下，每日步行几十里。在东京时一天会客十人到一百多人。他参观每一个学校时，对讲堂教室的建筑面积、结构、图书、仪器，都详细询问，亲做笔记，回来详作整理，因此，天天“开夜车”。有一次，他只带一名翻译访问日本国府顾问田中。田中曾到欧美各国访问考察西方新的教育制度，回国后制定了日本的学校教育制度。这位大顾问住的地方很远，吴汝纶为了节约经费不肯乘马车，只雇了人力车。不料雨后路滑，车行不久即翻倒在路。吴先生跌得鼻破血流不止。翻译大惊，将他送往医院，只用了冷水冲洗，刚止住血，即再坐车到田中官邸，与他谈了很久。接着又带着疲乏之躯，拜访了几位知名教育家。回到自己住处后，几天之内跌伤处还隐隐作痛。

吴汝纶在异常紧张繁忙的一百多天考察活动结束回国前，即将考察所得有关日本教育制度、规章、预算、专业设置等谈话记录、文件资料、信函及日记等编纂成《东游丛录》四卷。目的就是将考察所得记录下来，供张百熙制定清朝教育改革方案时参考。《东游丛录》是我国调查研究外国学校教育制度的第一部专门著作，有10余万字。它的内容除主要是教育制度方法外，还涉及思想、哲学领域。它在相当大的程度上，奠定了我国教育改革的思想基础，并且具体提出了改革措施和实施步骤。清廷1902年颁布的《钦定学堂章程》与1903年颁布的《奏定学堂章程》，都是主要以吴汝纶考察日本学制为依据而制定的。

吴汝纶虽迭遭猜忌中伤，但终于胜利完成任务回国，并对在中国开展新式教育有了整体思考。他回国途经上海时，京师大学堂副总教习张鹤龄正在上海购书。张鹤龄得知京师对他不利，劝他不要去了。吴汝纶秉性刚直，他说："我不愿去的地方，旁人强迫也不行；我要去的地方，旁人阻拦也不行。"但此时，他要便道先回家乡祭先祖之墓，即先将全部书稿材料托副使先呈管学大臣。原准备扫墓后即北上进京面呈考察成果。不料，因过度劳累病倒家乡，于1903年新春正月十二溘然长逝。

吴汝纶在归国后立即在安庆城创办桐城学堂，后移桐城，为桐城中学前身，桐城中学成为全国最早兴办的重点中学之一。吴汝纶虽然没有来得及到京师大学堂就任，但是张百熙聘吴汝纶这个经过当时却传为美谈，张百熙礼贤下士、为学校聘请名师的精神和吴汝纶认真负责、虚心学习的精神都是值得我们今人学习的。

3. 吴汝纶的主要历史功绩

（1）重振桐城派雄风的大师

吴汝纶的家乡安徽省桐城县，是孕育影响中国文坛200多年的"桐城派文学"的摇篮。吴汝纶自幼受桐城文风的熏陶，崇拜桐城前辈文豪。青年时期，他师从曾国藩，曾国藩是"桐城中兴"的主要人物，创立了桐城支派——湘乡派，受曾国藩的影响，吴汝纶时刻不忘以振兴文学为己任，在他的从政方略上，就是大力兴办书院，振兴教育，培养文学人才。

吴汝纶在深州和冀州发展教育的诸多举措，为近代沉寂的衡水文坛也

带来新的气息。他把自成体系的矜炼典雅、意厚气雄的桐城文风注入衡水的土地，滋养衡水文风。更重要的是，他参与过洋务运动，思想开通，在教授弟子活动中，既强调“经史兼通古今，力戒科举空疏之陋”，又主张研习西学，兼包并蓄，这些思想对衡水学子的影响是积极和深远的。他的弟子有多人日后出国留学，还有的接受了民主革命思想，参加了辛亥革命，这些时代精英的成长都是受到了这位思想开通、学识渊博的桐城学者的影响。

桐城派古文传承了200多年，至吴汝纶时期已出现强弩之末之势。但吴汝纶能起末代之衰，重振了桐城派雄风。他“有意识地提倡恢复以气清、体洁、语雅为特色的桐城文，这种提倡得到吴氏众弟子的响应，遂使湘乡派文向桐城派文的复归得以实现”。吴汝纶作文擅长议论，逻辑严密，被时人誉为“前无古人，后无来者”的“海内大师”和“古文宗匠”，“古文、经学、时文皆卓然不群”的“异材”。他是晚清桐城派中影响最大、造诣最深的学者，是桐城派的后期大师。也正是经过吴汝纶等“曾门四弟子”的努力，桐城派又呈现出最后的辉煌。

（2）著述丰富的学者

吴汝纶一生著述丰富，经他诠释的经有：《易说》2卷，《吴氏写本尚书》1卷，《尚书故》3卷，《夏小正私笺》1卷；点校的史有：《国语》《国策》《史记》《汉书》《三国志》《新五代史》《资治通鉴》等；著有《文集》4卷、《诗集》1卷、《尺牍》7卷、《深州风土记》22卷、《东游丛录》4卷。后将著作与点勘诸书，合刊为《桐城吴先生全书》传世。校注、研究涉及经、史、子、集等各方面，包罗万象，尤以对《尚书》《周易》的研究最为杰出，卓有新见，令曾国藩看了都“咋舌自失，谓尽平生所未知”。

他长期在曾国藩、李鸿章帐下任幕僚，很多重要奏章、文牍、电稿都出自他手。他是清末历史的重要见证人之一，他亲自编纂的《李文忠公全集》，约600万字，为研究近代史与李鸿章建立了可依据的文字资料库。这方面的成果也是功不可没的。

（3）泽被后世的吴公渠

吴汝纶任冀州知州期间，在致力于振兴教育的同时，也十分重视兴修水利，发展农业生产。他向时任直隶总督的李鸿章力陈开挖渠道的意义，李鸿章当即给他拨巨款支持他在冀州的事业。他用三年时间，疏浚扩挖了一条长30公里的排水渠，将“冀衡洼地”的积水引入滏阳河，新开良田四十余万亩。该渠除了有排除水患、增加良田的功效外，还具有运输功能，便利了商旅交通，夏秋季节，滏阳河上游和下游的货船可以直抵冀州，促进了冀州经济的繁荣。老百姓为纪念他挖渠的效能，将该渠尊称为吴公渠。

如今，吴公渠两侧杨柳依依，鸟鸣啾啾，几座石桥横卧在河面之上，颇有一种“小桥流水人家”的意境，经常有人在这里摄影、作画、游玩，尽情享受着吴公渠畔的明媚春光。吴公渠以它独特的魅力为衡水的自然人文景观添上了浓墨重彩的一笔。

（4）教育革命的先驱者

吴汝纶最大贡献还是教育事业，教育改革是他的主旋律。他政治视野开阔，积极探求“西学”，主张废除科举制度，兴办新学，为我国近代教育做出了重大贡献。

吴汝纶虽然是科举时代的宠儿，但在清末危机四伏之时，他能够幡然思悔，成为最明显、最坚决的反科举制度的先锋。他从1898年起，连续多年向各界呼吁取消坑人的科举制度，较之康有为、梁启超对科举的修修补补态度尤为激烈前卫。作为一位沿着科举之路拾级而上的封建官僚，吴汝纶却能睁开眼睛看世界，积极探求“西学”，主张兴办新学，谋求“教育救国”，这让他在“桐城派”这个团队中，更显独树一帜、高人一筹。他在三十多岁时，即重视西学。他接触西学，始于办“洋务”，在为曾国藩、李鸿章办洋务过程中，接触西人与西学。他“以力倡西学，至为群小所不慊，几于不免”。他很早就主张学习应用西方教育的学校制度，开设西方课程。在莲池书院负责教学时就招收外国留学生，并从创设西文学堂开始筹备西课。晚年到日本考察完成的《东游丛录》，系统地介绍了日本学校制度、学制、章程、办法，对从幼儿园开始，小学、中学到大学、师范学校、职业教育都全面地有详细的记述。日本的教育制度基本是引进西方的，吴汝纶在教育上的“全盘西化”思想，是对封建社会旧教育的一次彻底的大革命，为发展我国近代教育奠定了坚实的基础，他本人也成为我国教育革命的先驱者和启蒙者。

二、吴汝纶的教育思想与教育实践

吴汝纶作为一代文人学者，一生关注教育事业，曾对科举制度进行抨击；他重视西学，又极力探寻西学，了解西方文化，特别是西方的教育制度，并能积极地进行教育交流活动。主持莲池书院时，积极探寻新的办学形式。赴日探寻学制，对中国近代学制建立，推动教育近代化发挥了积极作用，也奠定了他作为有重要影响的教育家的基础。他是中国近代教育史上杰出的教育先驱和实践家，为中国近代教育做出了重要的贡献。

1. 吴汝纶的教育思想

（1）“熔中西于一冶”的人才观

人才观是人们对人才标准、人才培养和人才使用的观点和看法。在封

建科举制度主导下的人才选拔，对人才的认识就是统治人才，或是封建官吏型人才。人才标准具有浓厚的封建道德性，作为人才必须严格遵守儒家的纲常名教观念，忠君报国是最高道德要求。此外，由于单纯选拔官吏型人才，必然导致人才标准的狭隘性和人才形态的单一性，社会发展急需的人才如科学人才、艺术人才、发明人才等都被排斥在外，不利于社会的发展进步。

吴汝纶作为一个接受传统教育，由科举进身的传统士人，在他的思想深处不能不受到儒家传统思想的深刻影响，他也坚信儒家推崇的掌握儒家常理常道（而非分门别类的专门之学）、具有较高伦理道德的“通才”在治理社会中的作用。但随着西方列强的侵入，面对中国国势的衰弱和颓废，吴汝纶的人才观也随之发生变化。他充分认识到人才匮乏是导致战争失败、遭人蹂躏的根本原因，他认为社会的巨大变化迫切需要大批对中西学问融会贯通的新型专门人才，如自强需要洋务人才、求富需要商业人才、维新变法需要政治人才，等等。这些人才都是传统社会中所没有的，也是科举制度中选拔不出来的。

吴汝纶从社会发展变化的需要出发，形成了“熔中西于一冶”的人才观。他给桐城学堂拟的对联：“合东西国学问精粹陶冶而成，后十百年人才奋兴胚胎于此”，横批“勉成国器”，表达了他的人才观，也是他对未来人才的殷切期盼。他抛弃了“君子不器”（器，分门别类的专门之学）的传统观念，希望和要求未来的人才能够在某一方面对国家有所贡献，成为“国器”。

（2）“合东西国学问”的知识观

吴汝纶非常善于接纳新事物、新知识，再加上其幕府生活经历，使他有机会较早接受西方学术文化的影响，从而较早由传统学者转变为一位近代学者。

吴汝纶汲取西学的渠道，一是交友。他善于与外国人交往，从中获取新知。还常与人讨论西学。二是阅读报刊。从报刊中他获得了大量自然科学知识，了解西方技术的发展及外国社会状况。三是阅读西方著作。他对当时在中国出版发行的西学著作情况了如指掌，并努力搜集阅读，他还给当时出版的西学著作作序。

他在积极汲取西学的同时，对中国传统学问也没有采取妄自菲薄的态度。他认为，为了适应世界的发展变化要求，达到保国保种的目的，必须在学好中国固有学问的基础上，学习西方有用之学，达到“合东西国学问于一冶”的境界。

（3）“开民之愚使之智”的教育观

科举制度确立之后，它就主导中国古代教育的发展，它使教育演化为单一的科举教育，使其丧失独立性而成为科举的附庸，并形成了以科举制度为核心的教育观。一是教育思想纲常化。即教育依照儒家思想的要求，以伦理纲常为宗旨，重人伦，崇礼仪，重三纲，尊五常。二是教育内容教条化。尊经崇儒，特别推崇程朱理学，朝廷颁布大诰，让各级学校讲读。三是教育目标功利化。科举制度从其本质上说，是封建官吏铨选制度的一部分，它把人们的教育活动引向狭窄的仕途，致使教育的功能完全被扭曲，教育完全蜕化为“为做官而学的教育”。

吴汝纶对科举制度下的教育弊端和危害有非常清醒的认识。他认为，欧美、日本就是依靠提高国民素质而实现富强的，那么中国通过普及教育，也有希望走上强盛之路。他深深认识到，科举制度是制约教育变革和新教育制度建立和发展的主要因素，科举制度与普及教育是格格不入的，因此他也提醒人们：非请停科举则学校难成！呼吁必须废除科举制度，建立新的学校教育制度，传播近代西方科学知识和中国传统文化。这对于我们今天的教育改革仍有启发意义。

吴汝纶的学制思想有三个显著特点：第一是主张学校教育的普及性。为了提高民族素质，自强御侮，他提出要普及教育，“开民之愚而使之智焉”，他认为，科举制度是担负不起“智民”责任的，必须要改变科举制度下的教育状况，要像日本那样，采取德国的教育制度，实行国民教育，即普及教育。一是要普遍设立学校。全国各省、府、县都要分立大、中、小学堂，便于就近上学。二是教育对象包括全国男女。三是要推行义务教育。对于那些不愿意接受教育的人，要采取强制性措施。四是要重视发展师范教育。第二个特点是将实业教育（后称职业教育）纳入学校教育系统之中，强调普通教育与职业教育的联系。第三是较早注意到要精选教育内容，缩短学制年限。吴汝纶关于学制的主张为新学制的建立和近代教育改革提供了理论上的依据。

2. 吴汝纶的教育实践

吴汝纶不但是中国近代教育史上杰出的教育先驱，也是一位伟大的教育实践家，为中国近代教育做出了重要的贡献。

(1) 重整深冀官学和书院

吴汝纶曾先后出任深州、冀州知州十多年，皆致力于修复日益衰败的地方官学。在深州任上，他上任的第一件事就是振兴教育。他发现那里的学田被豪强侵占，教育经费没有着落，致使教育废弛。他不畏权势，毅然追回学田的赋税收入，作为书院经费。他还把深州的高才生集中到书院，亲自登堂授课，时间长了，以致人们忘了他是州官而尊称他为大师，“民忘其吏，推为大师”。吴汝纶平时注意发现人才，并悉心培养。深州任内因父母丧事返回原籍。丁忧期满后改任冀州知州，仍然锐意兴学，在冀州

主政八年，为冀州培养了大量人才。因此，经过他的努力，深、冀两州文教事业成绩卓著，誉满京华。冀州书院学生李刚己有诗云：“吾土荒凉故蜀同，初开榛莽自文翁。廿年文学成通里，三辅英豪尽下风。”把吴汝纶在深冀兴学比作汉代文翁在蜀兴学。文翁在汉景帝末年为蜀郡守，是中国历史上的“第一位校长”，他开创了地方政府兴办“公立学校”之先河，促进了当地文化的发展。将吴汝纶比作文翁，是对他在深冀兴学的高度赞誉。

（2）改革莲池书院办学模式

吴汝纶在宣传废科举、兴学堂主张的同时，也积极在实践上兴办新学堂，教授西学。戊戌政变后，他开始设计对莲池书院办学的改革，创新书院模式，促进书院的近代转型。在莲池书院，吴汝纶的名人效应显露无遗，各地学子纷纷前来求学问教，国内慕名求学的青年很多，严复、林纾、马其昶、姚永朴、姚永概、李光炯、房秩五等人都受过教益。“并世译才数严林”，严复、林纾这两个人以古文译西方名著，对近代文风影响很大。《茶花女》就是林纾翻译的代表作之一。当时住在北京城的日本和西方文人学者也常往保定向吴汝纶请教，相互切磋。就连日本的中岛截之、野田多内等人也远涉重洋，前往保定拜师受业。时人这样记述：“西国名士，日本儒者，每过保定，必谒吴先生，进有所叩，退无不欣然推服。”在与外国学者的切磋交流中，他的思想也在不断变化。他深切地认识到科教兴国的重要性，必须“师夷之长技以制夷”；古老的“四书五经”已不再是治世法宝，靠“八股时文”也不能取尽天下有识之士。忧患之后是沉思，沉思之后是觉醒，他一再撰文呼吁：“窃谓废去时文，直应废去科举，不复以文字取士。”“非废科举，重学校，人才不兴。”“今方开倡西学，必以算学为开宗明义第一章。”“学堂之中，要尽量减少中学课程，增加西学课程，西学除博物、理化、算术、政治、法律以外，则矿山、铁道、税关、邮政数事为最急，海陆军法、炮工、船厂次之。”

他对莲池书院的办学模式、教学内容和管理方式进行了大胆改革，在书院创办了东、西文学堂，东文学堂是以教授日本语言、文字为主要内容；西文学堂主要教授英文、英语，还聘请了英国传教士和日本教师教授外文和理化课程，改进教学方法，从而推动了书院的近代化进程，使莲池书院成为北方的学术文化中心。吴汝纶主持莲池书院过程中，将其倡导新学、经世致用等思想付诸实践，并取得重大成效，奠定了其作为一个教育家的思想和实践基础。

3. 创办桐城学堂

吴汝纶热情关心家乡教育事业，希望能实践其“为天下人才谋”的雄心壮志，报效桑梓。他多次写信给桐城县官及各界人士申述办新学的意义和拟在家乡兴办学堂的设想。他表示："吾辈此次办学堂，有进无退，人不善换人，法不善换法，决无止息之期。"取得了桐城各界人士的支持，达成协议，决定借当时安庆巡抚衙门南院筹建桐城学堂，先期在安庆招生开学。吴汝纶亲自拟定办学章程及襄助学务的人选，自任桐城学堂堂长。1902 年秋，他回桐城勘定学堂校址，除延聘国内知名学者任教师外，还聘请日本学者早川东明来教授数学、几何、物理、化学等新学课程，希望培养掌握近代西方科技知识人才。并为学堂题联："合东西国学问精粹陶冶而成，后十百年人才奋兴胚胎于此"及"勉成国器"匾额。表明了他育才兴国的抱负和办学思想以及对乡里学子所寄予的希望。桐城学堂的创建是近代中国有识之士推进中国教育近代化最具前瞻性和理性的成功探索。今天的桐城中学已成为安徽乃至国家人才的摇篮。

三、吴汝纶教育思想和实践的历史地位与当代启示

我们研究一位历史名人，最为重要的是要了解他对当时社会的影响，是要学习他的高尚品格和情操，是要从他的思想与行为中汲取一种精神、一种信念。那么，吴汝纶的教育思想和实践在中国教育近代化起步阶段具有怎样的历史地位，又能为我们提供哪些启示呢？

1. 吴汝纶教育思想和实践的历史地位

鸦片战争以后，外国资本主义势力凭借坚船利炮，打开了中国大门，面对强大的西方世界的入侵和挑战，衰朽的封建中国无力应对，中华民族面临着生死存亡的考验。严峻的现实迫使中国人不得不对国家民族的处境和前途，作全面思考和审慎抉择。从"师夷长技以制夷"思想的提出，到兴办洋务、开展维新变法等一系列求自强、求生存、求发展的实践，中国社会、经济和文化发生了前所未有的深刻变化，其中教育的变革是一个重要方面。可以说，中国近代社会发展的历程，也就是中国教育近代化的演变发展过程。而吴汝纶的教育思想是构成这一发展链条的光彩一环。

在吴汝纶的生活经历中，经世致用思潮、洋务自强运动、变法维新思潮，都对其思想产生重要影响。经世致用思潮启发人们不应规避现实，要以国计民生为目标，真正解决现实社会中的实际问题，起到实用的济世功效。要敢于正视落后，改变妄自尊大的自欺观念，善于学习外国之"长技"，达到御侮的目的。洋务运动主张"中体西用"，在突出"中学"主导地位的前提下，确认"西学"的辅助作用；在确保"伦常名教"所代表的既有政治秩序和伦理信念不变的前提下，破除成规，采用西方近代文化成果以为富强之术。维新派主张要以当时世界上进步的资本主义国家政治制度和社会制度为模式来改造中国，救亡图强。

从这些思想的特征看，经世致用思想依然是用传统的"外夷与中国"

的观念来看待当时的世变，试图继续以中古式的方法来应对复杂的冲突局面，因而是保守的；洋务思潮一开始即确立了有限的目标，只要西方的技术而拒绝西方的政治体制，通过改革和加强防务来抵御外侮，维护封建国家的完整性，因此也是保守的。中日甲午战争后，中华民族的生存条件急剧恶化，引发了国人日益强烈的危机感，在这种强烈的危机感的驱使下，形成了强烈的求变心态，戊戌变法和清末新政就表现出这种激进的变革取向。

吴汝纶生活时代的社会思潮必然对其思想的形成和发展产生深刻影响，并且这种影响往往是交织在一起的。在吴汝纶后期的活动和思想中表现出保守和激进并存的倾向，游走于保守与激进之间。

从吴汝纶的经历看，在其入世之初，深受洋务思想的浸润，其所耳闻目睹的洋务运动对其思考和处理问题产生了深刻影响，这使吴汝纶明显超越了其同时代的官吏和学者。在任地方官吏时，他开始运用西方技术于实际，这与一般封建地方官吏不同。在主持莲池书院时，他一方面整顿书院，恢复古学，鼓励书院学生在学习经典的同时，参加科举，博取功名；另一方面在莲池书院创办东、西文学堂，引导学生由学习语言开始，进而学习西方科学技术。吴汝纶这一阶段的思想和活动达到了他所处时代的先进者所能达到的高度。

吴汝纶曾入曾国藩、李鸿章幕府多年，曾、李二人当时都是清廷股肱大臣，朝政大多取决于曾、李，而他们的奏章疏折又多出自吴汝纶之手。由于耳濡目染，吴汝纶的政治思想也明显倾向洋务派的“中学为体，西学为用”的主张。甲午战争的失败，宣告了“中体西用”思想的破产。但吴汝纶并未紧随维新思潮，而是在相当程度上坚守“中体西用”基本主张。但他又非墨守成规的保守派，面对日益深重的危机，他也在思考救国之策，他认为国家积弱“由于上下无人”，因此“非广立学堂，认真讲求声光电化之学，不能自存”。把改革和发展教育，促进传统教育向近代教育转变作为求富求强的重要途径。正是由于有了这种政治主张，决定了他一生重视文化，潜心教育，走革新教育、救亡图存的道路。

中国的教育近代化是在西方的冲击和压力下，从改造封建教育而艰难起步的，这就必然使这一过程带有明显的新旧杂糅的特征。参与这一过程的每个人的思想也不免打上这一时代的烙印。吴汝纶的教育思想和实践从整体上来看，是顺应时代潮流、不断前进的，并且他在教育上的主张比较其政治主张有更明显的革命精神。吴汝纶既是中国教育近代化起步阶段的积极倡导者，也是中国教育近代化实践的积极探索者。他对中国教育近代化的起步，乃至新教育制度的建立都产生过重要影响。正如有学者指出，作为一位历史名人，他一生中最辉煌的一面，不是他的文章和经学，而是他对我国教育近代化的突出贡献。

2. 吴汝纶教育思想和实践的当代启示

晚清的颓败，国家的积弱，列强的欺凌，以及新旧思想的碰撞与融合。生逢其时，吴汝纶是不幸的，然而也正是这种不幸，使他避免了一个封建文人“学而优则仕”的普通命运，转而成为一个废旧学、兴新学，力主科教兴国、力倡全民教育的有识之士。中国从来就不缺官僚，缺的是独立的思想、大胆的变革和不断的维新。吴汝纶教育思想和实践所蕴含的破旧立新、勇于探索、与时俱进的精神，仍然值得今人学习，也是对我们的最大启示。

（1）务实求真、不尚虚浮的匡世哲学

吴汝纶的治学，为人处事，都是务实求真的。吴汝纶在主编《深州风土记》时，力主要用“目验足迹”，即实地调查方法。他对西方“格物致知”的学识很赞赏，对地学（地理、地质、地图）、矿业都很感兴趣。他很重视学习西方地理，把它当作学习西方科学的开始。他实为中国倡导兴办地质教育最早的一人。总之，他以“经世致知”为目的，奉行务实求真，不尚虚浮的匡世哲学，这也是他观察问题、解决问题的起点与终点。

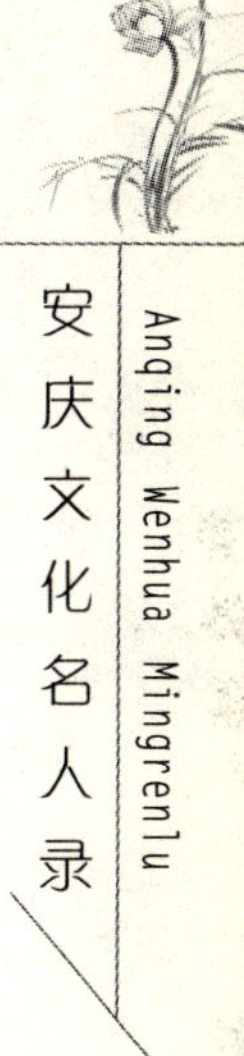

（2）勇于破旧、锐意立新的大勇胆略

吴汝纶不拘泥于几千年的古文化传统，明确提出废除科举制度的主张，具有深远的历史意义。洋务派的教育主张根本不触及科举制度，维新派也只是要变科举。吴汝纶从洋务运动的失败和甲午战争失败的教训中深刻思考，提出必须废除科举，方可兴学校、培民智。吴汝纶废除科举制度上的激进态度远远超出其同时代的政治人物和派别，这也成为其教育思想中最为引人注目的地方，他的主张在中国教育史上具有划时代的意义，为中国教育近代化扫除制度障碍发挥了重要作用。

1900 年 5 月，义和团控制了保定。因吴汝纶在莲池书院创办西学堂，聘用传教士贝格蔣，义和团围劫莲池书院，吴汝纶出走保定，避乱深州。从吴汝纶给家人的一封信中可知当时景象：“顷发一函，拟在此勾留数日。去后有人自省城来，传闻吾晨出后，有拳民六人追我，未及而返。虽未必可信，亦不得不防。我明日拟冒雨至唐县王古愚处，汝等不可久于满城，必应速出，无论如何为难，可将人口先行。”当时吴汝纶处境险恶可以想见。社会变迁中锐意改革者往往很难为普通人所理解，可能也是普遍的历史现象。

（3）更新理念、思维超前的大智才能

吴汝纶的思想领先超前，非当时朝野士大夫可比。他对严复翻译的《天演论》大力推荐，并为之作序，使该书的发行大为增加，广为流传。仅于 1905—1927 年的 22 年间再版 24 次。当年，鲁迅、李大钊、孙中山、

蔡元培、胡适都深受这本书的影响，这本书也成为他们思想启蒙的重要读物。当时中国一些先进的知识分子对子女的取名，都援引该书的时尚名词，如天演、物竞、淘汰、天择。胡适更名为适，便是“适者生存”的寓意。

吴汝纶本人对《天演论》的阐释与感悟程度，也让人惊奇。他认为“天演”的内涵是万事万物都是在运动中，从而否定了古代的循环论。他认识到“物竞天择，适者生存”是自然规律、普遍现象，表明他已初步掌握了自然辩证法与历史唯物主义观点。他对严复翻译英国著名经济学家、市场经济开山鼻祖亚当·斯密的《原富论》（初译《计学》），也作序大力推荐。他批判了儒家几千年重农轻商的传统，也源于他的哲学理念已更新，他认为，应该重物、重财，由“崇农”而“崇商”，才能强国富民。

（4）与时俱进、老而弥坚的人生轨迹

吴汝纶原本亦以周孔之道环球无二，同样有轻视蛮夷的偏见。但吴汝纶能坚持不懈地做到“努力变化不沿袭”，特别在去官办学之后，则知“欲救世变，必先讲西学，造成英伟奇崛之人才，使之深通中外之变”。当时社会上普遍对中学和西学持有一种偏激的态度，而吴汝纶对传统文化和西方文化没有采取盲目崇拜或否定的态度，而是坚信传统文化与西方文化具有各自的功能，表明他非常具有先见之明。严复曾赞曰：“吾国人中，旧学淹贯而不鄙夷新知者，湘阴郭侍郎以后，吴京卿一人而已。”

为了更好地学习日本从明治维新以来的经验，同时又间接学习到西方的教育制度，吴汝纶日夜翻阅日文书籍，久而久之能通其大意，同时也能听懂一些日语。这都是他积极向上地进取新领域的表现。

（5）忧国忧民、追求进步的爱国情怀

吴汝纶的教育改革思想，实际上带有革命意义与政治上的进步。日本著名教育家木下广次赞扬吴汝纶时说：吴先生精思卓识，旷绝一世之才。日本维新之时，断无如此人才。有此人才，中国教育之兴隆指日可待。在百日维新期间，严复曾上《万言书》，大胆提出请求皇帝御驾亲自出访到西方国家考察政治体制，吴汝纶也双手赞成。

在日本考察期间，吴汝纶不忘国耻，对爱国留学生积极爱护。当他到达马关时，当地人士集会欢迎他，请他题字留作纪念。他援笔大书：“伤心之地”，表达了他对清廷与日本签订丧权辱国的《马关条约》的一腔悲愤，观者为其胆识而惊叹折服。爱国之心，更是彰显于此。当时，留日学生因参加排满运动，与清廷驻日公使蔡钧发生激烈斗争，吴汝纶对留日学生予以支持。蔡钧勾结日本政府将留日学生数人驱逐回国，并向清廷诬告吴汝纶在日率领留学生宣传革命。一时间，流言蜚语传满京城。清廷于是电召吴汝纶回国。但吴汝纶还是坚持完成学制考察任务才回国，并将考察所得记录下来，编纂成《东游丛录》四卷，为清廷制定教育改革方案提供了重要参考。

（6）忘我奉献、鞠躬尽瘁的崇高道德

贯穿吴汝纶的教育改革思想，始终是为国家、为人民着想。他最早提出“国民教育”的口号，主张采用新的国民教育方法。他说：“盖必振民之穷而使之富焉，必开民之愚使之智焉。”他首先提倡推广普通话，以致中央电视台近年仍提及他是带头人；主张推行“省笔字”，即今天的简化汉字。这一切都是从广大人民的需求出发，也是一种先知先觉，比平民教育家陶行知要早得多。

吴汝纶献身教育事业，勤奋刻苦，已达到了忘我的境界。他对于承诺认定的考察任务，不遗余力去完成。他临行时没有给家里留下一分钱和半粒粮食，可以说是在家庭面临断炊的情况下，东渡日本。在日本考察了118天，日夜奔波，有时还忍饥挨饿，以步代车，亲自深入上百个单位参观记录，这样出国考察艰苦的人，实属难得。在管学大臣张百熙多次电报的催促下，吴汝纶只得提前回国。回国前仅用6天时间就整理编写好考察专著《东游丛录》，交日本印刷厂，又只过了4天，即首先在日本印出发行。后来才在国内莲池书院发行，并有多种版本问世。如此神速地出版考察报告，闻所未闻。年过花甲之人如此勤奋忘我，高效率运转，也是世间罕见。

吴汝纶回国后，完全不顾身体疲惫，在将考察报告送呈后，回家乡即创办桐城学堂。终生献身文学和教育的吴汝纶在回故里病倒临危之际，趁神志尚清时，紧紧握住随他回国的日本挚友兼弟子早川东明的手，用微弱的声音断断续续地嘱咐他，以刚筹办的桐城中学相托。早川东明感动得泣不成声，泪如雨下。其他才子莫不唏嘘不已。真是“出师未捷身先死，长使英雄泪满襟”。吴汝纶辞世后，严复曾撰联吊唁：“平生风义兼师友，天下英雄惟使君。”

吴汝纶出身贫弱阶层，但有中国古代知识分子清高、刚正的优良传统。曾国藩“奇其才，以为汉之祢衡”。他有祢衡之傲志，并无狂放之性。相反，他有时很谦虚。如他的文章被公认为是一流水平，而他自己竟然说，写文章是天下最难的事。他对于诽谤、为难却不畏惧，有时还针锋相对，不屈不挠。对于他的执着追求、卓越才识，还可以引用一位在中国从事地质学与教育活动多年的美国传教士麦美德女士的评论。她说：“吾见中国人多矣！学识襟抱未有万一及吴先生者，真乃第一人也。”

六十老翁，毅然赴东海遨游，学界破天荒，为支那教育，独开生面；
二百年来，默焉数南洲物望，耆儒世不出，桐城古文派，更属一人。

这幅挽联是早川东明为吴汝纶作的盖棺定论之语。一百多年过去了，吴汝纶至今仍散发出他那古色古香文字中的西味芬芳。经过历史与实践的检验，证明他不愧是晚清时代的弄潮儿，他的教育思想与实践，对于今天同样处于社会日新月异、东西文化交流频繁、教育急剧变革时代的人们，处理好教育改革与发展课题也将会产生重要的启迪。

作者简介：王瑞兰，硕士，副教授，安庆职业技术学院思政部常务副主任。

五四运动总司令陈独秀

储诚炜

风云激荡的近代历史中，时势突变风云际会，英雄人物层出不穷，陈独秀就是灿若星辰中闪亮的一颗。其人、其文、其遭际、其经历、其影响力，难寻二人；为人、为官、为功业、为学问、为情感，与众不同，实为人性之大典型、人物之最雄奇。孙郁在2009年第3期《十月》上有一篇文章《陈独秀旧事》，在该文中，他认为“一个失败了的英雄提供的意象，有时远比得志者要丰富、辽远。可是对于这样一个落难的英杰，人们现在似乎已不愿谈论他了。个中原因，真是让人思之再思”。近代著名政论家、陈之挚友章士钊说陈独秀乃“不羁之马，奋力驰去，不峻之坂弗上，回头之草不啮，气尽途绝，行同凡马踣”。在中国近现代的激荡百年之中，“中国面临数千年未有之变局”（李鸿章语），大浪滔天，社会变革此起彼伏，作为弄潮健将的陈独秀，在风口浪尖之上，独领时代风骚。

一、幼负盛名，顽劣乡里：童年时期性格塑造的再认识

陈独秀（1879—1942），原名庆同，字仲甫，1879年生于安徽安庆。他提倡新文化，宣传马克思主义，是五四新文化运动的主要领导人之一，中国共产党创始人和早期领导人之一。

陈独秀出生地在安庆怀宁，家乡不远处即是远近闻名的独秀山，近代史上一直就有“先有山名，还是先有人名”的激烈争论，但不论怎样，咫尺之遥的独秀山却对他有一定的影响，“独秀”表示了他对故乡的眷恋，也寄托了他的志向和抱负。自幼祖父教育极为严厉，动辄拳脚相向，但无论如何，陈总是一声不哭，沉默到极致，让祖父大骂道：“尔辈长大成人，必成杀人不眨眼之徒。”陈少年顽劣，但极为尊崇母亲，对母亲很是孝顺，而且在陈独秀心中，母亲的眼泪实在比祖父的板子更有威权，“一直到现在，我还是不怕打，不怕

杀，只怕人对我哭，尤其妇人哭，母亲的眼泪，是叫我用功读书之强有力的命令”。

陈独秀参加了院试，题目是“鱼鳖不可胜食也材木”，题目古怪，陈乃灵机一动，把《昭明文选》上所有鸟兽草木的难字和《康熙字典》上的荒谬的顾问，帮凑成一篇皇皇大文，胡乱交差，算是应付。颇为讽刺的是却高中头名，对于科举，他颇为鄙薄。

安徽近现代史上，特别是20世纪前半期涌现出众多文化名人，他们对中国社会发展产生了重要影响，尤其是徽州和安庆地区名人辈出，如胡适、陈独秀、陶行知、黄宾虹、朱光潜、方东美、张恨水和赵朴初等。其中，胡适和陈独秀是最为典型的两位，一位是20世纪中国最有影响的自由主义者，一位是中国共产党创始人和中共前五任总书记。他们都受过良好的传统教育，又受过西方新式教育。他们均对传统文化持否定和反叛态度，然而，传统观念和思维方式又深深影响着他们的言行。可以说，传统文化与现代文化二元教育对安徽近代文化名人的成长作用极为深远。李泽厚则指出，像陈独秀和胡适等这些中国现代思想史上的人物，不仅思想观念上集反传统与遵从传统为一体，而且，其观念意识与行为模式也仍然有着很大的距离。对家族制度和传统家庭可以进行激烈的批判否定，但在行为上仍然在一定程度上遵循着对父母、兄弟、妻子的传统规范和要求。这也许就是列文森所言的“理智上面向未来（西方），情感上回顾传统”。

二、铁骨铮铮，气贯长虹：监狱和研究所之间的来来回回

陈独秀在《研究室与监狱》中说“世界文明地发源有二：一是科学研究室，一是监狱。我们青年要立志出了研究室就入监狱，出了监狱就入研究室，这才是人生最高尚优美的生活。从这两处发生的文明，才是真文明，才是有生命有价值的文明。”

在北大担任文科学长的两年，是陈独秀一生中最辉煌的时期。而这段时间里最惊心动魄的一幕，发生在1919年6月11日的新世界屋顶花园。那天晚上，41岁的陈独秀独立高楼风满袖，向下层露台上看电影的群众散发传单。这是空前绝后的举动，以后爱惜羽毛的教授们是不敢效仿的。试想一位最高学府的文科学长，应当是衣冠楚楚、文质彬彬、道貌岸然的人物。但陈氏如是说：“若夫博学而不能致用，漠视实际上生活上之冷血动物，乃中国旧式之书生，非二十世纪新青年也。”

入狱之后，陈独秀的痛苦很快牵动了国人的心。中国第一次出现这样的情况：历代文字狱、迫害、杀戮，都由知识者一人承担，而与大众无关。这一次，大众与知识者息息相关了。李辛白在《每周评论》发表短诗《怀陈独秀》：

依他们的主张，我们小百姓痛苦。
依你的主张，他们痛苦。
他们不愿意痛苦，所以你痛苦。
你痛苦，是替我们痛苦。

这首未被重视的小诗，却蕴含了相当丰富的信息：现代中国知识分子如何定位自身？诗中人称的转换已微妙地说明了知识者的位置：你——他们——我们，痛苦是“你”必须承担的。

这次入狱时间不长，迎接陈独秀出狱的蔡元培当众宣布：“北京大学为有仲甫而骄傲!”李大钊则献上诗作《欢迎独秀出狱》：

你今天出狱了，
我们很欢喜!
他们的强权和威力，
终究战不胜真理。
什么监狱什么死，
都不能屈服了你，
因为你拥护真理，
所以真理拥护你。

在狱中审判之时，大律师章士钊为其辩护，辩者洋洋洒洒，一气呵成，文采斐然。然陈独秀见章士钊的辩护词中有“现政府正致力于讨共，而独秀已与中共分扬，予意已成掎角之势，乃欢迎之来不暇，焉用治罪乎”的话，与自己的政治主张不合，且有摇尾乞怜、卖身投靠之嫌。故当章氏发言毕，他立即声明：“章律师的辩护词，只代表他的意见。我的政治主张，要以我的辩护词为准。”实为当时一大奇观。

“九一八”事变后，在狱中愤而写下：

放弃燕云成马豪，
胡儿醉梦倚天骄。
此身犹未成衰骨，
梦里寒霜夜渡辽。

出狱后，陈仲凡教授赠诗于他：

荒荒人海里，聒目几天民?
侠骨霜筠健，豪情风雨频；
人方厌狂士，世岂识清尘?
且任鸾凤逝，高翔不可驯。

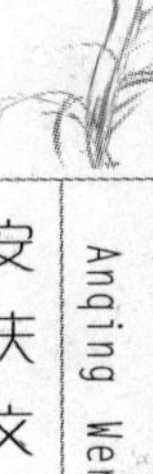

对陈独秀的“侠骨”“豪情”予以赞美。陈独秀则以《和苒斗玄见赠诗原韵》作答：

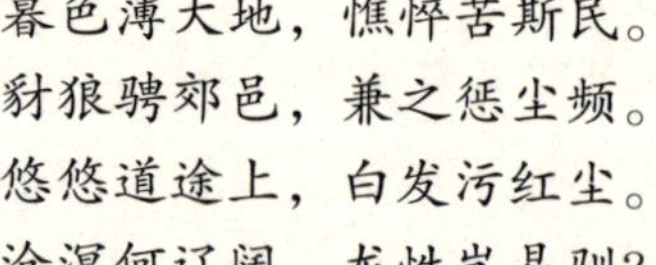
暮色薄大地，憔悴苦斯民。
豺狼骋郊邑，兼之惩尘频。
悠悠道途上，白发污红尘。
沧溟何辽阔，龙性岂易驯？

三、私德不淑，大节不亏：晚清民初青楼文化与文人生活

陈独秀一生率直敢为，敢爱敢恨，一直为后人所诟病的就是其私德不淑，笔者无意为其翻案，也无须为其翻案，笔者只是认为在认识和评价历史人物时应该有几个基本态度：

首先是持“了解之同情”（陈寅恪语）之态度。陈寅恪先生二十世纪三十年代有一篇《冯友兰中国哲学史上册审查报告》开端就说：“凡著中国古代哲学史者，其对于古人之学说，应具了解之同情，方可下笔。”钱穆先生在《国史大纲》的序里面也说：“（读此书）必附随一种对其本国以往历史之温情与敬意。”对于那段历史的认识，需要设身处地地加以考察，应该避免大而化之的道德指责和激愤偏执的伦理抨击。其实，从中国传统文化角度观察，青楼文化一直源远流长。青楼，也是一种文化？青楼亦有文化乎？其实，青楼是文化艺术之乡。唐诗、宋词、元曲、明朝的小说，哪一样能离得开青楼？可以这样说，青楼与“色”的关系有多深，青楼与文化的关系就有多深。研究中国文化而企图绕开青楼，或者谈论青楼而不涉及文化，就如同入庙而不访僧，登舟而不问水，至少可说是三分迂阔也。中国古代知识分子与青楼关系密切，知识分子是介于统治者与被统治者之间的一个弹性群体，命运的不确定性和多变性使他们与同样命运无常的妓女之间达成了心灵的默契。

其次需要区分的是私德和公德立场。公德是与私德相对而言的。“公”是指公共领域，“私”是指私人领域。在共同生活中，公民的所有行动都具有公共的性质，不可避免地是一种公德行为。所以简单地说，公德就是公共领域中公民的道德活动。它关系到其他公民的公共生活，关系到公共领域的正常秩序。梁启超把公德定义为“人人相善其群”，这无疑是正确的。“群”既指公共领域，也指共同生活的公民，“群”就是“公”。“群”是公德的参与者、受益者，也是公德的评价者、监督者。“相善其群”就是“德”；它是公民与群的关系。只要生活在公共领域中，公民的活动便无不具有公德的规定性。与公德相比较，私德行为只是影响自己和家人、亲戚和朋友，它不需要公众评价和监督，也不需要公共组织协调和处置。

个人陋习是私德问题，是个人生活方式的一部分。虽然说改良道德就要从革除陋习、移风易俗开始，革除陋习，是我们每个人进行道德建设的必经途径，但终究来讲私德毕竟还是个体事宜，不宜广而告之、大而化之，在陈独秀私生活问题上，大体上可做如此理解。

再次是环境约束、条件限制和情景设置。脱离民国时代的具体环境和生活风气，不从当时的条件和情境出发，高举道德大棒，无休止进行指责和说教，显然不是正确对待历史人物的态度。对于具体解密的档案资料中所揭露出来的生活细节，也应该考虑到其发生的环境、情境和条件，做具体分析和评价。

最后从人性角度出发去认识和评价历史人物，要深刻得多，也有趣得多。古今中外，关于人的本性是什么的理论探讨层出不穷，各种观点相互并立。荀子认为："凡性者，天之就也，不可学，不可事。"也即是说人的本性是自然生成的，其具有终极意义上的探索价值。可以说，一切人类活动的预设都是有意或无意、无可避免地从人的立场出发，自觉或不自觉地以对人类自身或人性的关注为前提。对任何社会发展的许多问题的认识，比如历史归因、法律制约、道德运行、社会变迁等包括对微观问题和细节的思考，"思维的触须必然伸向具有终极意义的人性问题"。陈独秀是一个极佳的人性分析范本，具有极大的人格魅力，极富人性力量。

四、敢恨敢爱，痴绝一世：陈独秀生命中的四个女人

陈独秀是中国近现代史上一位叱咤风云的人物，在其复杂多艰、颠沛流离的人生旅程中，有4位女性与他关系密切。她们中的第一位与陈独秀的结合是封建式的包办婚姻，第二位是与陈独秀自由恋爱而走到一起，第三位则是与陈独秀萍水相逢、成为短时间的秘密同居者，最后一位与陈独秀组成了老夫少妻的家庭，并相依到老。

光绪二十三年，陈独秀考中秀才后，由父母包办娶了当地望族高登科的女儿高晓岚。这属于门当户对的传统婚姻，但陈独秀对这门亲事怏怏不乐。这不仅由于妻子大他两岁，更主要的是他对这种包办婚姻深恶痛绝。新婚后，起初两人还过得不错，数年之后高也为陈家添了几个儿女。但两人性格不投，互不相容。陈独秀年少得志，颇负才名，而高却是个认为"女子无才便是德"的旧式妇女，对陈独秀劝她认字不屑一顾。后来陈独秀参加了革命，两人便从个性上分歧变成政治上分歧，她坚决反对他这么做，说他是大逆不道，夫妻常常闹得不可开交。

陈独秀在文化界的名气，妻妹高君曼对他十分崇拜。两人志趣相投、相谈甚欢。两人过从甚密，自然也少不了风言风语，但高君曼似乎并不在意，而陈独秀也感到只有她才是自己的意中人。所以也不因人言而回避。

相处日久，两人的感情日趋融洽，后来陈独秀借出国留学机会，索性把高君曼也带去日本留学，留学期间两人终于互相倾吐了爱慕之情，就此形影不离，于1910年在杭州西子湖畔自由结婚。但高君曼比较注重稳定安宁的家庭生活，陈独秀却是一个天性好动、走南闯北，屡遭风险的人。在对待陈独秀与前妻所生的子女的问题上，陈独秀的固执与偏见，极大地刺伤了高君曼的心。两人从口舌之争，发展到拳脚相向。高君曼自小就娇生惯养，哪能容忍，终于带着自己所生的儿女，离陈独秀而去。直到香消玉殒，也没有再见陈独秀。

陈独秀的第三次婚姻至今还有不少扑朔迷离之处。由于此次爱情而成为第三位妻子的施芝英无疑是陈独秀感情世界中最神秘的一个女人。说她神秘，是因为在相隔60年后，她与陈独秀的关系才露出真相。她与陈萍水相逢，由秘密同居到结为露水夫妻，他们曾拥有一个暂时的、温暖的家。从某种意义上说，她是陈独秀一位没有公开身份的妻子。1926年1月下旬的一天，身为中国共产党总书记的陈独秀突然失踪了，中央机关内一片恐慌，同事们以为他被“秘密地处死了”。大约一个月以后，陈独秀鬼使神差地出现在中央机关的同事们面前。大家又惊又喜，连忙问他到哪里去了。陈闪烁其词，说自己去了医院，还告诉秘书处的任作民以后可以去他的“家”。当时，他与君曼已分居。显然，这不是原先的那个家。原来，这一个月陈独秀始终和一女医生在一起。1月底，他因得了伤寒病去一家医院就诊。在这里，他邂逅了一位叫施芝英的女医生。后来，他常常因胃病去医院，请这位漂亮的女医生看病。起初，施并不了解陈的来历，一来二往，名流的威望和儒雅终于扰动了施的芳心。就这样，她对陈由病人到恋人而后成为情人，由崇拜而生恋爱，由爱恋而后同居，双双堕入爱河，开始了一段隐居式的共同生活。他们大约在一起生活到1927年3月才分手。

陈独秀在党内受到处分之后，在一个城市贫民聚集地隐居下来。在他这间楼里面居住着一位叫潘兰珍的姑娘，她比陈独秀小三十岁，但对陈独秀的敬爱却使他们成了忘年交，不久就一起生活了。婚后几年，经济来源大半靠潘兰珍的菲薄薪水，她却毫无怨言。1932年10月，陈独秀被捕。当潘兰珍在报上得知自己的丈夫原来就是政府通缉已久的陈独秀时，不由惊喜交加，更觉得自己终身没有误托，于是马上收拾行装赶赴南京，租了一间房子，一面揽活赚点钱，一面抽出时间陪伴和服侍陈独秀。就这样，陈独秀在南京坐了五年大牢，潘兰珍便风里来雨里去给他送了五年牢饭。1937年陈独秀在党的营救下获释，其时他虽已离党，仍不失中华儿女的骨气，尽管贫病交迫，但也不受国民党的拉拢和俸禄。潘兰珍始终形影不离地伴随陈独秀，而且从他那里知道了许多过去不懂的革命道理，对他益发敬爱。正所谓：少来夫妻晚来伴，终老乡下成传奇。

五、返璞归真，人性光辉：编写小学教材读本的启蒙价值

出狱之后的陈独秀避居重庆江津，陈独秀原本就是个不甘寂寞的人，现在虽不属于任何党派，但作为一个仍与托派有藕断丝连关系的政治人物，作为一个仍然关心国事的爱国者，他和政治的联系至死都没有割断过。

戴笠和胡宗南就曾密访陈独秀。“国共建立抗日统一战线，符合全国人民的愿望。弱国强敌，速战困难，但只要举国上下，团结一致，则任何难关都可以渡过的……本人孤陋寡闻，唯不愿公开发表言论，致引起喋喋不休之争。务请两君对今日晤谈，切勿见之报刊，此乃唯一的要求。”

周恩来也曾亲自拜访过陈独秀，周恩来此行的目的主要是想请陈回延安为党继续工作，希望他能够抛弃个人的成见，以国家民族为重，写个书面检查回党工作。但陈独秀拒绝了这个意见。

晚年的他尤以大量的精力撰述了文字训蒙的专著《小学识字教本》，但稿件送审时，教育部长陈立夫认为书名不妥，要陈独秀改书名。陈独秀坚决不同意，并说“一字不能动”，把预支的八千元稿费也退回去了。最后直至1942年陈独秀因病谢世，《小学识字教本》仍未出版，成了他晚年未了的一大憾事。陈独秀心血结晶之一的这部未能最后完成的遗著，后来的命运果如他自己所料。梁实秋带去台湾一本油印稿，70年代初即在台湾影印出版。

陈独秀挚友、安徽老乡王星拱把《小学识字教本》油印稿，一直珍藏着，1946年他任中山大学校长时，中山大学一严姓先生“击节讽诵，爱不忍释”，当即将二十万字书抄存一份。后来在内地又发现几本油印稿，也有出版社想出版此书，七波八折未能实现，“据说是学术、经济以外的理由”。1985年经严先生努力，巴蜀书社决定出版此书，刘志成对书稿的整理校订极为精审，此书不能铅字排版和微机排版，由成都知名书法家张勉之工楷誊正，清丽遒劲，一笔不苟，历时两年完成。

这部书的学术价值极高，受到各方面专家学者高度评价。台静农认为陈独秀的研究方法“是极科学的方法，使两千年来的文化遗产，由芜杂而有体系可寻”。“仲甫先生是我国语言学史上杰出的语言学家”，“一代学人，深藏若虚，著述以终，能无悼敬乎”。刘志成认为“以历史唯物主义全面辨析汉字字根，研究汉语同源词，那应当首推风云学者陈独秀。这也是前代任何研究汉语同源词的学者不可能做到的”。可见，陈独秀此书在中国语言学领域乃至古文古史领域将被长久谈论下去，是那些纵然煊赫一时终属浮光掠影的著作不能比拟的。

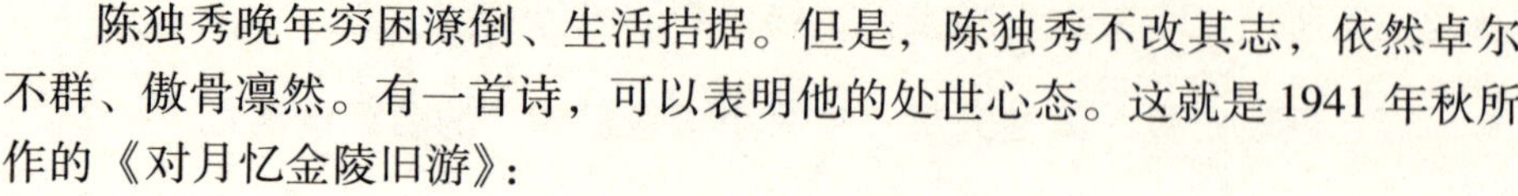
陈独秀晚年穷困潦倒、生活拮据。但是，陈独秀不改其志，依然卓尔不群、傲骨凛然。有一首诗，可以表明他的处世心态。这就是1941年秋所作的《对月忆金陵旧游》：

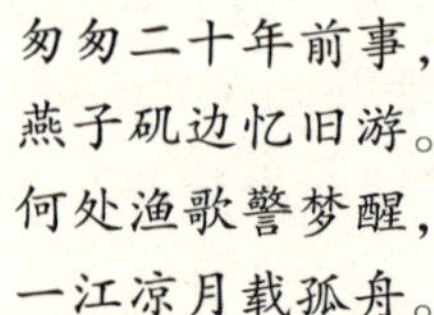
匆匆二十年前事，
燕子矶边忆旧游。
何处渔歌警梦醒，
一江凉月载孤舟。

六、功过是非，天道人心：陈独秀的八大历史功绩和对其局限性的再认识

20世纪80年代，胡耀邦同志曾说过："写陈独秀这种对革命有过很大贡献的历史人物，要像鲁迅写章太炎那样，有一种深远的历史眼光，采取厚道、宽容、公正的写法，这样才能正确评价前贤，深刻吸取历史教训，坚持马克思主义的实事求是精神，使后人受到教益。"

著名党史专家、前中共中央党史研究室副主任石仲泉认为评价历史人物的一个方法论原则，要历史地看问题，不能以后来的历史眼光来苛求前人。在《共产国际、联共（布）与中国革命档案资料丛书》等书籍陆续出版的基础上，关于陈独秀晚年的许多问题可以看得更加清楚。他认为陈独秀具有八大历史功绩。

第一，陈独秀是中国共产党领导人中早期参加过辛亥革命的革命家。陈1901年因进行反清宣传，受清政府通缉，逃亡日本。在日本又因从事革命活动，被遣送回国。随后，建立反清秘密组织岳王会，任总会长，成为安徽地区的主要革命领袖之一。辛亥革命后，他三度出任安徽都督府秘书长，在参加讨伐袁世凯的二次革命失败后，被列为"要犯"受到通缉。这个经历说明陈独秀在缔造中国共产党之前就是一个革命家了。

第二，新文化运动高举民主与科学两面大旗的旗手。陈独秀在逃亡日本后，先是帮助章士钊创办《甲寅》杂志。1915年9月，在上海创办《青年杂志》，次年更名为《新青年》，在思想文化领域掀起一场以民主和科学为旗帜，向传统的封建思想、道德、文化宣战的新文化运动。毛泽东当时就"认他为思想界的明星"；后来在党的七大又说，陈独秀和他周围的一群人的影响很大，做了启蒙运动的工作，我们是他们那一代人的学生。改革开放以来，说五四运动是20世纪三大思想解放运动的头一个思想解放运动，首先就是指新文化运动，它开启了中国20世纪思想解放运动的先河。陈独秀就是掀起这一伟大思想解放运动的新文化运动的主将。

第三，五四爱国运动的"总司令"。陈独秀不是书斋里的学者，单纯地呼吁思想启蒙，而是将民主与科学思想的传播与推动现实的政治斗争积极地结合起来。这使他的影响力更加巨大。五四爱国运动既是在以他为代表的先进分子掀起的思想解放运动的推动下爆发的，他本人又奋勇地投身到这场运动中。他不仅起草了《北京市民宣言》，还亲自上街散发《宣言》，并遭逮捕，被关押近百天。所以，毛泽东说，他是五四运动时期的总司令，整个运动实际上是他领导的。他与周围的一群人如李大钊等是起了大作用的。在五四运动中有左翼、右翼，陈独秀、李大钊是代表左翼的。毛泽东也是这个伟大事件的亲历者，这个评价是中肯的。

第四，中国共产党的最主要的创立者。五四运动的爆发，标志着中国人民的伟大的反帝反封建斗争进入新的阶段。一场广泛的深层次的马克思主义传播运动也由此展开。在这个过程中，北京和上海分别成为中国南北宣传马克思主义的中心。在上海，陈独秀等发起成立了马克思主义研究会，与李大钊在北京成立的北京大学马克思学说研究会遥相呼应，既推动马克思主义在全国的广泛传播，又最早酝酿在中国建立共产党组织。尽管党的一大召开时，陈独秀、李大钊都未能出席，但他们是中国共产党的主要创立者是不争的事实。所以，毛泽东又说，五四运动替中国共产党准备了干部，我们这些人受陈独秀和他周围的人的影响很大，可以说是由他们集合起来，这才成立了党。他创造了党，有功劳。

第五，中国共产党的前五届中央领导核心。从党的一大到五大，陈独秀都是中央的主要负责人。论当党的第一把手，毛泽东时间最长，但讲届数多少，则是陈独秀，前后五届。即使到了大革命失败前夕召开的党的五大，尽管对他有尖锐批评，但他仍有巨大的影响力，因此，党的总书记还是非他莫属。在此期间，他决定实行国共合作，建立革命统一战线，回击国民党右派进攻，维护了党的独立性；重视工人运动，是五卅运动的中共中央政策的制定者，并直接指挥了这场有巨大影响的反帝爱国运动；在北伐进军的高潮中，亲自领导了上海第三次工人武装起义。党成立以后至大革命时期的许多重要决策及其取得的成就，无疑都与他的积极领导分不开。同后来的错误他应负责一样，这时的成就也有他的功劳。中国共产党从一个只有50多人的小组织发展成拥有近6万党员的大政党，从那时起就具有初步广泛的群众基础。这一点，他也功不可没。

第六，探索中国革命基本问题有重要贡献的思想家。党对中国革命基本问题的认识是一个不断探索的过程。后来的许多认识正是以这一时期的认识，包括错误的认识作为先导而积累形成的。同后继者是在探索一样，陈独秀对中国如何革命也在探索。既然是探索，就会有错误，如“二次革命论”；但也有若干积极的、正确和比较正确的认识。如他为党的二大起草的《宣言》，初步阐明了中国革命的性质、任务和动力，提出党的最低纲领和最高纲领，有了中国革命分“两步走”的思想；党的二大后，他提

出“国民革命”思想，迅即为一切反帝反军阀的人们所接受，成为国共两党共同使用并响遍全国的口号。在党的三大后，他强调了无产阶级在国民革命中的重要地位，认为劳动阶级是国民革命中的“最勇敢最急进的先锋”，若没有“这最有革命战斗力的阶级起来奋斗”，革命“是不能成功的”。正因为他的认识有了变化，党的四大才能够明确提出无产阶级在民主革命的领导权问题。此外，他还对中国历史和社会的基本国情，试图用阶级分析方法进行研究，并将中国革命放在世界革命大环境中考察，提出了若干有价值的理论观点。这对后来党探索中国革命和建设道路，也有重要参考意义。

第七，中国共产党内第一个对斯大林和共产国际敢于说“不”的领导人。从党的二大始，中国共产党正式成为共产国际的一个支部，此后两者就是上级与下级、领导与被领导关系。无论正确与否，作为组织纪律都应当服从。共产国际对党的指导和影响是两方面的，既有积极的、正确和比较正确的，又有不正确的，乃至严重错误的。陈独秀在任时对共产国际的指示有时并不完全赞同，但都是努力服从的。但到1927年6月下旬，在中央政治局会议上开始明确提出不能同意和执行共产国际关于指望武汉国民政府实行土地革命的指示。在大革命失败后，当共产国际和斯大林将其责任完全归咎于陈独秀时，他更是坚决地表示了反对意见，认为中国的问题，中国同志最了解，不能跑到外国去同外国人研究中国问题。因而，多次拒绝邀请去莫斯科说明情况。就此而言，在那时都将共产国际指示奉若神明的党内氛围中，这种敢于说“不”的精神是难能可贵的。

第八，近现代革命史上有高尚民族气节的先贤。陈独秀从投身反对晚清腐败政府开始就遭到多次通缉。从领导五四运动开始直至抗战期间去世，他先后5次蹲监狱，既坐过北洋军阀的班房，也坐过国民党政府的大牢，共达5年多时间。在他的影响下，两个儿子（陈延年和陈乔年）都献身于中国革命事业，惨遭国民党反动派杀害。他一生都对反动势力进行着不屈不挠的斗争，从不低头屈服。即使到晚年穷困潦倒，也不乞怜依附国民党政府当局。这种硬骨头精神，也会名留青史的。

关于陈独秀的所谓错误问题，主要集中在两个方面：一是大革命时期的右倾错误问题；一是晚年参与托陈取消派问题。关于前者，2002年9月出版的党史一卷，将过去长期讲的“右倾投降主义”改为了“右倾机会主义”。4年后，胡锦涛在2004年4月纪念任弼时100周年诞辰座谈会上谈到大革命失败时，又给予了新的说法，将其表述为“陈独秀的右倾错误”。这是到目前为止由党中央领导人所作的新的定位，获得了学界的普遍好评。而且，更多的解密资料说明大革命失败的因素非常复杂，共产国际的指导失误和党自身的政策过火因素越来越明显，陈个人背负包袱太重。

关于后者，其是非也渐清楚。第一，联共（布）的党内斗争属于跨党、跨国之事，已很少提及当年联共（布）的党内斗争，甚至对托洛茨基的问题另有新说。第二，陈独秀参与“托陈取消派”，属于对中国革命的指导思想和意识形态的纷争，但更多地属于理论论争。第三，陈独秀对托洛茨基的某些观点是有保留的，而且他比较赞同托洛茨基的主张，不赞成斯大林的意见；特别是对将大革命失败的责任完全推给他一个人来承担感到愤慨，并对托洛茨基遭受的迫害深表同情，这是他参加“托派”的一个重要动因。第四，将“托派”认定为“反革命”，这主要是在 1937 年 11 月王明、康生从莫斯科到延安后，根据联共（布）反对托洛茨基的需要，不分青红皂白而作的处置。当时，确有“托派”反对抗战、有汉奸嫌疑的言论，但陈独秀却是主张抗战的，并撰文批评“托派”反对抗战的言论。第五，陈独秀参与“托陈取消派”，尽管具有分裂党的性质，但并没有做危害中国人民和中华民族的事情，没有里通外国的勾当。对陈独秀的分裂行为应与张国焘的分裂行径加以区别，两者的性质和情节不一样。

1985 年 5 月 27 日，蜀中才子陈光美携带孙子陈恩田来到鹤山坪石墙院祭拜陈独秀，其孙子陈恩田有感而发，写下了一篇轰动巴蜀的《鹤山坪祭》，鹤山坪石墙院从此更是引人瞩目。《鹤山坪祭》全文如下：

乙丑年夏日，余与祖父前往江津鹤山坪，携阴钱冥币万千，备香烛纸火无数，刀头加白酒，跪祭陈氏先辈：

烟雨迷茫、坎途泥泞，青山泪落，绿水哽咽，遥忆山崩地裂，树悲草叹，坟落冢飞处，天意厚葬之。文曲星，文科长，文鹤怎比恶犬；五四风、五人组，五届依旧领袖。创党始为祖，论政终为先；两党相残，丧延失乔，派内诟斗，忍辱负重；几进牢狱终不渝，延安奸人传谣言。铁骨铮铮岂堪辱，两党面前伤痕累。鹤山坪，依稀伴侣影，石墙院，无愧对苍天。直至贫病陨落，天地为之动容。一生灿烂，六旬光辉。后史太荒唐，列戴九顶帽。总而言先辈：爱憎分明，敢作敢为。刚强震五四，豪情创中共。为国奔走为民呼，风雨飘摇丧三子。狱难几度不失志，老年孤苦隐江津，贫病失意辞人间，一代伟魂留石墙。呜呼哀哉！后人离散成牛鬼，犹叹冤污何时洗。今日祭奠，忘却！忘却！泉下有知，来饮一杯。

作者简介：储诚炜，副教授，博士，安庆职业技术学院高职研究所所长，皖江文化研究会秘书长。

“一代完人”王星拱

王瑞兰

王星拱（1888—1949），是一位从安徽安庆走出的历史文化名人，他是我国民国时期著名的教育家、化学家、哲学家和爱国民主人士，他曾先后任省立安徽大学、国立武汉大学和国立中山大学的校长。在民国时期，先后出任两所著名国立大学校长和一所省立大学校长的教育家并不多见，而学科学出身的王星拱就是其中一位，并且备受学界称道。1949 年 10 月，当他积劳成疾不幸逝世于上海时，他曾服务的武汉大学等校师生，纷纷举行隆重的追悼仪式，遥祭自己可敬可爱的老校长。上任不久的上海市市长陈毅闻讯，还特地送来一副挽联，上有他亲笔书写的四个大字——“一代完人”，以示哀悼。

在中国现代教育史上的众多国立大学校长中，曾在去世之后被誉为“完人”的，仅有两人，一是北京大学校长蔡元培，另一位就是王星拱。而在中华人民共和国开国元帅陈毅的一生中，被他公开称誉为“一代完人”的社会著名人士，也只有两人，一是京剧大师梅兰芳，另一位也是王星拱。俗话说：“金无足赤，人无完人。”任何人都会有弱点和缺陷，绝无例外。那么，王星拱这位国民党的元老人物与高层人士，为什么会被中国共产党的重要领导人陈毅誉为“一代完人”？王星拱之为“完人”，他的“完”究竟体现在哪些方面？他有没有哪些不“完”的地方呢？带着这些疑问，让我们一起走近王星拱。

一、王星拱的生平活动

1. 学贯中西　多才多艺

王星拱的一生可分为五个阶段，第一阶段是他幼时与求学阶段。“学贯中西、多才多艺”这八个字，是对王星拱这一阶段人生的最好诠释。

（1）幼年时代

王星拱，字抚五，1888 年（清光绪十四年）出生于安徽省安庆府怀宁县高河埠镇王家大屋（今马庙镇凌桥村）的一个书香门第，有同胞兄妹四人，他排行第三，上有两位兄长，下有一个妹妹。父亲王厚棋是个穷秀才，一辈子在乡间教私塾。他三岁丧母，自幼因家境贫困曾寄养和就读于外祖父刘家私塾，因天资聪颖、勤奋好学，深得外祖父一家人的钟爱。由于家庭因素与成长环境的影响，加上他自身聪明好学，熟读四书五经、诸子百家，所以王星拱的古文修养极好，传统文化造诣精深，他精通中国文学、诗词、书法，国学功底深厚。

王星拱年幼时，他的父亲曾带着他去见一位朋友。古人以文会友时，喜欢考对方对联。父亲朋友考王星拱对联时，王星拱不假思索即可一口对出下联，朋友见其才思敏捷，口齿伶俐，不禁心生爱意，当即便将自己的大女儿许配给他。这就是王星拱后来的夫人、比他年长一岁的叶玉芝。王星拱的岳父是安庆叶家村的一位士绅，家境比较富裕，叶玉芝在当地农村堪称大家闺秀，十分擅长理家和女红，但因当时社会风气尚未开化，不让女孩子上学，所以叶玉芝识字不多，与王星拱的教育、文化程度差距很大。

（2）少年时代

少年时代，王星拱和他的两个哥哥都考取过秀才，但王星拱又非常幸运地获得了一个接受现代新式高等教育的机会。1902 年，他由怀宁中学堂考入安徽高等学堂。安徽高等学堂是安徽省第一所近代大学，也是后来安徽大学的前身，其办学目的是培养西学人才，招生办法由全省各县选生申送，每县两名。1902 年，王星拱由怀宁县选派，并经过严格的入学考试，被安徽高等学堂录取。

对于王星拱来说，更令他感到幸运的是，他在安徽高等学堂学习后期，中国近代著名思想家、教育家、翻译家严复应聘出任该校校长。严复曾在欧洲留学，他赴任后推行以西学为主导的教育方针，积极引入西方的教育思想。严复非常关爱学生，尤其对才华出众的学生更是关怀备至。当时的王星拱，因学习刻苦、才思敏捷，尤其是英文成绩出众，多次得到了严复的嘉奖，这对王星拱的一生影响很大。

1907 年，王星拱完成学业，顺利毕业，并因学业优异，学部奖给贡生。科举时代，挑选府、州、县生员（秀才）中成绩或资格优异者，升入京师的国子监读书，称为贡生，意为以人才贡献给皇帝。1908 年初，安徽在全省招考第一批公费留学生，王星拱立即前去应试，以优异的成绩被录取。在出国留学前夕，他依照父辈之间的约定，与叶玉芝完婚，之后前往英国，进入英国伦敦大学皇家科学院，主攻化学专业。

（3）留学生涯

1908 年王星拱进入伦敦大学后，先从预科读起，一直读到获得硕士学位为止，前后历时八年之久。在此期间，他一方面刻苦钻研化学，另一方面对哲学，特别是当时风行西欧的马赫主义哲学也产生了浓厚的兴趣。同

时，他又深受伦敦大学乃至整个英国自由、民主的学术氛围和政治空气的熏陶，产生了推翻专制、建立共和，以彻底改造中国社会的民主革命思想。1910 年，王星拱加入了孙中山领导的中国同盟会（国民党的前身）欧洲支部。本着“科学救国”的信念，1912 年前后，王星拱又与丁绪贤、石瑛等人在伦敦发起成立了“中国科学社”，这是中国最早的留学生科学团体。

1916 年，王星拱获伦敦大学化学硕士学位。由于正常的求学环境受到了第一次世界大战的严重影响，加之离乡多年，牵挂家人，同时也想早日报效祖国，于是王星拱不再继续攻读博士学位，启程回国。一踏上祖国的土地，他就接到北京大学校长蔡元培先生的聘书，邀请他担任北京大学化学系教授。他愉快地接受了这一邀请，赴京就任。

2. 执教北大　风雨十载

从 1917 年直到 1927 年，王星拱在北大执教长达十年之久，在这段时间里，他积极辅佐蔡元培校长革新校政，深受蔡元培器重，同时他也深受蔡元培“思想自由”“兼容并包”办学理念的影响，这为他自己日后也成长为一名杰出的教育家和大学校长，积累了丰富的理论基础与实践经验。

在北京大学执教期间，王星拱遇见两位安徽怀宁老乡，他们是时任北京大学文科学长（相当于文学院院长）的陈独秀和北大预科教授程演生，由于志趣相投，三人很快成为莫逆之交。王星拱和陈独秀等教授一起，发起组织成立了北京大学俱乐部，投身新文化运动，积极宣传西方的民主与科学思想。他参与《新青年》编辑与撰稿工作，发表了《科学的起源和效果》《未有人类以前的生物》等一批在中国青年和思想界产生重大影响的文章，并因此而成为全国知名学者。

王星拱不仅致力于宣传科学思想，也在实践中积极践行。他响应蔡元培校长“融通文理”的号召，为全校文科学生开设了“科学方法论”，内容包括科学方法和科学效果两大部分，受到北大学生和学术界的广泛好评。他也由此成为第一位在中国系统介绍科学方法论的学者。作为一名科学工作者，其科学成就主要体现在他的《科学概论》《科学与人生观》《什么是科学方法》《哲学方法与科学方法》等著作中。

王星拱同时也是一位大无畏的爱国民主斗士。1919 年 5 月，五四运动发生时，王星拱不顾危险，与新文化运动的干将高一涵、程演生等人分头秘密散发由陈独秀、李大钊编印的《北京市民宣言》，以表达忧国忧民之情。《北京市民宣言》斥责了北洋政府的卖国罪行，要求根本改造北洋政府，当然为当时政府所不容，陈独秀也因此被逮捕。当 1919 年 6 月 11 日晚陈独秀被捕入狱后，王星拱立即参与了全国各界人士对陈独秀的营救行动。经过多方努力，陈独秀最终于 9 月 16 日获释，但被禁止擅自离京。出狱后，陈独秀被邀请参加各界欢迎会，发表演讲，还于1920年1月秘密离京南下，先后到上海、武汉等地发表演讲。这些行动令当局更加不安，于是派军警进行监视，企图等他回京后再次将他逮捕。1920年2月7日，陈独秀“甫至京二小时，即被警察追踪而至”，于是赶紧前往王星拱家中暂时躲藏起来。王星拱找来李大钊，二人商议，决定将陈独秀乔装成商人，由李大钊护送其逃离北京。在护送陈独秀离京途中，李大钊和他商讨了在中国建立共产党组织的问题。此后，陈独秀从天津乘外轮去上海，开始了建党的筹备工作。这就是“南陈北李，相约建党”的由来。

纵观王星拱在五四运动中的具体表现，无论是通过散发传单的方式积极宣传爱国主张，还是设法营救、保释、藏匿陈独秀及协助其脱险的行动，都不愧为甘冒坐牢乃至杀头危险的英勇义举。仅从这些默默无闻的事迹当中，人们也可以充分领略其“爱国民主斗士”的大无畏风范。王星拱上述事迹，早已被影视工作者搬上银幕，如电影《开天辟地》、电视剧《日出东方》，均有王星拱协助李大钊掩护陈独秀脱险经过的生动描述。

1927年4月28日，张作霖在北京杀害了李大钊，王星拱因与李大钊关系密切，受到牵连，当局准备将其逮捕。幸得中国大学中共秘密党员、王星拱夫人叶玉芝的妹夫丁曰华及时通风报信，王星拱才赶紧携夫人及四个子女连夜离开北京，赶到天津乘船南下，前往南京，就此极其仓促地结束了自己在北大长达十年的执教生涯。

3. 创建武大　名校初成

1928年7月，南京国民政府正式决定筹建国立武汉大学，武汉大学是近代中国第一批国立综合性大学，它的历史溯源于1893年清末湖广总督张之洞奏请清政府创办的自强学堂。时任大学院院长的蔡元培指派王星拱为武大筹备委员会委员，后又指派他为武大建筑设备委员会委员。从此，王星拱便与武大结下了不解之缘。虽然他的个人兴趣和意愿更多地在于学术研究与教学工作方面，但为了崇高的教育事业，为了学校建设和发展大局，他还是被迫放弃了自己的学术兴趣与学术研究事业，将主要精力投入到学校的行政管理工作中。对此，不少武大化学系的学生后来也纷纷表示了惋惜之情，他们互相传言道：“抚五先生本是一位杰出的化学教授，可惜转业行政工作，反而掩盖了他的长才。”1935年以后，王星拱便不再从事任何教学工作。

武大建校之初，王星拱身兼多职、事繁责重。1929年2月，任理工学院院长；1929年3月，理工学院分为理、工两个独立学院，王星拱担任理学院院长；同月，教育部任命王世杰为武大校长，在其到任前由王星拱代理；1929年6月，王世杰校长到任后聘王星拱任副校长；1930年3月，兼任教务长；1930年9月，兼任化学系主任；1933年5月，王世杰又被任命

为教育部部长，武大校长一职再次由王星拱代理，1934 年 5 月他被任命为正式校长。在此期间，王星拱在武大担任过的各项职务，竟达 22 种之多！除了上述职务外，他还曾兼任总务长、仪器委员会主席、图书委员会委员、理科季刊委员会主席、农学院筹委会主任等职。和李四光、周鲠生、刘树杞等人一样，王星拱是国立武汉大学最积极的筹办者之一。在国立武汉大学初创时期，他两度代理校长，总揽校务；即使是在王世杰担任校长时，主要校务也仍是由他负责，他在确定新校址、建设新校舍、筹措办学经费等工作方面居功甚伟。他为武大的发展呕心沥血、任劳任怨，立下了汗马功劳。当时的武大师生，曾亲切地合称王世杰、王星拱二人为“二王校长”。

（1）辟建巍峨校舍　力争社会支持

王星拱在武大创建过程中的主要业绩有：一是参与珞珈山新校舍一期工程建设。20 世纪 30 年代，初创的国立武汉大学在珞珈山辟山建校，逐渐将这片原本乱石丛生、坟冢遍地的荒山野岭，变成了世界上最美丽的大学校园。为建新校舍，学校特聘中国石油之父、地质学家李四光和王星拱等人成立建筑设备委员会。

关于新校址的选定，还有一个美丽的传说。据说是李四光当年骑着毛驴，以一名优秀地质学家跋山涉水实地勘察的精神，踏遍了武汉市郊的山山水水，为武汉大学选址，终于选定了武昌东湖之滨的珞珈山这块风水宝地。珞珈山原名罗家山，为求昌吉，将罗家山改名为珞珈山。1929 年 3 月新校舍破土动工，多数建筑项目于 1935 年陆续建成。珞珈山新校舍一期工程完工后，武大在国内名声大震，不少知名学者慕名前来任教，学校的学术地位不断提高。

二是主持珞珈山新校舍二期工程建设。王星拱上任之初，便致力于新校舍二期工程的建设。由于中央与地方政府特拨给武大的 170 万元建校款已经用完，二期工程所需经费须学校自行筹措，为此，王星拱多方奔走，耗尽心血，为学校的发展寻求各种有力的外部支持，曾多次成功地争取到了中华教育文化基金董事会、中英庚款董事会、湖南省政府、黎元洪之子等社会组织和个人的慷慨资助。在王星拱的辛勤操持下，至抗战爆发前，武大又兴建了图书馆、体育馆以及法学院、工学院大楼等建筑，基本上完成了二期工程主要建筑的建设，王星拱还极大地充实了学校的图书、仪器、设备等重要办学资源，为武大的继续发展奠定了坚实的物质基础。

关于黎元洪之子捐赠，还有一个故事。黎元洪是辛亥革命武昌首义的都督，也是中国历史上唯一一个两任大总统和三任副总统的人，1935 年 11 月，国民政府在武昌为黎元洪举行国葬。据说，黎元洪生前非常看好武昌珞珈山的“风水”，曾表示过死后安葬于此的愿望。1934 年，黎元洪之子黎绍基、黎绍业将其父生前用来筹办江汉大学的十万元遗产赠予武大后不久，就曾多次与武大交涉，表示如果能让黎元洪葬在珞珈山，黎家愿另捐巨款，为武大盖一座总办公楼。当时，武大早有修建总办公楼的规划，并早已完成设计方案，只是苦于没有经费而迟迟未能动工。然而，由于珞珈山原本就是坟冢遍地的荒山野岭，当初武大在此建设新校舍时，不知费了多少力气、打了多少官司，才将山岭间的荒坟全部迁出。1932 年，国立武汉大学校务会议决议："在政府圈定本校校址界内一切土地既经学校依法收有，作为学校建筑设备之用，校内外任何私人或团体概不得在此界内取得土地或营新坟。"到了此时此刻，面对黎家的巨额捐款许诺，王星拱宁可不盖行政办公楼，也仍然要坚决履行学校过去曾作出的决议，因此，尽管黎氏父子曾经为武汉大学的建设提供过巨大的帮助，但终因黎元洪的这一遗愿有悖于学校的有关规定，最后还是遭到了王星拱校长的婉言谢绝。对此，武汉大学校友袁恒昌曾评价道："这种坚守原则不用权术的君子之风，其沉毅精神，即此小事也令人肃然起敬。"

武汉大学的珞珈山新校舍建筑群，是20 世纪上半叶中国高校中比较罕见的通过一次性完整规划设计，在较短的时间内一气呵成，而且规模也最为庞大的大学校园建筑群。其设计思想之先进，建筑风格之新颖，开中国大学校园建筑之先河。目前这些建筑已成为武汉大学的形象标志。2001 年，"武汉大学早期建筑"与北京大学"未名湖燕园建筑""清华大学早期建筑"等被国务院列为第五批全国重点文物保护单位。历史名校建筑被列为国家级重点文物保护单位，这在历史上还是第一次，这些建筑都具有较高的历史价值、科学价值和艺术价值，堪称中国近代大学建筑的佳作和典范，在中国建筑史上占据了重要地位。

（2）延揽一流师资　构筑学术重镇

在国立武汉大学建校伊始，王星拱等学校领导人就一直注重延揽一流师资，如文学院中文系教授多为国学功底深厚的优秀学者，文学院外文系、哲学教育系、史学系教授则多有留学海外经历，法学院也聚集了众多全国一流的法学家、政治学家与经济学家。王星拱通过不断地延揽优良师资、适时扩充学科专业，于较短的时间内在武大实现了文、法、理、工、农五大学院并驾齐驱的办学格局。在他的主持下，武汉大学还在 20 世纪 30 年代中期就设立了 2 个研究所，开创了研究生教育，成为全国为数不多的拥有研究所、能够招收研究生的高校之一。至 1936 年武大已发展成为一所拥有 5 个学院 15 个系以及 2 个研究所的综合性大学。

（3）培育优良校风　培养优秀人才

王星拱非常重视校园文化建设及优良校风、学风的培育，他参与了武大校徽、校训和校歌的制定，这些独具风格和特色的校徽、校训和校歌正

是武大校风与精神的集中体现和重要载体。他还教导学生："武汉大学的精神，是努力服务，用功读书；武汉大学的风纪，是研究实学，恪守纪律。"

身为一校之长，王星拱高度重视毕业生的就业工作，经常在百忙之中抽出时间亲自过问，甚至亲自出面为毕业生谋求和推荐合适的工作。他还对武大学生毕业后在社会上的表现寄予厚望。他多次提醒和勉励广大学子毕业后应当保持读书的习惯，继续钻研学术，奋发精神，加强人格修养。

在王星拱任期内，武大的招生层次不断提高。1937 年以前，武大每年都是单独招生。从 1937 年 8 月起，开始与北京大学、清华大学、中央大学、浙江大学等国内顶级水平的高等学府联合招生，并从此跻身于全国高校的第一集团。

在王星拱等人的努力下，武汉大学得到全方位的发展与进步，学校的社会声誉蒸蒸日上，在不到十年的时间里，武汉大学便从一所不起眼的普通高校，迅速发展崛起，与北京大学、清华大学、中央大学、浙江大学等国内顶级水平的高等学府一道，被世人并誉为"民国五大名校"，创造了中国高等教育史上的一大奇迹。

在这期间，王星拱还于 1929 年出任了省立安徽大学校长。这是他做的第一个大学校长之职。但终因个人精力与时空所限，分身乏术，难以做到两方兼顾，最终于一年之内辞去安徽大学校长之职，将全部精力投入到武汉大学的建设之中。不过，在短短的一年时间内，王星拱在安徽大学完善成立了理学院、文学院、法学院等院系，并广揽名师，从上海、北平等地聘请了一大批全国一流的专家学者来到安徽大学执教，既充实了师资队伍，同时也提高了安徽大学在全国高等教育界的地位和影响，对安徽大学的建设和发展贡献非常大。

4. 呕心沥血　流亡兴学

自从 1932 年武大新校舍投入使用后，武昌珞珈山便逐渐成为武大的标志、象征与代名词。然而，令人难以置信的是，武大历史上最辉煌的时代，却并不是在这里度过的，而是诞生于远离珞珈的四川小城——乐山。"乐山时期"（1938 年 4 月—1946 年 10 月）的国立武汉大学，堪称武大 100 多年的发展历程中在国内外学术地位最高的"巅峰"时代。而此时担任起这所著名的"流亡大学"校长一职的，正是王星拱。

（1）高瞻远瞩　迁校乐山

1937 年，日本发动全面侵华战争，中国高等教育事业的正常发展进程被打断。由于全面抗战爆发前中国的高等学校绝大多数集中于东部沿海地区，处于抗战的最前线，又由于很多高校的领导人对于日寇全面侵华的危险性与突然性严重估计不足，对于战争的全面爆发与学校的内迁工作，事先没有任何心理及物质上的准备，因此，一旦战争爆发，便首当其冲地成为日寇重点攻击和摧残的对象，完全处于猝不及防的状态与极端险恶的困境之中，也就根本无法有组织、有计划地撤离和迁徙，而只能毫无准备地仓促启程搬迁，导致物质损失与人员伤亡极其惨重。此外，由于很多高校的领导人对于抗战的艰巨性与长期性也缺乏认识，不能明确而合理地择定一个相对安全的迁校地点，加之准备工作严重不足，在迁校之后，或是由于落脚地点离战争前线太近，或是由于当地的客观条件不能满足正常办学的需要，于是，又在日本军队的穷追猛打和飞机大炮的狂轰滥炸下被迫再一次地踏上继续迁校的艰难行程。在整个抗战期间，很多高校都曾经历过多次搬迁，正是在这样的不断长途跋涉之中，学校的图书仪器设备损失殆尽，广大师生颠沛流离、居无定所，正常的教学、科研工作亦难以维系。

反观武汉大学西迁乐山的全过程，由于王星拱高瞻远瞩，及时而稳妥地做好了迁校的准备工作并有力地贯彻执行，使武大成为当时全国所有迁往抗战大后方的各大学中所受损失最小的学校之一。早在1937年底，当中日军队在淞沪战场上激战正酣时，王星拱便决定尽早将学校迁出武汉，以远离战火。在日军距离武汉尚有千里之遥时，便已开始进行一些迁校的前期准备工作，并首先搬运一部分图书仪器设备，充分体现了“兵马未动，粮草先行”的正确原则。同时，集思广益，努力寻找最为合适的战时校址，最终选定了偏居西部边陲但水陆交通又都比较便利的川西小城——乐山作为迁校目的地，保证了学校搬迁过程的相对顺利与在整个战争时期的相对安全。他周密组织全校师生的撤退和图书仪器的搬迁，从1938年2月21日正式决定西迁乐山，到3月中旬首批师生开始启程，再到4月29日，便已在乐山临时校址正式开学上课，其间仅仅用了2个多月时间！学校的图书仪器设备虽然在搬迁过程中遭受了不少损失但主体与精华尚存，且基本保持完整，在抗战大后方堪称数一数二，非常难能可贵。

总之，与国内其他大多数高校相比，武汉大学迁校速度之快、效率之高，以及在迁校过程之中所受损失之小，都是极其罕见的。正是因为武汉大学迁校工作的相对成功，使学校获得了较国内其他大多数高校远为优越的办学条件，武大在大后方成为仪器设备最好的大学之一，保证了学校正常的教学、科研工作。所有这一切，都得益于王星拱当年的高瞻远瞩与良苦用心。

(2) 同甘共苦　传承校风

乐山时期，是武汉大学历史上物质生活最艰苦的时期。武大师生从中部的繁华大都市来到西部的僻远小城，随着战乱阻隔，物资严重匮乏，学生伙食十分粗糙，基本上没新鲜蔬菜供应，学校食堂里只供应饭，没有菜。饭里还常常掺有沙子、稗子甚至老鼠屎之类的“佐料”，吃饭时要认

真把这些东西拣出来才能下咽，同学们幽默地称之为“八宝饭”。那时咸菜也不多，同学们就人手一瓶酱油，有时几乎餐餐吃酱油泡饭。由于营养不良，同学们大多都贫血、面黄肌瘦。学生如此艰难，老师们的境遇也好不到哪儿去。当时留英博士、生物系石声汉教授，家里负担重，生活比较拮据，他每餐吃饭都少吃一碗，最后不得不变卖心爱的藏书。身为大学校长和国民政府的部级官员，王星拱一家的生活也十分困苦：住在城外的茅屋，夫人在家里种菜养猪，儿子去工厂做工，女儿到小学兼课。为解决生计，武大师生还不得不抽出大量宝贵时间来从事各种“副业”——变卖旧物，或兼职代课，甚至摆摊设点，做小生意，借此渡过难关。

由于生活、医疗条件恶劣，十多位才华横溢、学有专长的教师先后被贫困疾病夺去了生命，而学生的死亡人数多达 100 多人，这些客死他乡的师生都葬在离校本部数公里远的一处荒丘上。“乐山时期”的武大一共有七栋学生集体宿舍，同学们心酸地称此地为“第八宿舍”。而这一时期学校在校生人数最多的时候，也不过 1700 多人，死亡率之高，实在是骇人听闻。

1939 年 8 月 19 日，乐山城又遭受日机大轰炸，整个乐山城毁掉三分之二，商业区夷为平地。事后统计，人口不过三四万的乐山县城，在这次大轰炸中，死亡人数多达 7000 多人。时值暑假，武大学生大多离校外出，此为不幸之大幸，但仍有 15 名师生员工被炸死，20 多人被烧伤，许多师生财产遭受不同程度的损失。

1939 年日机轰炸乐山后，人心惶惶，物价飞涨。教师纷纷搬家到郊区乡间居住，上课则在城里，每天辛苦来回奔波。在极其恶劣的物质条件下，王星拱校长始终保持着清正廉洁的本色，与武大师生同甘共苦，过着清贫而艰辛的生活。

乐山时期，也是武大师生自强不息、一心向学，全力以赴谋发展的时期。在艰苦的环境中，武大的老师们辛勤教书，学生们刻苦学习，课外生活亦是丰富多彩，他们以自己的实际行动，将国立武汉大学“明诚弘毅”的校训精神发扬光大。乐山时期，武大学生社团极其活跃，一千多人的学校，拥有各类学生社团一百六七十个。乐山时期，武大的学习氛围特别浓郁，由于宿舍狭小，自习教室也很少，大多学生都跑到茶馆学习，一碗茶，几本书，一坐就是一整天。有些学生为求安静，甚至渡江登山，到大渡河对面的大佛寺和乌尤寺学习。

作为全校的最高领导人，王星拱校长本人的为人为学、道德文章与言传身教，对于培育和发扬优良的校风与学风，也起着至关重要的作用。尽管他平时对学生充满了尊重与关爱，但每当他碰上学生纵情嬉戏、荒废学业的时候，也会板起面孔，神色严厉、毫不留情地进行训斥和教导，使学生永志难忘，终身受益。

面对国难当头、民族危急的局面，王星拱多次发表演说，号召抗日，认为大学在国难时期尤其要坚持高标准教学，并以办好教育、培育人才作为抗战救亡的重要手段。所以在艰苦的环境中他想尽一切办法，严格保证教学质量，完全延续了珞珈山时期在教学工作方面的做法。

首先，学校每年招考新生，在生源质量方面，始终严格把关、一丝不苟。当时武大每年都与其他国立大学联合举行招生考试，尤其经常与西南联大、中央大学、浙江大学等全国顶级名校联合招考，号称“四大名校联考”。武大入学时还要参加甄别考试，不及格者一样被拒之于大学门外，武大每年的“甄别考试”通常都会淘汰掉相当比例的新生。如对武大有较大贡献的湖北省主席的儿子考了三年考不上武大，王星拱也并没有因为其父亲的贡献而破例将其纳入学校，而只允许其在课上旁听。其次，学生入学后，各科考试同样把关甚严，一般而言，每学期有 1 门课不及格尚可补考，有 2 门课不及格者就得留级，3 门课不及格或是有 1 门主课得 0 分，就要被开除学籍，勒令退学。期末和毕业考试，王星拱常亲临试场，教导学生“以遵纪守法为美德，养成自尊自重的品格。考试时要目不斜视，只有笔触之声，而无摇头晃脑之态”。而且，各项考试制度的具体执行，都是极其严肃、丝毫不徇私情的，任何人都必须绝对遵循，而不可能有什么例外。如王星拱长女、就读于武汉大学生物系的王焕理，在 1940—1941 学年度，因“国文 54 分、化学 46.5 分”两门不及格，也受到了留级的处罚。校长的子女，也没有任何“特权”。1938 年，武大招生 481 人，但四年后毕业人数只有 214 人，连一半都不足。如此之高的淘汰率，除了部分是因为贫困疾病或参加抗日外，大都是未能过考试这一关。严格的淘汰体制下，学生不得不勤奋学习，考试前，大家都认真复习，充分准备，却没有人想到如何作弊。若有人想作弊，定会被人瞧不起，这也是武大的优良传统。可见，乐山时期，武大仍然保持着珞珈山上勤奋严谨的优良学风校风。

（3）广揽名师　作育英才

王星拱一直主张，大学之道，在于育人，育人之道，在于大师。为此，他不顾病痛折磨，四处奔波，广揽学者名师，并且不问出身派别，一律兼容并包，在武大营造了一个宽松的学术环境，迅速吸引并集聚起一批阵容庞大的高水平学者群。如法学院的周鲠生、杨端六、刘秉麟、陶因，文学院的叶圣陶、朱光潜、陈西滢、刘永济，理学院的高尚荫、查谦、桂质廷、李国平，工学院的邵逸周、俞忽、赵师梅、涂允成、丁燮和等，可谓人才济济，极一时之盛。另外，王星拱还聘请外文系著名教授朱光潜出任教务长，聘请曾参加过辛亥革命的赵师梅教授出任训导长，这对于提高

武大的社会声誉、养成优良的校风起到了积极的作用。在乐山的八年里，武大教授少则100余人，多则近120人，无论数量质量，均在全国名列前茅。就连清华大学著名教授曾秉钧也不由感叹道：就教师质量而言，清华不如武大。

优秀的师资，良好的校风，自由的学风，再加上极其严格的考试与淘汰制度，所有这些结合起来，也就从根本上保证了武汉大学的人才培养质量，以及学校所颁发的毕业文凭的“含金量”。据统计，在王星拱校长的任期内，从1929年到1944年的16年间，国立武汉大学共招收本科学生5000余人，而在与其毕业年代相对应的1933年到1948年，最终能够及时拿到文凭的毕业生仅3301人，淘汰率竟超过了三分之一！尽管这听来有些辛酸，但也说明了毕业生的质量过硬。当时武大的教学质量不仅在国内被广为称道，在国际上也享有较高的声誉。1948年牛津大学曾致函国民政府，确认武汉大学文理学士毕业生成绩在80分以上者，享有牛津之高级生地位。

乐山时期，是武汉大学历史上最为艰难的时期。但在名师大家们精心教化与高尚人格的激励下，武大学生普遍受到了良好的大学教育，为他们今后在各自事业上的充分发展奠定了坚实的基础。在这短短的8年间，武大竟然培养出了12位后来为国家做出重大贡献的知名院士。“中国计算机之父”张祥院士1943年毕业于武大电机系；我国第一代核武器最后型号的总体设计师俞大光院士1944年毕业于武大电机系；我国第一个自行设计建造的核电站——秦山核电站的总设计师欧阳予院士1948年毕业于武大电机系；中国海洋物理学奠基者文圣常院士1944年毕业于武大机械系……此外，旅居美国的世界级权威火箭航太专家、美国阿波罗号登月飞船发动机的设计师黄孝宗，著名历史学家严耕望，知名漫画家方成等都是武大乐山时期的在校学生。可见，乐山时期可谓是武大乃至整个中国高等教育历史上最辉煌的一段。

（4）造福乡邦　引领社会

教学、科研与社会服务，是现代大学的三大基本职能。武大西迁乐山后，非常注重从事社会服务工作，以造福乐山人民。学校通过设立民众法律顾问处、平民学校、工农夜校、妇女识字班等多种方式，全方位对乐山父老推行社会教育与服务活动。学校还每年为乐山地方培训会计、机械、冶金方面的技术人才。此外，武大工学院还充分利用各种教学实习与科研合作的机会，在乐山境内开设工厂、开采矿产、修筑道路、铺架桥梁，并传播先进的制造技术，为乐山县原本一片空白的现代工业与交通奠定了最早的基础。武大还多次在乐山举行科技展览，全面展示武大在科学技术研究方面的重要成果，这对于当地居民科学知识的普及及科学素养的提高起到了很大的促进作用。

从更长远的历史角度来看，国立武汉大学在抗战时期的西迁，总的说来，是为乐山城带来了先进的现代文明，这不仅直接促进了乐山的现代化工业从无到有的起步与发展，而且改善了乐山人口的文化结构，提升了乐山的文化教育水平，并潜移默化地引发了乐山人思想观念、价值取向和生活方式的嬗变，对乐山人进行了一次深刻的现代文化启蒙，从而极大地促进了乐山的经济与社会现代化进程，成为大学引领社会的一大典范。正如现在的一些乐山学者所言："如果没有武大来，乐山至少落后30年。"

总之，流亡乐山的国立武汉大学，在抗战大后方极其艰苦的条件下，仍然弦歌不辍，迎难而上，取得了卓越的学术成就，继30年代跻身"民国五大名校"行列之后，进而与位居云南昆明的西南联合大学、坐镇四川重庆的中央大学以及以贵州遵义为总部的浙江大学并称为战时"四大名校"，昂首屹立于全国乃至世界高校之林。自强不息的武大人，硬是将自身历史上这段最困窘的年代，变成了最辉煌的"乐山时期"！而所有这一切，王星拱当为首功。他将一生中最好的年华奉献在武汉大学。特别是乐山八年，他为解决方方面面的困窘而勉力支撑、呕心沥血，以至于拖垮了他的身体。

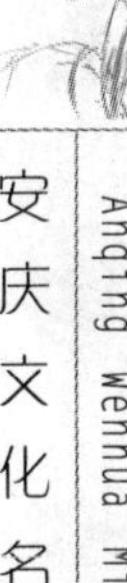

在王星拱校长的任期内，国立武汉大学迅速发展、崛起，办学成绩斐然，成为在国内外享有盛誉的著名学府，王星拱也因此当之无愧成为这所百年名校历史上最杰出的校长之一。

5. 出走中大　告老还乡

在抗战胜利前夕，1945年夏，国民政府教育部免去王星拱武汉大学校长的职务，准备调他到教育部做研究工作，但他决辞不就，而愿意继续当一名大学校长，1945年9月，王星拱被任命为国立中山大学校长。他可以说是在国立中山大学最困难的时期，临危受命，出任其校长。在八年抗战中，中山大学的校舍建筑曾遭受严重的破坏与损失——先是被敌机轰炸，后又被日军占用，导致校舍破败不堪，图书仪器损失巨大，学校的设备、家具、水电设施等几乎荡然无存。一些有名望的教授也纷纷离校他走。在战争结束后，石牌、文明路、百子路等处校舍又均被国民党军队所占用。总之，"此时中大遇到的困难，是建校以来从未有过的"。

王星拱在中山大学战后复原重建的最艰难时刻到校就职，中山大学是由"国父"孙中山先生亲手创办的国立大学，他深感责任重大，因此不遗余力地推进校务，在改善广大师生的办学与生活条件、整顿校风、延聘优良师资、培育浓厚的学术氛围等方面均有较大建树。

但是由于中山大学内外环境的不断恶化，一是学校内部的派系矛盾和斗争，让王星拱无法从根本上控制中山大学的局势；二是就学校的外部环

境而言，抗战方休，内战又起，全国的大学校园均逐渐成为国共两党政治角逐的重要阵地。在中国共产党的暗中策动与秘密领导下，国统区内的各种学生运动风起云涌、日益高涨。就中山大学而言，在王星拱校长到职后陆续发生的学生运动，就有1946年1月声援昆明“一二·一”运动的“一·三〇”示威游行、1947年1月的“抗议美军暴行”运动、1947年5月声援南京“五二〇”运动的“五卅一”运动等。其中，“五卅一”运动最后遭到了国民党军警的严酷镇压，打伤及逮捕师生多人。王星拱为了营救被捕师生，四处奔走，要求政府当局尽快释放全部被捕师生，但遭到无理拒绝。当局血腥镇压进步师生革命活动的残暴行径，使王星拱愤然离校出走。与此同时，王星拱又一贯提倡学术自由，抵制“党化教育”，对学校广大师生的日常言行表现得极为宽容，这也间接地导致中共地下党组织在中山大学的力量迅速发展壮大，日益威胁着国民党当局对这所学校的控制，因而也招致了地方上的国民党各级组织对其治校方式的强烈不满。

总之，在如此恶劣的内外环境下，苦苦维持一所大学的校务工作，实属不易。还有一个重要因素，在出任中山大学校长之前，王星拱已在国立武汉大学含辛茹苦地工作了17年时间，已经为这所大学的创办、发展与维持付出了自己最宝贵的年华、最旺盛的精力，甚至还彻底牺牲掉了自己的身体健康。早在武汉大学当年在武昌珞珈山建校期间，他就患上了严重的胃病。到了抗战时期，由于生活条件更为艰苦，再加上在担任校长期间长期的辛苦劳作，导致他的病情进一步加重。等到接掌中山大学时，王星拱年已五十有七，并且体弱多病，健康状况早已大不如前。即使他很想在中山大学重整旗鼓、再展宏图，也已经是心有余而力不足了。

1948年3月，与王星拱相濡以沫共同生活了一辈子的夫人的去世，对其打击非常大。特别是他在中山大学任职的两年多时间里，与夫人分处两地，长期别离，甚至在夫人临终前都没能见上最后一面。因此，对于自己的夫人与家庭，王星拱充满了深深的愧疚之情。再加上自己早已是年老多病之身，健康状况严重欠佳，对于中山大学的校务工作也已经心灰意冷，不抱希望，因此，回到怀宁故里为夫人处理完丧事后，王星拱便不愿再回到中山大学继续任职了。很快，他就向教育部提出辞职。教育部挽留再三，但王星拱仍坚辞不受，1948年6月，教育部批准他辞去中山大学校长一职。在回乡后的一年时间里，他一直都在家中养病，其间国民党当局屡次催促甚至威胁他飞赴台湾，他都未予理睬。1949年，王星拱因积劳成疾，家人将其转移到医疗条件更好的上海进行治疗，最终治疗无效，在新中国成立一个星期后的10月8日，在上海与世长辞，终年仅62岁。

二、王星拱的主要业绩与人格风范及其当代启示

我们了解一位名人，目的是感受名人的崇高精神，学习名人的优秀品质，从他们身上感悟做人做事之道，从而汲取我们成长所需的养分。那么，王星拱身上又有哪些崇高精神和优秀品质值得我们学习，它对我们当代大学生的成长成才又有哪些启示呢？

1. 坚守本职　赤诚爱国

纵观王星拱的一生，基本上可以说是为了中国的民主、科学、教育与社会进步事业不懈奋斗的一生！这些都表现出他的赤诚的爱国热情。他呕心沥血办教育，是为了给国家培养德才兼备的人才；他热忱研究和提倡科学，是希望科学发达，国家兴旺繁荣；他奋不顾身地奔走民主事业，是热望我们政治开明，成为一个现代化的先进国家。当日本帝国主义大举侵略中国之时，他既深感痛心疾首、义愤填膺，同时又始终保持着冷静、清醒与理性的头脑。他一方面大声疾呼国人高度警觉，奋起抵抗，对于武大学生发起或参与的抗日救亡运动，也抱以深深的同情，乃至给予有力的支持；另一方面，他又始终竭力维系学校的正常教学秩序与良好的读书风气，对学生爱国运动的方向与方式进行积极合理的引导，呼吁青年学生注意分寸，为维护社会秩序及保护自身安全起见，不要采取任何过激行动，更不要因为参加爱国运动而荒废学业、贻误大局，并且还多次苦口婆心地奉劝青年学生，越是国难当头，越应该履行读书求学的应尽职责，越应该努力学习，“以学术救国”，通过“创进物质，奋发精神”的方式和手段，逐渐消除国家落后的根源，如此方能为向日寇复仇与更好地“立国”奠定牢固的根基，“战争需要培养专门人才，将来建国更需要人才，大学不能停办，念书也是抗战”。同时，他自己也继续坚守自己的本职岗位，继续坚持常规教育，他把一腔热血奉献给武汉大学的建设事业，把办好教育、培养英才作为抗战救亡的有效途径。

总之，在国难深重、民族危急的年代，王星拱作为一位著名的学者、教育家和大学校长，在学术与教育岗位上的坚守，就是他赤诚爱国的表现，而他在整个抗战期间所坚持的办学育人、“教育救国”的方针及其成就，对于我国战后重建与未来发展，更是具有难以估量的影响、价值和意义。

王星拱一生始终保持着高尚、深厚的爱国情怀，更为难能可贵的是，他一直将这种爱国情怀与自己理性、睿智的爱国头脑及行为结合在一起，始终立足岗位，做好本职工作。这一点对于我们青年学生很有启迪。由此，我们想到钓鱼岛事件，它激起了我们国人尤其是青年学生的愤慨，大家都以各种方式进行抗议。但随着事件的逐步升温，当时国内出现了许多

"打砸抢烧"现象。我们大学生有强烈的爱国热情是十分可贵的，但一定要以大局为重，理性爱国。只有理性爱国、奋发强国，才能真正捍卫民族尊严，才是真正的爱国。理性爱国，最重要的是要把对日本政府非法行径的愤慨转化为做好本职工作和振兴民族国家的巨大力量。因为国与国之争，最终是综合国力的较量。当前，我们适逢良好的发展机遇期，我们要抓住这种机遇，趁势而上，奋发有为，尽快缩短和发达国家之间的距离，只有国力增强了，我们的国际社会地位才会提高，在国际事务中才不再被动挨打。

2. 办学有成　功盖珞嘉

从 1929 年开始，在将近 20 年的时间里，王星拱曾先后担任过省立安徽大学、国立武汉大学与国立中山大学的校长之职，为这三所高校的长足发展与进步，均做出过巨大贡献。在这三所高校中，其任职时间最长、投入精力最多、做出贡献最大、倾注感情也最深的，便是国立武汉大学。而在武汉大学工作的 17 年时间，也是他为全国的高等教育与学术研究事业奉献最多的时期，更是他个人从事教育管理事业的职业生涯的顶峰，以及整个人生历程中最光辉的一页！

身为国立武汉大学的主要创始人之一及第二任正式校长，王星拱对于办好这所新兴大学，充满了崇高的理想与宏伟的奋斗目标，他希望能通过自己与广大师生的共同努力奋斗，"秉承学术独立的精神，以满足我们共同求知的欲望，使武汉大学，不愧为全国知识的中心"。要知道，那时武汉大学还只是一所不起眼的普通高校！而在这远大的目标背后，他奉行的又是脚踏实地、小心谨慎的务实工作作风与循序渐进、聚少成多的有效践履路径，从制度构建、经费筹措、校园建设、资源配置、学科发展、教学管理、科学研究、社会服务等多个方面，一点一滴地稳步推进，一步又一步地接近自己的理想目标。他甚至为学校的建设，放弃自己的学术兴趣与学术研究事业。

在他的任期之内，国立武汉大学逐渐从一所初获良好声誉并初具崛起之势的"后起之秀"，一跃而发展成为与北京大学、清华大学、中央大学、浙江大学等并驾齐驱的"民国五大名校"以及抗战时期与西南联合大学、中央大学、浙江大学并立的全国"四大名校"之一，不可谓不是中国现代高等教育发展史上的一大奇迹！

王星拱对于国立武汉大学的创办、建设与发展所做出的巨大贡献，可谓功盖珞（珞珈山）嘉（乐山古称嘉州、嘉定），在武汉大学的历史上鲜有可与之比肩者。

王星拱一心办学的业绩，启示我们青年大学生既要有远大理想，也要有实干精神。有理想，有信念，有抱负，这是人前进的动力，王星拱一辈子能投身教育事业，正是有崇高的理想在支撑。除了树立远大理想，更要有实干精神，我们青年大学生一定要脚踏实地、立足岗位，不断克服实现理想过程中的各种困难，正确处理好理想与现实之间的矛盾，全身心地投入到工作学习中去，以勤奋的心态做事、以阳光的心态做人，使自己尽快成长起来。也只有这样，我们的理想才能变为现实，每个人的就业梦、成才梦才能实现，国家富强、民族振兴、人民幸福的“中国梦”才能梦想成真。

3. 教育思想　独到深邃

与所有杰出的大学校长一样，王星拱也有着自己广博、深邃而独特的教育思想与办学理念。早年在世界一流大学留学深造以及北大任教的经历，使王星拱深切感受到学术自由的重要性。及至主政武大，他不遗余力地把蔡元培的教育思想发扬光大，主张“学术自由，无为而治”。在长期的教学与教育管理工作中，王星拱也逐渐形成了一些颇有见地的办学主张，其中主要包括：

在教学与科研的基本原则方面，他认为大学应该正确地处理理论与应用之间的关系，既应当探研高深的理论，同时也要注重各种专门技能的培养，贯通文理，打破学科界限，实行“通才教育”，使学生成长为素质全面的“复合型人才”，为此，必须特别注重国文、基本英文、数学、逻辑学等各门基础课程和理论及应用的特殊科目的教学。

在大学与政治的关系问题上，王星拱认为大学应当抱持不管政治的态度，才能得到学术独立的结果。但王星拱所说的“不管政治”并非是教导武大师生对政治完全不闻不问，进而完全与政治绝缘，恰恰相反，在与政治保持一定的距离，从而努力让学术与教育获得一个相对独立地位的同时，他也积极引导广大学生关心国家大事，对国家政治、经济、军事、社会等方面的基本国情及时局有一个基本的了解。

在大学与社会的关系问题上，王星拱认为办教育要有深远的眼光，大学教育应当适应社会的需要，但又不能消极地、无条件地去适应社会，而应积极主动地去改良社会，推动社会的进步。他总是积极地反复鼓励广大师生，不必过多地计较个人得失，而应勇于承担和履行知识分子应有的社会责任。他指出：“我们的责任，就是去求切实的学问。有学问而社会不能用，是社会负我；没有学问而求用于社会，那是我负社会。宁使社会负我，不使我负社会，这是我们所应当保持的态度，尤其是在大学里，是应当如此的。”

关于大学任务，王星拱提出“大学是为国家社会造就人才的”，大学的任务有三大方面：“在道德方面要树立国民的表率，在知识方面要探求高深的理论，在技能方面要研究推进社会进步的事业。”三大任务的目的，

归根结蒂就是“要使我们的国家成为一个健全、充实的国家，使我们的社会成为一个新时代的、为人类求共同进步的社会”。

在人才培养的目标与方式方面，他认为大学生应当德、智、体、群全面发展，又最为强调德育的重要性，他还严格要求学生用功读书、锻炼身体，做到“德、智、体、群”齐头并进，此实为难能可贵。

与此同时，王星拱还通过自己的言传身教与身体力行，努力将这些思想理念贯通于多年的办学实践之中，真正做到了“知行合一”。

作为一位知名校长，王星拱这些独特的教育思想与办学理念，不仅对今天的教育者有启示，对于我们青年大学生同样具有启迪：比如我们应该正确地处理理论与应用之间的关系，做到“理论与实践并重，技术与人文融通”，我们大学生在校期间，不仅应该学好理论，也应注重培养技能。只学理论不学技能，动手能力就不强，只学技能不学理论，我们也没有发展的潜力。又比如我们在学习技术技能的同时，也应该注重培养人文素养。作为大学生，我们应该关心国家大事、关心祖国的前途命运，应该具有社会责任感、勇于承担和履行社会责任等，这些都是我们大学生必备的素质，它有利于我们大学生成长成才，因为我们每一个人的发展都与祖国的前途命运息息相关，只有祖国发展好了，我们每个人才能过上幸福美满的生活。还有比如我们大学生应该做到德、智、体、群全面发展，尤其在道德方面，大学生应该在全体社会成员中树立表率等等。

4. 排忧解难　关爱师生

武大在1938年西迁四川乐山之后，经济条件落后，物资匮乏，经费极度困难。办学条件日渐艰苦，广大师生的生活也日益困难。在极其恶劣的物质条件下，王星拱校长一方面与武大师生同甘共苦，另一方面则对广大师生关爱有加，总是想方设法地竭力改善他们的生活，并始终对他们表现出高度的尊重和殷切的关怀。

他对教师高度尊重，并勉力支持。据武大校友顾焕敏回忆：“抚公礼贤下士，屈己爱才，所聘教授多名儒硕彦。凡新聘教授到校，他都不分名望大小，过去识与不识，居处远近，必躬亲前去教授住所回访，以示尊重。”1939年以后，随着广大教职员的生活水平急剧降低，王星拱开始为改善大家的生活而想尽办法。如尽最大可能为教职员加薪，并优先照顾收入相对较低的教职员和研究生及研究助理。又如将武大实习工厂部分设备改为生产机器，力求以盈利补助学校经费之不足等。1941年前后，在广大青年教职员的生活日渐艰窘的情况下，他还将他专用的小汽车变卖出去，将所得款项用来补贴全校青年教师的生活费用！

他对学生亲切关怀，并予以经济资助。王星拱对教职员关心备至，对学生亦同样如此。在平日里，王星拱对广大学生生活方面的关怀，可以说是事无巨细、无微不至。在学校遇见学生，他总是笑容满面，嘘寒问暖，鼓励其积极进取、刻苦学习。他善于书法，如有学生请他赐字，他也有求必应，他总是根据学生所学专业，写上几句鼓励的话语，从不让学生失望。在缺医少药的战争年代，他凭借自己的化学知识，亲自配药为师生治病，而且从未宣传张扬。据武大校友黄镃回忆，1941 年他在武大经济系一年级读书，因身患痢疾，前往校医室就医，校医拿了一瓶水剂给他，并介绍说："医务室的药少得可怜，没有什么药好给你，这是王校长亲自调配的'吐根素'，你拿去吃，会有效的。"黄镃服用了这种"吐根素"后，第二天病情就大为好转，几天后身体便已痊愈。对于这件事，黄镃在50 多年后还充满感激地评价道："王校长身居大学校长的显要地位，肩负学校行政工作重任，还念念不忘师生员工的疾苦，在缺医少药的岁月，凭借自己留英学化学的知识，亲自配药，在当时的社会确是一种难能可贵的行为，何况他配药是在默默地进行，从未宣传张扬。当年在校师生，很少有人知道。这是一种多么高尚的道德情操。……我在学校时，并没有与王校长接触过，以致失去直接领教的机会。但我从得痢疾服'吐根素'这一事件中，深深感受到王校长高尚的道德情操，它经常激励着我处世做人，要为别人着想，切切实实做点有益于他人的事。这是无言的教育，使我终生受用无穷。"

他还亲自为学生领取贷金，确保学生贷金的"含金量"。贷金是国民政府发给贫困学生的生活补助，当时流亡学生绝大多数靠贷金艰难度日。抗战期间，物价飞涨，昨日或许还能买一只鸡的钱，今天可能买不到一个鸡蛋了。但相关部门工作效率低下，贷金经常不能按时发放到学生手中，因此学生每次收到的贷金大打折扣，严重影响了贫困学生的生活。为此，王星拱不顾舟车劳顿，每次发放贷金前都亲自赶赴重庆，直接到教育部领取，之后随即赶回乐山，用最快的速度将贷金发放给学生，确保学生贷金的"含金量"。不仅如此，尽管王星拱一家人平时生活非常节俭，但对于经济上比较困难的青年学生，总是关怀备至，甚至会非常慷慨、毫不吝惜地从自己有限的积蓄中拿出一部分，直接对其进行经济资助。

王星拱对武大学子的关爱，还体现在不畏权势，在大是大非的原则性问题上坚决捍卫本校学生的基本权益。在乐山时期，一位化学系的学生与军训教官发生冲突，尽管学生并不理亏，但是教官气势汹汹，训导处想用记过的处分来平息教官的怒火，可是教官不答应，以辞职相威胁，要求将该学生开除学籍，王星拱把事情的是非曲直弄清楚之后，却表示："我宁愿更改一个教官！"校长的大义凛然令广大学子们肃然起敬，感佩不已。

王星拱尤其爱护学生，对进步师生的革命活动不加任何干涉，而且不畏权势，对于国民党当局对武大校务的干涉非常愤慨。早在抗战初期，当

国民党武汉警备司令部把抓人的布告贴到珞珈山校内时，王星拱就愤而指出："学校是学术天地，我的学生出了问题由我负责，你们不得擅自进校抓人。"1940 年 7 月，乐山国民党军警特务突然进校逮捕了一批进步学生，王星拱极为震怒，上书教育部要求辞职，以示抗议，在得到"不再发生类似事件"的保证后方才打消辞职念头。面对校内特务学生监视进步师生的革命活动，王星拱多次以校长名义呈文驳斥国民党特务分子及其情报工作，为进步师生极力辩护，或是公开保释被捕学生，甚至冒着丢官杀头的危险，保护和营救进步师生。1948 年 3 月，王星拱还因当地军政人员干涉校务、血腥镇压进步师生的革命活动，愤然辞去国立中山大学校长之职，回到老家安庆。

王星拱爱护学生，但也严格要求学生。如他十分注重学风建设，对考试要求非常严格等。

或许，我们不应该苛求校长们事无巨细皆亲力亲为，但作为校长却不能没有心系师生的情怀。如果校长们都把自己当作官员，那么学校也就沦落成官僚的养成所了，再富丽堂皇的校舍，再卓越的教育理念，也都于事无补。

作为一名校长，王星拱从不拿自己的原则与学校及师生的利益来与权力进行不合适的交易，即使是面对前民国大总统黎元洪的后人，或者是有大恩于武大的权贵，只要明确地断定对方向学校提出的一些具体要求不尽合理，他也同样会委婉地予以拒绝，王星拱这种不畏权势、关爱师生的品行，体现出知识分子高贵的气节和人格魅力。由此我们想到，在功利主义盛行的今天，我们社会中有些人为了追求物质，为了追求金钱和权力，可以不顾一切，包括自己的人格尊严。在大学校园里，表现更多的是，有些同学为了入党、评优，在领导老师和同学面前表现就不一样；有些同学为了分数，甚至会想方设法去作弊。这些都是缺乏气节与人格的一种表现。气节与人格是每一个人素质的重要组成部分，更是对我们当代大学生的要求。我们每位青年学生应该有意识地去培养自己的气节，加强自己的人格修养。

5. 言传身教　道德垂范

在平日里，王星拱一向生活俭朴，工作敬业，廉洁奉公，不畏权贵，公正严明，言传身教，处处为人师表。他以亲身垂范的方式、以令人倾倒的人格魅力，感染着广大师生及各界人士，在学校乃至社会上树立了一个鲜活的道德典范。

在抗战时期的乐山，王星拱与武汉大学的绝大多数师生一样，过着极其贫困和艰苦的生活，而没有任何特殊之处。尽管身为一校之长，他的薪俸在全校是最高的，但由于他子女多、开销大，又没有其他的收入来源，本属较高的工资收入，也被猛烈的通货膨胀所抵消，加上他为官清正廉洁，从不占用公家的一针一线，因此王星拱一家人节衣缩食、省吃俭用，也只能勉强维持着最低的生活标准。

就居住条件而言，王星拱一家在乐山东郊盖了一排茅草房居住，条件极其简陋，窗户没有玻璃，是用刷上桐油的皮纸糊上，晚上点的是菜油灯，一般照明就点一个灯芯，看书时就用两个灯芯。就衣食而言，王星拱一家每月仅靠一袋劣质的平价米生活，米中有老鼠屎、沙粒，霉变成灰色，难以入口。为防备货币贬值，王星拱每月一领到薪金，他的夫人便立即买米存下，但尽管如此，家中仍经常是餐食难继。为弥补食粮不足，夫人还在家门前的篱笆外开辟了一点荒地，种菜养猪。纵观古今中外各国大学校长，像王星拱这样因生活艰难而在自家门前养猪的，恐怕是绝无仅有的一大奇闻！王星拱四个孩子平时都住校读书，星期天才回家。为了节省开支，都是周末回家带一罐酱炒黄豆到学校去当菜吃。在家里，他从小就教育子女要珍惜粮食，不许剩饭，更不准吃不完倒掉。至于衣着方面，王星拱总是穿一件灰布长衫和一双旧皮鞋，一顶呢帽则戴了八年之久，后来，他穿的裤子连裤管都烂出须了，也仍然继续穿下去。而他的子女所穿的衣物，大多由夫人一手缝制，极少为他们购置新装，从不让他们穿着奢侈华丽。民国时代，大学校长地位颇高，备受尊敬。套用现在的说法，大约相当于“副部级”吧！就出行条件而言，国民政府曾为王星拱配置了一辆小轿车，这是与部长、省长同等的待遇。但他对此并不热衷，多是步行至校，间或坐黄包车。武汉大学内迁四川乐山期间，他为了补贴青年教师生活，干脆把轿车也卖了，每日坐黄包车上下班。

王星拱不仅生活节俭，而且公私分明。他从不允许子女从办公室里拿走一纸一笔，也不允许家人坐他的小轿车。有一天早晨女儿快迟到了，司机顺道载了她一程，王星拱知道后十分生气，非常严厉地训斥了女儿，并坚持付给司机车费。到乐山之后，生活艰辛，王星拱家里也一贫如洗，可他坚决不让儿女申请贷金，他让儿子到工厂做工，让女儿到小学兼课，只是为了把更多的贷金留给学生。一家人从来没有因为王星拱是大学校长而有所特殊。更令人难以置信的是，当王星拱的长女王焕理于1945年7月从国立武汉大学生物系毕业时，竟然因为拖欠学费而无法拿到毕业证书。堂堂的国立大学校长，自己的女儿在本校读书，竟然因欠学校的学费而无法拿到毕业文凭，实在是令人感喟不已。他自己一生简朴，没有给个人和家庭留下半点积蓄，不仅生前病重无钱医治，去世后连下土安葬的费用都没有，还是校友募捐的。其清正廉洁之程度，由此可见一斑！节俭的性格、清廉的作风，再加上他的左脸颊上有一块淤青，故学生们称之为“清官”。

在个人生活上，王校长同样无可挑剔。在出国留学前，王星拱完婚。

在留学期间，王星拱与夫人叶玉芝可谓天各一方，一别数载。除了在辛亥革命爆发后王星拱曾回到安庆与之小聚两个月外，叶玉芝基本上是在自己的娘家住了八年。学成归国后，王星拱便将夫人从安徽农村接到了北京一同生活。尽管他们二人的文化程度差距极大，叶玉芝是个大字不识几个的典型农村妇女，王星拱却与之相伴、相知、相爱几十年，不离不弃。听闻夫人去世的消息，他立刻辞去中山大学校长的职位赶回安庆老家，即使在教育部多次来电勒令复任的命令下，他依然选择陪伴在亡妻身边。夫人的去世对王星拱造成很大的打击，加上胃病的折磨，一年多后，他也离开了人世。他们之间虽然是旧式的包办婚姻，但王星拱并未像当时的很多留学生，特别是那些与他一道回国后同在北大任教的同学和同事们那样，往往打着“自由恋爱”“婚姻解放”的旗号，抛弃家乡的原配夫人，另觅新欢，而是选择了与结发之妻白头终老。在当时离婚风潮极为盛行的新派学者中，王星拱真正做到了“糟糠之妻不下堂”，成为极少数的“例外”，他与发妻之间的那份忠贞不渝的爱情与婚姻，也博得了世人的普遍尊敬而传为美谈。因此，仅就婚姻与家庭方面而言，无论是以旧道德或者新道德作为标准来衡量，王星拱都不愧为“正人君子”的典范和楷模。

王星拱的高尚品行对我们非常有教益，他让我们认识到一个人不要过多追求物质，而要有更高的精神追求；不仅要热爱自己的工作，关爱自己的同事和学生，同时也要热爱自己的家庭和家人，要善于经营自己的家庭生活。只有家庭幸福了，我们才能没有后顾之忧地投入工作，千万不能因为忙于工作和事业而忽略家庭，一定要处理好成功事业与幸福生活之间的关系。

斯人虽已逝，风范永流传。尽管王星拱永远地离开了，但他的音容笑貌、道德文章依然深深地印刻在人们的心中。尤其是上海市市长陈毅为其亲笔题写的“一代完人”四个大字，更是对其一生人品道德的最好概括与最高赞誉。一个心怀社会、无私奉献、造福公众的人，在任何时候都是人们心灵的参照和人性指引。

当然，世界上不可能有绝对的“完人”，王星拱自然不会例外，他也有自己的缺点和弱点，也犯过一些错误，比如他“守成”有余，进取不足，使学校错失过一些重要的发展机遇；再如他同乡观念强，投奔他的同乡多，导致他过多地任用其安徽同乡，从而加剧了学校内部的派系矛盾和斗争，导致学校高层内部经常面临着紧张的局面，进而对学校的健康发展造成了一些不利的影响。但就其个人道德品质的“主流”而言，称其为“一代完人”亦绝不为过。

王星拱一生不爱官，不爱钱，不爱虚名，不贪恋权势。他爱的是科学，是民主，是青年学生，是朋友和亲人，是祖国。王星拱一生孜孜不倦地追求科学，追求进步，追求政治民主与学术自由，并且为中华民族的教育事业献出了自己毕生的精力。他一生光明磊落，正直无私，崇高伟大，他永远令人景仰、受人爱戴。他对武汉大学乃至整个中国高等教育事业的发展所做出的卓越贡献亦必将永垂青史，为一代又一代的后世学人所深深怀念。

综观王星拱的一生，我们还有一个强烈的感受：他一生没有做过什么轰轰烈烈的大事，但他做每件事都很投入、很尽力。做学生时，认真学习；做老师时，教书育人；做校长时，严谨治校；做父亲，严格教育子女；做丈夫，钟爱妻子，热爱家庭。这些都是最平凡不过的了，而恰恰正是这些平凡见证了他的伟大。正如武汉大学校友詹寰所总结的那样："先生对青年学生是爱护备至的恩师，对妻子是情操高尚的丈夫，对子女是要求严格的父亲，而他自己则是鞠躬尽瘁、一丝不苟的人民公仆。"王星拱对每件事都做到了尽职尽责，所以他成了"一代完人"，我们青年大学生也可以试着从现在做起，尽力做好每一件事，那么将来我们每个人也都有可能成为一个"完人"。最后，我祝每位同学都能成为一位"完人"！

作者简介：王瑞兰，硕士，副教授，安庆职业技术学院思政部常务副主任。

国学大师刘文典

储诚炜

如果说民国之风流，可能在于有专制，有腐败，有草菅人命，有贫穷，但没有窒息一切自由的绝对权力控制，没有全国山河一片红的绝对思想暴力，没有桃花过处寸草不生的极权，而于此外，它还保留对东方古老传统的敬意，保留烛照时代的大儒，以及不绝如缕的民主足音。它可能黑暗，但却保存文脉，充满希望。

——魏寒枫

一部近代中国史或文明转型的历史，说到底，是他们书写的，比起那些或打打杀杀，或权谋诡计、你方唱罢我登场，争舞台、争交易的皇室贵胄、军阀政客，怀抱各种梦想埋头苦干、拼命苦干、得寸进寸、要顶青山的他们才是真正的主角。他们的结局虽然悲壮、伤怀，但回过头来，我们还是清晰地看到，在思想文化等领域耕耘的胡适们，他们的精神遗产至今仍有不可磨灭的价值，而大大小小的权势人物都已如烟去。

——傅国涌

遥眺那久已逝去的历史，不得不承认那是20世纪中华民族难得的一段民主时期，与贪腐丛生、暗杀横行、军阀乱政相并列的也是报业发达、新闻自由、舆论宽松和经济上难得的黄金发展期。更为怀念的是那个年代的国士无双、名士风流，而其中蕴含的却是一个民族历尽巨变、乱后重生的精神底脉。

——储诚炜

刘文典（1890—1958），字叔雅，原名文骢，笔名刘天民，安徽合肥人，原籍安庆怀宁。人文大师，校勘学家。九三学社成员。

一、生平简介

刘文典自幼入教会学校学习英语。1906 年入芜湖安徽公学，受到老师陈独秀、刘师培的影响，积极参加反清活动。1907 年加入同盟会。1909 年东渡日本，就读于早稻田大学，其间积极参加革命活动，随章太炎学习《说文解字》。1912 年回国，同于右任、邵力子等在上海办《民立报》，任编辑和翻译。

1913 年再度赴日，任孙中山秘书处秘书，并参加中华革命党，反对袁世凯复辟活动。1916 年回国后，由陈独秀介绍到北京大学任教，发愤从事古籍校勘，经过数年努力，完成第一部学术著作《淮南鸿烈集解》，受到学术界好评，学术声誉由之大振。1919 年五四前后，曾任《新青年》英文编辑。在北京大学期间，讲授《淮南子》研究、校勘学、先秦诸子研究等课程。

1927 年，刘文典出任安徽大学文学院院长，兼预科主任、校长等职。1928 年重回北京大学任教。1929 年任清华大学国文系教授兼主任，同时兼任北大教授。1938 年辗转至昆明，任教于西南联大。1943 年任云南大学文史系教授直至退休。曾当选为全国政协第一、第二届委员。在安徽大学任教期间，安庆作为当时安徽省省会，学者云集，成蔚然大观状。

二、杏坛佳话

云山苍苍，江水泱泱，先生之风，山高水长。刘文典既是驰名中外的国学大师，也是抗战前后北大与西南联大的一块“金字招牌”。20 世纪三四十年代，清华、北大、南开、西南联大的学生都知道刘文典的大名，不少中外学者也都听过他那如数家珍似的讲课。他讲授的课程，囊括古今中外，从先秦到两汉，从唐宋元明清到近现代，从希腊、德国到日本。课程有“校勘学”“庄子”“史通”等十几门。他在课堂上，谈古论今，厚积薄发，手之舞之，足之蹈之，神采飞扬，学生在课堂上如醉如痴，完全沉浸在美的享受之中。

在北大，刘文典开的课达 10 门之多，主要有“文选学”“校勘学”“先秦诸子研究”和“庄子研究”等。他授课非常有特色，既注重疑难字句的考订，又不囿于烦琐的训诂，善于旁征博引。他不照本宣科，往往结合自己的研究心得，对学生循循诱导。

对学生不得要领地乱用参考书，他会诙谐地说：“去神庙烧香拜佛，烛光闪闪，烟雾袅袅，神佛真容常常模模糊糊、影影绰绰，只有拨开云雾，才能看清庐山真面目。”文史大家游国恩、王力、张中行、任继愈等，都曾沐浴过他的教泽。张中行在《刘叔雅》中津津有味地说：“一次是讲

木玄虚《海赋》，多从声音的性质和作用方面发挥，当时觉得确是看得深，谈得透。又一次，是泛论不同的韵的不同情调，说五微韵的情调是惆怅，举例，闭着眼睛吟诵：'风压轻云贴水飞，乍晴池馆燕争泥。沈郎憔悴不胜衣。'念完，停一会，像是仍在回味……对他的见解，同学是尊重的。"

每逢讲授诗歌，刘文典常常摇头晃脑、浅吟低唱，每到激越处则慷慨悲歌。他不仅自己吟诵，还要求学生模仿。有的同学不遵命，他虽不悦，但也不苛责，只是打比方点拨："诗不吟，怎知其味？欣赏梅先生（兰芳）的戏，如果只是看看、听听而不出声吟唱，怎么能体会其韵味呢？"

刘文典上课征引繁富，经常一堂课只讲一句话，故而讲《文选》，一个学期只能讲半篇《海赋》。后因吸食鸦片，有时上课中间瘾发便狂抽香烟，由于发音多通过鼻腔，故而发音混混不清，讲《文选》时，只能听到嗫嚅而言："这文章好！这文章妙！"如果按照今天的教学大纲和课程教学要求，那岂不是教学事故啊？因为没有完成规定的教学任务，可见，标准化教学方式也不一定就是完全直达教育的本质意蕴的。

1938 年，刘文典到西南联大任教。他主讲《文选》课，常常乘兴随意，不拘常规。上课前，先由校役带一壶茶，外带一根两尺来长的竹制旱烟袋。讲到得意处，他就一边吸旱烟，一边解说文章中的精义。讲到得意处，从不理会下课铃响，有时一高兴就一连讲三四个小时，直到 5 点多钟才下课。有一次，他上了半个小时就结束了。他对同学们说："今天提前下课，改在下星期三晚饭后 7 点上课。"大家不解其意。原来，下星期三正是五月十五，他要在皎洁的月光下讲《月赋》。当日晚间，月上中天，学生们在校园里围成一圈，而他就坐在中间，当着一轮皓月大讲《月赋》，生动形象，见解精辟，情景交融，俨然一副魏晋名士风度。此情此景，令听者沉醉其中，不知往返。

当他解说《海赋》时，不但形容大海的惊涛骇浪、汹涌如山，而且叫我们特别注意到讲义上的文字。留神一看，果然满篇文字多半都是水旁的字，叔雅师说姑不论文章好坏，光是看这一篇许多水旁的字，就可令人感到波涛澎湃瀚海无涯，宛如置身海上一般。（宋廷琛：《忆刘文典师二三事》，台湾《传记文学》第 44 卷第 4 期）

有一次在课堂上，学生问刘文典怎样才能把文章写好，他说只要注意"观世音菩萨"就行了。众学生不解。他加以解释说："'观'是要多多观察生活；'世'是要明白社会上的人情世故；'音'是文章要讲音韵；'菩萨'是要有救苦救难、普度众生的菩萨心肠。"

这次讲座原定在一间小教室里开讲，后来因为听课的人实在太多，不得不改为大教室，结果还是不够坐，只好改在联大教室区的广场上，学生席地而坐，洗耳恭听。在听讲座的人群里，除了百十号学生外，还有一位大名鼎鼎的教授——当年清华国学院的主任吴宓，他坐在最后一排。刘文典每讲到得意处，便抬头向后排张望，然后问道："雨僧（吴宓的字）兄以为如何？"每当这时，吴教授照例起立，恭恭敬敬地一面点头一面回答："高见甚是，高见甚是。"惹得全场暗笑不已。后来，吴宓在日记中写道："听典讲《红楼梦》并答学生问。时大雨如注，击屋顶锡铁如雷声。"可见，吴宓不得不佩服刘文典的讲座魅力。

刘文典曾讲元好问、吴梅村诗，讲完称："这两位诗人（元遗山、吴梅村）的诗，尤其是吴梅村诗，老实说，比我高不了几分。"（王彦铭：《刘文典先生的一堂课》）

三、学术成就

刘文典不仅课上得有特色，著述也颇宏富。除校勘古籍外，还有大量译著。他刚到北大当教授时，年仅 27 岁。当时的文科办公室被称为"卯字号"。里面有两只老"兔子"——已卯年生的陈独秀、朱希祖；三只小"兔子"——辛卯年生的胡适、刘半农和刘文典。北大人才济济，刘文典深感自己学识浅薄，自忖要想在北大立足，没有著述支撑不行。他以古籍校勘为目标，把重点放在秦汉诸子上。

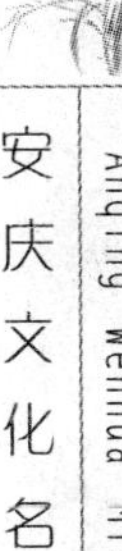

历数年青灯黄卷，1923 年，商务印书馆出版了他的《淮南鸿烈集解》。胡适在所作序中推崇说："叔雅治此书，最精严有法。"那时胡适已倡导白话文，为表示对这部书的尊重，破例用了文言。该书出版后，受到学术界的好评，刘文典的学术地位也大大提升。此后他仍发奋不止，1939 年又出版了《庄子补正》。《淮南子》也称《淮南鸿烈》，为西汉淮南王刘安及其门客苏非、李尚、伍被等著，是一部以道家思想为主，糅合了儒、法和阴阳五行等思想的重要的杂家著作。学术性和文学性皆很强。淮南系指淮河以南一带的地方。据说它原有内篇二十一卷、外篇三十三卷，但现存只有内篇。书中提出的"道"和"气"的学说，反映了朴素的唯物主义观点，书中也包含不少自然科学史材料和一些封建迷信的糟粕。由于其深奥难懂，除东汉高诱有《淮南鸿烈解》外，历代很少有人对其作专门研究，注本更是鲜见。刘文典攻《淮南子》，从音韵、文字、训诂、版本诸方面全面深入，寒暑数易，其志不移。1923 年，他的第一本专著《淮南鸿烈集解》由商务印书馆出版，成为近现代史上《淮南子》研究的代表作。

胡适在为该书写的序言中说："整理国故，约有三途：一曰索引式整理，一曰总账式整理，一曰专史式整理。典籍浩繁，钩稽匪易，虽有博闻强记之士，记忆力终有所穷。吾友刘叔雅教授新著《淮南鸿烈集解》，乃

吾所谓总账式国故整理也。淮南五书，折衷周秦诸子庞其自身亦可谓结古代思想之总账也。”《淮南子》是汉代初期所编纂的百科全书，也是研究古代神话的宝典。《淮南鸿烈集解》则是近代著名学者刘文典先生在遍览前人注释的基础上对《淮南子》的最佳集解。《庄子补正》全书共10卷，于1939年出版。陈寅恪作序亦给予较高评价，使刘的身价倍增，获得了“庄子专家”的美誉。

刘文典长期潜心研究《庄子》。1939年，他推出10卷本的《庄子补正》，引起学术界的轰动，陈寅恪为之作序，推崇备至地说：“先生之作，可谓天下至慎矣……先生此书之刊布，盖将一匡当世之学风，而示人以准则，岂仅供治《庄子》者之所必读而已哉！”

以陈寅恪当时泰山北斗的地位，这样的评价已经相当了得。对此，刘文典颇感自得。他曾在公开场合毫不掩饰地宣称：“古今真懂庄子者，两个半人而已。第一个是庄子本人，第二个就是我刘某人……”

“一字之微，征及万卷”是刘文典的治学格言。校勘古籍不仅字字讲究来历，就连校对他也从不假他人之手。在致胡适的信中，刘文典大叹校对的苦经：“弟目睹刘绩、庄逵吉辈被王念孙父子骂得太苦，心里十分恐惧，生怕脱去一字，后人说我是妄删；多出一字，后人说我是妄增；错了一字，后人说我是妄改，不说手民弄错而说我之不学，所以非自校不能放心，将来身后虚名，全系于今日之校对也。”他所征引的材料，特别强调“查证原文”，以免以讹传讹，灾梨祸枣。

他的一位老学生李埏，在20世纪40年代曾向他借阅过一本有关唐三藏取经的书，发现书的天头地脚及两侧空白处都布满了他的批注。注文除中文外，还有日文、梵文、波斯文和英文。“其知识之渊博、治学之严谨，令人叹为观止。”

四、奇闻轶事

刘文典在西南联大任教，向来看不起搞文学创作的人。沈从文要提升教授时，他说：“沈从文是我的学生，他要是教授，我岂不要做太上教授了吗?”他认为“文学创作能力不能代替真正的学问”。刘文典自称“太上教授”，给人的感觉不够谦虚。但他学识渊博，学贯中西，通晓英、德、日多国文字，是国内著名学者之一，又让人不得不佩服。陈寅恪称其为“教授之教授”“大师之大师”。

他连搞新文学的沈从文都看不起，评沈从文升教授时他就说：“在西南联大陈寅恪才是真正的教授，他应该拿四百块钱，我该拿四十块钱，朱自清该拿四块钱。可我不会给他四毛钱。沈从文都是教授，那我是什么？那我是什么？我不成了太上教授了吗?”在西南联大时，有次大家躲避日军飞机袭击纷纷奔逃，沈从文经过刘文典时，刘文典大怒，骂道："我跑是为了保存国粹，为学生讲《庄子》；学生跑是为了保存文化火种，可你这个该死的，跟着跑什么跑啊！"但他的儿子刘平章接受采访时表示此事完全是谣传，"我父亲离开西南联大后，学校才聘沈从文为副教授，父亲都到云南大学去了，怎么还会评价这个事情"。其实，是不是属实已不重要，名士风流佳话，何妨一笑了之？

刘文典并不是一概狂傲，对学问如渊似海、精通十四种语言的陈寅恪先生敬重有加，不敢有半点造次。他公开承认他的学问不及陈氏之万一，多次对学生说：自己对陈氏的人格、学问不是十分敬佩，是十二万分的敬佩。刘文典对人宣称，西南联大只有三个教授：陈寅恪、冯友兰，他和唐兰算半个。由来惺惺相惜，何必文人相轻？正是学问相宜，美名但留人间！

1928 年，刘文典出任安徽大学校长（学校设在省府安庆）。是年 11 月 23 日，安徽学界爆发了一场颇具规模的学潮。时恰"虎而冠者"蒋介石抵安庆，见到此情此景十分恼怒，认为安徽学风不正，学潮嚣张是共产党活动猖獗的反映，决心严惩。29 日下午，蒋介石传刘文典晋见。此前，刘文典就曾扬言："我刘叔雅非贩夫走卒，即是高官也不应对我呼之而来，挥之而去。我师承章太炎、刘师培、陈独秀，早年参加同盟会，曾任孙中山秘书，声讨过袁世凯，革命有功。蒋介石一介武夫耳，其奈我何！"刘文典自视甚高，蒋介石挟北伐之功，更是盛气凌人。两人一见面便展开了唇枪舌剑。关于当时场景的描述有七八个版本之多，笔者择其三例较为平实、可信者列于后：

因有怨气，见蒋时，戴礼帽着长衫，昂首阔步，跟随侍从飘然直达蒋介石办公室。见蒋介石面带怒容，既不起座，也不让坐，冲口即问：你是刘文典吗？这对刘文典正如火上加油。也冲口而出："字叔雅，文典只是父母长辈叫的，不是随便哪个人叫的。"这更激怒了蒋介石，蒋一拍桌子，怒吼道："无耻文人！你怂恿共党分子闹事，该当何罪？"刘文典也应声反驳蒋介石所言为不实之词，并大声呼喊："宁以义死！不苟幸生！"躬身向蒋碰去，早被侍卫挡住。蒋介石又吼："疯子！疯子！押下去！"（刘兆吉：《新文学史料》2002 年第 4 期）

蒋却一再追逼刘文典交出肇事学生，刘文典"出言顶撞"，蒋介石大为震怒："……尔事前不能制止，事后纵任学生胡作非为，是安徽教育界之大耻，我此来为安徽洗耻，不得不从严法办，先自尔始。"刘文典毫不屈服，怒斥蒋介石为"新军阀"，蒋随即严令随从陈立夫将刘文典送交公安局关押。（张正元、杨忠广：《安徽师大学报》1988 年第 2 期）

见面时刘称蒋为“先生”而不称“主席”，引起蒋的不满。蒋要刘交出在学生风潮中闹事的共产党员名单，并惩罚罢课学生。刘当面顶了回去，说：“我不知道谁是共产党。你是总司令，就应该带好你的兵。我是大学校长，学校的事由我来管。”说到激烈处，两人互相拍桌大骂，一个骂“你是学阀”，一个骂“你是新军阀”。蒋介石恼羞成怒，当场打了刘文典两记耳光，并给他定了个“治学不严”的罪名，把他送进了监狱。（叶新：《近代学人轶事》）

刘文典终于被押进大牢。蒋介石还扬言要“解散安大”。消息传出后，安大师生立即组成“护校代表团”，与安庆多所中学的学生400余人，聚集在省府前请愿，要求释放刘文典，收回关押、开除学生的成命。同时，安大教职员代表和皖省各界贤达联名致电教育部长蒋梦麟以及中国公学校长胡适。刘文典夫人张秋华又去南京晋见蔡元培。所幸，蔡、蒋、胡分别致电蒋介石，历数刘文典为人治学及任《民立报》主笔时宣传革命的功绩，劝蒋恕其一时语言唐突，并“力保其无他”。一说陈立夫也从中斡旋。在强大的社会舆论的重压之下，蒋介石最后放了人，但附前提——迫令刘文典“即日离皖”。

当时学界盛传刘文典的一句名言：“大学不是衙门”。那是刘文典对当局迫害进步青年的愤慨。刘在安大曾以一种特别的方式保护了一些进步青年学生。预科学生王某，江西瑞金人，某日国民党安徽省党部通知刘文典说王某是共产党员，要他对其严加监视。因说是“证据确凿”，刘文典遂命令校警丁某到王宿舍，的确搜出了“秘密文件”。刘文典于是立即叫传达室王裕祥送王某离校。是日夜，便衣特务来校搜捕，扑了个空。学校向当局推诿，最后不了了之（杨起田《安庆文史资料》总第七辑）。刘文典离开安大后，于次年初拜访他的老师章太炎（炳麟），讲述了安大事件始末。章太炎听罢，十分欣赏刘文典的气节，于是抱病挥毫写了一副对联赠之：“养生未羡嵇中散，疾恶真推祢正平。”

刘文典的一些故旧对他印象也是深刻。“叔雅人甚有趣，面目黧黑，盖昔日曾嗜鸦片，又性喜肉食。及后北大迁移昆明，人称之谓‘二云居士’，盖言云腿与云土皆名物，适投其所好也。好吸纸烟，常口衔一支，虽在说话也粘着嘴边，不识其何以能如此，唯进教堂以前始弃之。性滑稽，善谈笑，唯语不择言。”（周作人：《北大感旧录·刘叔雅》）“有一年，余适与同车，其人有版本癖，在车中常手夹一书阅览，其书必属好版本。而又一手持卷烟，烟屑随吸随长，车行摇动，手中烟屑能不坠。”（钱穆：《师友杂忆》）“三十年代初，他在清华大学任国文系主任，在北京大学兼课，讲六朝文，我听过一年……他偏于消瘦，面黑，一点没有出头露角的神气。上课坐着，讲书，眼很少睁大，总像是沉思，自言自语。”（张中行：《负暄琐话》）“他的长衫特别长，扫地而行。像辛亥革命以前中国妇女所穿的裙子一样，不准看到脚，走路不能踩到裙边，只得轻轻慢移莲步。他偶尔也穿皮鞋，既破且脏，从不擦油。”（文中子：《刘文典：“半个教授”》）

“记得那日国文班快要上课的时候，喜洋洋坐在三院七号教室里，满心想亲近这位渴慕多年的学术界名流的风采。可是铃声响后，走进来的却是一位憔悴得可怕的人物。看啊！四角式的平头罩上寸把长的黑发，消瘦的脸孔安着一对没有精神的眼睛，两颧高耸，双颊深入；长头高兮如望平空之孤鹤；肌肤黄瘦兮似辟谷之老衲；中等的身材羸瘠得虽尚不至于骨子在身里边打架，但背上两块高耸着的肩骨却大有接触的可能。状貌如此，声音呢？天啊！不听时尤可，一听时真叫我连打了几个冷噤。既尖锐兮又无力，初如饥鼠兮终类寒猿……”（清华门生：《教授印象记·刘文典》，见《清华暑期周刊·1935. 7》）

1932 年夏，刘文典以清华大学国文系主任身份请陈寅恪拟国文试题，陈除出了“梦游清华园记”的作文题外，还出了对联题，上联“孙行者”以觅下联，刘氏也不以为然，许之，结果让久违了对对子的学生们多不知所措，考糊了很多考生，一时传为新闻。

刘文典在清华任教时，需要查阅某种佛经，闻北京西山香山寺有此佛经。该寺藏书有严格规定，非佛教人士，不准借阅，借阅必须在寺内念经堂正襟危坐，也不得以手指沾口水翻书页，必须用寺院制作的篾子翻阅，违者受罚。寺中和尚深知刘文典是知名学者，特准他借阅，阅前详细介绍了阅读规则，刘先生当即承诺，严守规约。和尚去后，刘文典先生静坐读经，因车马劳顿，未看多久，便生困意。见室内有一空床，便趁机持书卧床阅读，不料竟然进入梦乡，手中佛经也掉在地上。不知过了多久，正在梦中的刘忽然听到骂声，头面受到扑打，睁眼看到老和尚边打边斥责“您言而无信，竟把佛经丢在地上！”无奈，刘文典只好一面承认错误，一面“抱头鼠窜”（自称），佛堂是关闭的，既逃不出去，自己也不想逃出，因外面还有游人，出去难免丢人现眼！只有且喊且逃，苦苦求饶。和尚见刘先是狼狈不堪，后又甘心挨打，全无名教授的架子，竟然怒容一变，“扑哧”一声笑了，也便赦免了他。因这一打，刘竟和老和尚成为好友，还在清华园设素斋招待这位朋友。刘后来回忆此事说“我的脑袋虽然不太高贵，但也不是任何人可以打的。但这次挨打应该，君子不可失诺！”

刘文典性滑稽，善谈笑，尝自称“狸豆乌”；因“狸”“刘”古读通；“叔”者豆子也；“乌”则为“鸦”，乃“雅”之异体（刘文典字“叔雅”）。因刘喜自谑，与道貌岸然者有别，故“学生们就敢于跟他开点善意的玩笑”。

刘文典一意钻研古典文学，很瞧不起搞新文学创作的人。他认为“文学创作能力不能代替真正的学问”。一次有人问他可知道当时以《激流三部曲》名噪一时的巴金，他沉思片刻后，喃喃自语：“我没听说过他，我没听说过他。”

西南联大青年教师陶光是刘文典的得意门生。因教务繁忙，陶久没去拜见老师。某日，陶拨冗专门拜访。一见面，刘文典就劈头盖脸地把他一顿臭骂，说他是“懒虫”“没出息”，“把老师的话当耳边风”。陶光被骂得莫名其妙，忍无可忍正要反击时，刘文典一拍桌子，更加大声说：“我就靠你成名成家，作为吹牛的本钱，你不理解我的苦心，你忍心叫我绝望吗?”口气由硬变软。陶光听到老师是想把自己当作“吹牛的本钱”后很受感动，几乎破涕为笑。师生的情谊从此更深了。后来刘文典特地请陶光为自己的著作题签。

在西南联大时，刘文典的学生李埏在向他借的一本《唐三藏法师传》的书页中，发现了一张老师用毛笔画的老鼠，遂要求老师解释。刘文典听后大笑不已，说自己在乡下看书时点香油灯，灯芯上的油会滴在灯盘上。一天深夜他在灯下看书时，见有老鼠爬到灯盘上明目张胆地吃起了盘子上的油。他本想打死它，但转念一想，老鼠是在讨生活，我读书也是为讨生活，何必相残呢？于是随手用毛笔画了一幅老鼠像夹在书中。李埏感慨：“先生真有好生之德!”

1957 年 3 月，刘文典在北京开全国政协会期间，在给次子刘平章的复信中称呼其为“kolya”，落款为“擦皮鞋者”。原来，开会期间他在书店看到《苏联画报》上有一幅名为“擦皮鞋者”的讽刺溺爱子女社会现象的漫画。画面上，一个满额皱纹、衣着褴褛的老头在严冬中蹲在地上为儿子“kolya”擦皮鞋。此时刘文典正好接到在成都读大学的儿子讨生活费的来信，想到自己对儿子的溺爱，不免自责。他没有摆出“老子”的架子，而是以一种幽默的方式来教育儿子。信中不提寄钱的事，反说自己在京费用大，钱已用完，要儿子汇点来解除经济危机。儿子平章读后，既感温馨又受教育。

本文以刘文典先生一首诗作为后记，来纪念这位民国时代安徽大学的老校长。“故国飘零事已非，江山萧瑟意多违。乡关烽火音书断，秘阁云烟典籍微。岂有文章千载事，更无消息几时归。兰成久抱离群恨，独立苍茫看落晖。”

作者简介：储诚炜，副教授，博士，安庆职业技术学院高职研究所所长，皖江文化研究会秘书长。

通俗文学大师张恨水

王金根

张恨水（1895—1967），原名心远，安徽潜山人。他被尊为现代文学史上的“章回小说大家”和“通俗文学大师”第一人。

一、出生于将门的神童

张恨水的祖父名叫张开甲，曾随曾国藩南北征战，戎马一生，历建奇功。历任江苏飞划营统领、保安军统领、开信军统领，钦命头品顶戴，赏穿黄马褂，硕勇巴头鲁，奉旨免骑射，光绪时实授广信府饶州参将。张恨水的《技击余谭》中有一段文字这样描述祖父：“所携军器，为矛一，匕首一，弓一。矛竹制，长丈余，矢端安铁镞，缀以红缨，使时，自侧立，右手执其端，左手前二尺余，专以刺击为事，非若优伶及卖解者之木枪，有挑拨飞舞等解数也，矛数之最精者，在能以二手执矛之尾端，能舞一圈花，而其簇，乃可碎人躯干矣。公力巨，能之，因是益以自豪。”他的父亲张耕圃，有一身娴熟的武功，马上步下身手不凡，保过五品军功，但却从未得到实缺，后来在广信税务做了师爷。

张恨水的童年，是在其祖父的官衙中度过的。张开甲精湛的武功，矫健的身手，淡泊明志，视权力如粪土的品德，对张恨水的成长、性格的形成，有着巨大影响，父亲虽手无缚鸡之力，在吐属蕴藉的文人风格中，又会掩饰不住一般耿介的阳刚之气。

张恨水6岁入私塾，念蒙学，由于天资过人，悟性奇高，从启蒙的《三字经》《千字文》到《论语》《孟子》他都背得滚瓜烂熟，很快就成为学童中的佼佼者，赢得了神童的美誉。13岁的时候，随父亲到了江西新淦县的三湖镇，跟随一位姓萧的先生读书。有一次，张恨水按照萧先生的要求做了一篇《管仲论》，萧先生大加赞赏，做了详细批改，而且让他的父执辈传阅。于是，张恨水的神童之名不胫而走，轰动了整个三湖镇。

在萧先生的私塾中，张恨水年龄虽然小，功课却最好。私塾中安排有

夜课，夜课的主要内容是读古文，由于张恨水记忆力超常，再加上那些文章他大半都读过，所以萧先生安排的夜课，他毫不费力就可以完成，相当清闲。在来三湖镇的途中，寂寞无聊的张恨水偶然看到了一本《残唐演义》，随手就拿过来看，他没有想到，原来还有这样的书，一下子就此入迷。在萧先生的私塾中，有一位管姓同学，家里的小说很多，也经常带到学堂来看，张恨水就正好得其所哉地来个“开卷有益”。两个月之内，他不仅一股脑儿地读完了《西游记》《水浒》《封神演义》《列国演义》《五虎平西南》，还把自己家里的《野叟曝言》、半部《红楼梦》都读了。大量的阅读使他作文减少了错别字，并把虚字用得更活。他没想到，这样的一些被视为闲书的小说，竟然影响了他人生的旅程。

三湖镇的求学生活，对张恨水的一生影响巨大，在那里奠定了他的写作生涯，所以他对这个淳朴美丽的水乡，是充满着深厚的感情和怀念的，他带着这种感情于 1935 年写了《北雁南飞》，这部小说不是自传体小说，更不是自传，但它以自己少年时在江西三湖镇私塾的读书经历为背景，描写了少女姚春华与少男李晓秋的爱情悲剧，以真挚的感情、细腻的笔法、令人掩卷叹息的情节，以及三湖镇民风、民情、民俗的生动勾画，为我们提供了江南小镇的社会情景以及学堂生活实录，从这些描写中不难寻觅到作家张恨水走过的足迹。

二、蛰居潜山的彷徨苦涩

17 岁之前的张恨水，在一片温情呵护和嘉奖下，不知道人间还有忧烦的事，他的未来是光明的，他的身边是温暖的。那时候，他正在做着去欧美留学的各项准备，可也就在这时候，他的父亲突然得了急病，并在几天之间，撒手人寰。家庭的重担一下子就压到了 17 岁的张恨水肩上。没有了收入，又没有积蓄，也没有家产，无法可施的张恨水只能跟着全家回往故乡，一路上登山涉水，辛苦劳顿，终于回到了安徽潜山，这里还有旧房数间、薄田数亩，勉强还能活下去。

回到家乡后，全家仅能填饱肚子，没有余钱供张恨水读书，失学对于一个 17 岁的少年来说，打击实在是太大了，况且对于张恨水这个酷爱读书、天分极高，本来有着锦绣前程的人，只在短短的时间里，就让他从山顶跌进了深渊，内心的痛苦和焦虑，实在无法排遣，又没有可以倾诉的人，只好一头钻进老书房，闷头读书。书本可以使他走进另一个世界，让他忘掉了书房外的忧烦，让他的心得到片刻的安宁，也使他得到了精神的慰藉。农村的夏天，蚊虫非常多，独对豆大之菜油灯光苦读的张恨水，两条腿被叮满包，奇痒难耐，于是他用木桶盛满清水，把双腿泡进去，这样蚊虫叮不着，又可以使自己不打瞌睡，能够苦读到深夜。

张恨水足不出户的苦读，非但没有引起乡人的同情，反来招来嘲讽讪笑，因为当时读书，都是为了“学而优则仕”，无非是做官，所谓“富贵不还乡，如锦衣夜行”，总要荣耀乡里、光宗耀祖。像张恨水那样一无所成地还乡，很是被人瞧不起，说是：“读书读成了张某人那样，还不如让孩子们种田哪!”甚至当面嘲笑他是“书呆子”；有些小商人、小绅士背后则叫他“大胞衣”。胞衣，即胎儿胞衣，婴儿出生后，即将此物丢弃，意思是说他是废物！对于这种冷嘲热讽，张恨水不屑一辩，于是就益发一头钻进老书房，将心中的苦闷、牢骚都宣泄于书本和笔端，“借书的酒杯，来浇自己胸中的块垒”。如此苦读的结果，使他打下了扎实的国文根基。

这时他的近体诗，已经写得很不错了，四六文也写得相当好，他就把无法排遣的苦闷，寄之于诗文，17 岁时，他做了一篇四六体的祭文。由于辞藻妥帖，对仗工稳，情深意切，博得亲友的赞许，这件事使他感到些许的慰藉，“小才子”的赞誉，使他有些飘飘然，觉得自己比那些村冬烘强多了。

尽管他自己感到得意，然而在一般村民的眼里，他仍然是没有出息的呆子，他就只好以书笔为侣，他关在老书房里，写了一本诗集、一本词集，还写了一部名叫“青衫泪”的长篇小说，这部小说是白话章回体的，书中穿插了不少诗词，四六骈体以及小品，完全是模仿《花月痕》的套子。这些小说和诗词，并不是为了发表，完全是自己的心情宣泄，没有任何功利可言，是纯纯粹粹为文学而文学，完全是写给自己看的。

三、从芜湖走向北京

在张恨水极度彷徨、百无聊赖之际，在上海警察局当区长的堂兄张东野觉得天资过人的张恨水就这样在农村荒废下去太可惜了，于是让张恨水到上海去求学。1913 年的春天，张恨水来到上海，考入了孙中山先生办的蒙藏垦殖学校。功课闲暇之余，也和张天野一起演文明戏。

1913 年张恨水在上海认识了郝耕仁，并与其结下了深厚的友谊。在苏州读书时，又结识了刘半农、徐半梅、黄秋士、铁化佛等人。郝耕仁是安徽怀宁石牌人，比张恨水年长 10 岁，前清秀才，老同盟会员。为人狂荡不羁，极爱饮酒赋诗，而且写得一手好魏碑。1912 年，郝耕仁被张九皋礼聘为《皖江日报》的主笔，在郝耕仁的努力下，《皖江日报》的文采更加丰饶，反帝反封建的内容更为浓厚，影响不断扩大。1918 年春，郝耕仁意欲南下革命，于是便写信给张恨水，要他到芜湖来，接替自己副刊编辑的职务，张恨水顾虑自己年轻又没有经验，不知是否能够胜任。郝耕仁则在信中鼓励道：“他们信得过我，自然也信得过我推荐的人。”于是，张恨水凑

了三元川资，来到芜湖《皖江日报》，做了副刊编辑。此后不久，郝耕仁又回到了芜湖《皖江日报》社工作，并且与芜湖的高语罕、钱杏邨（阿英）、蒋光慈、李克农、李宗邺等人一同成为安徽“新文化运动”的先驱。在他们向大众传播新思想的同时，张恨水也受到了巨大影响，并为他日后创作《皖江潮》积累了很好的创作素材。张恨水的加盟，使得《皖江日报》的影响越来越大，发行量亦逐渐增多。张恨水经常在报社里忙碌到深夜，乐此不疲。张恨水曾撰文述及他在《皖江日报》和郝耕仁共事时的一则趣事：因为编报，所以常常要工作到深夜。有一次郝耕仁到编辑部去找张恨水，看到他忙得不可开交的样子，就顺手拿过纸笔，在编辑桌上填了半阕《丑奴儿》：“三更三点奈何天，手也挥酸，眼也睁圆，谁写糊涂账一篇?”被嘲谑的小老乡张恨水也不赖，即于纸角答了半阕：“一刀一笔一糨糊，写了粗疏，贴也糊涂，自己文章认得无?”写罢，两人相视大笑。

到芜湖的这年张恨水23岁，自此开始了他的报人生涯，走上了新闻与文学创作之路。早在苏州蒙藏边疆垦殖学堂时，张恨水就写了两则短篇小说：《旧新娘》和《桃花劫》。寄到《小说月报》编辑部，几天后，接到主编恽铁樵先生亲笔回信：“稿子很好，意思尤可钦佩，容缓选载。”张恨水一时大喜。小说后来虽然没能发表，但是恽先生的亲笔信还是给他打足了气。到芜湖后，他的文学创作才华得到了真正的发挥。23岁之前，他是个名不见经传的文学青年，但自从他的长篇言情小说《紫玉成烟》在《皖江日报》上连载之后，便成了家喻户晓的人物。《皖江日报》是他走向成功的起点，《紫玉成烟》则是他走向成名的开始。

1919年秋，张恨水辞去《皖江日报》的工作。虽然他在芜湖获得了很大成功，为了谋求更多的发展机会，也为了更好地养活家人，在《工商日报》驻京特派员王尊庸的劝说下，张恨水筹措了10块大洋，到了那一心向往的北京。时任北京《益世报》总编辑的成舍我偶然看到张恨水所填写的词句“十年湖海，问归囊，除是一肩风月”，大为倾倒，遂聘请张恨水前往《益世报》做事，张恨水欣然前往。张恨水和成舍我的合作，既成就了成舍我报业巨子的称号，也让张恨水真正地成为一位小说大家，真正开启了张恨水辉煌的文学创作之路。

四、从《春明外史》到《啼笑因缘》

1924年，成舍我的《世界晚报》在北京正式创刊，张恨水负责《世界晚报》的副刊《夜光》的编辑工作。因为是初办，外稿不多，也为了稿件的质量，初期的《夜光》几乎是“张恨水的独角戏”，小说、散文、诗词、小品、掌故、笔记、谈戏等等，全是他一个人包了，这种“包写全版副刊”的新鲜事，在新闻界是一直引为佳话的。当耳目一新的《夜光》呈现在读者面前时，果然受到了读者热烈欢迎，尤其是张恨水撰写的长篇连载小说《春明外史》，引起了出人意料的轰动，得到了各阶层的喜爱，成了街谈巷议的话题。

《春明外史》是张恨水在北京创作，并在北京发表的第一部长篇小说，也是他的首部百万言长篇巨构。写这部小说时，张恨水 29 岁。小说从 1924 年 4 月 12 日开始，在北京《世界晚报》副刊《夜光》上连载，直至 1929 年 1 月 24 日全部载完，长达五年之久，其间凡五十七个月。这部作品，从第一天见报起，就引起了北京各阶层不少读者的注意。连载不久，即引起巨大反响，有些读者为了先睹为快，居然每天下午到报馆门口排队等报，而且是在长达五年的时间里，风雨无阻，天天如是。《春明外史》自然也成了《世界晚报》的一张“王牌”。当《春明外史》写到第十三回时，曾由北京《世界日报》出单行本，发行不久，即告售罄，接连数版，亦是如此。1927 年 11 月，该报又将一、二集合并出版，很快也销售一空。1930 年，上海世界书局将全书出版，上下共 2 函 12 册。发行前，出版者在上海《申报》《新闻报》两大报上刊出巨幅广告，并将全书的八十六回目全文，用大字刊载，先声夺人，这在上海是罕见的，轰动了上海滩。书发行后，一版再版，都是很快销售一空。北京的作者打入上海滩，被各报约写小说，张恨水是“始作俑者”，而“张恨水”也就随着《春明外史》，成为南北皆知的人物了。

在小说连载期间还流传着几则和小说有关的趣事。据说有读者给张恨水写信为梨云请命。梨云是小说中的一个主要人物，她心地善良、天真活泼、聪明美丽，和杨杏园是天生美满的一对，可在小说二十一回时却突然身染重病，危在旦夕。读者对她满怀同情，纷纷写信给张恨水，要求他笔下留情，免梨云一死；有的责问：你忍心让梨云送命吗？据传，张学良因为喜欢《春明外史》而亲自找到张恨水的寓所，交谈之下，倾盖成交。后来两人数度交往，演绎出一段佳话。

1925 年，成舍我又创办了《世界日报》，仍然请张恨水主编其副刊《明珠》，初期的《明珠》和《夜光》一样，仍是“张恨水独角戏”。1927 年起，他的《金粉世家》开始在《明珠》上连载，这部小说再一次引起了强烈的轰动，一时间洛阳纸贵，竟然出现了许多《金粉世家》迷。《金粉世家》为张恨水赢得更高的声誉，它展示了上层社会的家庭生活和世态人情，被评论家们公认为现代《红楼梦》、民国《红楼梦》。

《金粉世家》连载以后，也同样发生了一些有趣的事。首先，《金粉世家》特别受女读者的欢迎。张恨水在许多场合总会遇到一些女读者，拿《金粉世家》的问题来问他。就是一些粗通文字的老太太也喜欢《金粉世家》。张恨水的母亲每天晚饭后，都要张恨水把当日的连载念给她听，这

成了张恨水的每日“工作”，他也乐此不疲，这可能是他表达孝心的一种方式吧。其次，《金粉世家》在连载时，发生了“请命”风波。当写到冷清秋在大火中携幼子出走时，很多读者为冷清秋的凄惨命运和傲岸自强的性格洒下同情之泪。张恨水的至交、著名的老报人，也曾任职《世界日报》的万枚子，看到这里时，竟和他的夫人相对而泣！当读者看到在昆明湖发现冷清秋丢失的鞋，预感不妙，纷纷写信给张恨水，让他“笔下超生”，不能叫冷清秋死去，以至于后来张恨水要在报上公开答复。

1929 年，上海《新闻报》副刊《快活林》主编严独鹤邀请张恨水为《新闻报》副刊写一部连载小说，张恨水爽快地答应了，使张恨水声望达到巅峰的长篇小说《啼笑因缘》就这样在上海问世，并迅速掀起一波波狂潮。

《啼笑因缘》成书后，张恨水曾有事到江南，看到这本书受欢迎的程度，他不胜惶惶。在《我的小说过程》一文中他这样说道：“我作这书的时候，鉴于《春明外史》《金粉世家》之千头万绪，时时记挂着顾此失彼，因之我作《啼笑因缘》就少用角儿登场，乃重于情节的变化，自己看来，明明是博而约了，不料这一部书在南方，居然得许多读者的许可，我这次来，上至党国名流，下至风尘少女，一见着面，便问《啼笑因缘》，这不能不使我受宠若惊了!”

《啼笑因缘》载完后，各个出版社都想争先出版单行本，说来实在令人难以相信，为了出版这本书，居然成立了一个出版社！严独鹤、严谔声、徐耻痕，他们都是《新闻报》同事，鉴于这部小说的轰动，就决定三人合资创办“三友书社”，并依靠和张恨水的稔熟获得了《啼笑因缘》单行本的出版权。《啼笑因缘》公开出版后，全国各地的读者纷纷来信，要求张恨水再写续集，这种情况竟持续了 3 年。不得已，张恨水只好在报上发表《作完后的说话》一文，文中他说，为了“不愿它自我成之，自我毁之”之故，“所以归结一句话，我是不能续，不必续，也不敢续”。但此后还是耐不住读者、朋友的软磨硬泡，终于写了续集。

《啼笑因缘》在发表的当时就因各大电影公司争先要将之拍摄为电影而几成新闻，明星影片公司和大华电影社就为此而对簿公堂，由它改编成的戏剧和曲艺也不在少数，为《啼笑因缘》而作的续书之多更是民国小说中之最，为之续集成为许多人的生财之道。至此，张恨水的名声如日中天，即使不看小说的人也知道这个作家，就如同不看京戏的人也知道梅兰芳一样。

张恨水小说的巨大成功使得出版商蜂拥而至，他和出版商们签下了一系列的稿约。那些年里，张恨水经常是同时为五六家报纸写长篇连载。每到晚上九点，等稿的人排着队等在门口，他低着头在特制的折叠成一摞的稿纸上奋笔疾书，几千字一气呵成。五六篇文稿各交来人，五六个长篇中的人物从不会打架，前后也不会矛盾。文友们说，一天他坐在麻将桌旁上了瘾，报馆又来人催稿子，他左手打麻将，右手写，照样不误交稿。

五、《啼笑因缘》的姻缘

有一种流传甚广的说法，说张恨水之所以取笔名“恨水”是取“恨水不成冰”之意，而这里的“冰”指冰心先生。冰心晚年，有人曾经问过她：“民间有张恨水先生因爱慕您而恨水不成冰之说，是否事实?”她回答：“那是扯淡，张恨水先生是前辈，我连认识都不认识，哪来恨水不成冰?”张恨水最初以“恨水”为笔名发表小说是在1914年，那时候他在苏州，因为非常喜欢南唐后主李煜的词《乌夜啼》：“林花谢了春红，太匆匆。无奈朝来寒雨晚来风。胭脂泪，相留醉，几时重，自是人生长恨水长东。”他由此取“恨水”二字，意在自勉爱惜光阴，不要让时光像水一样白白流逝。“恨水”是他众多笔名中的一个，也是他最喜欢的一个。冰心，出生于1900年，冰心这个笔名是1919年她发表《两个家庭》时所用，由此可见，所谓“恨水不成冰”之说纯属流言。

张恨水结过三次婚，第一次是母亲包办的婚姻。十九岁的时候，他母亲按当地的风俗为他聘定了媳妇。新娘名叫徐文淑，祖上是官宦人家，父亲是一位教私塾的先生，可是徐文淑并不识字，是一个典型的旧式女子。拜完天地，入了洞房，当张恨水看清楚新娘的长相后，就溜出门外。最终在亲友客人们的软硬兼施下，张恨水只好又回到了洞房。原来当初相亲的时候，徐家用了调包计，相亲的是徐家漂亮的二姑娘，可是定亲的却是丑陋的大姑娘。徐文淑孝敬婆婆，为人宽厚，婆婆也比较喜欢她，张恨水一直供养着她。后来还曾经和她生过两个小孩，很可惜，这两个孩子后来都不幸夭折了。

作为漂在北京的一名文人，张恨水时时感受到孤独，于是在朋友的建议下，他来到北平一所专门收养流浪女子的平民习艺所里，找到了第二位妻子胡秋霞。第二次婚姻给了张恨水一个完整的家，胡秋霞心地善良，淳朴老实，心直口快，从来不跟人耍手段、使心眼，所以，深受张恨水的亲近。张恨水后来用自己的稿费在南京创办《南京人报》，胡秋霞是家里最支持的一个，她贡献出自己大量的首饰和私房钱，为办报提供资金，表现出她的深明大义。但是胡秋霞的文化程度跟张恨水相差太远，她不了解张恨水的思想，他们之间没有多少共同语言，精神上的裂痕无法弥补，所以张恨水还是感到孤独，他还在等待爱情的降临。

1931年，长篇小说《啼笑因缘》单行本出版发行，引起轰动。但更让36岁的张恨水兴奋的是，就在这时，他真正遇见了自己生命中的红颜知

己。大概在 1930 年到 1931 年的时候，在北京一次游园会上，张恨水认识了一个能歌善舞的女子，她是春明女中的高中生，叫周淑云。周淑云出身于一个破落官僚家庭，爱唱京戏，聪明伶俐，爱读张恨水的小说，很欣赏他的才华。张恨水虽然比周淑云大十几岁，但是他们两个人谈京戏、谈小说，很有共同语言，很快两人便坠入情网。结婚之后，张恨水从《诗经·国风》当中的《周南》《召南》取出“周”“南”二字，给周淑云改了名字，就叫她周南。周南会唱歌，尤其会唱京剧，张恨水会拉京胡，周南唱京剧的时候，张恨水就拉着京胡为她伴奏。周南有文化，后来还学会写旧体诗，所以张恨水原来的理想“红袖添香夜读书”这个时候终于实现了。抗战初期，周南不避艰险，带着两个儿子来到重庆，与张恨水相濡以沫，一起度过了艰难的抗战时光。1959 年周南患癌症去世。

六、国如用我何妨死

1934 年，张恨水由北平前往南京，有感于时局的艰难，写下了这么一首诗：“不必功名等白头，早将心迹托浮鸥。国如用我何妨死，事总因人大可羞。腹俭已遭家室累，卖文还作稻粱谋。凭栏无限忧时泪，如此湖山号莫愁。”

1936 年，张恨水和几个志同道合的朋友在南京创办了《南京人报》，由于张恨水这个名字的巨大号召力，在不足 100 万人口的南京市，《南京人报》一炮打响，出版的第一天，就销到了 15000 份。

在报纸上，张恨水一直宣传抗战。这份报纸一直办到南京沦陷前两天才停刊。南京沦陷后，他们开始准备转移到重庆继续办报，后来认为在那样的时候写些文字又没有什么用，于是准备组织抗日武装，回家乡去打游击。张恨水被这样的建议刺激得热血沸腾，于是他就起草了一个申请跑去找政府报备，可是政府最终没有同意。张恨水最终还是去了重庆，做一个文人应该做的事情。这支队伍后来还是在他四弟张牧野的领导下成立了，并且和日本人打过几次仗，但不幸的是这支队伍没有被日本军队消灭，而是后来被政府军当作土匪消灭掉了。张恨水的小说《巷战之夜》（一名《冲锋》），就是以这支队伍为原型的。

到了重庆的张恨水被邀请主持《新民报》的一个副刊，他为副刊取了一个名称叫《最后关头》，为了全心全意地进行抗战宣传，他为副刊规定了登稿原则：一是抗战故事（包括短篇小说）；二是游击区一斑；三是劳苦民众的生活素描；四是不做空谈的人事批评；五是抗战的文章。而他自己则全身心地投入到抗战小说的创作之中。张恨水创作的抗战小说多达数十部，800 多万字，如此多的篇目，如此多的文字，在中国现代文学史上一时无二。

张恨水的这些抗战小说表现出了强烈的“国家意识”。这个国家就是正在遭受磨难的中华民国，这是当时的张恨水和所有中国人的祖国；这个意识就是国家的利益高于一切，这是当时的张恨水和所有的中国人的根本所在。在张恨水众多的“抗战小说”中有两部被视为不太显眼的小说，一部是《仇敌夫妻》、一部是《虎贲万岁》，这两部小说从两个侧面体现出这样的“国家意识”。《仇敌夫妻》曾受到钱杏邨的点名批评，小说写一对彼此相爱的夫妻，偏偏来自于中国和日本两个交战的国家。他们爱自己的孩子和对方，但是更爱自己的祖国。妻子为了自己的祖国窃取了丈夫身边的义勇军的机密文件。丈夫发现后，同样为了祖国的利益将妻子毒死了。对于张恨水来说能写出这样的小说却有着重要的意义，张恨水以前的小说均主情，宣扬人间感情重于一切，但这部小说却出现了相反的价值判断。它显然是要告诉读者，夫妻之情固然是好，但是当它与祖国的利益发生冲突时，就应该牺牲掉它。《虎贲万岁》是一部纪实的小说，该书是第一部直接描写国民党正面战场著名战役——常德保卫战的长篇小说，也是中国第一部现代战史小说。作品描写代号“虎贲”的 74 军 57 师在日军六万余人的包围中，同仇敌忾，背水一战，“以一敌八”，苦战十余日，与日寇浴血巷战，得以使援军合围，保卫住了常德。全师八千余人，仅有 83 人生还，全书写得可歌可泣、气壮山河。由于小说的材料来自第二手资料，小说的艺术性乏善可陈。然而，这部小说的重要意义在于对抗日英雄们的赞颂，“一师人守城，战得只剩下八十三人，这是中日战史上难找的一件事，我愿意这书借着五十七师烈士的英灵，流传下去，不再让下一代及后代人稍有不良的印象，所以完全改变了我的作风”。不惜改变作风去赞颂为维护国家利益而为国捐躯的烈士，这是张恨水创作“抗战小说”的思想认识。

在宣传赞颂正面抗战的同时，张恨水对社会的阴暗面也进行了深刻的批判。写于抗战时期的《八十一梦》以及其后的《五子登科》《魍魉世界》等小说，对国民党的那些要员发国难财的丑恶行径进行了无情的嘲讽，曾引起了广大人民的共鸣和统治者的反感。这类暴露讽刺小说和“赞颂小说”是一致的，体现出了张恨水的抗日主张：既要发扬民族气节，坚决抗战，同时也要勤政廉洁，团结一致。抗战胜利后，共产党赠送了张恨水礼品，国民党政府也向包括张恨水在内的一千多人颁发了抗战胜利勋章。其实，张恨水并没有什么党派意识，在他的思想中，国家意识至上，民族大义为重，这是他最高的价值判断。以此为出发点，他与国民党的高官接触，也欢迎共产党的领袖来渝。对于两党的斗争，他虽不明说，但心中恐怕并不赞成，说不定还将其看作为中国社会乱象之一，从他的《八十一梦》之 24 梦《一场未完的戏》中我们可以有所感觉。在这个“梦”里张恨水提出“家和万事兴”，对兄弟不和造成家庭动乱表示了不满。

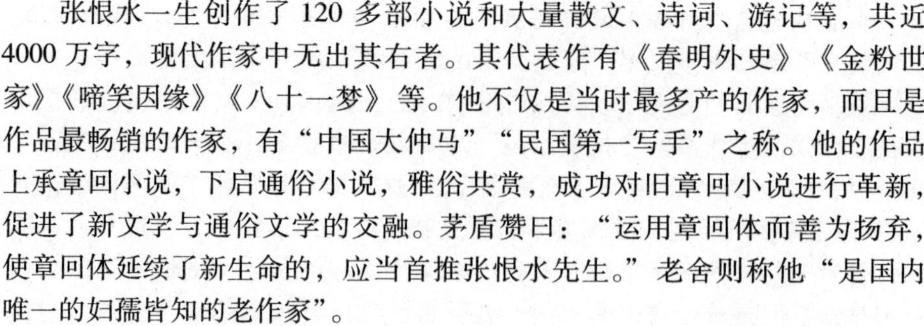
张恨水一生创作了120多部小说和大量散文、诗词、游记等，共近4000万字，现代作家中无出其右者。其代表作有《春明外史》《金粉世家》《啼笑因缘》《八十一梦》等。他不仅是当时最多产的作家，而且是作品最畅销的作家，有“中国大仲马”“民国第一写手”之称。他的作品上承章回小说，下启通俗小说，雅俗共赏，成功对旧章回小说进行革新，促进了新文学与通俗文学的交融。茅盾赞曰：“运用章回体而善为扬弃，使章回体延续了新生命的，应当首推张恨水先生。”老舍则称他“是国内唯一的妇孺皆知的老作家”。

头

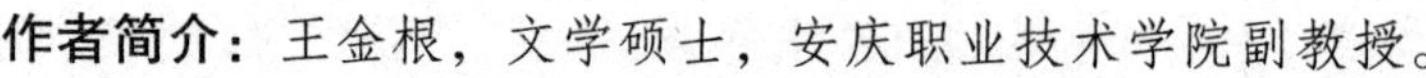
作者简介：王金根，文学硕士，安庆职业技术学院副教授。

社会活动家章伯钧

储诚炜

曾经，最珍贵和最难得的个人活动，便是回忆。因为它是比日记或书信更加稳妥的保存社会真实的办法。许多人受到伤害和惊吓，毁掉了所有属于私人的文字记录，随之也抹去了对往事的真切记忆。于是，历史不但变得模糊不清，而且以不可思议的速度被改写。这样的"记忆"就像手握沙子一样，很快从指缝里流掉。从前的人什么都相信，相信……后来突然又什么都不信了。何以如此？其中恐怕就有我们长期回避真实、拒绝真实的问题。

——章诒和

一、章伯钧生平概述

章伯钧，中国政治活动家，爱国民主人士，中国农工民主党创始人和领导人之一，曾任中央人民政府委员、政务院政务委员、中国民主同盟副主席、农工民主党主席、中华人民共和国交通部长、《光明日报》社社长。是第一届全国人大代表，第一、三届全国政协常委，第二届全国政协副主席，第四届全国政协委员等。

1. 一个好校长能影响一批人

1895 年 11 月 17 日（清光绪二十一年十月初一日）章伯钧诞生在安徽省桐城县（今属枞阳县）后方乡章家大屋。他六岁丧父，幼读私塾，后入桐城中学。1916 年考入武昌国立高等师范（即今武汉大学）英语系。1920 年毕业后任安徽省立第四师范学校（校址在宣城）校长，他聘请在武汉结识的恽代英、萧楚女来任教职，使四师气象为之一新。

2. 早期脱党人物的悲欢离合

1922 年 9 月，章伯钧公费赴德国入柏林大学学习哲学。1923 年初，由朱德介绍，加入中国共产党。1926 年春回国任中山大学教授，参加民主革命运动，以共产党员身份加入国民党。7 月任国民革命军总司令部政治训

练部（主任邓演达、副主任郭沫若）宣传科科长（前任为郭沫若）。在北伐战争中，任总政治部秘书长、农工部兵农联合委员会主席。在蒋介石、汪精卫相继叛变革命后，章伯钧参加了周恩来等人领导的八一南昌起义，任起义军总指挥部政治部副主任（主任郭沫若），代主任职。起义军失败后流亡香港，从此脱党。其实，与章伯钧相类似的经历，还有叶挺将军等人，回头看历史，看看早期脱党人物的悲欢离合，真是不甚唏嘘。

3. 福建事变与历史的阴差阳错

1928 年春，章伯钧与谭平山等筹组中华革命党，1930 年 5 月改组为“中国国民党临时行动委员会”，8 月当选为中央干事会干事（总干事邓演达）、中央宣传委员会主席委员。邓演达牺牲后，他参与主持中央干事会领导工作。1933 年秋，章伯钧等代表中国国民党临时行动委员会，会同李济深等，与第十九路军将领蒋光鼐、蔡廷锴等共同发动了“福建事变”，成立“中华共和国人民革命政府”（史称“福建人民政府”），宣布反蒋（介石）抗日，通缉蒋介石等，停止“剿共”，联合中国工农红军。章伯钧任福建人民政府经济委员会委员（主席冯玉祥，余心清代），兼任土地委员会主任。福建人民政府失败后，章伯钧再度流亡香港，仍然明确地提出与中国共产党合作的主张。

4. 历史周期律与历史的先声

抗战期间，章伯钧积极支持中国共产党的抗日民族统一战线主张，为抗日救国而奔走呼号。1939 年 11 月，他与张澜、沈钧儒等共同发起成立“统一建国同志会”，推动民主宪政运动的开展。1941 年 1 月“皖南事变”发生后，他参与创建“中国民主政团同盟”，任中央常务委员、组织部部长。1945 年 2 月，创办《中华论坛》半月刊，任主编。7 月 1 日，章伯钧、傅斯年、黄炎培等 6 位参政员访问延安，受到中共领导人毛泽东等人的热情接待。7 月 3 日，毛泽东和周恩来专门约见章伯钧和左舜生。回重庆后，章伯钧积极配合中共，反对国民党单独召开国民大会，并断然拒绝参加国民参政会，产生了很大的政治影响。

5. 第三条路线的是是非非

解放战争时期，章伯钧在政治上坚持与中共保持一致。1946 年 7 月 13 日发表《章伯钧对“召开国大”的意见》，愤怒指出“这是一党独裁的大会”。1947 年 2 月，“民解”改名为中国农工民主党，已经实际领导该党达 9 年之久的章伯钧，当选为主席。1947 年 10 月 27 日，蒋介石下令解散民盟，章伯钧避走香港，11 月与沈钧儒主持召开民盟一届三中全会，提出坚持同中国共产党紧密合作，推翻国民党独裁政府，建设民主、和平、独立、统一的新中国的政治纲领。

6. 开国气象与共商国是

1948 年秋，章伯钧等首批民主人士进入东北解放区。1949 年 1 月 22 日，章伯钧与沈钧儒等 55 位各民主党派领导人及其他民主人士发表宣言，宣布愿意在中国共产党的领导下，团结一致，将革命进行到底，与中共共同建立民主联合政府。9 月，他出席中国人民政治协商会议第一届全体会议，当选为全国政协常委、中央人民政府委员。

7. 事业有成与巅峰时刻

中华人民共和国成立后，章伯钧历任中央人民政府委员、中央人民政府政务院政务委员、全国政协常委、中华人民共和国交通部部长、《光明日报》社社长、中国民主同盟副主席、全国政协副主席，并继续担任中国农工民主党主席。

二、“反右”运动与“政治设计院”

1957 年，在中共发起的整风运动中，章伯钧积极响应中共中央和毛泽东的号召，帮助共产党整风，在中共中央统战部召开的座谈会上发言，提出意见和建议。“反右”运动开始后，被点名划为右派。章伯钧在中国政治舞台上消失后，被保留全国政协常委、中国农工民主党中央委员、中国民主同盟中央常委等职位。“文化大革命”中，全家遭受残酷迫害，他忧愤成疾，病逝于北京。

在 1957 年夏季“反右”斗争风暴中，章伯钧成为第一号右派分子。章诒和女士回忆道：“父亲当时对即将来临的大风暴似乎并无预感，当中国共产党提出以反官僚主义、反宗派主义、反主观主义为内容的整风运动时，父亲是真诚地相信共产党的。”

章伯钧提出：“现在工业方面有许多设计院，可是，政治上的许多设施，就没有一个设计院。我看政协、人大、民主党派、人民团体，应该是政治上的四个设计院。应该多发挥这些设计院的作用。一些政治上的基本建设，要事先交给他们讨论，三个臭皮匠，合成一个诸葛亮。应该展开广泛的讨论，制度是可以补充的，因为大家都是走社会主义的路，这样搞，民主生活的内容，就会丰富起来。”

章伯钧的发言被刊登在《光明日报》等报纸上。在当时的“反右”运动形势下，这次发言被认为是章伯钧的“政治设计院”的依据。《人民日报》7 月 1 日发表了社论《文汇报的资产阶级方向应当批判》，指责中国民主同盟和中国农工民主党“在百家争鸣过程和整风过程中所起的作用特别恶劣”，是“有组织、有计划、有纲领、有路线的，都是自外于人民，是反共反社会主义的”。而右派分子的猖狂进攻，“其源盖出于章罗同盟（后被称章罗联盟）”。章，就是章伯钧，罗，就是罗隆基，他们都是民盟的副

主席。

罗隆基则一直否定存在章罗联盟，他说：“同章伯钧的认识有二十年的历史，共同在民盟工作有17年的历史。我同他有过长期的斗争，并且有过多次的斗争。我同他的合作是始终有戒心的。两人由来就是在合作中斗争，在斗争中合作。今天的合作，并不是什么划时代的新结合。直到今天，我同章伯钧的主观见解也是不完全一致的。我们的个性和作用是绝不相同的。我们的感情并不是真正融合的。两年来我同章伯钧就没有私人相约聚一次，这就说明我同章伯钧两人合作的真相内幕。”

三、知识分子的困窘与使命

章伯钧是一个既受中国传统文化浸淫很深又受到西方文明影响很深的知识分子，一生致力于救国救民，晚年不幸卷入政治漩涡，作为知识分子的典型代表，奔走在困窘和挣扎边缘，的确为后来研究者提供了极大的历史借鉴。笔者更愿意从知识分子的历史使命角度去探究这一代文人的心理历程和思想脉理。

知识分子是一个历史的文化的范畴，作为一个特殊的社会阶层，它是在人类发展的一定历史阶段和一定的文化条件下产生的。在中国古代，与近代西方“知识分子”含义相近的概念是“士”或“士大夫”。“士”在中国传统社会结构中占据着中心位置，位居士、农、工、商“四民之首”。孔子认为：“士志于道，而耻恶衣恶食者，未足与议也。”这句话的意思是有志于追求天理仁道的人，会以认识自己的本性为重，以身外之物为轻。如果立志求学、执着求道，还以衣服不华丽而感到羞耻，还以饮食不精良而感到惭愧，那只能说明他在精神上是粗俗的，不值得与其做深入的探讨。孔子所描绘的这种“士”的形象就是我们所说的知识分子的原型，作为特殊的社会群体，“士”这个阶层注重个人道德修养，追求个人人格完满，讲究气节与道义担当。

1. 学而优则仕

《论语·子张》：“仕而优则学，学而优则仕。”意思是学问做得很好，就可以去做官以便更好地推行仁道。关于“学而优则仕”这个固有概念，目前学术界从教育学、文字学和哲学等角度进行了注疏与考证，角度不同，学科背景不同，得出的结论也不尽相同。大体来讲，学术界的考释可以分为三种：读书做官论；学有余力论；学事兼顾论。读书做官论是指“只有学识好之人才有资格为官。这样解则涉及的是官吏的选拔”。这也是最为传统的解释，其影响力较大，一般日常生活和习惯思维中的“学而优则仕”概念都指向这种理解。学有余力论从分析“优”这个词语入手，此种观点认为“优”在先秦古籍中，并不是我们现在所理解的“优秀”之义。《说文解字》中认为“优”应为“有饶有余、有余力”。毛礼锐先生认为：“这句话的意思是为官者已尽职尚有余力，应致力于学问；为学者有了丰富的知识，还有余力应去做官。”第三种解释认为“仕”做“事”解，意指学习的目的在于做事，“知行合一”，学问应该为社会服务，应该立足于做事和入世，而不能单纯理解为为学是当官的仕途。以上三种解释各有立论基点和分析逻辑，自称一说，但从学理溯源和中国传统文化特性的角度去考量，不得不承认，“学而优则仕”的确是千百年来国民道德体系和思维内核中最显著的一个功利性特征，在古代的“士”身上体现得尤为明显。

“学而优则仕”之所以成为“士”最为典型的群体特征与几千年来小农经济的封闭性息息相关。古代“士”作为一个“不事稼穑”的阶层，在经济话语权上缺乏独立根基和自由意志，只有把思想、情感和利益依附于社会其他力量才能实现自身的价值，其中政治成为他们最主要实现自我的依附对象，士人由此必然与政治紧密联系在一起，不论被动抑或主动，被裹挟其中和固定的人身依附关系都成为一种历史必然。“文人与政治这种天然的亲和力长久积淀在知识分子的潜意识中，形成一种强大的文人政治集体无意识，定格为一种近乎凝固的文化——心理结构，其内涵是杂芜含混的。对于整个社会文明发展而言，既有积极的意义又有消极的一面。”其积极意义在于传统文人从高谈阔论、蹈空玄谈、概念玩索之中走出来，致力于世事改变和实践体验，不做无用之谈，而且，从国家治理和社会稳定的角度而言，科举制是“学而优则仕”概念的制度化运用，其选拔了大批充满儒家道德理想和富有治理才能的人才进入统治集团，良性而有序的人才选拔和流动机制与“士”这个群体的道德要求和发展指向密切吻合，的确具有进步的意义。“而对于知识分子自身发展而言，它是影响制约中国知识分子思想情感的一个重要因素，是造成他们不能形成独立话语展示个体生命的一个沉重桎梏，是迫使他们不能立着只能爬着行路的暗影。”

2. 千古文人侠客梦

文人和侠客是中国文化中极有特色的两个群体，在国民中存在着一种典型的奇异性格，即侠客性格，也叫作侠客情结，这一点在文人身上有着明显的体现，即所谓的“千古文人侠客梦”，这也是传统社会“士”阶层又一显著特点。

“侠”，最早见于战国韩非子的《五垂》篇：“儒以文乱法”，“侠以武犯禁”。又说：“行剑攻杀，暴傲之民也”，“其带剑者，聚徒属，立节操，以显其名，而犯五官之禁”。由此可见，韩非子对古代侠客持不肯定的态度。司马迁撰写在《史记》，专门列出两章《刺客列传》和《游侠列传》，为侠士正名：“今游侠，其行虽不轨于正义，然其言必信，其行必果，已

诺必诚，不爱其躯，赴士之厄困。既已存亡死生矣，而不矜其能，羞伐其德，盖亦有足多者焉。”司马迁和《史记》成为侠文化的源头，对后来文人的影响极其深远。

侠文化能够得以流传和发扬光大与其部分内核精神符合儒家思想有着密切关系，这也是深受儒家思想文化熏陶的士大夫阶层能够接受的深层次原因。先秦的韩非与西汉的司马迁对“侠”的理解有所不同，态度也大相径庭，这与他们所处的时代背景是一脉相承的。韩非主张法治和权术治国，自然不提倡“以武犯禁”，而到了司马迁所处的汉武帝时代，儒术已被推到国家意识形态的高度，而侠文化中的“轻生重义”“重信守诺”的精神内核和儒家思想的基本要义是相通的，所以一般文人的态度倾向于褒扬，而且，在一定程度上，也成为文人内心深处的一种固有情结和精神坚守。

文人之所以信奉侠客文化还有一个重要的原因在于纠缠于内心深处的自我矛盾情结。“中国文人理想的人生境界可以如下公式表示：少年游侠——中年游宦——老年游仙。”侠客、官宦和隐士分别代表着古代文人在不同年龄阶段大体上的一种价值取向，后两者与文人安身立命之本和功利性追求息息相关，而侠客情结除此之外，还与文人固有的矛盾内心有关。古代文人自嘲“百无一用是书生”，“万言不值一杯水”，“宁为百夫长，胜作一书生”，其实反映的是一种文人孱弱无力和漂浮不定的悲观情绪，由于经济上的不独立和政治上的人身依附性，古代文人这种对自身否定性的评价虽不乏自嘲因素，却也大体上符合该群体总体特性。“空有相怜意，未有相怜计”，固然是文人所处的历史窘境，但文人的意义也就在这里，恰恰由于这种过于阴柔的心理认知，导致了文人理想中挥之不去的侠客情结，代表着强悍、刚性特质的侠客文化正符合文人的这种内在诉求。

3. 为天地立心，为生民立命，为往圣继绝学，为万世开太平

北宋著名学者张载总结了古代文人的政治理想为“为天地立心，为生民立命，为往圣继绝学，为万世开太平”，张载这四句话被概括为“横渠四句”。这四句话最能表现出儒家知识分子的道德、器识与襟怀，也可说是人类教育最高的向往。王夫之高度概括了张载的历史地位与学术成就，他认为：“张子之学上承孔孟之志，下救来兹之失”；“横渠学问、思辨之功，古今无两”。著名哲学家冯友兰先生曾在《中国哲学史新编》的最后结语中表现出对张载“横渠四句”的赞佩：“高山仰止，景行行止，虽不能至，心向往之。”“横渠四句”具体内容也许有其局限，但其所涉及的问题，却是超越时代的，具有普遍的人类意义。“今天中国的知识分子要完成自我救赎，提高道德修养，应该以张载横渠四句为理想，勇于自我检

讨，敢于保持独立的价值取向和理性判断，富有正义感和责任心，勇于承担社会批判，维护社会公平。”

在现代英语中通常 intellectual 泛指“知识分子”，而 intelligentsia 则专指“知识阶层”，这两个概念具有细微差别，但一般意义上可以通用。与中国古代“士”概念不同的是西方知识分子则来源于古希腊的“智者”和中世纪的“传教士”，是“个体私有制度和商品经济的产物，他们以独立身份，借助知识和精神的力量，保持独立思考的姿态和与社会不妥协的批判精神，对社会表现出强烈的公共关怀，体现出一种公共良知”。在现代西方语境中，对知识分子的解释很多，大体说来具有三个基本特征：第一，受过专门训练，掌握专门知识，懂得使用象征符号（这种文字符号可以理解为语言或者文字）来解释社会和人生；第二，以知识为谋生手段，以脑力劳动为职业，形成一个与社会中其他阶级明显不同、具有自身特点、相对独立的社会阶层；第三，知识分子阶层具有强烈的社会责任意识和担当意识，对于社会丑恶和不公现象采取批判态度。

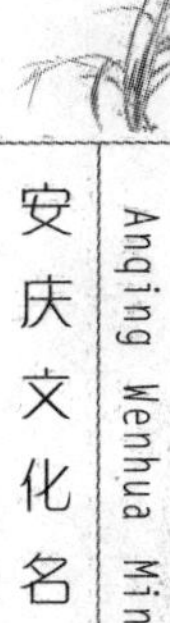

西方社会对知识分子概念的诠释最为注重第三个方面特征，即作为知识分子的责任意识和担当精神，著名学者余英时就曾引述迈克尔·康菲诺（Michzel Confino）“所举的近代俄国知识阶层的五项特征”，计有：“一，深切地关怀一切有关公共利益之事；二，对于国家及一切公益之事，知识分子都视之为他们个人的责任；三，倾向于把政治、社会问题视为道德问题；四，有一种义务感，要不顾一切代价追究终极的逻辑结论；五，深信事物不合理，须努力加以改正”。知识分子应该尊重知识的权威性，遵循科学的学理逻辑，“对于那些被设定为不言自明的真理或准则表示疑虑、质询和颠覆，就是他们理应履行的义务。他们的设问和解答很可能并不是标准的，也不一定是完善的，但是，导致他们判断错误的只能是他们的知识所限，而绝不是利益的驱使，更不是为了某个特殊利益集团而故为曲说，泯灭良知”。

结合中外文化的具体语境，梳理文化史和思想史演进过程中的脉络，分析知识分子的身份特征和文化内涵，我们认为，中国知识分子起源于“士”，作为客观存在的一种道德主体，依附于传统家国一体的政治体制，恪守“君臣父子”的人伦之道，自觉肩负释道、卫道、传道和修道的历史使命，汲汲于身家功名的同时，实现个人自身价值与传统政治利益的有效结合。西方知识分子则来源于古希腊的“智者”和中世纪的“传教士”，是个体私有制度和商品经济的产物，他们注重知识的有效性、身份的独立、思维的批判性和精神的力量，强烈关注现实困境和未来发展，保持独立思考的姿态和与社会不妥协的批判精神。在社会转型时期，作为富有知识和专业水准的知识分子阶层，更加明确其角色定位和历史使命，显得尤

其关键。

关于近现代知识分子的研究很多，华东师范大学许纪霖教授认为“要理解中国知识分子，必须要有中国现代化的背景，必须对整个中国现代性的变迁有一个宏观的理解”。按照一定的学术渊源和时间界限，中国近现代知识分子大体上可以分为六代，六代知识分子分别侧重于政治关怀、文化关怀和学术关怀，折射出了整个20世纪中国思想史和知识分子社会史的发展轨迹。大体上来说，20世纪中国知识分子既与古代的“士”一脉相承，又与近代西方意义上的知识分子息息相关，“他们是中华民族特具的生存处境、生活方式及其生存价值和西方现代理性密切交织所孕育出的独特的文化范型”。

根据西方公共知识分子理论，就是要把知识分子视为超阶级的，是公共事务的介入者和公共利益的“守望人”。1987年，美国哲学家雅各比在《最后的知识分子》一书中，最早提出“公共知识分子”概念，认为真正的知识分子应当立足专业，用自己的言行和创作参与社会运转，影响政府决策，担当“社会的良心”，充当社会发展的引路人。曼海姆认为，知识分子作为一个阶层，其出发点不在于利益，而在于他们所受的教育，教育的公益性使知识分子群体超越了阶级的利益冲突和固有局限，成为不依附于任何阶级利益的漂浮群体。曼海姆指出：“假如观察者和思考者局限于社会中的某个给定的位置，这显然不可能获得对问题的真知灼见。一个其阶级地位已被某种程度上限定了的群体，便有其服务于其地位的政治观点。假如不是限定的，就像知识分子那样，就会有选择的广泛领域，以及作出总体取向和综合的相应需要。……我们把现存思潮相互渗透和理解之可能性，归之于这样一个相对非依附性中间阶层的出现，它对来自各社会阶级和集团并带有各种可能看法的个体之持续流动是开放的。只有在这样的条件下，我们所说的新的广泛的综合才会出现。”

转型时期知识分子的角色错乱和现实困境主要表现在多个方面，其有着复杂的历史渊源，也是各方面合力的结果。首先，从历史传承角度而言，传统知识分子缺乏经济上的独立性，在政治上依附于国家政权和统治者，在1949年后由于特殊的历史原因，“中国知识分子经历了一个国家化过程，通过将各种成分的知识分子组织到单位体制与持续的运动方式的话语的规训、监督与驯化，当代知识分子丧失了保有现代知识分子学术自由、人格独立之可能的社会机制与话语空间”。其次，改革开放以来以经济建设为中心的市场化进程导致消费主义文化渗透到社会生活的各个方面，知识分子在经济话语权和利益面前显得过于急促而纠缠，庸俗主义和理想主义的冲突不断加剧，市场取向的调节机制也逐渐让知识分子的专业研究和发展路径趋向务实和功利化，稀释其本应有的相对独立性和教育本色。再次，知识分子的角色混乱和部分功能缺失与现有教育体制改革相对滞后息息相关，现有的学科体制过于强调严格的学科分工，知识分子被分布在不同的专业领域内，形成专业化的结构化群体，在一整套的学科规范和监督机制中着力于其专业研究工作的发展，但人文素养、责任意识和担当精神相对匮乏，必然影响其作为“社会良心”和“代言人”作用的最大化发挥。最后，在20世纪90年代的全球化语境下，西方后现代主义思想被引入中国。“不仅知识分子的权威性受到挑战，人们对知识分子的身份也提出了质疑。知识分子孜孜不倦所建构的人文精神也许只是一种利奥塔所谓的‘宏大叙事’，代表了历史的虚妄；而中国知识分子两千年传统延续至今的‘文化圣人’和‘道德完人’的形象更是为人所诟病。”

社会转型时期的知识分子，需要明确其角色定位，不负其历史使命。首要之义是学习知识，信服科学，追寻真理。摒除急功近利的思想，杜绝弄虚作假和空洞虚浮的作风，追求代表人类发展终极关怀的知识和真理。其次是坚守良知，不唯上，不唯书，不唯权威，坚持真理，做好社会的良心和“引路人”。最后是虚心学习，自我反思，克服自身固有的局限性和弱点，在社会转型的历史过程中完成自我救赎，实现自身价值和社会价值的完美统一。

作者简介：储诚炜，博士，副教授，安庆职业技术学院高职研究所所长，皖江文化研究会秘书长。

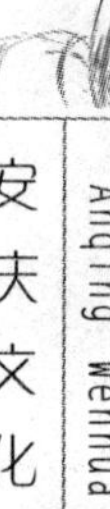

美学大师朱光潜

吴紫英

安庆，这座位于皖西南地区的古老历史文化名城，以其名山秀水和书香底蕴孕育了众多的文化名人。20 世纪 50 年代，北京大学曾出过赫赫有名的“三大著名美学教授”，居然都出生于安庆，他们分别是邓以蛰（1892—1973）、宗白华（1897—1986）和朱光潜（1897—1984）。

三人中年纪最大的是邓以蛰。他出生于安庆怀宁县五横乡白麟村凤凰河畔的一座名宅——“铁研山房”里。“铁研山房”是清代大书法家和篆刻家邓石如的故居，邓以蛰就是邓石如的五世孙。邓以蛰的父亲一生从事教育事业，民国曾任安徽省教育司长；邓以蛰的长子邓稼先比他名声更大，为中国著名核物理学家，被誉为“两弹元勋”。邓以蛰 16 岁东渡日本，在东京宏文学院学习日语，并在此时与同乡陈独秀结为好友；20 岁回国后在安庆担任安徽图书馆馆长；26 岁赴美国纽约哥伦比亚大学攻读哲学和美学；32 岁回国任北京大学哲学系教授。1933 至 1934 年，邓以蛰出游意大利、比利时、西班牙、英、法、德等国，遍访各地艺术博物馆和古建筑文化遗址。回国后，他先后在厦门大学、清华大学任教，新中国成立后 1952 年院系调整，他从清华大学转至北京大学哲学系任教授，直至 1973 年病逝。

宗白华先生也出生于名门世家，1897 年出生于安庆市小南门方宅大院。父亲是清末举人，曾游学日本，担任过江南高中商业学堂校长、安徽省导淮测量局局长、中央大学和安徽大学教授；母亲方淑兰是桐城派散文大家方苞的后代。桐城方家赫赫有名，明清以来人才济济，清末著名诗人方守彝是宗白华的外祖父，著名诗人兼书法家方守敦是其舅舅，“五四”时期著名女作家方令孺是其姨妈，“新月派”著名诗人方纬德、著名戏剧导演方绾德、著名学者舒芜（方管）都是他的表弟。宗白华 17 岁就读于上海同济医工专门学校，21 岁毕业，同年参加“少年中国学会”，负责编辑出版《少年中国》月刊，随后又任上海《时事新报》副刊《学灯》主编。1920 年赴德国法兰克福大学学习，1925 年回国，到南京东南大学哲学系任教，后东南大学改名中央大学，宗白华任中央大学哲学系主任。1949

年新中国成立后，中央大学改名为南京大学，宗白华继任哲学系教授。1952 年全国院系调整，他被调到北京大学哲学系任教授，直至逝世。他生前唯一一部美学著作——《美学散步》，汇集了他一生最精要的美学篇章，词句典雅优美、充满诗意，是中国美学经典之作和必读之书。

相比较而言，三大家里朱光潜先生出身最普通，但在美学上成就最大，为中国美学作出了开拓性贡献。同时他还是文艺理论家、教育家、翻译家，一生留下 800 万字的著述，给世人留下宝贵的财富。

一、欣慨交心的坎坷人生

朱光潜特别喜爱陶渊明，所以取陶渊明《时运》诗序中的“欣慨交心”这一句，将他的书斋命名为“欣慨室”。“欣”是欣喜的意思，“慨”乃感慨，意谓人生欢乐和悲伤总是交替进行的，不要得失于心。朱光潜的一生确实悲喜交加，大起大落，常令人感慨。

1897 年 9 月 19 日朱光潜出生于安徽省桐城县（现在的枞阳）一户破落的地主家庭，倒也是书香之家。父亲是个颇有声望的乡村私塾教师，家教极严，但也很开明，他曾写了一副楹联挂在自己家的厅堂里，“绿水青山任老夫逍遥岁月，欧风亚雨听诸儿扩展胸襟”。朱光潜从 6 岁到 14 岁，在父亲的私塾馆里受到较为严格而系统的启蒙教育，熟读并背诵了大半的传统国学经典。除此之外，他还广泛地搜集阅览各种书籍，为他深厚的文学功底奠定了基础。年幼的时候，父亲教给他一首朱熹的诗：“半亩方塘一鉴开，天光云影共徘徊。问渠哪得清如许？为有源头活水来”，教育他不断地学习、探索，不断地加强修养。朱光潜很喜欢这首诗，把它当作做人、做学问的座右铭，时时加以吟咏，以此激励自己。

1912 年，朱光潜 15 岁时走出父亲的私塾馆，进入家乡实行新式教育的“洋学堂”——孔城高等小学。在小学只读了一个学期，就升入当时赫赫有名的桐城中学。桐城中学是晚清古文名家吴汝伦创办的，思想较开明，又不废古文，中西合璧是桐中的一个传统，后来培养出像朱光潜、方东美这样世界级的学贯中西的大师就不足为奇了。桐城中学特别重视桐城派古文，当时的教法是朗诵和背诵，教国文课的老师叫潘季野，在他的熏陶下，少年光潜对中国古典诗歌产生了极浓厚的兴趣，他读了《古诗源》《唐诗三百首》《唐宋诗醇》《宋百家诗存》等选本，而且养成了每日必读诗的习惯。

18 岁桐城中学毕业后，朱光潜在家乡桐城大关北峡小学当了半年小学教师，他不甘心就此在这穷乡僻壤里当一辈子教书匠，于是决心投考当时的唯一国立大学——北京大学，想考他喜爱的国文系，但家贫出不起路费和学费，只好就近考进了不收学费的武昌高等师范学校中文系。武昌高师

的师资水平让他很是不满，他甚至写信到教育部去批评，但当时北洋政府教育部在北京、南京、武昌、成都这四所高师招收了20名去香港大学教育系深造的留学生，朱光潜不失时机地抓住了这个机会，考取了。这关键的一步成就了一位中国现当代美学大师，否则他可能只是一位普通的中学教师，香港大学对他的一生发展影响至深。

1918到1922年青年朱光潜在这所英国人办的香港大学里整整学了四年。港大的生活和学习经历对朱光潜是一种重新铸造，他开始学会了有张有弛的生活节律。他一边阅读了大量的英国文学、西方哲学、教育学、心理学、生物学、伦理学诸学科的经典书籍，为他日后涉足的美学领域奠定了坚实的知识基础；一边常常去爬山、眺望大海，陶醉于自然之中，放松身心。

一个人的兴趣养成往往和他生活的某一阶段的师教是分不开的。朱光潜说自己第一兴趣是文学，其次是心理学，再次是哲学。最后确立美学，这不能不说和他在港大的受教经历有着密不可分的联系，港大的教师们以他们特有的学识素养给朱光潜以深深的熏陶，促使他最终走上了美学之路。

港大毕业后，朱光潜先是在上海吴淞中国公学部教英文，兼校刊《旬刊》的主编，后因战火爆发，在夏丏尊的介绍下来到浙江上虞白马湖畔的春晖中学教英文。这所中学虽然地处乡间，但不受战火影响，加上景色宜人吸引了众多的文化名人，匡互生、朱自清、丰子恺等人都在这里教过书，他们一起饮酒谈天，品诗赏画。后来因不满校长的专断，朱光潜和夏丏尊、丰子恺等人一起来到上海，和叶圣陶、胡愈之、周予同、刘大白、夏衍等人创办了一所立达中学（后改为立达学园）。“立达”取自《论语》中“己欲立而立人，己欲达而达人”，表明了他们欲进行独立创新教育的实验，以达到改造国民、改造社会的目的。他们还筹办了开明书店和刊物《一般》（后改名为《中学生》）。“开明”是“启蒙”之意，《一般》则是面向中学生，希望对青年一代作启蒙主义的教育。朱光潜此后的许多著述都是由开明书店出版和在《一般》杂志上发表的，他自己认为这是他“一生的一个主要转折点和后来一些活动的起点”。

1925年，于筹办立达学园的同时，为进一步提高自己，使自己有更多的知识来参与文化教育救国兴邦的事业，朱光潜赴北京参加了出国留学生选拔考试，取得了安徽官费留学生的资格。这年夏天，28岁的他进入英国爱丁堡大学，选修英国文学、哲学、心理学、欧洲古代史和艺术史，1929年毕业后转入伦敦大学，同时又在法国巴黎大学注册听讲，这时，他对《艺术心理学》发生兴趣。后来他离开英国转入莱茵河畔歌德的母校法国的斯特拉斯堡大学学习，一是仰慕歌德，二是温习德文学习德语，因为这个学校法语、德语通用。还有一个重要原因，他当时正和早在立达学园时就认识的学生奚今吾小姐处于热恋中，奚小姐当时在法国求学。

在对奚小姐产生爱慕之情之前，朱光潜也曾有过一段婚姻经历，像许多那个时代的知识分子一样，这桩婚事是由父母包办的，生有一子（朱式粤）。但对于这段婚姻，朱光潜甚是痛苦，他和陈氏没有多少感情，但他也知道孩子是无辜的，对孩子一直有一种愧疚的心情，在他远在异国时，他还嘱托友人将开明书店的部分稿费交给家人，以抚养孩子。

奚今吾是四川南充一富家女子，1923 年在上海吴淞中国公学中学读书时与朱光潜相识，时年 25 岁，小朱光潜 10 岁。这段“师生恋”被后人传为佳话。奚今吾 1927 年秋到法国留学，就读于巴黎大学，学的是数学。朱光潜在英国爱丁堡学的是文科，同时又在法国巴黎大学注册，学习法文和法国文学。朱光潜在追求事业的同时，也与心上人相会，他们每到晚饭后，便不约而同地来到图书馆门口，利用图书馆开门之前的时间互道衷曲。一到图书馆开门，一个奔文科资料室，一个奔理科资料室，各自看书去了。这种别具一格的“约会”一直延续到 1932 年，两人在英伦结为夫妇后才结束。1932 年夏，在伦敦朱光潜与奚今吾女士成婚，蜜月后返回斯特拉斯堡。

英法留学 8 年中，朱光潜先后获英国文学硕士和法国国家博士学位。但由于官费经常不发，经济拮据，他只得边听课、边阅读、边写作，靠稿费维持生活。此间他写下了不少篇章，出版了多部著作，完成了两部书的初稿，还发表了许多单篇文章，其中好几部书都是影响深远、奠立了他作为一个著名美学家的基础的重要美学论著。后来，朱光潜回忆这一段历程，曾经坦率地说，从前他绝没有梦想到他有一天会走到美学的路上，因为他前后在几个大学里做过学过许多不相干的功课，解剖过鲨鱼，制造过染色切片，读过建筑史，学过符号名学，用过熏烟鼓和电气反应表测验心理反应，可是从来没有上过一次美学课。

同时，他不仅游历了英国、法国和德国的许多地方，多次参观过罗浮宫，而且还游历了意大利、比利时和瑞士，饱览了这些国家的风景名胜与艺术遗迹。归国途中，他又花了一个月的时间游历了佛罗伦萨、罗马、威尼斯等以艺术文物闻名于世的城市。还曾特地一个人跑到罗马的地下墓道去考察哥特式教堂和壁画的起源。这种对西方文化的广泛接触与吸收，也正是使他走上美学之路并获得巨大成就的一个不可忽略的重要因素。

1933 年朱光潜回国，时任北京大学文学院院长的胡适聘他任北大西语系教授，同时给中文系的学生讲授外国文学课和美学课，反响热烈，于是又被请到清华大学、中央艺术学院讲授“文艺心理学”。他加入了胡适为

主席的哲学学会，担任了新创刊的《太白》杂志的特约撰稿人。1936 年，他又与胡适、顾颉刚等人组织了“中国民谣学会”，定期朗诵新民歌，用新乐器演奏民间小曲；1937 年和胡适等人创办了《文学杂志》，担任主编。

抗日战争爆发后，朱光潜到四川大学任文学院院长兼英文系主任，后因不满国民党的政治干预来到武汉大学担任了教务长，继续从事教学与研究、著述。抗战胜利，他回到北京大学，曾任北京大学文学院代理院长，担任《周论》编委，又担任《生活与知识》撰稿委员。

1949 年北平解放前夕，国民政府派专机接“知名人士”去台湾，名单上胡适居首，朱光潜列名第三。这时地下党挽留一些“文化人”不要离开北平，朱光潜毅然决定留下。1949 年 1 月底，北平和平解放，朱光潜曾因加入过国民党，行动并非处于一种自由的状态，于是他索性躲进小楼成一统，静心研究起老子的《道德经》来。这种处乱不惊，以沉浸于学问来解脱自己不失为一种明智之举。

新中国成立之初，朱先生遭受了不公正的待遇，工资很低，住的是到处漏雨的破房子，夫人埋怨，但朱光潜没有表示过什么怨言。他对“虚名”素来不以为然，所以遭受这种打击才并不为所动。直到 1956 年，才搬到稍许宽敞的燕东园一座洋楼里，工资也恢复成一级教授的标准。接着担任了中华全国美学学会名誉会长。

“文化大革命”的到来，使朱光潜又历经了人生更大的磨难，应该说，这是朱光潜一生中倍受煎熬和生死考验的一段时期。他被关进牛棚，常常是被红卫兵打得满脸是血，拖着沉重的双腿，步履艰难地挨回家来。他的邻居史学家翦伯赞就因为忍受不了这种侮辱和煎熬自杀了。然而，面对这一切困难，朱光潜是坚强的，他没有消极地“绝世”，而是积极锻炼身体，积蓄自己的力量，与逆境奋力抗争。面对北大红卫兵小将罗织的种种罪名，甚而还搞了一个丑化朱光潜的漫画和实物的展览，朱光潜看了只是淡淡一笑置之，具有“纵浪大化中，不喜也不惧”的精神。

在好友、学生的暗中保护下，朱光潜在劳动改造和批斗的间隙偷偷开始续译和整理黑格尔的大著《美学》，并于 1973 年年底，将三大卷宗百万余字的《美学》译毕。随后又翻译了《歌德和爱克曼的谈话录》，这本被认为文字精确流畅、选删得当的译本，现被教育部指定为中学生课外参考读物。

“四人帮”垮台后，朱光潜重振精神，老当益壮，以 80 岁的高龄争分夺秒地翻译名著、撰写文稿，先后出版了《谈美书简》和《美学拾穗集》，还指导研究生，在学术研究和教育领域驰骋不懈、成就斐然。1980 年 5 月，在昆明召开的中华全国第一届美学会议上，他被一致推选为中国美学会会长。

1984 年夏朱光潜由于多年工作过于疲累，患疲劳综合征，出现脑血栓。1986 年 3 月 6 日在北京病逝，终年 89 岁，走完了他欣慨交心的一生。在他逝世的前 3 天，他神志稍许清醒，竟趁家人不防备，艰难地沿梯独自悄悄向楼上书房爬去，家人发现急来劝阻，他嗫嚅地说，要赶在死前把《新科学》的注释部分完成。

朱光潜的一生有起有落、欣慨相交，但他始终以踏实为根本。他给自己取笔名“孟实”，“孟”指弟兄行辈中居长；“实”就是“老实”“踏实”“务实”。后又改为“孟石”，意即像石头一样坚韧。朱光潜一生有三段经典座右铭，既是他人生中的激励，也给我们留下了悠长的思索。

第一次，是在香港大学教育系求学时。朱光潜以“恒、恬、诚、勇”这四个字作为自己的座右铭。恒，指恒心，即无论做人做事，都要持之以恒、百折不挠；恬，指恬淡、简朴、克己持重，不追求物质上的享受；诚是指诚实、诚恳，襟怀坦白，心如明镜，不自欺，不欺人；勇，则是指勇气、志气，勇往直前的进取精神。这四个字不仅集中反映了朱光潜求学时的精神状态，而且贯穿了他的一生。朱光潜先生曾说：“这四个字我终生恪守不渝。”

第二次，是在英国爱丁堡大学学习时。朱光潜兴趣广泛，学过文学、心理学和哲学，经过比较和思索，他发现美学是他最感兴趣的，是文学、心理学和哲学的共同联络线索，于是把研究美学作为自己终生奋斗的事业。当时，他的指导老师、著名的康德专家史密斯教授竭力反对。他告诫朱光潜说，美学是一个泥潭，玄得很。朱光潜认真思索后，决定迎难而上。这时，他给自己立下这样一条座右铭：“走抵抗力最大的路！”从此，他全身心地投入到美学研究中，终于写出了《悲剧心理学》《文艺心理学》《变态心理学》等具有开创意义的论著。

第三次，是在 20 世纪 30 年代。座右铭共 6 个字“此身、此时、此地”。此身，是说凡此身应该做而且能够做的事，决不推诿给别人；此时，是指凡此时应该做而且能够做的事，决不推延到将来；此地，是说凡此地（地位、环境）应该做而且能够做的事，决不等待想象中更好的境地。在这条座右铭的激励下，朱光潜先生不断地给自己树立新的奋斗目标，在他 80 多岁时，依然信心十足地承担起艰深的维柯《新科学》的翻译任务。

朱光潜先生三次所立的座右铭，由于环境不同，侧重点自然有异。第一次，主要是确立做人求学之志；第二次，侧重点是理想、事业的抉择；第三次，在学有所成后，对自己明确而具体的要求。从朱光潜先生三立座右铭中，我们除了看到一个自我砥砺、矢志以求的形象，我们更应该获取更多的人格力量和思想的启迪。

二、硕果累累的学术成就

朱光潜是我国现代美学的泰斗和主要奠基者、开创者之一，也是20世纪以来我国为数不多的德高望重的大学者之一。他一生著译等身，为中国美学的建设和发展呕心沥血、竭尽全力，正如他的后任中华美学学会第二任会长王朝闻先生所说，朱先生对中国美学事业做到了“春蚕到死丝方尽”。同时，朱先生也是教育家、文学家、翻译家，先后完成800万字的著述，为我们留下宝贵的精神财富。他的代表作有以下几种：

1.《给青年的十二封信》

英法留学期间，朱先生应邀给开明书店的《一般》杂志写稿。针对当时许多年轻人的人生困惑，他以书信方式，结合文艺、美学、哲学、道德、政治等，给青年谈论修养、指点迷津，深受青年欢迎。此书一版再版，成为畅销书，朱先生亦“和广大青年建立了友好关系”（《作者自传》），成了青年们的精神导师。

在《给青年的十二封信》中，朱光潜谈读书，谈动，谈静，谈中学生与社会运动，谈十字街头，谈多元宇宙，谈升学与选课，谈作文，谈情与理，谈人生与我，既告诉青年在当时不完美的世界中应如何做人做学问，又告诉青年应该如何去避免不良习俗的诱惑与内心的苦闷和烦恼。这对当时的青年有如一阵阵警钟，又有如一帖帖清凉散。可以说，好几代青年都是在这十二封信的影响下成长起来的，无怪乎夏丏尊在为这十二封信的单行本写的序言中要说，《一般》创刊以来，“最好的收获第一要算这十二封信”，因为朱光潜“那笃热的情感，温文的态度，丰富的学殖，无一不使和他接近的青年感服”。

2.《诗论》

《诗论》草创于三十年代作者留学时期，返国后即以这本书受知于胡适和陈叔通，先后教授诗学于北京大学和武汉大学。经七八年间的反复修改，抗战时终于出版。

朱光潜十分喜爱诗歌，认为“诗是所有文学中最纯正趣味的，诗的字往往是精雕细琢出来的”，“诗是培养趣味的最好的媒介，能欣赏诗的人们不但对于其他种种文学可有真确的了解，而且也绝不会觉到人生是一件干枯的东西”。他自己非常看重《诗论》，在1984年再版的后记里说道：“在我过去的写作中，自认为用功较多，比较有点独到见解的，还是这本《诗论》。”事实上，《诗论》确实可以称得上是“中国现代诗学的第一块里程碑”，用西方诗论来解释中国古典诗歌，用中国诗论来印证西方著名诗论，触类旁通，潇洒自如，美不胜收，是我国比较美学的典范作品。

朱光潜先生论诗，尤重“情趣”两字。“诗的境界是情趣与意象的融合”，“每个诗的境界都必有‘情趣’和‘意象’两个要素”。同时他觉得诗要能朗诵才是好诗，有音节，有节奏，无论中诗还是西诗都是如此。所以，他留学回国后，想到的第一件事就是要搞一个“读诗会”，他在北京家的客厅里聚集了京城的文人一起吟诗，俞平伯、周作人、沈从文、林徽因都是座上客。

《诗论》在1944年还获得了国民政府教育部颁发的1943年度学术二等奖。

3.《文艺心理学》及其缩写本《谈美》

1930年，朱光潜留学期间开始写《文艺心理学》，1936年出版。《文艺心理学》从心理的角度来研究美。“什么是美呢？比如，鲜艳的花朵往往在人们眼中是美的，但是，我们能说花本身是美的吗？如果花本身是美的，那为什么在我们心里想着别的事情或者烦恼痛苦的时候，我们会不觉得花美呢？可见，花美不美和人的心理状态有直接的关系。”《文艺心理学》就是这么一本从心理的角度出发，告诉我们什么才是美的书。它系统介绍了西方现代美学著作，行文如行云流水，飘逸洒脱，是朱光潜先生代表作。写这本书的每一章，朱先生都要查阅几十部书才敢下笔，但是，读者一点都看不出其艰涩和费力的地方，相反会得到一种开启心智的愉悦。后来朱光潜又将《文艺心理学》缩减成通俗本《谈美》出版，对美学普及又做出了重要贡献。

4.《西方美学史》

1963年，朱光潜完成了高教部全国高等文科教材会议委托他编写的《西方美学史》，这是朱光潜最重要的一部著作，也是我国学者撰写的第一部美学史著作，具有开创性的学术价值，代表了中国研究西方美学思想的水平。这部50万字的扛鼎之作是他后半生的心血结晶，朱光潜为写这部书，搜集和翻译的原始资料就要比实际这本书的分量多两三倍。他几乎把西方美学历史有影响的著作精选逐章逐节地翻译过来，后来在“文革”中散佚，只找到部分译稿收入到《西方美学家论美和美感》一书中。在时隔近半个世纪的今天，人们还很难找到一本在体系的完整、内容的详赡方面胜得过这本“美学史”的书。

5. 西方美学经典著作的翻译

朱光潜熟练掌握英、法、德语，几十年来，翻译了300多万字的作品，有柏拉图《文艺对话集》、莱辛《拉奥孔》、爱克曼辑录的《歌德谈话录》、黑格尔《美学》、维柯《新科学》、克罗齐《美学原理》、《西方美学史资料编》等。其中他对黑格尔110万字的巨著《美学》的翻译，为他赢得了历史性的崇高声誉。此外，他通过系统认真的研究，对马克思主义经典《关于费尔巴哈的提纲》《资本论》《自然辩证法》的一些译文提出了

具有重大价值的修改意见。这些译作几乎成为不可超越的典范。

三、人生艺术化的美学思想

朱光潜作为蜚声海内外的美学大师，其学术思想一个很重要的特点，就是注重对人生问题，特别是艺术与人生关系的探讨，提出了“人生艺术化”这一至今仍然很有启发意义的美学观点。他说，“人生本来就是一种较广义的艺术”，“离开人生便无所谓艺术”。具体包含三个方面的内涵：

首先，人生艺术化是一种人生态度。朱先生说，“人们常认为一些艺术家不修边幅，做事散漫，其实他们创作时常常绞尽脑汁、费尽心力、务求完美，他们对待作品很认真。比如文学家‘炼字’，‘吟安一个字，拈段数茎须’即是一例，即此一端可以想见艺术家的严肃了”。朱先生说的人生艺术化就是这样一种态度：人生的严肃主义，善于生活者对于生活都是这样认真。朱先生举例：“曾子临死时记得床上的席子是季路的，一定叫门人把它换过才瞑目。吴季札心里已经暗许赠剑给徐君，没有实行徐君就已死去，他很郑重地把剑挂在徐君墓旁树上，以见‘中心契合死生不渝的风谊’。像这一类的言行看来虽似小节，而善于生活者却不肯轻易放过，正犹如诗人不肯轻易放过一字一句一样。”

其次，人生艺术化是一种生存方式。艺术需要高尚的趣味，把人生当作艺术就是过一种有情趣的生活。朱先生说：“艺术是情趣的活动，艺术的生活也就是情趣丰富的生活”。朱光潜就是个注重情趣的人，学生到他家中，想要打扫庭院里的层层落叶，他拦住了，“我好不容易才积到这么厚，可以听到雨声”。

再次，人生艺术化是一种人生境界。朱先生认为人生艺术化是要有艺术家的胸襟，所谓艺术家的胸襟，就是“在有限世界中做自由人的本领，有了这副本领，我们才能在急忙流转中偶尔驻足作一番静观默索，作一反省回味，朝外可以看出世相的庄严，朝内可以看出人心的伟大”。这样才会彻底认识人生的价值，随处吸收生命的活力，在人世诗意地栖居。而一般人常困于功名利禄，名为一个人，实在是一个被动的机械，处处受环境支配，仓皇忙迫，尝无片刻闲暇来凭高看一看世界，或是回头看一看自己，不用说，世界对于他们是呆板的，自己对于他们也是空虚的。这种人活着既没有意义，更不能成就什么学问事业，空来人世走一遭。所以朱先生在《谈美》一书最后一篇写道“慢慢走，欣赏啊!”

小结以上几点朱光潜关于“人生艺术化”的见解，可以用他自己毕生奉行的一句名言来概括，即“以出世的精神，做入世的事业”。这是朱光潜作为一代大学问家总结出来的一句最深刻、最精彩的人生格言，将儒道两家精神集于一身。所谓入世，在20世纪40年代的《谈修养》中，朱先生专门说到儒家的入世精神，对孔子的执着精神和人格力量十分推崇。他写道：

“例如孔子，他是当时一个大学者，门徒很多，如果他贪图个人的舒适，大可以坐在曲阜过他安静的学者的生活。但是他毕生东奔西走，席不暇暖，在陈绝过粮，在匡遇过生命的危险，他那副奔波劳碌凄凄惶惶的样子颇受当时隐者的嗤笑。他为什么要这样呢？就因为他有改革世界的抱负，非达到理想，他不肯甘休。有一次孔子叫子路向两位在乡下耕田的隐者问路，隐者听说是孔子，就告诉子路说：如今世道到处都是一般糟，谁去理会它，改革它呢？孔子听到这话叹气说：‘鸟兽不可与同群，吾非斯人之徒与而谁与？天下有道，丘不与易也。’意思是说，我们既是人就应做人所应该做的事；如果世道不糟，我自然就用不着费气力去改革它。”

朱先生认为孔子生平所说的话这几句最沉痛、最伟大，所以尽管他历经磨难，60岁时还积极学习俄语。在他临逝前，有学生去看他，他大笔写下“野火烧不尽，春风吹又生”以勉励。

但人生不是一帆风顺的，总有种种挫折，我们的理想常常会和现实发生冲突。比如我们谁不想自己有个满意的工作？谁不想有更高的工资收入？如何克服这种事与愿违的冲突？在朱光潜看来，当理想在现实中受到挫折而又一时没有别的办法时，不应徒生烦恼，悲观失望，以至自暴自弃，而应该积极解决。那么究竟应该怎样解决矛盾呢？朱光潜认为关键是要能够在精神上“超脱现实”，即采用道家“出世”的态度，具有淡泊明志、宁静致远的情怀。他说了这样一段话：

“我们处世有两种态度，人力能做到的时候，我们要竭力征服现实；人力莫可奈何的时候，我们要暂时超脱现实，储蓄精力待将来再向其他方面征服现实。超脱到哪里去呢？超脱到理想界去。现实界处处有障碍和限制，理想界是天高任鸟飞。现实界不可以空中造楼阁，理想界是可以空中造楼阁的。现实界没有尽善尽美，理想界是有尽善尽美的。”

“以出世的精神，做入世的事业”对于朱光潜来说，就是以淡泊名利的精神，孜孜不倦地从事学术文化事业，只求满足理想和情趣，不斤斤计较于利害得失。

朱光潜一生大起大落，际遇坎坷，但不论遇到什么情况，即使像十年浩劫那样被抄家、挨批斗、关牛棚的悲惨遭遇，仍然能在极端困境中孜孜以求学术事业，可说是以自己的行动来实践并加深了“以出世的精神，做入世的事业”这句名言的蕴含——把个人荣辱完全置之度外，这是他的“出世”；对学术事业执着追求，这是他的“入世”。正因为他有了舍弃一切的“出世的精神”，所以才能做出辉煌灿烂的“入世的事业”。

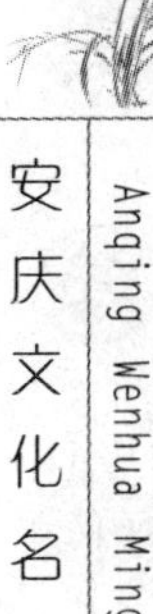

四、朱光潜的人生给当代大学生的启示

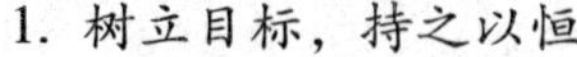

1. 树立目标，持之以恒

在《给青年的十二封信·谈摆脱》中，朱先生说：“生命途程上的歧路尽管千差万别，而实际上只有一条路可走，有所取必有所舍，这是自然的道理。世间有许多人站在歧路上只徘徊顾虑，既不肯有所舍，便不能有所取。世间也有许多人既走上这一条路，又念念不忘那一条路。结果也不免差误时光。……认定一个目标，便专心致志地向那里走，其余一切都置之度外，这是成功的秘诀，也是免除烦恼的秘诀。”

朱先生的这段话和他的三段座右铭都启示我们，大学期间一定要树立适合的目标，并且克服各种困难和诱惑坚定地走下去，才能获得成功。

2. 锻炼身体，学会读书

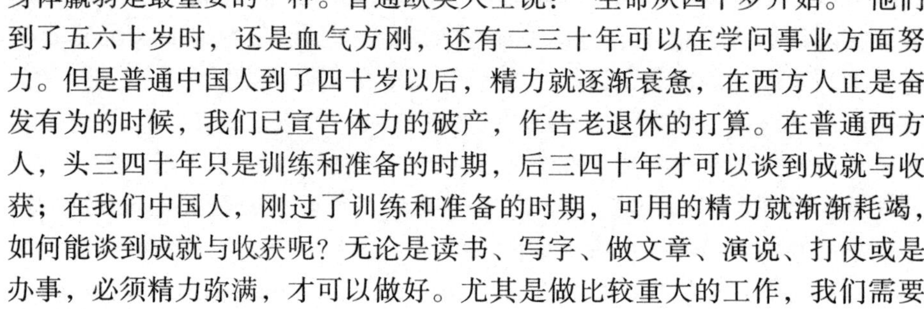

在《民族的生命力》中，朱先生认为，身体不健全，即使聪明智慧也不能发展为最高度的效能。他说：“我们中国民族的聪明智慧并不让西方人，但是在学问事业方面的造就，我们常常赶不上他们。原因固然很多，身体羸弱是最重要的一种。普通欧美人士说：‘生命从四十岁开始。’他们到了五六十岁时，还是血气方刚，还有二三十年可以在学问事业方面努力。但是普通中国人到了四十岁以后，精力就逐渐衰惫，在西方人正是奋发有为的时候，我们已宣告体力的破产，作告老退休的打算。在普通西方人，头三四十年只是训练和准备的时期，后三四十年才可以谈到成就与收获；在我们中国人，刚过了训练和准备的时期，可用的精力就渐渐耗竭，如何能谈到成就与收获呢？无论是读书、写字、做文章、演说、打仗或是办事，必须精力弥满，才可以做好。尤其是做比较重大的工作，我们需要持久的努力，要能挣扎到底，维持最后五分钟的奋斗。我们做事，往往开头很起劲，以后越做越觉得精力不济，那最后五分钟最难挨过，以致功亏一篑。这就由于身体羸弱，生活力不够。”

朱先生甚至认为，身体羸弱可以影响到性情和人生观。他常分析自己说，每逢性情暴躁，容易为小事动气时，身体方面总有些毛病，如头痛牙痛胃痛之类；每逢心境颓唐、悲观厌世时，大半精疲力竭，所能供给的精力不够应付事物的要求，这在生病或失眠时最易发生。在睡了一夜好觉之后，清晨爬起来，觉得自己生气蓬勃，心里就特别畅快，对人也就特别和善。他说：“我仔细观察我所常接触的人，发现体格与心境的密切关系是很普遍的。我没有看见一个真正康健的人为人不和善，处世不乐观；也没有看见一个愁眉苦脸的人在身体方面没有丝毫缺陷。我们中国青年中许多人都悲观厌世、暮气沉沉，我敢说这大半是身体不健康的结果。”

所以朱光潜自己身体力行，坚持锻炼。他出世寒微，自幼身体虚弱，但坚持锻炼身体，早晚散步，练自编自导的“气功、广播操、太极拳”那样的“三结合”，不熬夜，令“健康的精神寄托于健康的身体”，活到89岁，走前仍讲学和翻译，真是“活到老，干到老”。论生命长度和效率，论著作等身及质量，他应算是美学界的“终身劳动模范”。老舍自喻“文牛”，朱光潜比“文牛”还“牛”，毕竟比“文牛”多活、多干了二十多年。

因此，大学生在校期间应当坚持锻炼身体，同时养成读书的习惯，学会读书。学习型社会已经来临，人人学习、处处学习、时时学习、主动学习将是学习型社会的重要特征。作为当代的大学生，应该全面提升个人的学习能力，为今后的就业、创业打好基础。如何读好书呢?

在《谈读书》中，朱先生希望青年把读书变成一种嗜好，寄托自己的心神，并从读书中寻出一种趣味以抵抗社会习俗的引诱。他说，“兴味要在青年时设法培养，过了正常时节，便会萎谢”，“书是读不尽的，就读尽也是无用，许多书都没有一读的价值。多读一本没有价值的书，便丧失可读一本有价值的书的时间和精力；所以须慎加选择”。

他认为读书并不在多，最重要的是选得精、读得彻底，“与其读十部无关轻重的书，不如以读十部书的时间和精力去读一部真正值得读的书；与其十部书都只能泛览一遍，不如取一部书精读十遍。‘旧书不厌百回读，熟读深思子自知’这两句诗值得每个读书人悬为座右铭”。“读书方法，我不能多说，只有两点须在此约略提起：第一，凡值得读的书至少须读两遍。第一遍须快读，着眼在醒豁全篇大旨与特色。第二遍须慢读，须以批评态度衡量书的内容。第二，读过一本书，须笔记纲要精彩和你自己的意见。记笔记不特可以帮助你记忆，而且可以逼得你仔细”。“读书也不能忽略了运动和娱乐，你要懂得分配时间，到了自己真的很累的时候，你就要停下来，放松自己，学会分配学习和游戏的时间，你就不会变成一个书呆子了，也不会太过抗拒读书了。记住：坚持到底就是胜利!”

3. 结识益友，了解社会

大学生不能仅仅只读书，还要学会做人处事。朱先生认为，大学生既要在象牙塔里专心学习，又要走上十字街头了解社会。所以当代大学生大学时开始花更多的时间与那些善于思考的人在一起，不仅因为他们聪明，而且是因为他们投入了很多时间学习新的技能，他们的好习惯也会在你的身上摩擦出火花。同时还应当积极参与青年志愿者、勤工俭学等活动。

4. 以欣赏的眼光看待生活

朱光潜认为，人生首要的事情是会生活。他希望青年人既会读书又不会成为一个书呆子，那就要将动静结合起来。动就是多运动、多活动，不可使自己空虚无事。他希望青年以动、以创造发展的方式，去顺从自然，

舒畅生机，避免烦恼，享受快乐。他在《谈静》中说，静是感受领略生活，他又说：“人生乐趣一半得之于活动，一半得之于感受”；“世界上最快活的人不仅是最活动的人，也是最能领略的人。所谓领略，就是能在生活中寻出趣味。一般人不能感受趣味，大半因为心地太忙，不空所以不灵”。他希望青年心地不要太忙，空一点，灵一点，会沉思、领悟生活。他发表的第一篇文章《无言之美》说，要会领略生活中的美，无论发生什么事都能镇静雍容地应付。

我们的生活其实就是一个大舞台，生活是可以艺术化的，要回味体悟生活，以审美的眼光看待生活，“美不自美，因人而彰”。以豁达的胸襟欣赏生活，细细体味，发现生活中的美，获得有情趣的生活，“宠辱不惊，闲看庭前花开花落；去留无意，漫随天外云卷云舒”即是艺术化的人生。

在这个快节奏的时代我们要学会欣赏，在人生的道路上“慢慢走，欣赏啊！”

作者简介：吴紫英，文学硕士，安庆职业技术学院社会事业系副教授。

天柱开发第一人乌以风

杨厚松

乌以风字冠君，号忘筌居士，又号一峰老人。1901 年出生于山东聊城。1922—1928 年就读于北京大学哲学系，是北大哲学系的高才生。大学毕业以后任浙江省图书馆编纂，兼任浙江省立中学教师，后调任安徽省教育厅秘书。因为当时安徽省会驻地在安庆，乌先生也就此与安庆结下了终身情缘。1934—1939 年乌以风调任安徽省立宣城中学教师，继任该校校长；后来再次调回安庆，任安庆一中校长。时值抗日战争，日寇侵占安庆以后，安庆一中在安庆城区无法生存，乌先生便带领全体师生先是转移到长江南岸的九华山，由于教学仪器太多无法转运，乌以风不得不返回寻找转移地点。经过反复勘察，最终定址潜山。但由于日寇炮火接踵而至，潜山也无法立足，乌以风又带领一中师生来到当时安徽省临时省会所在地立煌县，也就是现在的六安市金寨县。不久为形势所迫，乌以风又带领师生辗转武汉进入湖南，直到学校被并入湖南二中才安定下来。1940 年，乌以风应恩师马一浮的邀请，前往重庆，在马先生创办的复兴书院任典学同时兼任重庆大学副教授。1942 年，乌以风遭遇家庭变故。他的前妻是他在宣城中学任教时的学生。该女子出生于一个平民家庭，家境贫寒，付不起学费。乌以风怜惜她的聪明美丽，解囊相助，让她顺利完成学业；而她也很仰慕乌先生的才学，因此俩人结为伉俪，拥有了几年虽颠沛却也幸福的时光。但到了重庆以后，他的妻子却因当地一军官插足弃他而去，让他的感情倍受打击。心灰意冷的乌以风几经权衡后，只身一人回到天柱山隐居。1943 年，为纪念在抗日战斗中牺牲的桂系176 师阵亡将士，安庆行政督察区专员范苑声召集安庆六县和湖北黄梅等三县知名人士捐资，在天柱山脚下的野人寨修建了一座巨大的烈士墓，墓前建“忠烈祠”，墓顶置“浩然亭”；同时在其旁开办了一所学校，命名为

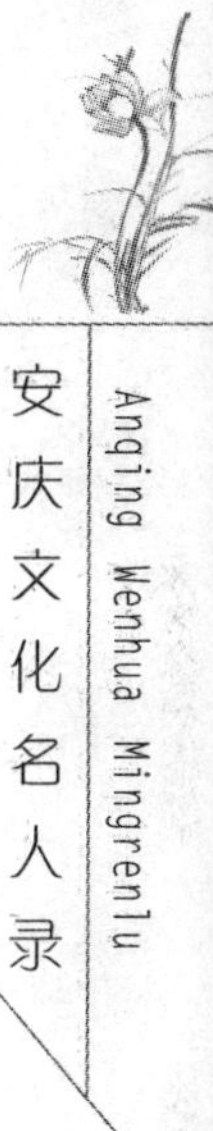

"景忠中学"，取景仰忠烈之义，培养烈士的后代。范苑声几经周折，终于请出慕名已久的乌以风主持景忠中学工作；后来景忠中学改为景华中学，乌以风担任该校校长同时兼任安徽大学教授。1951 年经当时潜山县政府推荐，乌以风担任安庆女中教师，1952 年调任安庆师范学校心理学教师。1958 年在整风"反右"运动中，乌以风因为在国民党伪政府中任过职，被错划为右派，判刑 12 年，先后在安徽省第二监狱和望江九成畈农场监禁和接受劳动改造。1969 年出狱后一直在野寨中学旁边一个石料厂靠锤石子度日，同时接受劳动改造。改革开放以后，1979 年 7 月，乌以风得到平反，进入安庆师范学院任教。1983 年底，被评为心理学教授。1979 年以后，先后被推举为第四、第八届安庆市人大代表、安徽省政协委员。1989 年 2 月 26 日，乌先生逝世于天柱山麓的"忘筌堂"。

对安庆人来说，乌以风先生最大的贡献是开发天柱山。从 1937 年首登天柱山到 1943 年隐居天柱山、开发天柱山，再到在天柱山下办学、为天柱山修志，乃至退休后又回到天柱山，并最后归土于天柱山，乌以风一生与天柱息息相关。他虽非土生土长，却是一个地地道道的"天柱山人"。所以当地老百姓非常尊敬他，如此评价他："天柱山是乌先生的命，乌先生是天柱山的魂"。从中可以看出乌以风与天柱山那种割不断的情缘。那么乌以风到底与天柱山有着怎样的深厚情缘呢，下面从六个方面予以说明：

一、走近天柱山

乌以风第一次到天柱山是 1937 年 10 月。天柱山的主峰 1488 米。这里风光秀美，从汉武帝册封"南岳"，到后来三祖寺、佛光寺等多次被册封，千百年来一直是人们登临赏景的好去处。这里不仅山势高峻、风光绮丽，而且人文荟萃，有非常丰厚的文化底蕴，自古以来吸引了众多名人雅士、迁客骚人流连忘返。乌以风第一次来到天柱山，就被它高峻的山峰、秀美的风光吸引了。然而在他流连忘返的过程中，他也发现了一个奇怪的现象：尽管历史上有那么多的文人雅士来过天柱山，但真正登上天柱山的人却不是很多，比如李白写过："默然遥相许，欲往心莫遂"。也就是说李白到了天柱山也只是远远地望着却没登上去。再说王安石，在天柱山脚山谷流泉的崖石上刻下"欲穷源而不得，竟怅望而空归"，说明他也曾想登上天柱山一览众山小，但最终也是怅然瞭望却没能上去。包括非常热爱天柱山、以"潜山人"自居的山谷道人黄庭坚。黄庭坚是江西人，在潜山（古舒州）为官多年，终日与天柱山为伴，留恋不去，遂自命为"山谷道人"。但他有句诗"遥看天柱峰，矗立峰秋色"，说明尽管相伴这么多年，但他也只是遥遥相望，没能亲自登临。这么多文人向往天柱峰，但却没人能够登上去，乌以风决心要改变这个现状。于是他要在药农贺来朝、贺来斌两兄弟的帮助下实现宏愿。贺氏兄弟祖祖辈辈都靠在天柱山采药为生，善于攀高爬峰、登临险境。他们的祖上就曾帮助过当时安徽都统李云麟登上天柱主峰，并在悬崖峭壁上刻下“孤立擎霄”四个字。贺家兄弟继承了祖辈的绝技，乌以风结识了他俩，并与他们成为好朋友。1937 年 10 月，乌以风在贺氏兄弟及其他四位乡民帮助下，克服艰难险阻攀登到天柱峰顶峰。这让乌以风兴奋不已，倍感自豪。下山后他写了一篇游记以壮其游：“先由药农一人撑三丈余长竹，两足分抵石壁而上，至能插足处，投一长绳，下二人依次握绳上攀，再用长绳系予腰悬空縋之，如汲水然。其余三人在下作护卫，以防万一。予两手另握一长绳仿药农援攀，两足抵壁向上蠕动。峭壁万仞，无可容足，乃架老松稍息。一绳收尽，复易绳汲之，绳凡四易，约百余丈，更从乱石杂树间猱攀二十余丈，方至绝顶。”从文字不难看出攀爬过程是极其惊险的。后来乌先生开玩笑说，我在绝壁上攀爬时就做好了粉身碎骨的准备。不过他又说能葬身于这名山大川即使粉身碎骨也值了。足见他对名山大川的热爱。登上绝顶后的乌以风兴奋异常，赋诗一首：“立极方知天地大，临空不见古今愁，飘然遗世烟尘外，一啸鸾飞下九州”，遗世独立，飘然登仙，浩浩荡荡，苍茫一片，大有天地间舍我其谁的快感，哪里还有什么人生的忧愁和烦恼呢。字里行间逼真地再现了乌以风登上绝顶以后的愉悦之情。而乌以风对天柱山的热爱也由此而生。

二、隐居天柱山

乌以风第二次与天柱山结缘是始于在天柱山中隐居。由于家庭的变故，他与恩师不辞而别。恩师马一浮是他一生的指路人。他与马先生不辞而别，足见这次小家惊变给他带来的精神创伤是多么深重。其实他离开重庆本来有很多地方可以选择的：聊城是他的故乡，可去；杭州乃天堂之地，可去；安庆、宣城是他工作过的地方，至少拥有都市生活，可去。但他却偏偏乘夜色、驾扁舟，独自回到了天柱山的怀抱，足见他对天柱山的依恋。他确信天柱山是医治他心灵创伤最好的地方。乌以风离开重庆时是很潇洒的，他反复问他妻子：你决定了吗？当他看到妻子义无反顾地离他而去时，就亲自雇一顶小轿把妻子送到了军阀的府上。但那毕竟是他深爱的妻子，乌以风送走妻子后内心如撕裂般伤痛。有一首诗可以看出他当时的心情：“月出寒云江雾迷，江深月色共高低，嘉陵江水峨眉月，水向东流月向西。”“月出寒云”是凄惨的场景，“江深月色”是悲怆的情调，“水向东流”是暗喻他自己，“月向西”是借指离他而去的爱人。他的妻子已弃他而去，只有他自己孤身一人东归天柱。字里行间可以看出乌以风内心那无比的哀伤。乌以风来到天柱山以后可谓一贫如洗。幸亏天柱山的一个道士接纳了他。这位道士名叫妙高。因为当年乌以风在天柱山时为修道

观曾经四处奔走募过款，也算是对道观有恩之人。因此当乌以风一时落魄来到这里，妙高法师欣然相接。接纳乌以风不光是因建道观时乌以风曾经出过力，还因妙高法师欣赏乌以风的才学，他希望乌以风就此皈依道门。但乌以风是个有事业心的人，他到这里来无非是为了修复破碎的心灵，并无出家之念，因此当然予以婉谢。他说我现在已经没有家了还出什么家?话说得巧妙但妙高法师立马不高兴了，时间一长就有逐客的意思。后来乌以风就在那里盖了间茅草棚，并把茅棚取名为“忘筌”，一是他前妻的名字叫“筌”，意思是忘掉她的一切；另外“筌”有套在人身上的枷锁的意思，他想借用陶渊明“得鱼忘筌”之义，尽快卸掉身上的枷锁，忘却过去的伤痛。但这伤痛又岂是能尽快忘得掉的？于是他给自己取了个别号叫“忘筌居士”。他隐居天柱山中，每天朝看山峦，暮看云雨，与天柱山结下了深厚的感情；同时他又慢慢结识了当地的老百姓，与他们成为朋友。天柱山的山水，天柱山的人，天柱山畔淳厚的民情慢慢抚平了他心中的伤痛，让他逐渐从悲伤中走出来。

三、开发天柱山

乌以风在与交往最深的贺氏兄弟闲聊中，不止一次地感叹，如此美好的天柱山常被人遗忘，真是太可惜了！于是他着手启动天柱山开发工作。他的第一步工作是筹建翠云别墅、天柱山房和岳云山馆。乌先生隐居时是没有薪俸收入的，全靠化缘。他将化缘的钱几乎全部用于天柱山开发，先后发动村民修筑了1500级台阶。据史料记载，当时修一级台阶需花一斗稻的价钱，修这些台阶乌先生一共花了375担稻子，差不多倾其所有。随着对天柱山的逐渐了解，乌以风逐渐形成了对天柱山的独特认识。他写道：以山论，天柱有奇峰，有怪石，有飞泉，悬崖绝壁，万仞莫测其高深；仙台秘府，百游亦难以究其奥。若与中国其他名山相较，自有独特之处。磅礴厚重，巍峙江淮，故雄；峰石翘楚，形态万千，故奇；流泉飞泻，终年潺伫，故灵；烟云缭绕，松竹覆被，故秀。雄、奇、灵、秀四种山格，兼而有之。自秦汉以来，即为中国名山。然而这名山却有荣有衰：荣在曾被三次册封，一是汉武帝元封元年，即公元前106年汉武帝南巡，敕封天柱山为“南岳”；第二次是唐肃宗敕封三祖寺；第三次是明万历皇帝敕封佛光寺。但自从隋文帝开疆拓土，志在南疆，废天柱山，改封湖南衡山为“南岳”后，天柱山便就此衰落，而且一衰就是上千年。因此在乌以风的眼里天柱山尽管有过荣耀，但它衰落的时间太长了。他总结了天柱山四不幸：天下所有名山都有山志而唯天柱山没有，这是一不幸；记载天柱山的只有些零星的材料而且很不清晰，这是二不幸；天柱山作为天下名山，有四大特点，风景独特，却战争不断，长期遭战火侵蚀，许多历史古迹被毁，这是三不幸；许多人赞美天柱山，但本地人却没有引起重视，更没有人去宣传开发天柱山，此为四不幸。乌以风为这四不幸感到悲伤，他再次萌发了开发天柱山的想法。为什么天柱山养在深闺人未识？他认为主要还是道路不通，攀登不便。于是乌先生准备在已修的1500级台阶的基础上继续修路，而且规模更大，这就需要更多的资金。1945年，桂林有个叫张洁斋的富商来天柱山，乌以风陪同游玩。在游玩中张洁斋深感行路艰难，乌以风趁机与他商量投资修路事宜，张洁斋慨然允诺并赞助了一大笔资金，当地一些士绅也积极捐献。乌以风利用这些资金，从良药亭到拜月台一共修筑了2400级台阶，并在途中修建了岳云山庄，以供游人休憩并方便游览山庄周边的景色。除重视道路、馆舍等硬件设施建设之外，乌以风还非常重视天柱山人文景观的开发。他利用剩余资金帮助三祖寺月海法师重新修复了三祖寺。该工程从1945年4月动工，到1948年12月竣工，历时三年多，让三祖寺的烟火重新繁盛起来，使它成为江北一个非常重要的佛家道场和游客的旅游胜地。

四、兴学天柱山

前面说过1943年乌以风在天柱山隐居，当时安庆行政督察区专员范苑声在176师抗日阵亡将士墓旁开办了一所学校，取名“景忠中学”。范苑声非常欣赏乌以风的人品学识和能力，力邀乌以风主持景忠中学的工作。其实当范苑声亲自派人用自己的轿子邀请乌先生出山时，乌以风是很矛盾的。因为他当时心情沉痛，隐居在天柱山就是想以清静生活抚平心中的伤痛；但同时他又意识到开发天柱山光靠他一个人是不行的，需要大量人才。于是他答应了范苑声的邀请来到景忠中学。当时景忠中学办学条件非常艰苦，没有任何拨款和资助，仅靠师生们耕种山场和田地的一点微薄收入惨淡经营。但就是在这种情况下，乌以风还是将学校办得有声有色。然而天有不测风云，因为景忠中学在开办时并没有注册，当时的安徽省教育厅对此非常不满，威胁所有学生都不予承认学籍，并勒令景忠中学停办。面对突如其来的打击，乌以风想学生之所想，急学生之所急，不惜只身徒步从潜山赶到当时安徽省教育厅临时所在地立煌县，向教育厅陈述情由。乌以风赶到教育厅后适逢时任教育厅长万昌言和主任秘书胡苏民辞职，汪少伦接任厅长。乌以风就此向汪慷慨陈情。汪少伦看到乌以风才华横溢，避开景忠中学的事件不谈，而是出人意料地提出要乌以风担任他的公务秘书。这让乌以风左右为难：如若答应，那么景忠中学是回不去了，学校的事怎么办？如若不应，景忠中学的事同样解决无望。经过反复权衡，乌以风最终暂时答应了汪的要求。几个月后，景忠中学再一次递交报告，乌以风便利用秘书之便予以批复。事后，乌以风找了个借口向厅长请假。回到

学校，他一纸辞呈递到教育厅，辞去了秘书工作重回到景忠中学履职。乌以风放弃优厚的工作条件而甘愿回到穷乡僻壤经营教育，既体现了他对教育事业的热爱，也反映了他对培养人才、造福乡梓的挚情。此后，景忠中学在乌以风的主持下持续发展。抗日战争结束以后，国共内战。1948 年 1 月国共两军在天柱山展开了拉锯战，景忠中学教学活动无法正常进行。乌以风请求政府将学校迁到安庆市区的龙门口街，即现在的安庆一中暂时授课。在炮火连天的日子里，乌以风人在安庆，心却一直牵挂着景忠中学校园。这一年乌以风冒着枪林弹雨到野寨来回三次。看到校园完好无损方才心安。更值得一提的是，当时乌以风除担任景忠中学校长外还兼任了安徽大学教授，其辛苦可想而知。1949 年 3 月刘邓大军解放潜山，乌以风请示军管会主任桂林栖将学校迁回野寨。军管会考虑到野寨比较艰苦，就建议暂时将学校迁到潜山县城。1949 年 3 月景忠中学在潜山政府领导的建议下与光华中学合并，改名为景华中学。1950 年 1 月景华中学在县政府的安排下又迁回到野寨并更名为野寨中学。从此野寨中学成为潜山县实力最雄厚的一所学校，并成长为省重点中学和省级示范中学，跻身安徽省名校之列。野寨中学是潜山县从新中国建立前延续到新中国建立后的唯一一所中学。乌以风在野寨中学诞生、成长和发展的过程中发挥了无可替代的作用，为潜山人民做出了不可磨灭的贡献，此是后话。但在土改时期，野寨中学却遭遇了波折。因为乌以风曾在国民党伪政府中任过职，身份受到怀疑，当地老百姓准备将学校作为乌以风的私有财产予以瓜分。时任县长姚奎甲非常开明。他将乌以风调到县文教局予以保护，自己兼任野寨中学校长，组织开会并宣布：学校的一切财产归政府所有，任何人不得瓜分。在姚县长的干预之下，野寨中学才得以保全。

五、志写天柱山

乌以风在跟贺氏兄弟的交谈中认为天柱山养在深闺人未识非常可惜，而最为可惜的是，天下名山都有山志，唯独天柱山没有。贺氏兄弟借机建议道：先生那么有学问，干吗不给天柱山写个山志呢？贺氏兄弟的言语触动了他，他在心中默默许下了为天柱山撰写山志的宏愿。1952 年，乌以风调到安庆师范后，利用课余时间整理材料专心写志。因为他在天柱山生活了十来年，对天柱山的一山一水、一草一木都了然于心，因此写起来得心应手。他将天柱山的山峰、溪湖一一命名，考证零星材料，纠正流传之误。他在《天柱山志》序里有这样几句话：“志山川不敢杜撰，志人物不敢偏袒，志事迹不敢附会，志物产不敢虚构，志兵戎不敢歪曲，志词章不敢盲从。”由此可以看出乌以风严谨科学的治志态度。他说这样的志才能使以后开发天柱山的人能因地制宜，想登天柱山的人能按图选景，想了解天柱山的人可以凭书知会古今。乌以风非常明确地表示写山志就是为后人做些贡献。在乌先生的苦心经营下，从 1938 年开始收集资料到 1956 年，历经 18 年时间终于修得一部 50 万字的《天柱山志》。脱稿以后乌以风非常高兴。他将手稿交给友人汪植庭，准备刻印几部送人帮忙修改。但恰在此时，乌以风再次遭受打击。1957 年乌以风被错划为右派，1958 年被判刑 12 年，在安徽省第二监狱监禁 3 年，后又被遣送到望江九成畈农场劳改将近 9 年。12 年里山志的校正修改工作被搁浅，更重要的是“文革”中书稿被当作“四旧”被掠走。乌以风历尽 18 年呕心沥血写出的山志被付之一炬。乌先生听说后痛心疾首，比当年家庭巨变还要心痛。

1969 年 11 月，乌以风刑满释放被遣送到天柱山脚下野人寨劳动改造。出狱后的他悲喜交集，老泪纵横。有一首诗反映了他当时的心情：

往事灌愁不可追，归车转觉喜生悲。
风雷箫鼓多新调，人物存亡问老妻。
周粟难求终岁饱，连台犹恨隔云思。
关心最是吴塘柳，别后青青发几枝。

这首诗透露了世事无常、风云易变的社会现实，既反映了他对“老妻”的歉疚之情，同时也表达了他对天柱山的一往情深。作为一个对天柱山有着特殊情结的人，他必须对天柱山有所交代，决不能就此沉沦。于是乌以风决定重新着手撰写《天柱山志》。但资料被毁如何再写呢？也许是天意佑人，乌以风在整理房间时惊喜发现，他在首撰《天柱山志》时，原来的资料还散落在废纸堆里，于是他将资料从中整理出来，以此为基础重修《天柱山志》。就这样乌以风以戴罪之身，白日劈柴锤石子换米糊口度日，夜间在陋室挑灯修志。在极其艰苦的岁月里，乌以风耗尽 5 年时间，于 1974 年终于写成《天柱山志》第二稿，并赋诗一首反映当时的心情：

劫后山图理乱棼，孤灯漏尽始开云。
千秋祀典尊南岳，万壑旌旗抗北军。
洞府犹存仙佛志，风花精选宋明文。
奉书欲叩金门献，只恐天威罪旧闻。

这首诗反映了乌以风在《天柱山志》第二稿完成后内心复杂的心情。一方面他欲为名山留一信史，供有志于开发天柱山的后人参考。如今书稿终于写成，心愿已经了结，内心自然高兴；可当时政治形势还不明朗，担心将手稿拿出来后又有人追究他的罪过，纠结之情溢于言表。1979 年，乌以风被平反并恢复了安庆师范学院副教授职务。从此他才得以从容整理并编纂山志。1982 年 11 月，天柱山被国务院批准为国家重点风景名胜区。

天柱山迎来了千年不遇的兴盛期，乌以风兴奋地说这是天柱山第四次被“皇封”。也就是这年，乌以风的第二稿《天柱山志》终于出版了。它不仅填补了我国山志的一个空白，更弥补了天柱山最大的遗憾，对天柱山自是意义非凡。《天柱山志》出版后，社会各界给予乌以风以极高的评价。但作为一名治学严谨的学者，乌以风自己却表达了《天柱山志》的不足。他在《后记》里写了此书四个不足：一是资料欠缺；二是还有些地方没命名；三是天柱山周边的人文景观没有写入；四是由于自己知识的欠缺，还有一些他认知范围以外的东西没写。客观地说《天柱山志》在历经两稿以后已经非常完整，他一再强调不足，更体现了他严谨、谦虚、科学的治学态度。

六、魂归天柱山

这是乌以风与天柱山情缘的最后结点。乌以风早年生活坎坷，中年命运多舛，只有到了晚年才获得了一点点幸福。1983 年乌以风升任安庆师范学院心理学教授，住进了宽敞的教授楼，并且妻侄女梅兰也过来照料他和老妻的生活起居；同时，他又先后被推举选为安庆市人大代表、安徽省政协委员，享受着人民给予的荣誉。但就在他一生最顺风顺水的时候，他却做出了一个出人意料的决定：放弃都市生活再一次回到他魂牵梦萦的天柱山。这使他身边的同事和朋友都无法理解。然而，乌以风却毅然决然，有《归山寄友》记其山居心境：

流寓何如归去亲，茅庐常与白云邻。
松篁招展舒新翠，鸡犬逢迎似故人。
白发千求君莫笑，奇峰孤峻自多春。
相思难忘盛唐月，两地清辉共一轮。

由诗可见，乌以风是始终把天柱山当作自己家，而把安庆当作“流寓”的。他说暂居之地哪有我的故乡亲切呢。老家尽管条件简陋，但终日与白云相伴，那里有我非常熟悉的松山雾岚，那里的一山一水、一草一木都像我的老朋友那样亲切。你们不要笑话我这么大年纪还做出这么一个看似不可理喻的决定，因为我太爱那个地方了，那里的一座座峰岚孤峻峭拔，在我眼里比任何地方都明媚耀眼。从这首诗我们可以再一次看出乌以风对天柱山的一往情深。1988 年 5 月 11 日，将军外交家黄镇回到故乡安庆，登临天柱山。乌以风在陪他游山、交谈过程中，“三句不离本行”，句句联着天柱山。乌以风以一本《天柱山志》相赠，黄镇将军夸乌以风为安庆为潜山为天柱山为安徽做出了很大的贡献，乌以风却很谦虚，直说不敢当。乌以风请黄镇将军回北京后为安庆多多宣传介绍天柱山，黄镇先生很受感动，说：你是山东人，你还求我这安庆人去宣传天柱山，你比我这安庆人更像安庆人。1989 年 2 月 26 日，乌以风先生终于走完了他坎坷而不平凡的一生，在天柱山“忘筌草房”与世长辞，享年 89 岁。去世之前，他要求像佛僧道士那样坐缸焚化，并将他埋在天柱山登山的道路旁。乌先生这样做的目的就是要让自己时时刻刻能够关注天柱山的发展，能够目送一个又一个登临天柱山的游人从他的眼前走过。这也许是这位老人留给天柱山的最后的情缘吧！

“天柱山是乌以风的命，乌以风是天柱山的魂”，这是对乌以风先生和天柱山情缘的最好概括。乌先生除了将毕生的心血奉献给了天柱山以外，他还是一个多才多艺的人。他是一个伟大的教育实践家。自从 1928 年走出北京大学校门，他由浙江到安徽，直到去世前，终生为教育事业呕心沥血。乌以风先生还是一位学者，他的一生著作硕丰，涉猎领域宽广，包含了哲学、史学、文学、心理学和教育学。主要著作有人物志《李卓吾著述考》《马一浮先生学赞》《马堪翁诗词集》，史志有《天柱山纪要》（油印本）、《天柱山志》、《中国中古时期儒释道三家关系史》，哲学著作有《性习论》等。另外他一生还创作了大量的诗词，后来被编成《岳云山馆诗稿》；还有《天柱老人书信集》。乌先生还是一位著名的艺术家，他的艺术创作大都与天柱山有关。他把天柱山所有的山峦溪谷全部勾绘成图，给世人艺术地再现了天柱山的美好形象；他的书法也较有名，有不少书法作品留存于世。所以乌以风先生既是天柱山的开发者，又是教育家、艺术家；既是一位人生坎坷的老人，又是一位才华横溢成果丰硕的老人。他的一生是坎坷的又是辉煌的。他的一生除给我们留下丰富的物质财富外，更留下了重要的精神财富：他淡泊名利，治学严谨，学养全面。他是一位让我们肃然起敬的老人。

“天柱山是乌以风的命，乌以风是天柱山的魂”，谨以这两句话纪念乌以风先生！

作者简介：杨厚松，安庆职业技术学院社会事业系副主任、副教授。

悲情诗人朱湘

许迪楼

1933 年 12 月 5 日凌晨 6 时许，由上海开往南京的轮船正逆水而行，就在船过采石矶时，一位戴着眼镜、书卷气颇浓的年轻人，一边高诵海涅的诗，一边纵身跃入冰冷的江中。乘客们以为是失足落水，有人向他投下救生圈，但他拒绝使用。一眨眼工夫，年轻人消失在江面上。

这名 29 岁的年轻人就是年代诗坛才俊、新月诗派的主要诗人朱湘。

天才诗人自戕在古今中外都有过，但也并不多见。两千多年前，屈原自沉汨罗江，成为中国有史以来以自杀的方式结束人生的第一个伟大诗人。其后两千多年，古代中国诗人死于政治斗争和死于战场者较多，除唐代卢照邻等极少数以外，很少有诗人采用自杀的方式弃世。倒是近世以来，诗人自杀屡有发生，王国维、朱湘、海子、顾城、徐迟……一串沉重的名单，令人扼腕叹息。

精美朱湘，焦虑朱湘，边缘朱湘，悲剧朱湘，才子朱湘，落魄朱湘，懦弱朱湘，浪漫朱湘，狷介朱湘……不管后人如何去评价他，朱湘毕竟走了，留下他的诗，还有他贫困无依的妻儿。记得海子死后，西川评价海子的生活：你可以嘲笑一个皇帝的富有，却不能嘲笑一个诗人的贫穷。

朱湘是安徽太湖人，出生在湖南，有人指责他，说他没有湖湘人物的济世情怀，他的死并不够分量。实际上，这样的批评太想当然。朱湘身上的确没有曾国藩、左宗棠、毛泽东等湖湘英雄那种豪情壮志，却多一些太湖文人的影子。元明清以来，太湖县文风昌盛、科甲兴旺，虽比不得桐城显赫，但在历史上，原安庆府中考中状元共 6 人，太湖便占了 3 名，仅清就有 50 人考取进士，正是“文魁一方”。太湖文人的性格犹如大别山一样，厚重而尚德，因而他们在求得功名之后，均能兢兢业业为政、清清白白做人，官场上虽不能呼风唤雨，却往往官声良好。朱湘没有用“激扬文字”来“指点江山”，却将满腔的“书生意气”倾注在诗艺王国，他的人生理想就是做一名“文人”“诗人”，他最大的愿望就是探索近代新诗的新天地。

朱湘投江自杀后被鲁迅先生称为“中国的济慈”。济慈和朱湘虽相隔一个多世纪，除他们的生活经历和诗歌创作生涯很有相同之点外，两人的性情也有很多相似的地方。济慈是英国浪漫派诗人，1795 年出生于伦敦，自幼喜爱文学，不满 16 岁就离校学医，后又弃医从文。济慈诗才横溢，与雪莱、拜伦齐名。他 25 岁时死于肺结核，可是他遗下的诗篇却一直誉满人间。

新诗是新文学的不可或缺的一部分，而郭沫若、徐志摩、闻一多和朱湘对新诗发展初期最为重要的诗人。

葬我在荷花池内，
耳边有水蚓拖声，
在绿荷叶的灯上
萤火虫时暗时明——

葬我在马缨花下，
永作着芬芳的梦——
葬我在泰山之巅，
风声呜咽过孤松——

不然，就烧我成灰，
投入泛滥的春江，
与落花一同漂去
无人知道的地方。

这是朱湘的代表作之一。表面来看是诗人为自己写的一份遗书，但实际上，它却表达了诗人对于各种“美”的追求与向往。该诗以“葬我”为切入，直指生命终极价值。通篇阐发了诗人灵动自由的神思——我为何活着？我该怎样活着？这是发自灵魂深处的诉求，最终一语成谶，成为作者的死亡之诗。

比较阅读

亚洲铜　亚洲铜
祖父死在这里　父亲死在这里　我也会死在这里
你是唯一的一块埋人的地方
亚洲铜　亚洲铜
爱怀疑和飞翔的是鸟　淹没一切的是海水
你的主人却是青草　住在自己细小的腰上

守住野花的手掌和秘密
亚洲铜　亚洲铜
看见了吗？　那两只白鸽子　它是屈原遗落在沙滩上的白鞋子
让我们——我们和河流一起　穿上它吧
亚洲铜　亚洲铜
击鼓之后　我们把在黑暗中跳舞的心脏叫作月亮
这月亮主要由你构成

——海子《亚洲铜》

葬我于高山之上兮，望我故乡；故乡不可见兮，永不能忘。葬我于高山之上兮，望我大陆；大陆不可见兮，只有痛哭。天苍苍，野茫茫，山之上，国有殇。

——于右任《望大陆》

1949年，于右任被裹挟到台湾，而结发妻子和儿子却留在大陆，从此天各一方。所以，他的《望大陆》并非泛泛的家国之情，而是深藏了刻骨铭心的身世之痛。祖国统一，是诗人一生所追求的。

阅读此诗，给人一种悲怆深沉、爱国情挚的感觉。由于众所周知的原因，于先生久居台湾，不能回归桑梓，但是海峡波涛却隔不断、阻不了他望大陆、念故乡、思亲人的深情。诗的前两节采用重章复踏的手法，反复咏唱，抒发对大陆、对故乡深切向往、眷恋的情怀，是诗人真情实感的强烈表露。1964年11月10日先生在台北谢世。

朱湘的人生只有短暂的29年，但绝不是平平淡淡的29年，而是充满坎坷、饱经悲伤的29年。他的一生可以归纳为：出身官宦可惜幼失怙恃，弟兄众多无奈骨肉不亲，天资聪颖依然学途多蹇，爱国有志只是书生无能，海归才俊难逃职场困顿，交往名流总感知音难寻，新潮爱情偏遇旧式婚姻，生活俗性不消诗情浪漫，生前寂寞而且身后萧条，暗淡人生造就不朽诗名。

一、失落官宦子

朱湘是正儿八经的官宦子弟。1904年，朱湘出生于湖南沅陵，父亲朱延熙其时正在湖南道台任上。这已经是三四品的大员了，相当于现在的省部级干部，由于朱延熙清正廉明、工作出色，朝廷还下旨赏加二品顶戴。

朱湘又是“官二代”。太湖县弥陀镇百草林是一个风景秀丽的小山村，父亲朱延熙出生于此。这个村子之所以得名，就是因为村里的朱家人几代开药铺、行医。百草林朱氏家族门风素朴笃实，不贪慕荣华富贵，尤注重子女的德识才学。有人问朱家为什么不置田产，答曰：“养儿不如我，要田做什么？养儿胜过我，要田做什么？”朱家虽人丁兴旺，耕读不辍，但谈不上显贵。嘉庆、道光年间，地处大别山南麓的太湖县的读书人在科举考场上频频报捷，先是嘉庆元年（1796）赵文楷状元及第，后有道光九年（1829）李振钧皇榜夺魁。一个小县城里，不到四十年间有两人高中状元，这不仅极大程度鼓舞了当地读书人，还吸引了更多的贫民子弟发奋苦读。百草林朱家更加看重读书了。朱延熙从十二岁开始跟随胞兄朱延熏读书，18岁时（清同治庚午年，公元1870）参加乡试，考取举人。光绪十二年（1886），朱延薰和朱延熙兄弟双双踏上进京赶考之路。皇榜揭晓，弟弟朱延熙榜上有名，成为丙戌科进士，选翰林院庶吉士，而哥哥朱延薰却意外地落榜了。然而，朱延薰没有就此放弃，成为光绪十五年（1889）己丑科进士。兄弟双进士，一时名动乡里，成为一段佳话。朱延熙在翰林院一干就是近二十年，直到1902年出任陕西乡试正考官。此后，朱延熙就在江西、湖北、湖南等地做官，且做的是学台（管教育）、臬司（管司法）、盐巡道（管盐商、盐价、盐税、盐运输等）等与民生关系密切的工作，正是许多官员眼里的“肥差”。朱延熙为人正直、刚正不阿，他事必躬亲，虽严寒酷暑也不停止。他还勤求民隐，崇节俭，任贤能，裁冗员，杜中饱，革陋规，因而政绩斐然、深得民心，也屡受朝廷的嘉奖。他从湖南离任归故里前，将两万两养老俸银全部赈济地方穷苦百姓，两袖清风，一腔正气。

朱湘的母亲张氏出身名门。她是湖北候补知府张之清的女儿，晚清四大名臣之一、洋务派代表人物之一、探花郎张之洞的侄女。《朱氏宗谱》记载：“夫人性温且敏，通史书，解音律”，“内政极有条理，所生子，咸自授读，至抚诸侄，亦能体益公（朱延熙）意，勤督课诵，可谓巾帼丈夫也”。

历史似乎在给朱湘开了一个大玩笑，让他出生在官宦之家，却又很快地将这些无情剥夺。1907年，母亲去世，朱湘仅3岁；1914年，父亲去世，朱湘不过10岁。在朱家众多兄弟姐妹中，受父母的离世影响最大的孩子就是朱湘。朱湘是家里最小的男孩，尚属幼童，正是需要父母呵护的时候。其时，朱湘大哥朱文焯已经38岁，二哥朱文长23岁，三哥朱文良18岁，四哥朱文祜13岁，已经成年或是接近成年。所以，幼小的朱湘就不可避免地要承受幼年丧失双亲的不幸，成为没人疼爱的孩子，这也促进了朱湘沉默、孤独、内向、敏感个性的形成。在朱湘的诗作中，写母爱的不少，说明他内心深处一直在呼唤母爱。其中，1925年12月4日写的《摇篮歌》就很能说明这一点。

春天的花香真正醉人，
一阵阵温风拂上人身，
您瞧日光它移的多慢，
你听蜜蜂在窗子外哼：
睡呀，宝宝，
蜜蜂飞的真轻。

天上瞧不见一颗星星，
地上瞧不见一盏红灯；
什么声音也都听不到，
只有蚯蚓在天井里吟：
睡呀，宝宝，
蚯蚓都停了声。

一片片白云天空上行，
象是些小船飘过湖心，
一刻儿起，一刻儿又沉，
摇着船舱里安卧的人：
睡呀，宝宝，
你去跟那些云。

不怕它北风树枝上呜，
放下窗子来关起房门；
不怕它结冰十分寒冷，
炭火生在那白铜的盆：
睡呀，宝宝，
挨着炭火的温。

二、冷漠骨肉亲

朱湘的父亲朱延熙一生有过三任妻室。第一任妻子余氏是太湖本地人，生育一男二女，男名朱文寅，不到两岁便夭折了。到光绪十五年(1889)，余氏不幸在家病故。此时朱延熙年届40，尚无子嗣，这在当时是很难堪的事。家人就将堂兄朱忠勋的四子朱文焯过继给朱延熙为子，这就是朱湘的大哥。这位大哥比朱湘整整年长28岁。

朱延熙第二任妻子就是朱湘的生母，生育四子二女。张氏去世后，朱延熙又纳室冯氏，生一女。所以，包括早殇的朱文寅在内，朱湘有兄弟6人，姐妹5人，可谓兄弟姐妹众多。

但终其一生，朱湘与兄弟姐妹的关系一直疏远，就是在他最穷困潦倒之际，他也不愿向骨肉至亲寻求帮助。个中原委现已经无法一一考证，有几点值得注意：

一是朱湘本人性格孤僻所致。母亲死后，父亲整天忙于公事，幼年的朱湘如同受伤的小鹿、离群的孤雁、风中的幼苗，弱小而顽强，自我保护的心理自然而生，与众兄弟姐妹合不到一块。这样，朱湘的同胞之情既不浓也不烈。

二是封建家庭体制造成的。朱湘的家庭是封建官宦家庭，家长制是维系家庭的主要形式。“长兄如父，长嫂如母”，父亲过世后，家长的担子就由长兄来挑。在父亲去世后的第二年，大哥朱文焯就将朱湘从太湖接到南京，承担起抚养幼弟的义务。朱文焯对弟弟有如同父亲一样的严格要求，但又缺少父亲那样的慈爱，使得朱湘对兄长只有畏惧之心，却无亲近之感。后来，因为操办婚事等原因，兄弟终于反目，再不相往来。在主张孝悌、尊卑秩序森严的封建大家庭中，幼弟朱湘对所有的哥哥都要表示尊敬，这对内向、倔强的朱湘来说，未尝不是一种压抑。

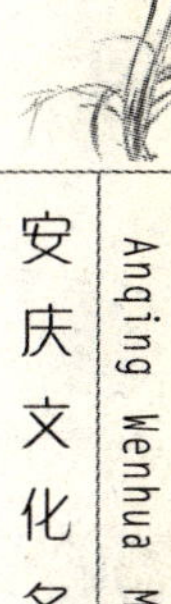

三是兄弟之间的遗产之争。朱延熙告老归故里后，不铺排声张，不大兴土木，而是徜徉于山水与学问之中。他待人和蔼，完全没有做大官的架子，即使是牧童、樵夫都亲手做饭招待。朱延熙为官清正，积累家产不算丰厚。他更多的精力都放在子女教育上，以致其子女俱有文名。据《朱氏家谱》记载：“朱文焯，清花翎同知衔，江苏候补知府；朱文长，清花翎四品衔，候选同知；朱文良，花翎同知衔。”据说，朱家兄弟对父亲的遗产还是有过争执的，四哥朱文祜继承了全部家产。朱湘当时年幼，是否参与财产之争，此事不得而知。但有一点可以确定，家产问题使亲情更加淡漠。

四是姐妹爱莫能助。朱湘生活的那个年代里，社会普遍认为“嫁出去的女儿泼出去的水”，女儿出嫁后既无继承遗产的权利，也无赡养父母的义务。官宦之女不愁嫁，朱湘的姐妹几乎都远嫁江西、山东、湖北等地名门。在通信、交通都不发达的社会里，如此远嫁就等于亲情割裂。

朱湘的亲情注定是悲剧的。大哥暴虐，二哥早死，三哥、四哥不和，姐妹远嫁，留给他的只有孤独。但阴暗的生活中依然有一缕阳光，给他带来一丝暖意。这就是朱湘的二嫂薛琪瑛。

薛琪瑛是江苏无锡人，系近代散文家、外交家、洋务运动主要人物之一，资本主义工商业的发起者薛福成的孙女，丝业巨头、富商薛南溟的女儿。薛琪瑛受过良好的教育，曾出国留学，通晓英语、法语、拉丁语，深受西方文明熏陶而自身又很具才气。

二哥朱文长于1914年病逝，年轻的二嫂带着女儿寡居。二嫂对朱湘的

凄苦身世很是同情，不但在生活上给他母爱般的关怀，还对朱湘成人成才产生巨大影响。薛琪瑛是新文化运动的先驱，她的言传身教促使朱湘爱上了新文学，走上了新诗创作之路。二嫂甚至为朱湘设计了锦绣前程——上清华、出国留学、成为博士“海归”。二嫂还是朱湘的经济大后方，在朱湘最需要钱的时候，总是她慷慨解囊。朱湘死后，还是这位二嫂，在上海万国公墓购买一块墓地为他修建了衣冠冢。

三、多蹇求学路

朱湘天资聪颖，再加上从小扎下的良好根基，又有大哥的严厉督促，二嫂的鼎力支持，他的学习生涯应该是顺风又顺水的。可实际情况并不是这样。

1920 年，16 岁的朱湘进入清华大学。而朱湘直到六年后才拿到清华大学的毕业证书。原因是在大四时，朱湘因记满三次大过而受到勒令退学的处分。其实朱湘在大学期间没有做太出格的事，他的学习成绩也没有什么问题，他“中英文永远是超等上等，一切客观的道德藩篱如嫖赌烟酒向来没有犯越过，只因喜读文学书籍时常跷课以至只差半年即可游美的时候被学校开除掉了”。朱湘被清华扫地出门的原因大致是两方面：一是专攻文学而肆意跷课，这缘于他对文学的偏爱；二是他抵制斋务处的早餐点名制度，这又暴露了他任性、狂傲的个性。由于校长的器重、同学们的恳求，再加上清华对人文的重视，学校还是给了朱湘机会——只要书面认错，便可网开一面。但是，朱湘拒绝了。

后来，清华大学校长曹云祥因爱惜其才，破例允许他复学，完成大学学业。

朱湘对清华的感情是复杂的。他对清华园无限留恋，说：“清华又有许多令我不舍之处。这种两面为难的心情是最难堪的了。反不如清华一点令人留恋的地方也无倒好些。”他之不满意清华在于：“人生是奋斗的，而清华只有钻分数；人生是变换的，而清华只有单调；人生是热辣辣的，而清华只是隔靴搔痒。”徐志摩的《再别康桥》中表达的是对剑桥的万般离愁、对母校的浓浓深情，而朱湘对校园的描写却是这样的：

有风时白杨萧萧著，
无风时白杨萧萧著，
萧萧外更听不到什么。
野花悄悄的发了，
野花悄悄的谢了，
悄悄外园里更没有什么。

清华大学学习期间，朱湘以其卓尔不群的文学才华，崭露头角，成为“清华四子”之一。“清华四子”是二十世纪二十年代清华园中四位学生诗人，他们分别是朱湘（字子沅）、饶孟侃（字子离）、孙大雨（字子潜）和杨世恩（字子惠），除杨世恩在二十岁前后就去世，遗世作品较少外，其余三人都成为现代诗坛上重要人物。

1927 年，朱湘远渡重洋，到了美国，成为一名公费留学生。他先在威斯康星州劳伦斯大学插入四年级，读拉丁文、古英文和三年级法文。但一次法文课上，都德的游记中说中国人长得像猴子而引起美国同学的哄笑，朱湘感到羞辱，一气之下离开了劳伦斯大学，事后教授的登门道歉也无济于事。其后的一年多的时间里，朱湘先后在芝加哥大学、俄亥俄大学学习，都没有走到最后。1929 年，朱湘主动放弃留学生活，回到中国。

对朱湘留美肄业归国的原因，研究者的观点有所不同。大致有愤于在美国遭受的屈辱和歧视、思念国内的家人、生活的窘困、闻一多邀请回国任教等说法。有人说，同样是中国留学生，同样面临文化的冲突、背负国家的耻辱，徐志摩选择了与外国人交朋友来消弭隔阂，许地山选择了与中国老乡聊天来排解郁闷，郭沫若甚至能在异国获得爱情，为什么朱湘就要那么纠结、那么排斥，以至于学业半途而废呢？朱湘已经用他整个人生回答了这一问题，他的字典里没有“妥协”两字。其实，朱湘出国动机非常单纯，他去美国不是为镀金捞洋文凭学位，而是为他钟爱的文学。他在写给霓君的信中说：“只要衣食不愁，何必考什么博士。老实一句话，博士什么人都考得，像我这诗却很少人能作出来”；“我如今很想在文字方面多下一番苦功。我想在已经学习的希腊文，拉丁文，法文，德文外，加学俄文，意大利文，梵文，波斯文，亚剌伯文”；“回国后开成书店，这介绍世界文学的工作便是一件开门大事”。

四、空怀赤子心

诗人、与湖南有关、投水而殁，朱湘与屈原似乎有太多的相似处，一些研究者也爱将这两人做比较。有的人说朱湘没有湖湘人物的济世情怀，他的死并不够分量，自然也不能与忧国忧民的屈原相提并论。其实这样的说法有失公允。

屈原出身楚国贵族，曾任三闾大夫等官，是诗人，还是政治家。他的忧国忧民具有强烈的政治色彩，容易为他人所认识到。朱湘只是一介文人，他的理想是写出最美丽的诗篇，献给自己的国家和人民，他也忧国忧民，只不过是文人的方式，少一点政治成分，多一点人文情怀。

朱湘有报国之志，他有自己的报国方式。书生报国无长物，唯有手中笔如刀。留学美国之时，朱湘也是踌躇满志。“华族如今的退化毋庸讳言，

但并非天生的不能。我回国后决计复活起古代的理想，人格，文化，与美丽，要极端的自由，极端的寻根究底。”他深忧于祖国的贫弱，感到国家“政治经济物质方面如今已然病象极其显著了”，担心“将来在学问艺术方面连日本都赶不上”。他根据自身情况，选择了一条“文学救国”的道路。

“五四”前后，大学校园里就“谈政治”与“做学问”有过激烈的争论。当时北大的“五四”青年热衷于“谈政治”，“读书不忘救国”；而清华少壮派则是安心于“做学问”，“救国不忘读书”。出身清华的朱湘似乎对政治兴趣不大，他给自己的定位就是做中国的文人，写出最好的诗献给中国。他曾说过：“我作诗不说现在，就是从前也不是想造一座象牙之塔，即如《哭孙中山》《猫诰》《还乡》《王娇》，都是例子。”《说自我》还谈道：“假若科学与哲学是一个国家与民族的‘脑’的话，那么，宗教与艺术就是一个国家与民族的‘心’了。”

留美期间，朱湘表现出深厚的民族情结，而且他将国家、民族的尊严与个人的自尊高度统一了。朱湘愤然离开芝加哥大学正好说明这一点。德文教授诬陷朱湘不还发下的参考书，又一再揭中国人“澳门被葡萄牙侵占”的伤疤；法文教授上课先是无视朱湘的存在，有七人上课偏说六人，后又在芝大刊物上含沙射影地污蔑朱湘与一个美国女同学行为暧昧；英文课上美国女同学不愿与之同坐。这在朱湘看来，都属于歧视，都要奋起反抗。朱湘的行为既不能为外国人所接受，也不为很多中国人所理解。“许多来美国的中国留学生多半是为学位为头衔来镀金的，忽然有一位朱湘来干这不要学位的傻事，他们当然要把他当成怪物看待了。”

五、寥寥朋友意

朱湘交往的多是文学界的精英、名流，所谓“谈笑有鸿儒，往来无白丁”，沉醉于诗的状态下的他是不会与那些所谓的俗人、粗人、庸人交往的。彭基相、汪静之、梁宗岱、曹葆华、戴望舒、吕蓬尊、徐霞村、赵景深、柳无忌、罗皑岚、罗念生、郑振铎、沈从文、施蛰存、孙大雨、苏雪林等都是他的诗友，这些人又无不是近代文坛响当当的人物。朱湘和闻一多、徐志摩等人曾经轮流主编过有名的《晨报诗镌》，也当属于同事加朋友之列。柳无忌、罗皑岚、赵景深、罗念生又应该属于朱湘最为亲近的朋友，其中柳无忌与朱湘一同留学美国，感情最为深厚。朱湘在自杀之前还给柳无忌写过信，朱湘是把柳无忌当成挚友的。这些朋友也真对得起他，朱湘死后，柳无忌、赵景深、罗皑岚、罗念生、苏雪林等，或是撰文为朱湘正声扬名，或是积极帮助整理出版朱湘的著作。

朱湘应该是很看重朋友的，他曾经慨叹过人生有三件大事：“朋友、性、文章。”真正了解他的人，知道朱湘外冷内热，纯朴率真。他的好友罗念生回忆说：“他对生活非常认真，为人纯洁而又善良。他的弱点是个人奋斗，孤军作战必然归于失败。”柳无忌曾评价过朱湘：“不懂得子沅的人时常奚落他，认为他是怪，是孤傲；熟识子沅的人，方始知道子沅的人是这样的清高，这样的直爽，他待友人的心情是这样的忠厚。但是诗人都不免有一样吃亏的地方，太易感触，太多猜疑了。诗人对于情绪和外界的事物特别易受刺激，对于一点不如意的事故，也容易生出不快的情感，这种诗人的特质也许是子沅不能做成事业的一个致命伤吧。”

在当年的文坛上，年轻的朱湘摆出一副“初生牛犊不怕虎”的架势，成为名副其实的“朱大嘴”“朱大炮”。他频频的发诗、发诗评，评论着别人，“自尊”着自己。他说郭沫若的诗“粗”，“一本诗集只四行可读”；说闻一多的不足之处在于用韵不讲究，用字方面太文太累太晦太怪；说胡适的《尝试集》“内容粗浅，艺术幼稚”，八个字就概括完毕。给徐志摩的评价是“爱情诗本色当行；哲理诗是枯瘠的荒径，此巷不通；散文诗是逼仄的小巷路经很短；土白话是末节的街道岔入陌生的胡同。总之，徐君没汪静之的灵感，郭沫若的奔放，闻一多的幽微……只有选用徐君的朋友批评他的话——浮浅”。

朱湘非但对文坛前辈敢于辛辣嘲讽，对志同道合又诗词唱和的同学也敢于当面大骂，丝毫不念同窗之谊。他认为他的《采莲曲》应该排在《诗镌》第一篇，而不是排在闻一多的《死水》等作品后，为此对主编徐志摩翻脸，骂徐“瞧他那一张尖嘴，就不像写诗的人”。他批评汪静之的《寂寞之国》前辑里的诗“是大半都失败了”；认为丁玲的《莎菲女士的日记》的结尾太弱；指出戴望舒的《林下的小语》第一章是多余的。

朱湘痛苦地喟叹道：“天下最难的是朋友”，“我是一个惫殆的游人/蹒跚于旷漠之原中/我形影孤单，挣扎前进/伴我的有秋暮的悲风”。朱湘独自的吟唱，没有合辙的知音，他独立不羁的灵魂与思想，找不到共鸣的音响。他用一颗纯真甚至是天真的心对待朋友，从不意气用事地进行“棒杀”或“捧杀”，也不喜欢拉帮结派。本来缺少知心朋友，本来就不善经营人际圈子的朱湘，将该得罪的、不该得罪的人全得罪了。在友情方面，他又是营养不良。

六、凄凄夫妻情

就是在被清华大学开除以后，年已弱冠的朱湘开始了婚姻生活。朱湘的婚姻让人觉得有些怪异。指腹为婚是旧时婚姻风俗，这样的婚姻形式本身就具有传奇色彩。可让一个深受新文化运动影响，又富于浪漫色彩的“另类”青年诗人去与父亲二十多年前定下的对象结婚，会发生什么样的故事呢？朱湘接受这个找上门的妻子吗？

对于这桩婚姻，朱湘先是强烈反对，但后来又主动接受。女方叫刘彩云，其父亲与朱湘父亲是同僚，交情甚笃，两家遂订了娃娃亲。现在，刘彩云父母均已故去，依靠哥哥生活。刘彩云的现状让朱湘产生了同病相怜之感，他很快就接受了刘彩云，婚后又让她改名刘霓君。他曾在与友人的通信中说过："因为恋爱并非结婚的必需条件，并且恋爱情感极其复杂，并非纯粹的，一个人如其想得到真爱时才结婚，这人恐怕一生都得不了妻子——绝对的条件既然无从谈起，只好拿些相对的条件如同情，治家，无病，等等来择妇吧。"

朱湘的婚礼在南京大哥的家中举行，大哥的意思是按照全套的旧式婚仪行礼，须得跪拜。朱湘毕竟思想新潮，不吃大哥的那一套，只肯以三鞠躬代之。在高朋满座的情况下，身居要职、身份显贵的大哥觉得很失面子，就大发雄威，将洞房的花烛也打成两截。就为这看起来不大的事，导致兄弟俩彻底决裂，朱湘于新婚之夜就携新娘去了二嫂家，从此兄弟便形同路人，再无往来和兄弟情谊。

朱湘的婚姻走的是"先结婚，后恋爱，再生娃"的路子。只是至今无人知道，结婚后甜蜜的恋爱生活是否真的出现过。倒是生娃很快就兑现了，而且短短3年内，生了两个。孩子的出生，既剥夺了两人世界的浪漫，更让朱湘承受着巨大的经济压力。他甚至有点后悔。他与朋友说："你且听我这过来人的痛苦的呼声：早婚是该铲除的，在任何条件，甚至于爱情之下。"

更要命的是，朱湘焦躁、敏感的诗人性格，偏偏遇到霓君喜好怀疑、无理取闹的小女人性情，两口子吵嘴就不可避免。就是在安徽大学教书期间，没有经济压力的情况下也照吵不误。砸家具也是常见的，吵嘴时摔坏了、砸碎了、气消了、和好了再买新的。所以，有人说朱湘与刘霓君之间没有真正的爱情，只有情欲与同情。

朱湘婚后，偕妻子来到上海，专靠写稿译文，养家糊口，这是他唯一能做的。这段生活虽然不富足，但新婚还是带给他天伦之乐。他有一首未能作完的诗词《婚歌》足可以说明这一点。

让喜幛悬满一堂，映照烛的光
让红毡铺满地上，让锣鼓铿锵
低吹箫，慢拍铙
让乐声响彻通宵……

朱湘的处女诗集《夏天》于1925年元月由商务印书馆出版。对自己的作品是否为人所喜欢，朱湘表现出一种不成功便成仁的态度，他诗序里面写道："朱湘优游的生活既终，奋斗的生活开始，乃检两年来所做的诗，选存半数得26首，命名《夏天》，取青春已过，入了成人期的意思。我的诗，你们去罢。站得住自然的风雨，你们就生存。站不住，死了也罢。”在这本诗集中，他用柔软的调子、悦耳的歌声和青春的热情，描绘了一个没有苦难、没有冲突、充满美和爱的和谐世界，表达了他对真善美的追求、对黑暗现实的微弱反抗。

贫贱夫妻百事哀，经济窘迫一直是小家庭最大的问题。理想与现实南辕北辙，而且越走越远。朱湘的失望情绪也随之愈加强烈，终于到了不可收拾的地步。

留学生活留给朱湘的还是孤独。高度的自尊让他始终不能融入美国生活，而经济的压力又加剧了他的自卑感，繁重的学习任务也促使他几乎暂停了诗歌创作，他将对妻子的思念、对孩子的关怀全部倾注到家书之中。从1928年2月到1929年8月，大约一年半的时间里，朱湘给刘霓君写了106封“情书”，他认真地将书信编了号。信中除了称谓“霓妹，我的爱妻”明显亲热，并没有多少甜言蜜语、并没有卿卿我我，有的只是日常生活的关照叮咛、夫妻间的体贴呵护。1934年12月，上海北新书局出版了朱湘致刘霓君的“情书”，书名定为《海外寄霓君》。此书与鲁迅致许广平的《两地书》、徐志摩致陆小曼的《爱眉小札》、郁达夫致王映霞的《达夫书简》、沈从文致张兆和的《湘川书简》齐名，成为中国新文学史上一道风景。

霓妹，我的爱妻：

你从般若庵十二月初五写的“第一封”信我收到了。我后天就要搬家，你的信可以寄到憩轩四兄第一次替你打的信封那里。我在芝加哥城里过得好些，身体也好，望你不要记挂。我到今天总共收到你八封信。你信内并不曾提到岳母大人同憩轩四兄的病，想必是都好了。你的奶水不够，务必要请奶妈子。照我如今这般寄钱，是很够请奶妈子的，千万不要省这几块钱。小东身体已经不好，如若小时不吃够奶，一定要短命，那时我决定不依你，小沅你是不用我说就会当心的，所以我也不多讲。罗先生倒是很帮忙，不过那取衣的钱一定要还他。不知你已还给他了没有。千万记得还他。你很可以多寄些鱼肉给他，不过千万告诉他不要叫厨房作，怕的好鱼好肉给厨房赚下去了。你还告诉他，我从前在清华同他，同彭光钦先生，还同些别的同学，一同吃罗胖子先生从湘潭寄的鱼肉。我当时曾经答应了由家中寄些鱼肉给他们再吃一次，你可以多寄些，由他替我请他们吧。我这里只好等今年冬大再看寄不寄吧。如今已是春天，你寄时路上怕会坏了，不值得。并且东西寄到美国后，要抽我很重的税，那时东西不曾吃到，倒要赔钱，那才不上算呢。不过夏天罗先生来美国的时候，他到上

海以后，我可以托他在泰丰买些罐头带给我。如若上海没有菌子罐头，你可以寄三四个罐头菌子到上海交他带给我，不能再多。再多他就带不了，并且太多时怕人查出来。那要罚很多的钱。我新近译好了一本外国诗，寄到上海，可以先拿四五十块现钱。我叫他们直接寄到般若庵八号朱小沅。大概阳历三月底你可以收到。我这几个月因为搬了两次家。省而又省，只省得二十块美金来，阳历三月初寄给你，阳历四月半你可以收到。连着稿费也有九十块中国钱了。以后希望每月能省十五块美金寄给你，我这样省，恐怕书都买不了什么。我来美国许久，电影同戏一次也不曾看过。等一年之后。你进了学堂，我或者可以多买些书，偶尔添点衣裳。像现今这样，是决定不成的。不过这我一点也不埋怨。我书尽有的看，因为芝加哥大学的图书馆极大，要看什么书，就有什么书。我的霓妹妹替我带着一男一女，我每月至少总要有中国钱三十块寄给她，才放心。

大沅。二月六日第一封

七、俗性诗人梦

朱湘将自己整个生命都献给了诗，他才华横溢、诗情浪漫，其思想颇具乌托邦的色彩。但家道中落、生活困难又屡屡无情地击碎他的美梦。心高气傲的朱湘有时不得不一地鸡毛。灵与肉时而共同胁迫，时而彼此分离，让朱湘在俗性生活与诗情浪漫中飘零一生。

人们之所以说朱湘俗性，无非是因为他在给妻子的书信中，缺少像鲁迅、徐志摩、郁达夫、沈从文等才子情书中的浪漫，太多的笔墨用在一些家庭琐碎的事情上。实际上，只有认真分析一下朱湘的人品和当时的处境，就不难看出其中的辛酸与无奈。善良的朱湘、贫穷的朱湘、一心只想做一个文人的朱湘，他始终挣扎在生活的艰辛之中。他想做好丈夫、好父亲，他想让自己爱的人生活幸福。他也希望能在美国混个名声回来，好让家人脸上光荣；他也打算考博士，让夫人成为博士太太；他说大丈夫要做一番事业，光耀门庭、荫妻福子；他试图想出许多办法来让妻子高兴，计划挣出名声后，与夫人一起回故乡去热闹一番。

他知道，任何一个家庭都绕不开“柴米油盐酱醋茶”这些最基本的物质需要。他不愿低声下气求人，又没有高明的生财之道，所以只能忍受穷困。留美期间，朱湘所有的经济来源就是每月 80 美元的生活费。对朱湘而言，从牙缝里抠点钱补贴家用是他唯一可做的。给妻子写信就是与妻子叙家常、说情话，不需要去卖弄文字，也不必在乎他人的感受。朱湘的《海外寄霓君》显得琐碎、唠叨、俗气，有点小男人味，所谈都是汇款、稿费、衣服、做饭、肉体的温存，或者就是对霓君那些无端的疑问所作的无尽解释。这里，朱湘就是将自己置身家庭小环境中，真真切切、平平淡淡。给书信编号也仅为日后便于回忆，显得那么认真、细致。

朱湘的俗性根源于其真性。他是一个严肃的人、负责任的人。他的好友罗念生这样评价："他对于艺术的态度，未免太严肃了，在书信里他多少觉得自然些。所以他除了讨论人生、学问以外，偶尔说一两句笑话。就在这一两句笑话里，也还带着几分严肃性，并不能使你发笑。要不是我们读过他的一些讽刺诗，我们可以说他完全缺少这另一种心情。从这些信里，我们可以看出诗人思想的发展，对于人生的认识，和对于宇宙间一切事物的窥探。他讨论过诗，讨论过科学，讨论过男女间一切的微妙。尤其在这最后一点上，我们可以看出他的狂妄，但狂妄得够严肃。"朱湘是不会欺骗的，不会做作、不会掩饰，他将自己的全部和盘托出，连起码的自我保护、防范也没有。所以，他虽没有刻意去伤害他人，但得罪人却在所难免。

朱湘的俗性来自于其平民意识。他西装革履、架子十足，俨然是海派绅士。但感情上，他嫉恨绅士化的生活。同样是新月派诗人，与徐志摩、闻一多等在生活情趣、处世方略等方面颇有不同。朱湘写了不少平民生活题材的作品，如《寄思潜》《弹三弦的瞎子》等。

城市寂寥的初夜，
他的三弦响过街中。
是一种低抑的音调，
疲倦的申诉着微衷。

路灯黄色的光下，
有幻异的长影前横；
说不定他未觉到罢，
也说不定眼前一明。

寒气无声的拥来，
围起他单薄的衣裳，
他趁着心血尚微温，
弹出了颤鸣的声浪。

三弦抖动而呜咽，
哀鸣出游子的心胸。
无人见的暗里飘来，
无人见的飘入暗中。

——朱湘《弹三弦的瞎子》

作为诗人，朱湘却是精致、唯美、浪漫的。朱湘的诗“重格律形式，诗句精炼有力，庄肃严峻，富有人生哲学的观念，字少意远”。苏雪林把朱湘的诗概括为“善于融化旧诗词”“音节的凋协”以及“长诗创作的试验”三个特征。

朱湘是现代诗坛最有诗人气质的人，有人称之为“纯粹的诗人”，有人称之为“完全的诗人”，也有人称之为“诗人的诗人”，有人说他是“中国的济慈，歌唱着青春的热情，游子的哀愁，愤世者的孤高”，还有人说他“能以清明无邪的眼，观察一切；无渣滓的心，领会一切。大千世界的光色，皆以悦目的调子，为诗人所接受；各样的音籁，皆以悦耳的调子，为诗人所接受”。

朱湘对现代新诗的精美建构，特别是对音乐性的追求在现代诗坛更是堪称独步，为新诗的唯美化做出了很大贡献：前期诗秀丽娴雅、恬淡平静，后期诗庄肃严峻、凄苦幽愤，品其诗较多地关涉艺术美而给人以真正的审美愉悦与享受。

朱湘一生都在追求写诗这个“浪漫事”而少有旁骛，有一种浓得化不开的“诗美情结”。最后是朱湘一生以救赎现代新诗为己任，到头来不惜牺牲个体生命向诗神“献祭”，以期引起后人对“诗艺疗救”的关注。

小船啊轻飘，
杨柳呀风里颠摇；
荷叶呀翠盖，
荷花呀人样娇娆。
日落，
微波，
金线闪动过小河。
左行，
右撑，
莲舟上扬起歌声。

菡萏呀半开，
蜂蝶呀不许轻来；
绿水呀相伴，
清净呀不染尘埃。
溪间，
采莲，
水珠滑走过荷钱。
拍紧，

拍轻，
桨声应答着歌声。

藕心呀丝长，
羞涩呀水底深藏；
不见呀蚕茧，
丝多呀蛹裹中央？
溪头，
采藕，
女郎要采又夷犹。
波沉，
波升，
波上抑扬着歌声。

莲蓬呀子多，
两岸呀榴树婆娑；
喜鹊呀喧噪，
榴花呀落上新罗。
溪中，
采莲，
耳鬓边晕着微红。
风定，
风生，
风飔荡漾着歌声。

升了呀月钩，
明了呀织女牵牛；
薄雾呀拂水，
凉风呀飘去莲舟。
花芳，
衣香，
消溶入一片苍茫。
时静，
时闻，
虚空里袅着歌音。

——朱湘《采莲曲》

朱湘的诗体现了从追求理想、关注现实到痛苦幻灭的思想演变轨迹，

贯穿着理想主义、爱国主义和人道主义思想。他的第二本诗集《草莽集》（1925—1927）中，较多以哀婉曲调关注现实人生、同情人民苦难、暴露社会罪恶，体现出爱国主义和人道主义思想。而《石门集》（1927—1933）中则反映的是朱湘痛苦幻灭中的人生感，作品中关注现实的热情趋于淡薄，不少诗作带有浓重的消极颓伤情绪。

朱湘有自己独到的文学观，这也是他对近代中国文坛做出的重大贡献。他在寄友人徐霞村的信中有这样一段："文学只有一种，不过文学的路却有两条。唯美唯用并非文学的种类，他们只是文学的道路。道路虽然不同，归宿却只有一点：这便是，文学；换个法子讲，便是真的文学，好的文学。"朱湘本人选择的是"唯美的"文学之路，而当时的文化主流却是"唯用的"。

八、困顿职场人

1929 年 9 月 12 日，朱湘离美回国，开始了他短暂、悲情的职业生涯。钱光培在《现代诗人朱湘研究》第四章《归国后的挣扎和投江》的目录编排了朱湘归国后的"末日的图景"：返回上海→赴安徽大学教书的时间→筹办外国文学系的努力→两度去上海聘赵景深等任教→在安大的挫折与失望→对"温暖而甜蜜的家庭"的幻想→短暂的甜美生活→经济压迫的袭来→夫妻关系恶化→"向希望之星挣扎而前"→1932 年冬到武汉大学谋职的窘况→1933 年春到上海见赵景深时的窘况→离沪之杭求助于二嫂→1933 年夏赴北平求生计→在北平长达数月的期待→给柳无忌的信→1933 年 10 月在南开大学的"最后的讲演"→再度到武大做最后的寻求的落空→回上海对霓君做最后试探的失望→十二月五日投江。（钱光培：《现代诗人朱湘研究》，北京燕山出版社 1987 年版）

回国后，朱湘没有去成武汉，他禁不住好友饶孟侃的劝说，去了安庆的省立安徽大学。那时的安徽大学是皖省最高学府，在国内也有较大影响。校长王星拱曾经是"少年中国会"的成员，又曾在英国伦敦留学，思想开明，他正为安徽大学四处网罗人才，郁达夫、苏雪林、冯沅君、陆侃如、陶因等著名学者先后应聘任教。安徽大学对海外归来的朱湘格外地看重，立即给予他教授级的待遇。一是薪金给得高。朱湘月薪三百元，同样的"海归"苏雪林只有二百元（讲师级）。安大校长月薪是五百元，一个警察的薪俸只有三至五元。当时的消费水平是 30 元（大洋），可供一名大学生一个学期的饭费。二是职位给得高。朱湘是以外国文学系主任的职位受聘的。到 1930 年，安徽大学有文学、法学、理学 3 个学院共 10 个系。朱湘是最年轻的系主任。

高薪的海归教授，年轻的系主任，朱湘的前途似乎不可限量。他的生活也来了个咸鱼大翻身。他把夫人和两个孩子接来安庆，住进了学校对面的培媛女校的整幢小楼，一楼起居，二楼作书房。朱湘对此也十分满意。苏雪林女士曾这样写道："诗人住在这样理想的读书与写作的环境中间，身边还有添香的红袖，清才秾福，兼而有之，这生活我觉得值得人歆羡。"

刚到安大时，外文系并没有建起来，这并不影响朱湘的积极性，他以为这恰恰是自己大展身手的时候。他的"文学救国"梦在一点点变成现实，他为外国文学系的建设努力工作，他的进一步目标是建立英文文学系。此时的朱湘，的确有些春风得意。他有闲钱买古董，如新出土的陶马、郑板桥的墨迹。他当着诗人，为后学者崇拜；他当着教授，受学生欢迎。朱湘备课很详细，每次讲课也很认真，很受学生欢迎。他支持学生文艺团体晓风社的活动，并为他们创办的《绿洲》《沙漠》撰稿。他还将从国外买回来的外文书籍和朋友所赠的译著全数捐赠给了系资料室。

当然，他与夫人的争吵也时而有之，砸坏的家具很快就能买回来。他的孤傲性格依然如故，除饶孟侃、谢文炳等几个朋友外，与同事们很少往来。

然而好景不长。省立安大的经费来源"完全由安徽省库支给，无其他补助金"。当时的安徽经济萎靡不振，灾祸频至，财政拮据，故安大办学经费一直十分困难。时局开始动荡，紧接着1931年长江大水，物价飞涨，民不聊生。朱湘的梦想一点一点地开始破灭。

他的事业规划变成一纸空文。由于办学经费紧张，加上人际关系不睦，他约请赵景深、戴望舒、方光焘来安大任教的计划多次为校方拒绝。校方又要将他的"英文文学系"改成"英文学系"，这让朱湘难以接受。

他的高薪多是空头支票。经费不足导致学校开始减薪、欠薪，先是打七折发放薪水，后来干脆"打白条"。在两年间，安徽大学竟然累积欠了朱湘2000多块的薪水，这也直接导致了朱湘的一个儿子因为没钱看病而夭折。

原本安居乐业的朱湘，一步步滑入苦闷的深渊。他的不满情绪不断增强。他多次找校方论理、争吵、索薪，与校方的关系跌至冰点。他成了学校领导眼里的"刺头"。1932年秋，朱湘愤然离开安徽大学。

离开安大后，朱湘的经济来源被彻底切断了。妻子在这之前去了南京，她需要找个谋生的地方。朱湘漂泊于长沙、武汉、北平、天津、上海和杭州等地，以卖文为生，不得已时便向旧友们求援和告贷。他饱尝人情冷暖，世事沧桑。嗜烟如命的他，在很长的时间里，甚至连个烟味都闻不着。有一次在上海，他穿着旧棉袍，由轮船上的茶房"押解"着去找友人赵景深，因为无钱买票，行李被押在船上。一向清高的他此时也只自我解嘲说："这一次所受的侮辱可谓尽矣。"

后来，朱湘在贫困中一路辗转来到上海；此时他的妻子也在上海学会了刺绣并在一家公司做工，夫妻二人又一次重逢。此时的他已经完全绝望了。一如他名作《残灰》所说：

炭火发出微红的光芒，
一个老人独坐在盆旁，
这堆将要熄灭的灰烬，
在他的胸里引起悲伤——
火灰一刻暗，
火灰一刻亮，
火灰暗亮着红光。

童年之内，是在这盆旁，
靠在妈妈的怀抱中央，
栗子在盆上哔吧的响，
一个，一个，她剥给儿尝——
妈那里去了？
热泪满眼眶，
盆中颤摇着红光。

到青年时，也是这盆旁，
一双人影并映上高墙，
火光的红晕与今一样，
照见他同心爱的女郎——
竟此分手了，
她在天那方，
如今也对着火光？

到中年时，也是这盆旁，
白天里面辛苦了一场，
眼巴巴的望到了晚上，
才能暖着火嗑口黄汤——
妻子不在了，
儿女自家忙，
泪流瞧不见火光。

如今老了，还是这盆旁，
一个人伴影住在空房，
他趁着残火没有全暗，

挑起炭火来想慰凄凉——
火终归熄了，
屋外一声梆，
这是起更的辰光。

九、萧条身后事

朱湘投水后，他自己得到了解脱，而留下的孤儿寡母则命运悲惨。朱湘生前好友柳无忌、罗念生、赵景深等非常同情朱湘及其可怜的一家。据赵景深回忆，他们积极奔走，将朱湘遗作出版公之于世，并将稿费交付刘霓君。但抗战后朱湘的遗著再未重版，刘霓君“只好靠缝纫和刺绣来维持生活”。后来，她的女儿小东“嫁给了陕西的一位共产党员刘文德，就由他来赡养霓君一家”。“后来刘霓君与女婿闹翻，她到云南昆明去住。小沅（朱湘儿子）本来是中学语文教师，被四人帮打到矿山去工作。刘霓君仍以缝衣和在衣上绣花为生。她很想在昆明公园附近建立朱湘的衣冠冢和纪念碑，愿望没有实现。”

而据罗念生回忆：“小沅后来到处流浪，一多曾叫他到昆明去投考西南联大，可是小沅到达时，一多已被刺。小沅果然考上了西南联大，但是他母亲不让他学文学。他在云南大学经济系读过书。他后来因为历史问题，被送到煤矿劳教二十年，已于 1978 年死于职业病——矽肺病。”他们的女儿朱小东，同样生活凄凉。先天不足，“生下来很轻”，后天失调，“没有奶吃”，所以个子矮小、身体虚弱，少年时因病无钱医治，锯去一条腿。她由北京回到昆明时，得知她的一个女儿已于日前被一辆三轮车撞断脊骨，成了残废。有人在 90 年代初找到了她，可是此时年已 60 的她已经失去了一条腿，靠在街口卖短裤为生。

苏雪林认为“诗人朱湘生时寂寞，死后也还是寂寞！”因为朱湘生未能逢其时，死又不能传其名。在相当长的时间里，朱湘的诗才被历史无情地埋没了。人们将他划归新月派，但他的诗名却一直被徐志摩、闻一多等的光环所掩盖。

十、是非生死名

“一个人为什么要把自己的幸福一下子捣得粉碎？为什么要脱离安适的环境，走上饥饿寒冷而又耻辱的道路？”和朱湘同时代的才女苏雪林在其死后曾这样发问。

现在人说到朱湘，要么就简单地将他说成是“穷死的”，要么就武断地责备朱湘的死是不负责任，还有人指责朱湘没有济世情怀。总而言之，

朱湘，这个生前不被人理解的个性诗人，在死后一样地被人无情地品评、非议。

有人认为，朱湘是一个纯粹体制外的“文人”，是根本不见容于一个日渐体制化、物质化的时代的。他有关于“文人”的种种乌托邦念头。在与友人书中他声称：“我的理想，是文人能不教书而靠著作来支持生活——那时中国的文坛一定不会不热闹的。”又云：“我靠卖文过活的意思已经决定，办法是创作，翻译（西文译汉，汉文译西）编书，发行上采用直接订购的方法，在较好的报纸杂志上自己署名登广告。”朱湘一直是边缘化的人。

朱湘自己的评价是：“我真是一个畸零的人，既不曾作成一个书呆子，又不能作为一个懂世故的人。”他在《我的童年》一文中写道：“说到不得不读的书籍，我是一个度过了二十年学校生活的人，当然，它们是课本了。在学生时期之内，我对于课本，无论是必修科还是选修科，是很不喜欢读的。现在回想起来，教育与生活一样，也是一种人为的磨练……我当初既是不能适应学校的环境，自然而然的，到了现在，我也便不能适应社会的环境了。”可见，朱湘对自身的问题是有认识的，但实在苦于无人真正懂得他，包括他相濡以沫的妻子，也包括他的朋友与仇人。

有人说朱湘“做绅士”而不愿，“做平民”而不能，平民题材的诗作却有意无意地流露出暧昧的绅士风情，潜在的绅士气息颠覆和瓦解了显在的平民意识的自为，边缘意识便与他风雨同行了。

朱湘认为，性和朋友是他创作的动力。然而，友情和爱情都成了镜中之花。最后留给朱湘短短 29 年人生历程的，就只有诗了。朱湘对诗的钟情，促使他愿意将自己的全部用来献祭诗歌女神。他对诗的爱是无条件的，爱到了“为卿癫狂”的地步。作家有着远超过常人的对生命意义的敏感性。他们总是活在自己的精神世界里，尤其是那些极具人文关怀，思想深刻的作家，对生命、生存的意义的关注、要求和期待无疑比一般人强烈，他们对现世的期望也远远高于常人，正是在这种理想与现实的极大落差之间，他们比常人更脆弱更敏感，或是绝望，或是逃避，他们自己结束了自己的生命，留给我们的，却是无尽的对生命的疑问和对世界的思索。

柳无忌先生在《诗坛奇人》中说：“以历史的眼光看来，不要说胡适、汪静之之类都已落伍，徐志摩的影响是局部而有时间性的，象征派诗人如李金发、戴望舒在新诗上所掀起的只是海面上的一些浪沫，就是郭沫若与闻一多那些前进的作家，也限于初期的一二部诗集，他们的成就并非在诗歌方面。可与朱湘媲美的纯诗人现代看来，有‘汉园’派的卞之琳，李广田与何其芳，他们同时代的臧克家与冯至，及较后成名的艾青与田间。”

有人说他是天才，却是生活的白痴。生活中的朱湘是在世的，可怜的，被动的，无可奈何的，俗气的，实际的，功利的；而作为诗人和文学批评家、翻译家的朱湘是超世的，可敬的，主动的，才华横溢的，诗性的，唯美的。

朱湘死后被鲁迅称之为中国的济慈。但究竟是什么原因导致朱湘的人生悲剧，至今尚难以给出非常肯定的答案。梁实秋认为："应由他自己的神经错乱负大部分责任，社会上冷酷负小部分责任。"苏雪林对朱湘的死却有不同的看法："生命于我们虽然宝贵，比起艺术却又不值什么，不过谁能力殉艺术，像诗人朱湘这样呢？我仿佛看见诗人悬崖撒手之顷，顶上晕着一道金色灿烂的圣者的圆光，有说不出的庄严，说不出的瑰丽。"

首先，朱湘一开始并不消极，更不厌世，他没有主动抛弃世界。他对生活是充满热爱的，他对人生也有过憧憬。读朱湘的《少年歌》，会让人对朱湘有不一样的认识。

我们是小羊，
跳跃过山坡同草场，
提起嗓子笑。
撒开腿来跑：
活泼是我们的主张。

我们是山泉，
白云中流下了高岸，
谁作泾的涸？
流成渭的清，
才不愧我们的真面。

我们恨暮气，
恨一切腐朽的东西。
我们要永远，
热烈同勇敢，
直到死封闭起眼皮。

我们是新人，
我们要翻一阕新声。
来啊，挽起手，
少年歌在口，
同行人灿烂的前程！

——朱湘《少年歌》

诗中表达了少年如小羊的活泼、山泉的清纯，勉励少年要生机勃勃，

敢于同一切腐朽的东西做斗争，希望年轻人能携手奔向“灿烂的前程”。整首诗笔调明快，格调清新，章法整齐，韵调和谐，充满着昂扬的斗志，看不到半点颓废。

朱湘是精神的贵族，却是世俗的穷汉。在十四行诗意体六三五中，朱湘曾这样描述自己的理想生活：“一间房，不嫌它小，只要好安居；四时有洁净的衣服；被褥要暖；下雨的日子，一双套鞋，一把伞，一顿饱餐，带水果，菜不要盐须，旧书铺里买的，由诗歌到戏剧——文学以外的书籍，兴到时也看；最重要了，写诗，作文的笔一管：……旁的我并不企求，也没有需要，除了中等的烟卷，够抽一整天……常时的在夜里；七月，冰膏一杯。”可见他对物质生活的要求并不高。但他对精神世界的要求又是极严的，根本来不得半点妥协。

朱湘的悲情是人格之悲，但更多的是社会之悲。是这个世界抛弃了朱湘，因为这个物质化、体质化、功利化的世界不需要纯粹的诗人。朱湘一生没有做过对不起社会的事。他善良而单纯，执着而简单。他爱诗，不惜得罪朋友，只是把心里的真话说出来。他有同情心，即使做旧式婚姻的牺牲品，也一辈子没有嫌弃过自己的妻子。他热爱自己的国家，用他自己的方式在爱，爱到不计较个人得失。他生活在一个不幸的时代里，那时的诗人又往往短命，如殷夫、徐志摩、闻一多、郁达夫等。朱湘被排除在体制之外，他无法被主流社会所接纳，他失去了最基本的生境。

终其短暂的一生，朱湘的悲情最终归结为“爱的缺失”。幼年时缺少母爱、父爱，至于爱情、亲情、友情，于他皆是镜花水月。他敏感的神经，文弱的身体，奔放的激情，各种二律背反的痛苦在他身上纠结，让他无法承受，他只有选择逃离。

朱湘一生与他的身体虽被水所毁灭，然而他的名字并不是写在水上的。罗念生说：“英国的济慈是不死的，中国的济慈也是不死的。”朱湘的人生是悲情的，但他的诗是不朽的。

作者简介：许迪楼，硕士，副教授，安庆职业技术学院教务处副处长。

佛教领袖赵朴初

许迪楼

赵朴初（1907—2000），安徽省太湖县人，卓越的佛教领袖、杰出的书法家、著名的社会活动家，中国民主促进会的创始人之一。1953 年后，任中国佛教协会副会长兼秘书长，中国作家协会理事，中日友好协会副会长、中缅友好协会副会长，中国红十字会副会长、名誉副会长，中国人民争取和平与裁军协会副会长。1980 年后，任中国佛教协会会长，中国佛学院院长，中国藏语系高级佛学院顾问，中国宗教和平委员会主席，中国书法家协会副主席，中国民主促进会中央常委，民进中央参议委员会主任、副主席、名誉主席，全国政协副主席。

中国有“盖棺论定”之说。人死之后，其历史地位基本就可以确定了。生平本是对一个人一生的经历与历史的记录，也往往包含着对一个人是非功过作出的评价。赵朴初去世时，中共中央主要媒体如《人民日报》、《光明日报》、新华网、人民网等都发布了《赵朴初同志生平》，这就是中国共产党对他的“定论”。

赵朴初一生经历清末、中华民国和中华人民共和国三个时期，集佛学大师、社会活动家、国学大师于一身，他真心皈依佛教，凭借自己的智慧、慈悲、忠勇、圆融，一生以弘扬佛法，拯救天下苍生为己任，奔走于政界、佛教界和文化界之间。他以出世的修养做入世的事业，关心政治，广结善缘，致力于国家振兴和世界和平大业。

一、儒释兼通的世家子弟

赵朴初出身书香门第、官宦世家。其父系是安徽太湖县赫赫有名的状元之家，母系是来自湖北的探花之后。嘉庆元年（1796），太湖人赵文楷通过殿试中了状元，一时成为当地贫寒读书人的典范。赵文楷的成功对他

的家族和家乡产生了巨大影响，也开创了家族兴盛之先端。赵文楷继承并发扬了祖先清白做人、与人为善的美德，开创了敦儒重道的家风，从此，太湖赵家诗礼传家，子孙忠孝、勤学、自立、刚正、廉洁、乐施，终成名门望族，文脉绵延不断。此后家族中又连续出现了赵畇、赵继元、赵曾重三代翰林，且是嫡系子孙相传，直至清末科举制度废除。四代翰林虽均未开圻封疆成为大吏，但都关心社会、热心教育，后三代晚年都在安庆敬敷书院讲学，为安庆乃至安徽文教做出了贡献。

1907 年 11 月 5 日（清光绪三十三年农历十月三十日），赵朴初生于安庆四代翰林第。此时正值“风雨如晦，鸡鸣不已”的清末，清政权处在风雨飘摇之中。辛亥革命后，赵氏家族在政治上失去了优势，经济上也日渐衰落。四代翰林大院内，昔日的辉煌已不可见。社会动荡，世态炎凉，家族矛盾，促使幼年赵朴初离开翰林第。1911 年，4 岁的赵朴初随父母搬回到太湖寺前河的状元府，在这里生活了近十年，接受了启蒙教育。

启蒙教育无疑对赵朴初影响巨大，甚至确定了其儒释融通的人生发展格局。他打下了坚实的国学基础，在心里播下了慈悲的种子。赵朴初在晚年回忆说：“我的整个启蒙教育都是在故乡接受的，别看老师都是普普通通的民众，却给了我智慧，把我引上探索学术的道路。”

状元府坐落乡间，生活环境恬静、优美而又具有田园风情。赵家人与乡民们为邻，关系和谐。童年的赵朴初能接触到中国最基层的农民生活状况，有机会亲近大自然，体验乡村生活，接受来自家庭和乡村文化的熏陶。

赵朴初父亲赵恩彤（字炜如）毕业于安徽省高等学堂，曾受教于著名学者严复。他生性敦厚、恬淡，无意做官，中年起即闭门课徒，潜心教育，钻研书画，其书法独树一帜，绘画技艺更是炉火纯青。赵朴初小时最喜欢做的事就是站在父亲书房的方凳上，托着腮帮静静地看父亲习字，父亲的儒雅、淡定、书画修养，耳濡目染，使他受益匪浅。

赵朴初的母亲姓陈名慧，字仲建，号拜石，湖北武汉人，出生于官宦人家，其曾祖陈銮是嘉庆时的探花，曾任两江总督。赵母是位才女，有极高的文学修养，能作诗写词，写过不少诗词和剧本，中年曾作剧本《冰玉影传奇》。

赵朴初很小就表现得聪慧异常，不满 5 岁就被誉为神童。他的童年是在严格的家教、家规管束中长大的。从小就学会早晚要请安、见人有礼貌。父母给他讲的故事，也都是“头悬梁、锥刺股”“铁杵磨成针”等劝人苦读成才的段子。私塾老师学问很大，授课认真，教规也很严。赵朴初也曾因为偷摘枣子挨过老师的戒尺。

赵朴初从小就与佛结缘，受到佛教的影响。赵母笃信佛教，在府上设有佛堂，每日都要上香拜佛。偶尔，还要买些活物放生。门前的水塘成了她的放生池，里面放养着不少她买下的龟、鳖。赵母具一副菩萨心肠，尊老爱幼，同情他人。

故乡太湖佛教文化兴盛。早在东晋元帝大兴二年（319），天竺高僧佛图澄率其弟子在太湖寺前镇佛图山兴建佛图寺。太湖是佛教禅宗文化的发祥地。公元561年，北周武帝宇文邕（543—578）灭佛，立雪断臂的禅宗二祖慧可避灾，从少林寺来到花亭湖畔的狮子山、司空山一带，开坛讲道、弘扬佛法。慧可及其弟子将印度禅法与中国传统文化相圆融，创造了中国化了的佛教。北宋时期，禅宗临济宗支派杨岐派宗风旺盛，其正脉法嗣白云守端禅师住舒州太湖县的海会寺传承禅宗、绍隆佛种，门下龙象辈出，名噪海内。南宋庆元年间，杨岐派禅法由太湖传至日本，这是中日文化交流史和日本文化发展史上的重大事件，禅宗文化对日本文化影响至深。

赵朴初幼年生活的寺前河附近，就有廨院寺、佛图寺、狄梁庙、七里庵等寺院。寺前河附近的寺庙，儿时的赵朴初都随母亲去拜过。晚年赵朴初还记得：在廨院寺上香时，住持先觉有意考他的事。先觉师傅以庙中"火神殿"为题，说出一上联"火神殿火神菩萨掌管人间灾祸"。赵朴初稍作思索即以庙内"观音阁"为答"观音阁观音大佛保佑黎民平安"。

二、佛学精深的宗教领袖

大约东汉明帝时期佛教自印度传入中国，在长达近两千年的漫长时间里，佛教与中国文化交融、激荡，逐渐中国化，形成了三大语系并存、大乘八大宗派林立的中国佛教。但是，由于与世俗政治之间的矛盾冲突、与中国传统思想文化特别是与儒家、道家思想的矛盾冲突等原因，中国佛教几度盛衰，时起时落。特别是到了清末，佛教徒脱离现实、漠视世间、畸重出世间，佛教似乎成了教人无所事事、消极怠慢的安眠药，加之僧伽队伍鱼龙混杂，良莠不齐，生吞活剥教义，传统佛教已衰落到被讥为专门送死超生的"死教"，走进了死胡同，中国佛教衰落至极、奄奄一息。19世纪末，康有为、梁启超等人为挽救民族颓势而倡导"应用佛教"思想，太虚大师为"革新僧制和复兴佛教"而倡导"人生佛教"理念，近代佛教慢慢走出式微困境，呈现再度兴盛之势。

赵朴初真正接受乃至皈依佛教是缘于他在苏州东吴大学期间的一次变故，他患上了肺结核，经常吐血，不得不辍学。介绍他到上海求学且一直关照他的是表舅关䌹之、表姨关静之兄妹。关家兄妹是佛教信徒。赵朴初住进关䌹之的觉园智照楼养病，在这期间阅读了大量的佛教经典，对佛教有了真正的认识，从而奠定了慈悲、智慧的善根。后来，赵朴初经人介绍

到了净业社，一边养病，一边工作。在净业社，他有机会与众多的南传、汉传、藏传三大系佛教的高僧大德交往，对佛教的认识也逐渐加深。有两位高僧对赵朴初的影响尤为重要，一位是致力佛教改革、倡行“人生佛教”的太虚法师，另一位是融通教宗、禅静双修的圆瑛法师，这两位高僧大德都是佛教领袖，是近代中国佛教界的精英人物。1931 年，经圆瑛法师点化，赵朴初正式皈依佛教，成为释门居士。

儒家思想对赵朴初的影响是显而易见的。他的老师圆瑛法师主张“国家兴亡，匹夫有责；佛教兴衰，教徒有责”。其儒家色彩很浓。“己所不欲，勿施于人”“君子和而不同”等成为他从事佛教革新和社会活动的行动准则。

赵朴初选择做了一名“菩萨乘法”的佛教徒，入世而不恋世，出世而不独善，能够忘我为人，利度众生，依照佛陀的指示，发扬佛陀的救世精神。他的理想是建设人间净土。因此他立志“报国土恩；报众生恩”，以“庄严国土，利乐有情”为己任，行人间菩萨道。他将续佛慧命与救世济人结合在一起，圆融宗教与政治，既弘扬佛法、振兴佛教，又致力推进民主、发展慈善事业。他终成一代宗教领袖，受到海内外人士的广泛敬仰。

中国社会科学院世界宗教研究所杨曾文教授总结赵朴初先生对中国新时期佛教的贡献是：一是协助党和政府落实宗教政策，指导佛教界迅速恢复寺院组织和宗教活动；二是倡导“人间佛教”，推进佛教走与社会主义社会相适应的道路；三是针对佛教界出现的问题，将加强自身建设作为今后佛教界重要任务；四是强调佛教是中国传统文化组成部分，拓宽佛教融入社会的渠道；五是重视培养佛教人才，致力发展佛教文教事业。

简单地说，赵朴初对新中国佛教的贡献可从思想理论层面和实践层面去分析。思想理论层面上，赵朴初传承和发扬了太虚的人间佛教思想，主张爱国爱教、入世救世。实践层面上，他终身坚持菩萨行，积极承担起续佛慧命、救世济人的重要使命。

第一，赵朴初试图在佛教入世与出世之间找到一个平衡点。既要维持佛教的神圣性、崇高性，防止其庸俗化、肤浅化，又要增强佛法的人间性、现实性，促进佛教的大众化、普及化。赵朴初佛教改革的目标是，革除近代大乘佛教针对专为死人诵经、超度亡灵的“经忏佛教”以及不问世事的“山林佛教”的弊端，解除丛林古制对佛教发展的束缚，让更多的人正确认识佛教，发挥佛法的教化功能，保持良好的道风，培养高水平的僧伽队伍，将信仰落实于生活，将修行落实于当下，将佛法融化于世间，将个人融化于大众。

第二，赵朴初着力理顺政教关系，协调宗教与世俗政治的矛盾。他总结中国佛教两千多年来的历史经验教训，清楚地认识到，任何宗教都要与当时的社会相协调，不能与社会相协调的宗教，是没有出路的，最终也会被社会淘汰。《赵朴初同志生平》中有这样几段话："作为新中国一代宗教领袖，赵朴初同志把佛教的教义圆融于中国共产党领导的建设有中国特色社会主义的伟大事业之中；圆融于维护民族和国家的尊严、捍卫国家领土和主权的完整，促进祖国和平统一的伟大事业之中；圆融于促进中国佛教界与世界各国佛教界友好交往的伟大事业之中。""赵朴初同志坚决拥护党中央制定的关于宗教工作的一系列方针政策和重要指示，积极协助党和政府全面正确地贯彻执行宗教信仰自由政策，加强对宗教事务的管理，积极引导宗教与社会主义社会相适应。赵朴初同志以高度负责的精神，对社会主义初级阶段的宗教理论和工作，坦诚提出许多宝贵意见和建议。""他恪尽职守，殚精竭虑，为宗教与社会主义社会相适应的理论与实践做出了杰出的贡献。"

第三，他努力夯实佛教的信众基础。他坚信佛法面前人人平等，因此不论是被人视为"只知叩头烧香"的一般信众，还是"深谙佛学"的学者，只要是尊重佛教、行善止恶的人他都广结善缘。因此他人缘特佳，结交的朋友贫、富、老、少都有，为此完成了许多于佛教、于众生、于社会都有利的大事。

第四，他巧妙设计佛教融入社会的切入点。提出"佛教是文化而不是迷信"这一论断，列举种种历史事实，充分证明"佛教对中国文化发生过很大影响和作用，在中国历史上留下了灿烂辉煌的佛教文化遗产"。可以说，"在中国历史上，佛教和文化关系如此之深，不懂佛学就不懂中国文化"。因此，我们不能简单地把佛教"看作粗俗的宗教迷信"。赵朴初认为，"人类文化的发展是个连续不断的过程，传统文化和现代文化不可能完全割断"。我们要发掘和研究佛教文化遗产，"吸取其中有价值的东西，无疑可以丰富社会主义文化"。这一论断消除了长期以来特别是新中国成立之后人们对佛教的误解，澄清了人们对佛教的基本认识，进而为佛教自身处理同社会其他文化形态的关系提供了思路和方法。他要求佛教文化研究以信仰作本位，以文化为载体，弘扬佛教在哲学、文学艺术、伦理道德、自然科学、生命科学等领域内所积累的丰硕成果，要让这一笔人类文明宝贵财富，在东方文明乃至世界文明中放射异彩。

第五，他积极推动宗教成为维护世界和平的力量。世界和平是赵朴初一生的愿望和努力方向。赵朴初提议发起成立中国宗教和平委员会，并被推选担任委员会主席。这是中国佛教、道教、天主教、基督教、伊斯兰教等宗教组织的联合组织，宗旨是祈祷和平、推进亚洲和世界和平。赵朴初认为，开展国际佛教友好交往是中国佛教的优良传统之一。他于1993年提

出了中、日、韩三国佛教友好交流如“黄金纽带”的构想，认为“中日友好是亚洲和平与世界和平的重要保证，而中日佛教友好则是维系中日友好的一条‘黄金纽带’，具有无比珍贵和坚固的价值，它对于唤醒人类良知、遏止人性中恶的因素的膨胀，对于维系和发展两国和平友好力量，有着不可替代的特殊力量”。这一思想也得到了中日韩三国佛教界的赞同，以及日韩两国政府的理解。所以，人们又敬称赵朴初为“和平使者”。

三、悲天悯人的社会活动家

赵朴初始终关注民生民情，毕生致力于救世济人，将他的儒佛修为圆融于社会活动之中。赵朴初的社会活动主要集中在推进民主政治、促进中国佛教和慈善事业的发展等方面。

他赞同共产党救国救民的思想，欣赏共产党人铁肩担道义、慷慨赴国难的精神，认为这与佛家大慈大悲、普度众生的愿望相吻合。他始终都是中国共产党的朋友，抗战期间先后输送几千名青年难民参加新四军，为新四军筹措通信器材和医疗器械与药品。新中国成立初时他任上海临时联合救济会总干事，收容战区难民，维护地方治安。1949 年，他以宗教界代表的身份参加中国人民政治协商会议第一届全体会议，参加中华人民共和国开国大典。

在东吴大学学习期间，赵朴初以学生领袖的身份参加“五卅”运动。1945 年 12 月 30 日，赵朴初与马叙伦、王绍鏊、林汉达、周建人、雷洁琼等在上海成立以“发扬民主精神，推进中国民主政治之实现”为宗旨的政党——中国民主促进会。此后，赵朴初始终是中国民主促进会的重要成员和领导人。1979 年、1983 年、1988 年，赵朴初当选民进中央第六、七、八届委员会副主席；1992 年、1997 年，赵朴初当选民进中央第九、十届委员会荣誉主席。民进中央主席许嘉璐在怀念赵朴初的文章中说：“他一生灿烂。”“他参与创建中国民主促进会，时时刻刻关心着民进的建设、发展。他一生淡泊物外，唯公是务。他学兼古今僧释，思想深邃，却虚怀若谷，谦和平易。”

1953 年，赵朴初参与发起、组织了中国佛教协会，任第一届理事会副会长兼秘书长。“文化大革命”时期，中国佛教遭受浩劫，全国绝大多数寺院被毁坏或占用，大批僧尼被赶出寺院，佛教界人士大多遭到批斗，佛教文化教育事业单位和地方佛教协会被迫关闭。赵朴初本人也曾被监管劳动，地点在广济寺后两跨院，具体做送煤、劈柴、扫雪、倒脏土等杂务。

“文化大革命”后，古稀之年的赵朴初与他热爱的佛教事业进入了又一个辉煌时期。1980 年至 2000 年，赵朴初一直担任中国佛教协会会长，同时他还担任中国佛学院院长、中国藏语系高级佛学院顾问、中国宗教和平委员会主席。他积极协助党和政府全面正确贯彻宗教信仰自由政策，恢复宗教活动。千方百计推动分布于全国各地的一大批佛教寺院归还佛教界，促进寺院的恢复；恢复金陵刻经处，刻印经书；积极推动中国佛学院恢复办学，加强佛教人才培养；创办了一系列的佛教文化机构、刊物，举行一系列的佛教学术研讨会、座谈会、讲演会等，发展佛教文化事业；推动信仰、道风、教制、人才、组织五个方面建设，出台了一系列相关办法和规定，保证了佛教事业的健康稳定发展。

早在20世纪30年代，作家王元化看到赵朴初在生活中那样积极进取地办事，觉得这似乎与佛教“出世”的精神不大符合，便问“你真信佛教吗?”朴老恳切地回答：“那当然是真的，这怎么能假。”前全国人大常委会副委员长、民进中央主席许嘉璐教授说赵朴老“沟通世间与佛法”，“由此我曾经想到这样一个问题：民进是世间政党，佛教是以无念为宗、无相为体、无住为本，凌于世俗，以求解脱的学说和文化，二者在朴老身上怎么会结合得这样好呢？这在佛学研究界和古今佛教信众中可能并不多见”。

赵朴老一生都没有停止过慈善活动。抗战前后，他先在沦陷的孤岛——上海勇救难民，后又收容流浪儿童，还发起赈灾募捐，求助河南、陕西、甘肃等地灾民。新中国成立前后，他从事劝募、施济、工赈、收容工作，救济了大量难民，促进社会秩序的迅速恢复。

作为一名特别受人尊敬的慈善家，赵朴老罄其所有捐助他人。有人统计过，20世纪80年代、90年代朴老个人共为社会捐助人民币240万元，他捐助的对象包括非洲难民、灾区百姓、故乡人民。而他和他的夫人，始终过着令人难以想象的简朴生活。

赵朴老的慈善事业又远远超越了对他人的救济，他积极倡导世界和平，不遗余力地支持着中国红十字会和残疾人工作。所有这些，都可归结为他推行人间佛教、“但愿人生得离苦”的菩萨行。

四、诗书双粲的国学大师

纵观古今，遍览佛俗，能兼得诗、书、禅真昧者极其罕见。在一般人的记忆中，大概只有苏东坡、弘一法师等寥寥数人。赵朴初就是其中之一。家学影响和私塾教育为赵朴初打下了厚实的国学功底。他天资聪颖，学习勤奋，在日后的学习、生活和工作中，不断汲取新的知识，其国学修养也日臻上乘，终于诗书双粲、儒佛相融，成为一代国学大师。

赵朴初是一位有深厚的古典文学根基和修养的诗人，他“尊传统以启新风”，集揽唐诗、宋词、元曲之精要，诗歌创作上曾作了尝试和探索，“逐渐倾向于多采用我国诗歌的传统形式，即五、七言的‘诗’，长短句的

‘词’，和元明以后盛行过一时的‘南北曲’”。同样是佛家居士，唐代白居易作诗《中隐》曰：“大隐住朝市，小隐入丘樊。”白居易以综合儒、佛、道三家的思想立世行事，对赵朴初的影响是很明显的。特别是白居易的“文章合为时而著，歌诗合为事而作”的主张更是赵朴初的诗词创作的基本原则，所以赵朴初诗的风格与白居易颇为接近。

他在《毛主席致（诗刊）函发表二十周年纪念座谈会献词》中阐述了他的诗歌创作主张：“际此青黄待接联，旧诗亦可供蹄筌。暂借旧碗盛新泉，更存薪火续灯燃。”他在中国作家协会鲁迅文学院讲课时说：“我认为，我们要尊重、要继承、要发扬的是应当从《尚书》《诗经》以来三千多年源远流长的民族诗歌传统。我们诗歌的改革和创造只有在这基础上发展起来，否则不能够期望会有什么成就。”同时他又指出：“每个民族的语言都具有它的特征，即它的语音、语调等。我国的古典诗歌开始是四言、五言，发展到七言诗，长短句的词，元明以后的曲。这些东西大多都来自民间大众之中，它的音调和谐是人民大众在无意识当中取得的，经过一段时间的沿用慢慢成为定式。”“我们需要尊重这种形式的存在，不要随便地否定。简单地说它是习惯势力，这种匆匆地轻率地加以否定，不是科学的态度，对于新诗的发展也没有益处。”

赵朴初还是富于创新的诗人。《片石集·前言》中自称为“无‘律’之曲，非‘曲’之曲”，或可“叫作一种新诗”的“自度曲”，他的不少作品就是这种自度曲。他在日本俳句及我国传统五、七言诗基础上创立了“汉俳”这一新的文学体裁。

赵朴初是社会活动家，生活面广阔，名山大川、名城古寺皆入诗中。再如家乡天华山茶、深圳的芥菜，以至花篮中的雏菊花，一瓣落花，还有感冒、心脏病、病危，无不入诗。所至所感成诗，诗情弥天。由物写意，融情入景，意蕴深远，还以巧妙的艺术思维出之。赵朴初作诗，信手拈来，出口成章，日课一诗以代日记，是他长年的习惯。这些诗稿，多为直抒胸臆的乘兴之笔。他尽量口语化，像百年前黄遵宪所说：“我手写我口。”更用民间的山歌、俚曲、野语入诗。

赵朴初的诗词曲中表达出来的最突出的特点，就是他的菩萨心肠，充满着一个“爱”字。他爱祖国、爱人民、爱家乡、爱佛教、爱朋友、爱亲属，归根到底他爱大千世界。

1956 年 12 月，赵朴初在飞机上诗兴大发，留下《临江仙·飞行中作》：

穿过层阴千百尺，喜看万里晴空。上方境象览无穷。玉峰迎旭日，银海纳长虹。忽见碧虚开下界，白云朵朵芙蓉。俯窥山色有无中。长安今咫尺，一笑过临潼。

1976年1月8日，周总理逝世，赵朴初在悲痛之际挥毫写下挽诗：

大星落中天，四海波澒洞。终断一线望，永成千载痛。艰难尽瘁身，忧勤损龄梦。相业史谁俦？丹心日许共。无私功自高，不矜威益重。云鹏自风抟，蓬雀徒目送。我惭驽骀姿，期效铅刀用。长思教诲恩，恒居惟自讼。非敢哭其私，直为天下恸。

1990年9月30日，阔别故乡70余年的赵朴初回到寺前，在欢迎会上即席吟出："桑田沧海一弹指，六十四年归故乡。地理人文惊八变，山情水意共天长。"

而关心下一代、重视教育的赵朴初也毫不吝啬对人民教师的称颂，从他创作的《金缕曲·敬献人民教师》就可见一斑：

不用天边觅，论英雄，教师队里，眼前便是。历尽艰难曾不悔，只是许身孺子。堪回首十年往事?！无怨无尤吞折齿，捧丹心，默向红旗祭。忠与爱，无伦比。

幼苗茁壮园丁喜。几人知，平时辛苦，晚眠早起?！燥湿寒温荣与悴，都在心头眼底。费尽了千方百计。他日良材承大厦，赖今朝血汗番番滴。光和热，无穷际。

赵朴初临池挥墨，终身不辍。他博观约取，兼采众长，最终自成一体，是当代书坛最具影响力的书学大家。他的书法风格被世人尊为"赵体"。在赵朴初的身上，有着诗人的浪漫气质，有着学者的严谨做派，有着文人的娴雅风致，有着佛学家的禅机理趣，还有领袖的端庄雍容，这些都无一例外地通过"赵书"传递出来。从赵朴初早期的书法来看，他是由北碑入手的，学李北海（邕）的以行书写碑。启功说赵朴初书道："朴翁擅八法，于古人好李泰和（邕）、苏子瞻书，每日临池，未曾或辍，乃知八法功深，至无怪乎书韵语之罕得传为家宝者矣。"

赵朴初的书法字形流畅秀逸，结构严谨缜密，笔墨洗练疏朗。秀逸中见端庄，潇洒中见法度，娟秀而不失之纤弱，潇洒而不失之放诞，平易畅达，毫无拘碍。从灵动的行笔中往往透出一股朴拙的金石气息，这是因为他吸取了碑学厚重沉稳、刚健雄浑和帖学清隽流美、秀逸绰约的美学特点，又摒弃两者各自的不足，形成具有帖学的外形表现、碑学的行笔内涵的独特风格。它以儒家的理性为中心，间以禅定、忍辱、精进等释家精神和无为寡欲的道家意识，达到了"返璞归真，悟初笃静"的至臻至善境界。

如果你到全国各地游览一番，就会发现凡是有佛教庙宇，有人文胜

地，就差不多都有赵朴初的题字。曾经几度，能得一块赵朴老题写的匾额，能收藏一幅赵朴老书写的素笺，都是一份荣耀、一种幸运。可对他本人来说，他从未以书法家自居。只要他身体许可，他总是有求必应。这也正是他的作品广泛流传的原因之一。有人请他题画、题额、为记、作序，他都是恭敬地完成。他说这都是“文债”，“写字为文，无论自愿他求皆债也”，“寻常还不尽，待将赊欠付来生”。

赵朴初一生倾注大量心血，宣传推动中国书法的继承和发展，培养书法新人。他认为一幅好的书法作品，虽片纸数字，但能起到“看教墨海翻澜年，喷薄风雷震大千”的效果。对书法理论和实践，他有独到的看法，在《中国书法家协会第三次代表大会献词》中，他以淳淳诗意，论述了书理精深：

学书非小道，譬若整衣冠。
出门见大宾，俨然而蔼然。
浮天沧海远，情意动波澜。
一纸抵万金，异国同笑欢。
当其独坐时，斗室纳大千。
神凝而气静，众妙现毫端。
好学近乎神，养怡可永年。
今朝逢盛会，少长集群贤。
芜词申祝愿，书法光坤乾。

五、温润如玉的谦谦君子

赵朴初是一个谦和的人、慈悲的人，与其相处，如饮甘醴，如沐春风。他是一个极具人格魅力的人。

首先，他是一名精通儒学的佛教徒。赵朴初的生死观兼受儒释两家的影响，但以佛学为主体。他原在20世纪70年代立有遗嘱，后因故遗失，又于1996年10月在北京医院亲笔书写了一份遗嘱：

关于遗体的处理，我曾在二十多年前写过遗嘱，置书橱屉内，不知缘何失去，今尚记忆原文大概，再书之：遗体除眼球献给同仁医院眼库外，其他部分凡可以移作救治伤病者，请医师尽量取用。用后，以旧床单包好火化。不留骨灰，不要骨灰盒，不搞遗体告别，不要说“安息吧”。

生固欣然，死亦无憾。花落还开，水流不断。
我兮何有，谁欤安息。明月清风，不劳寻觅。

遗嘱正反映了赵朴老的生死观，他坦然地面对死亡，能够生起一颗平常心，不再执着于生死，从而做到超越生死。

第二，他具有宁静淡泊的个性。他出生于在殷实之家，从小就衣食无忧。可他没有耽于待物质享受，生活清廉。他自称素食70余年未曾不饱，居曲巷50余载而未觉不安。身居高位时，他依然淡定从容，曾提出过“三不要”：不要换房子，不要换汽车，不要警卫员。住的房子普通而陈旧。组织上曾多次分给他好宅，但都被谢绝了。从20世纪60年代起，他就住进北京南小栓胡同1号，这是一个平常而又简朴的小四合院，古旧是他家里的一切陈设的特点。他节约粮食，舍不得半点浪费，吃饭时总要用馒头蘸尽菜汁，或是将开水冲洗，再将汁水一起饮下。

第三，他具有豁达乐观的胸怀。“海纳百川，有容乃大；壁立千仞，无欲则刚。”赵朴初豁达大度、乐天知命的处世态度为他结得诸多善缘，赢得了社会各界对他的尊重和赞誉。在宗教界，他摒弃门户之见，尊重不同教派、不同宗教的信仰。他以春风化雨般的姿态，促进历史上前所未有的汉传佛教、藏传佛教和南传佛教三大体系的相互团结、相互交流、相互学习。他主张各种宗教之间相互吸纳、相互融合、相互补充，倡导信仰的多元化与和谐。

赵朴初多病缠身，曾患肺病、心脏病、胃溃疡、肾病综合征等慢性病，一生与病魔打交道。即使生病住院，他无惧无畏，依旧心态平和、旷达开朗。这点可从他的诗作《病室偶作》中管窥一斑：

八十四年过，而今知免夫。
遵医多饮水，阅世但观书。
尚有平生志，还思老骥图。
智灯千万亿，一一耀明珠。

1996年，他吟诗表达自己住院的感受：

五洲四海一坛场，曾战群英论辩堂。
病室不须寻旧梦，此心安处是吾乡。

1990年金秋，赵朴老回到了阔别64年的故乡——太湖县寺前镇，由于修建花凉亭水库，朴老的故宅状元府早已淹没在碧波之下，他对此没有耿耿于怀，而是大度地即席写下《返故乡太湖作（自度曲）》：

老大始还乡，惊见人天尽换装。喜学舍工房，新兴穷镇，茂林佳橘，旧日荒冈。更雄心三年五载熙湖，绿遍东西南北方。神驰远景无疆。尽情领受，千重山色，万顷波光。不教往事惹思量。任故宅水深千尺，抑又何伤？问还余几多光热，报我乡邦。

第四，他具有虚怀若谷的君子风骨。赵朴初谦虚谨慎，平易近人。他

非常看重友情，不论谁求字、求诗、求词，他都不会拒绝。亦如他与人交往，总是谦诚以待，与人为善，虚怀若谷，充分听取对方意见，从不打断，善解人意。他的表示、应答，总是和颜悦色，都有分寸、要言不烦。即使遇到尖锐分歧，他也不会面红耳赤，总是适度说理，避免无谓争论，谦逊虚心听取各方意见。

1990年9月，赵朴初参观歙县胡开文墨厂，此时他已经是饮誉海内外的书法大师，然而，他在《参观胡开文墨厂题词》中却看不出半点自得之情："自幼便知胡开文，东涂西抹不肯罢。白首来观老墨庄，黄山风云光四射。学书不成每自惭，要我题词无可话。只道墨家近佛家，摩顶放踵利天下。"

当今书坛领袖沈鹏比赵朴初小二十多岁，朴老对他的书法大加赞赏，说沈鹏书法"大作不让明贤，至所欣佩"。他在《老年书作用退笔》一诗中更写道："老年作书用退笔，不求妍润存骨力。枯槎架险嗟未能，沈鹏谓有青春气。沈君善书我不如，虽知过誉亦心怿。门前流水尚能西，东坡所羡差堪及。"

赵朴初诗词曲俱有很深造诣，许多作品流传于世，广为传诵。而他自己认为"毕竟格律太拘牵，谬种须防误少年"，"诗境无穷山外山，愿随志士共登攀"。

第五，他具有高洁典雅的兴趣爱好。赵朴老生活简朴，食唯求饱，饮食不沾荤腥，唯一的嗜好是喜欢喝茶，自称"茶篓子"。早年，他曾吟诗"冷意初凝借茗浇"，表示了用喝茶驱寒的心情。即便在病中，他也饮茶，所谓"舌存堪味茗"。晚年更是"茶香朝夕药香俱"。他不讲究茶具，随缘而已。他主张茶禅一味，认为悟禅要与日常生活相融，与开悟顿悟相通，与平常心相和。他曾作诗云：七碗受至味，一壶得真趣，空持千百偈，不如吃茶去。

赵朴老长期从事社会活动，弘扬佛法，播撒和平的种子，他的足迹不但遍及峨眉山、九华山、五台山、敦煌、普陀山、云南等佛教名山圣地，还到达过日本、尼泊尔、瑞典、匈牙利、印度、斯里兰卡、苏联等几十个国家。他每到一地，都免不了诗兴大发，留下佳作。

客观世界没有不朽的东西，只有留在人心中的，才是不朽的。在奔腾不息的历史长河中，多少事物都是转瞬即逝，而留在人们心中的，只能是最动人、最宝贵、最有价值的东西。诗人臧克家在《有的人》诗中写道："有的人活着，他已经死了；有的人死了，他还活着。"意思是有的人虽然死了，但是不朽，他的事迹和人格一直影响着每个活着的人。《左传·襄公二十四年》中写道："太上有立德，其次有立功，其次有立言；虽久不废，此之谓不朽。""立德"是指做人，是指做一个有德的人、做一个好人，以德服人；“立功”是指做事，就是建功立业，或统一国家、振兴民族，或奉献社会、服务大众，或兴办产业、造福人民；“立言”是做学问，就是著书立说、流传后世。赵朴初的一生成就完全可以用“立德、立功、立言”来概括。

作者简介：许迪楼，硕士，副教授，安庆职业技术学院教务处副处长。

将军外交家黄镇

王金根

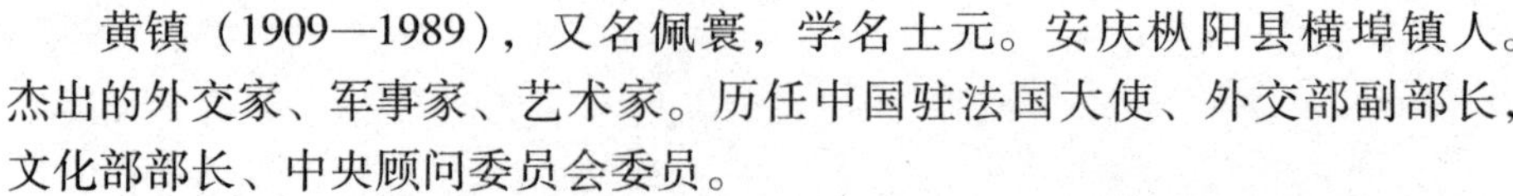

黄镇（1909—1989），又名佩褰，学名士元。安庆枞阳县横埠镇人。杰出的外交家、军事家、艺术家。历任中国驻法国大使、外交部副部长，文化部部长、中央顾问委员会委员。

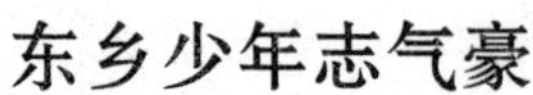

东乡少年志气豪

1909 年 1 月 9 日，黄镇出生于安徽枞阳县横埠镇黄山村双井边的一个农民家庭，乳名百知。枞阳文风浓郁，自古重学，黄山村的黄氏宗族开办家族学堂，四十多户黄姓子弟均在这里读书。7 岁时，黄镇也进入这所家族学堂读书，他兴趣广泛，能背诗歌，会唱黄梅戏，特别爱绘画。私塾老师杨绳武是位民间画家，擅长画梅，在他的悉心教导下，黄镇的学画热情越发高涨。杨绳武老师欣赏他能吃苦耐劳的品德，对他寄予厚望并为他取名“士元”，寓含“士人中第一”之意。

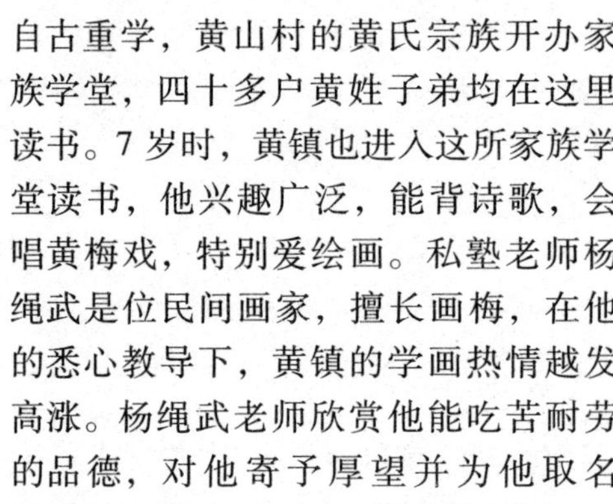

1902 年，近代著名的文学家、教育家，当时还是留日学生的吴汝纶创办了桐城中学，经过十几年的发展，桐城中学成为桐城一带播种新文化的摇篮，在安徽享有盛名。1921 年，13 岁的黄镇与同乡黄位中一起前往桐城考中学，以初试第五、复试第七的成绩录取。黄位中的复试成绩排名第十三，也顺利考取了桐城中学。两位十几岁的小孩翻山越岭走了一百多里路，最终以优异的成绩考取桐城中学的事迹，后来为众人所赞叹，黄镇的一位同学写了一首诗来赞扬他们：

东乡少年志气豪，驰驱百里试宝刀。
金榜题名识雏凤，国之栋梁赖尔曹。

在桐城中学浓厚的文化氛围中，黄镇在书法、绘画方面下了不少工夫，水平日渐提高，在学生中崭露头角，颇引人注目。校内外不少人请他作画，有的小学还邀请他去教图画课。也是在这里，他接触到了新思想，这为他后来的人生道路奠定了坚实的基础。

1925 年，黄镇考入上海美术专科学校，带着辛辛苦苦筹措的学费，16 岁的黄镇只身来到上海美专。在他的努力之下，他的画进步很快，在上海、杭州、南京等地举办的展览中都得到好评。也在这一年，因五卅事件，学校提前放假，回家后参加了桐城中学组织的声援游行活动。1926 年，激进的黄镇因领导一场揭露校方侵吞学生经费的运动，被关进上海龙华淞沪警备司令部。为表示对当局的不满，后转入新华艺术大学。1927 年，黄镇拿到新华艺术大学的毕业证书，时年 19 岁。因支持学生运动，担任浮山中学训育主任兼美术教员的黄镇，被学校辞退了。看起来，这是对黄镇的一次巨大打击，但这次挫折在客观上却改变了黄镇的人生轨迹，一直以当教员为理想的黄镇被迫开始转变。

将军三绝书画诗

1930 年，21 岁的黄镇通过同学的介绍，加入了冯玉祥将军领导的西北军，任第七十四旅政训处少校干事，兼旅部书记。在这里，他为自己取了个新名字，叫黄镇，意在提醒自己时刻保持镇静。关于这个名字，后来还有一段趣事：新中国成立后，随着外交工作的发展需要，中央决定组成以军队干部为骨干的外交队伍，黄镇也被派任驻外大使。赴任前，周恩来领着这批经过简单培训的“将军大使”去见毛主席。毛主席问黄镇：“你原来那个黄士元的名字，不是很好吗，改它做什么？”黄镇说：“我脾气不好，需要提醒自己时刻保持镇静。”毛主席说：“‘黄镇’这个名字也不错。《楚辞》中说：‘白玉兮为镇。’玉可碎而不改其白，竹可黄而不可改其节。派你出去，是要完璧归赵喽。”

1931 年 12 月，已隶属于国民革命军第二十六路军的七十四旅在江西宁都发动起义。起义后，队伍被编为中国工农红军第五军团。在军团政治部主任刘伯坚的保荐下，黄镇被任命为红五军团政治部宣传干事兼“猛进剧社”社长。1932 年 6 月，黄镇加入中国共产党，并任第五军团政治部文化科科长。宁都起义是黄镇一生的转折点，在政治上和事业上，他找到了自己理想的归宿，从此踏上了光辉的革命征程，书写人生新的篇章。

在革命军队的大家庭里，黄镇以前所未有的高涨热情投入工作，他的艺术特长也得到了最大程度的施展。黄镇被任命为红五军团政治部宣传干事兼“猛进剧社”社长，专业才华得到了充分发挥。他经常编剧、演出、作歌、画画，开展形式多样的战地鼓动和战勤工作。他编的歌剧《英勇上

前线》，在红军部队和江西各地演出很受军民欢迎。1934 年 1 月 21 日至 2 月 1 日，中华苏维埃第二次全国代表大会在江西瑞金举行。黄镇创作了巨幅油画《粉碎敌人五次进攻》，以五军团名义献给"二苏大会"，悬挂在大会会场，得到了瞿秋白、毛泽东等领导同志的高度赞扬。

1960 年 1 月 11 日，陪同周总理访问 14 国的外长陈毅在加纳写诗，称赞同行的副外长黄镇：

黄镇有三绝，就是书画诗，
如能常写作，定为天下知。

黄镇书法、画和诗三者比较，最有影响的还是画。而在黄镇的全部画作中，最有历史意义的是《长征画卷》。

（一）《破草鞋》的故事

1934 年 10 月，红军第五次反"围剿"失败，开始了战略大转移。长征这个惊天地、泣鬼神的伟大壮举，为黄镇的艺术创作和表演，提供了丰富的生活素材。作为军委纵队政治部宣传科科长，黄镇及时地运用艺术手段，将长征的火热斗争生活加以概括、提炼、反映，大大地鼓舞了浴血奋战的红军官兵。

1935 年 6 月，红一、四方面军在懋功胜利会师。红军总政治部指定黄镇带领红五军团的猛进剧社和红三军团的火线剧社（他曾在这两个军团的政治部、宣传部工作过）赶赴懋功，在会师庆祝晚会上演出节目。演什么节目呢？黄镇回忆说，当时正是中央红军胜利渡过金沙江不久。本来，蒋介石企图依仗金沙江天险，要把红军一举歼灭。但红军却出敌不意地抢占了金沙江渡口，乘 6 条小船，3 万多人便在几天内全部渡过了金沙江。当蒋介石的部队赶到江边时，红军已经远走高飞，敌人只在江边拾到了红军丢下的破草鞋。黄镇根据这一重大事件，编了独幕话剧《破草鞋》，它成了这次盛大会师庆祝会上的主要节目。据当时《红星报》第 22 期载：6 月 21 日，在一、四方面军召开的干部同乐会上，猛进剧社演出的《破草鞋》，被认为"无论在剧情上或者在艺术上都是成功的"。该剧成了深受欢迎的戏剧保留节目，演遍了红一、二、四方面军，被人们誉为"长征名剧"。新中国成立后，当解放军总政治部编排长征话剧《万水千山》时，邓小平特别提到长征途中演出的《破草鞋》，建议编剧采用这个剧中的一些情节。

（二）《长征画集》的问世

1938 年，作家阿英（钱杏邨）在上海出版画册《西行漫画》，画集当时用铜版纸、道林纸精印了两千册，因画稿是萧华托人送来，作者署名为萧华。该画集出版后广为流传，当时就起到鼓舞沦陷区士气和民心的作用。

阿英在《〈长征画集〉纪事》里说："虽只是二十四幅的漫画，却充分表白了中国人民的伟大、坚实，以及作为民族自己的艺术，在斗争与苦难之中开始成长……在中国漫画中，请问有谁表现过这样伟大的内容，又有谁表现了这样韧性的战斗？刻苦、耐劳，为着民族的解放，愉快地忍受着一切，这是怎样的一种惊天地、动鬼神的意志。"

阿英常引用这画集中的内容激励自己、鼓励大家。他在 1942 年 8 月 21 日的日记中，记述了当时新四军军部同志们吸烟困难的情况，并写道："然吾却因此而忆及《西行漫画》中一老同志食新烟叶一图。"阿英说，画册所以叫《西行漫画》，"是因为美国记者斯诺访问延安的专著《西行漫记》中译本发行不久，书里有叙长征的专章，而环境又不宜于直接用二万五千里长征一类的字样，采用这样书名，容易使读者联想到它的内容"。此后不久出版社被查抄，人员遭到逮捕，画册从此没有机会再印。

1958 年，人民美术出版社再版《西行漫画》，请萧华同志为画册作序的时候，才知道作者并非萧华。根据漫画内容，萧华推断作者很可能是红五军团中做宣传工作的同志。1962 年《西行漫画》第三版的时候，出版社工作人员前去拜访曾在红五军团做宣传工作时任外交部副部长的黄镇，希望能搞清楚《西行漫画》的作者。当黄镇翻开《西行漫画》的第一页就明白这正是自己长征途中所创作的作品。

黄镇后来回忆作画的情况说："长征二万五千里，我画了整整一路，大概也有四五百张，现在留下来的就是这 24 张。"保存下来的 24 幅画中，《夜行军中的老英雄》被陆定一称之为"红军艺术史上的一帧杰作"。关于这幅画，黄镇说："林伯渠老人的马灯一直在长征路上照亮，我特意画了这位老英雄的形象。"还有一幅画叫"泸定桥"，黄镇说："我亲临了飞夺泸定桥的场面，大渡河的汹涌，13 根铁索的险峻和 22 名勇士身上燃起的烈火，使我不能不留下历史的画面。"有些画，是黄镇自己和身边战友生活的写照。如过草地前，黄镇根据自己和大家一起准备过草地干粮的情况，便画了《磨青稞》和《烤饼》两幅漫画。以上几幅画，只是《长征画集》中的部分艺术珍品。

第三版《西行漫画》由黄镇定名为"长征画集"并亲自题写了书名，在初版 24 年后终于第一次署上了作者黄镇的名字，萧华为新版画集作序，魏传统给 24 幅画配诗。此后《长征画集》多次出版。《长征画集》是长征唯一留下来的可视书画档案，为世界各大图书馆珍藏。

（三）能文能武的政委

黄镇同志不仅是我军优秀的政治工作者和领导者，而且在带兵打仗、指挥战斗方面也表现出出色的军事才能。抗日战争时期，1937 年 6 月，黄镇同志任总政宣传部副部长。同年 8 月，任八路军总政治部民运部部长。为创建晋冀豫边区抗日根据地，他率八路军工作团进驻长治，参加开辟晋东南地区的工作，出色地完成了创建任务。1938 年 4 月，年仅 29 岁的黄镇被任命为晋冀豫军区（边区）政治委员。1940 年 3 月，黄镇和汪乃贵等人指挥部队在元氏县黑水河地区进行了一次诱歼日军士官训练队的战斗，以火攻歼灭了拒不投降的几十名日军，打死打伤日伪军各百余人，生俘日军 3 名，缴获了 1 门山炮和 3 挺轻机枪，还用步兵武器打下了 1 架敌人飞机，这在晋冀豫军区还是头一次，受到了刘邓首长的表彰。1943 年 9 月，一二九师机关与八路军总部合并后，任太行军区副政委兼政治部主任和区党委副书记。在太行山区，他参与指挥部队与日伪军浴血奋战，取得了多次反“扫荡”斗争的胜利。全国解放战争开始后，黄镇任晋冀鲁豫野战军第九纵队政委，主要任务是南渡黄河，越过陇海路，转战豫鄂陕地区，开辟豫西根据地。他率领晋冀鲁豫野战军第九纵队一部及兄弟部队进入伏牛山区，策应刘邓大军在大别山地区实施战略展开，以诱敌深入，拖垮敌军，最后围而歼灭的“牵牛”战术，配合豫东战役取得完全胜利，黄镇同志因此被毛主席称赞为“九纵文武双全的政委”。

1948 年底，中共中央根据全国胜利即将到来的新形势，指示解放军总部尽快制定出我军军旗、军徽样式，使我军能以统一的军容，迎接新中国的诞生并适应新形势的需要。中共中央军委副主席周恩来亲自主持这项工作。周恩来找来了红军画家、时任解放军总政治部第一室主任的黄镇，将制作军旗的具体任务交给他。黄镇接到命令后，立即成立了设计小组，起草征集军旗、军徽图案的通知。黄镇亲自设计了 3 幅，其中一幅是红底，在左上方有一颗黄色的大五角星，大五角星的右下方是三颗黄色的小五角星，成弧线围绕大五角星。经过三个多月的努力，黄镇带领大家用红绸做了第一面军旗，把它插在香山军委领导驻地的草坪上。毛泽东、刘少奇、朱德等中央领导同志都来广场审看，最后，都同意按现在的样式定下来，并议定于 1949 年 6 月 15 日开始启用，中国人民解放军军旗就此诞生！

中美外交第一人

新中国成立不久，黄镇脱下军装，开始了自己 27 年的外交生涯，为推进中美关系正常化作出了重大贡献。

新中国成立以后，中美两国关系长期处于紧张的对峙状态。1969 年尼克松就任美国总统以后，鉴于世界政治力量对比发生变化，主张同中国改善关系。美国总统尼克松多次要求巴基斯坦总统叶海亚 · 汗转告中国政府，美国准备改善两国之间的关系。随后出现公开发表斯诺站在天安门检阅的毛泽东身旁的照片、邀请美国乒乓球队访华等事件。经过一系列接触，中美互相摸清彼此的战略意图后，1971 年 4 月，中国通过巴基斯坦渠道正式向美方发出邀请，表示愿意公开接待美国总统特使基辛格博士，或美国国务卿甚至美国总统本人来北京直接商谈。7 月 8 日，基辛格在访问巴基斯坦期间，秘密飞抵北京。7 月 9 日至 11 日，周恩来同基辛格进行了会谈。中美两国互开了一扇交流之门，但真正建立外交关系却是一条曲折之路。在这个过程中，黄镇起到了重要作用。

（一）驻法大使的秘密

1971 年，驻法国大使黄镇突然接到国内通知，要他返回北京一趟。

四天后，他回来了，从他的脸上表情看，六十多岁的黄镇神采奕奕，比平时更精神了。他不说什么事，别人当然不好问。原来他接受了一项秘密的任务，这项任务就是在巴黎与美方进行秘密联络。他作为中方联络代表，负责与美方联络代表，也就是驻法使馆武官沃尔特斯进行单线联系。7 月 19 日上午，双方在巴黎“中美秘密渠道”的第一次接触开始了。从这天起至 1972 年 2 月，黄镇与沃尔特斯共在中国驻法大使官邸会晤 45 次，商谈的内容涉及双边关系以及一系列重大国际问题。其间，基辛格曾通过巴黎秘密渠道 4 次会晤黄镇。在第一次会晤时，基辛格表示，美国已决定将中美关系建立在新的基础之上。黄镇大使表示，中国政府同样有着在新的基础上发展中美关系的愿望。这次黄镇大使请基辛格喝茅台酒，基辛格举杯一饮而尽，并对黄镇说他酷爱中国的茅台和烹饪，眉飞色舞地讲述他秘密访华时与周恩来共进晚餐的情形，说他与周都喝了很多茅台酒，但周却一点也不显醉意。他似乎突然悟出什么奥秘，风趣地告诉黄镇，他弄不清周的杯子里装的是茅台还是白开水，说得大家捧腹大笑。

通过巴黎秘密渠道的频繁接触，尼克松访华的具体准备工作终于就绪。1972 年 2 月 8 日，美国总统尼克松访华。28 日，中美两国在上海公布《中美联合公报》。这是一个前所未有的公报，公报一发布，就立即震动了美利坚合众国以及整个世界，许多国际政治家、外交家无不惊叹这是毛泽东、周恩来与尼克松、基辛格的共同杰作。但西方的新闻媒体却更多地认为这是毛、周政治眼光与外交艺术的天才显现。

尼克松访华后，巴黎渠道由秘密状态转为公开，两国驻法大使馆建立了联系。从 1972 年 3 月至 1973 年 2 月，黄镇大使与美驻法大使沃森先后

联系53次，一些重要的美国访华团和中国访美团，如美参院两党领袖曼斯菲尔德、斯科特和众院两党领袖博格斯、福特所率的访华团，中国乒乓球队及医药、科技等访美代表团，都是通过巴黎渠道的联络而成行的。

（二）“比大使馆还大使馆”的驻美联络处

1973年2月，美国国务卿基辛格再次访华，中美双方商定，在两国首都互设联络处。3月30日，黄镇被任命为中国驻美联络处主任，黄镇随即离开巴黎赴美履新。

到华盛顿上任伊始，黄镇所面对的情况异常复杂。他决定，从与美国政府建立关系入手并作为重点，同时广交各界朋友。黄镇以自己的魅力很快便赢得了众多朋友，迅速打开了工作局面。在尼克松时代，美国对外政策的中枢不是国务院，而是白宫，主要决策人是总统尼克松和美国国家安全事务助理。

1973年5月29日上午，黄镇抵达华盛顿，下午，美国国家安全事务助理基辛格就接见了他。在首次会面中，黄镇将一份想会见的人员名单和拟访问的地方清单交给基辛格，征求他的意见。基辛格很欣赏黄镇这种“爽朗的办事风格”，当场告诉黄镇：“你可以会见任何愿意见的人”，“可以访问除了核武器试验场以外的任何地方”。基辛格还表示：如果有要事商谈，黄大使可以随时找他或者尼克松。1973年10月，黄镇邀请基辛格来联络处做客。同时光临的客人，还有美国政坛多位重要人员及一些著名记者等共30余人，可谓高朋满座。基辛格本来有个“规定”，即任何大使馆的晚宴他都不去，此例不可开，否则的话，“就得跑遍（驻华盛顿的）一百五十个使馆”。黄镇风趣地回答：“我们可不是大使馆，而是联络处。”基辛格也诙谐地说：“对，驻华盛顿的联络处邀请，我都接受。”此后，基辛格成了联络处的常客，与黄镇交往甚密。美方为联络处装了直通白宫的热线电话，有事可以随时求见，礼遇之高，确实是“比大使馆还大使馆”。

1973年5月30日，黄镇抵达华盛顿的次日，尼克松总统接见了黄镇。尼克松总统还在合影照片上亲笔签名：“送给黄镇大使，致以热情的问候和崇高的敬意。”7月6日，尼克松邀请黄镇和夫人朱霖一起去西部白宫做客。尼克松总统给予此次接待以很高的规格，使用总统专机接送。尼克松总统还亲自开着打高尔夫球乘坐的小车，接黄镇到他的官邸。两年后，尼克松已经下台，黄镇偕夫人朱霖再次专程去西部看望尼克松夫妇，转达毛泽东、周恩来对老朋友的问候，表示中国人民永远不会忘记尼克松先生为开启中美关系所作的贡献，而无论他是在台上还是在台下。尼克松夫妇对黄镇夫妇的来访非常感动，也非常高兴。

作为驻美大使，与美国统治阶层搞好关系就成为一件极为重要的工作，除了对中国友好的尼克松政府外，黄镇与其后的福特政府和卡特政府的关系也都很好。1975 年，福特总统访华，毛泽东会见了福特，黄镇陪同。福特当场赞扬黄镇是个“优秀的人”，国务卿万斯赞扬黄镇“赢得了所有美国人的尊敬”，称黄镇为两国关系的发展“作出了重大贡献”。黄镇与参议院民主党领袖曼斯菲尔德的关系非常友好，曼斯菲尔德在国会工作期间，积极呼吁美中两国实现关系正常化。曼斯菲尔德从不出席别国的国庆招待会，但只要黄镇邀请，他就一定会到场。尽管美国国会民主党和共和党在对外政策上互相攻讦，但两党在对华关系上却取得了共识。能形成这样的局面，与黄镇杰出的外交能力密不可分，也体现了黄镇人格魅力。

1977 年 11 月 3 日，黄镇离任回国前，卡特政府副总统蒙代尔代表卡特总统为黄镇饯行。蒙代尔赞扬说：“中方派了黄镇这样一位卓越人物为驻美联络处第一任主任，使美方感到荣幸。”卡特总统亲自到宴会厅向黄镇道别。1989 年 12 月 11 日黄镇逝世后，经中共中央审定的《黄镇同志生平》指出：“他广交朋友，积极地促成了美国总统、国务卿以及美国国防部长等美国高级官员和美国国会一些议员的访华，增进了中美双方的相互了解，使两国间的经济、文化交流和人员友好往来不断发展，卓有成效地为中美关系的正常化做了准备。”美国总统乔治·布什在唁电中对黄镇在美期间的工作给予了高度评价：在两国扩大了解、相互沟通的重要进程中，“黄镇对这一持续至今的重要进程做出了巨大贡献”。

将军的桑梓情怀

黄镇将军一生热爱家乡、关心家乡。无论是在戎马倥偬的长征中，还是身处异域的外交战线上，他总是时时心怀故土，常说：“不热爱家乡的人，就谈不上爱国。”新中国成立后，黄镇将军先后 5 次来到安徽，曾经 4 次回归故里。为家乡的发展倾注了大量精力，对家乡教育事业的大力支持、对家乡文化事业的高度重视、对家乡人民生活的殷殷牵挂将永远铭记在每一位乡亲父老心中。

（一）心系家乡教育事业

1976 年，安庆地委、行署和省教育厅商量，并经省政府批准，决定原安庆师范学校以安徽师大安庆教学点名义，参加全国十年内乱后的大学首届招生。到 1978 年，学校在校生达到四五百人。当年 12 月新华社、人民日报报道了国务院批准新建一批高校，其中有安徽的阜阳师院，安庆师范学院榜上无名。为顺利建院，在听取多方面的意见、反复研究后，学校领导决定直接到北京向中央教育部和黄镇同志等汇报，恳求批准建院。经省政府同意，

1979 年 4 月，时任校长的刘和武和潘蕴华老师（黄镇同学、知交）在黄镇家中，向黄镇汇报了来京的目的和活动进展情况。黄镇表示："办安庆师院这件事，我支持，我来办，找蒋南翔（教育部长），我与钱俊瑞同志共同努力，事情会办成的。"在黄镇同志关心下，5 月，教育部派李邦平、张展平同志来安庆实地考察了解有关情况。1980 年 5 月 6 日，国务院正式发文批准成立安庆师范学院，黄镇同志为学院手书校名"安庆师范学院"。

1980 年冬，黄镇同志来安徽视察工作，在地方同志陪同下来安庆师院检查指导工作，鼓励老师们要培养新时代合格的人民教师，为振兴中华作出应有的贡献。要发扬延安"抗大"精神，同心同德，艰苦奋斗，团结前进。他与学生面对面地谈学习、生活情况，鼓励青年学生要珍惜青春年华，刻苦学习，立志成才，报孝祖国。黄镇还到潘蕴华老师家看望她，关心她的晚年生活。

1988 年 5 月黄镇同志再一次来安徽视察。黄镇参加了安庆师范学院的教师代表座谈会，79 岁高龄的黄老在听了学院的发展情况汇报后很满意。目睹学校各方面的变化、发展，黄镇非常高兴，当他看到学生下课在露天球台打乒乓球时，便接过球拍，跟学生一起打起了乒乓球，许多师生前来围观，对黄镇同志这种平易近人的品格称道不已。

1980 年 11 月 26 日，一个枫叶满山的日子，将军回到了阔别 51 年的浮山中学，抚今思昔，浮想翩翩，口占五律一首《探浮山中学》，为浮山中学也为故乡人民留下了弥足珍贵的精神财富。

故园秋正好，万里探亲朋。
入院花迎面，凭栏梦有痕。
风涛半世纪，云水五洲踪。
笑约离休日，还来倚旧松。

1988 年，黄镇将军来安徽视察工作，顺道回乡探亲，在听取黄山村原党支部书记程金宏谈到黄山、官塘两村孩子上学难，群众强烈要求就近新建一所中学的愿望后，黄老当即表态支持。归京途经安庆市时，特意召集在安庆工作的同乡，向他们转达了家乡人民迫切要求办一所中学的愿望，同时表明了自己的态度，他要求大家要为家乡办学作贡献。离开安庆前，他再三叮嘱在铜陵工作的侄儿黄宗鲁，继续为中学的创办作努力。回京后，还委托秘书给黄宗鲁写信，询问中学筹建进展情况。1989 年 4 月，黄镇将军亲笔致信黄宗鲁，询问建校情况。在黄镇将军的直接关怀和支持下，在上级领导和社会各界的重视和努力下，黄山中学于 1989 年正式招生，然而一生戎马倥偬、为祖国和家乡的建设发展殚精竭虑的黄镇将军却带着遗憾离开了，最终未能亲眼回家看看凝聚着他心血的黄山中学。

（二）将军的赤子情怀

1980年11月28日，回乡的黄镇将军在黄山村路过钱头凤庄，遇上父女俩挑松丫到窑厂去卖。山路弯弯，跌跌绊绊，父女俩挑累了在路边歇脚。黄镇将军见父女俩直喘粗气，遂走到柴担子边，插肩就挑起女儿的那一担。随行人员怕他闪了腰，快步向前阻拦。黄镇将军说："70来斤，挑一肩能行。"一位曾和黄镇将军交情不错的革命老前辈感慨地说："黄镇回乡吃山芋和给小女孩挑柴，是回乡杰作。"

黄镇将军回乡的消息传开后，曾经和他一起考取桐城中学的黄位中，当时正卧病在床。黄镇将军叫人传话要黄位中到村部一见，拄着一根拐杖，黄位中叫儿子牵着他去村部。一路上，黄位中像是没有病，先是慢慢地走，后来越走越快。过了小桥，离村部不远了，黄位中把手中拐杖一甩，快步如飞。到了村部门口，黄镇看见他，上前一把将他抱起来，边抱边说："你都老缩掉了啊！"黄镇和黄位中亲切交谈，同桌共餐。黄位中等人走的时候，黄镇给他们每人30元，叫他们回家买点糖，搞点糖水喝喝。

途经横埠河大畈的时候，田野里干活的村民蜂拥到马路上，拦住黄镇乘坐的小车。黄镇打开车门走下车，向乡亲们招手致意，向乡亲们问好，和乡亲们亲切握手。田野里干活的农民看自己的手脏，不好意思将手伸出来。黄镇说，没关系，乡亲们想看看我，我也想看看乡亲们。第二天，黄镇途经大缸窑路段，道班工人想看看黄镇将军，故意用作业车拦路，只留小车勉强能通过那么宽。小车到了，司机打方向盘准备从空隙处开过去。黄镇示意停车，走到"马路天使"们面前，招呼"马路天使"们："你们辛苦了！"和他们握手并亲切交谈。"马路天使"们乐开了花。

黄镇将军每到一地，都要挨家挨户看望，问寒问暖。乡亲们有什么心里话，都喜欢对他说。黄镇特别注意对烈属家庭的走访，烈属有什么困难，他都乐于帮助。

1989年12月10日，身为将军、艺术家和外交家的黄镇与世长辞，享年80岁。为了纪念黄镇的突出贡献，中共中央编写出版了由邓小平题写书名的《将军不辱使命》和杨尚昆题写书名的《将军、外交家、艺术家——黄镇纪念文集》两本书，江泽民为纪念文集题词。根据将军的遗愿和太行人民的要求，他的骨灰被安葬在河北涉县将军岭（原八路军129师总部驻地）。巍峨的将军岭上瀑布垂崖、台阶俨然，黄镇的雕像肃穆庄重，雕像前石碑的左侧上刻着邓小平的题词："将军不辱使命"，背面镌刻着江泽民的题词："为党为民，忠心耿耿，无私无畏，正气长存。"

作者简介：王金根，文学硕士，安庆职业技术学院副教授。

两弹元勋邓稼先

张鹏顺

一、生平简介

邓稼先（1924—1986），汉族，安徽省怀宁县人。西南联大物理系、美国普渡大学物理系博士、中国核武器研究奠基人。中国两弹元勋、两弹之父。

1935 年，他考入志成中学，与比他高两届且是清华大学校园内的邻居杨振宁结为最好的朋友。邓稼先在校园中深受爱国救亡运动的影响，1937 年北平沦陷后秘密参加抗日聚会。在父亲邓以蛰的安排下，他随大姐去了大后方昆明，并于 1941 年考入西南联合大学物理系。1948 年至 1950 年在美国普渡大学留学，获物理学博士学位，同年回国。1950 年 10 月被分派到中国科学院工作。1956 年加入中国共产党。历任中国科学院近代物理研究所助理研究员、原子能研究所副研究员，核工业部第九研究院（后来改名：中国工程物理研究院）院长，核工业部科技委员会副主任，国防科学工业委员会科技委员会副主任，中科院数学物理学部委员，中国核学会第一、二届常务理事。是中共第十二届中央委员。参加组织和领导我国核武器的研究、设计工作。是我国核武器理论研究工作的奠基者之一。从原子弹、氢弹原理的突破和试验成功及其武器化，到新的核武器（中子弹）的重大原理突破和研制试验，均做出了重大贡献。作为主要参加者，其成果曾获国家自然科学奖一等奖和国家科技进步奖特等奖，被称为“中国原子弹之父”（北京周报 Beijing Review 于 1986 年 8 月 11 日，封面英文报道，英文为：China’s father of the A-bomb 中国原子弹之父。北京周报是中国国家英文新闻周刊，1958 年在周恩来的关怀下创办，为中央级重点对外宣传刊物）。杨振宁写的《邓稼先》被选入 2007 版中学语文教材，让学生们领悟邓稼先独特的人格魅力！

邓稼先独特的人格魅力是什么？在于他不断提升科技与人文素质并将它们高度统一在人生的事业追求之中。

二、人文素质的养成

1. 出生之地，山川秀美

1924年6月25日，邓稼先降生于安徽省怀宁县白麟坂镇。白麟坂镇，是一个颇具古风的老镇。一条条街道大多用青石板铺就，一座座有着徽派建筑风格的店铺，风风雨雨几百年，还可以清楚地看出明清时期的繁华景象。邓氏家族的宅第建于平坂之中，一面濒临凤水，三面被龙山、龟山、白麟山环抱。邓家宅院的格局是，后面是一排木质结构的高屋，前面一片敞厅，曲廊连着一座精巧的池塘和小园林。起居和游闲一体，人和自然相融，这是一所典型的江南老宅。

2. 铁砚山房

相传二百多年以前，邓氏家族中读书出仕、赴外经商的人经年不绝，有的成为达官贵人，有的成为商界巨贾，有的则集儒、商、官为一身，可谓有文、有财，亦有势，显赫一时。其中，邓稼先的六世祖爷邓石如，被推崇为清代篆刻、书法第一大家，闻名大江南北。

邓石如，字顽伯，别号完白山人、笈游道人。精四体书，他的篆刻雄浑朴厚，自成一体。当年的两湖总督毕秋帆很赏识皖派的金石书法，曾向朝廷鼎力举荐。为此，邓石如应邀赴京作书法、篆刻表演，颇受宫廷赏识，并有意留他供职。无奈，这位完白山人不谙官场之道，执意回归故里。于是，宫廷赠予他四方铁砚，一套宅院。这套宅院便建于四灵山水间，并命名“铁砚山房”。邓稼先的祖父邓艺荪，于民国元年曾任安徽省教育司长，与苏曼殊等名士是情投意合的挚友，在安徽学界享有盛誉。邓稼先的父亲邓以蛰，字叔存，自幼接受父辈的严格家教，苦读诗书，工画山水。早年留学日本，1913年邓以蛰学成回国，被聘为北京大学哲学系教授。这期间，邓以蛰在《晨报》《新青年》等我国早期进步报刊上发表了许多文章，文笔奔放，见解独到，给学术界、思想界乃至文学界吹来一股清新之风。

邓稼先的母亲王淑蠲女士，聪颖贤淑。虽然是大家闺秀，但自嫁到邓家，无论农活家务，都勤于操作，干活手脚麻利，不怕辛苦。她为人宽厚，从不与人口舌，不在背后讲人是非；她还把娘家陪嫁的布匹拿出来给佣人做衣服。人们夸奖她是一个宽宏大度、仗义疏财的好人。王淑蠲还是这个古镇上最美丽的女人。

王淑蠲和邓以蛰共育四个子女，1924年6月，邓稼先出生。

3. 稼先的含意

中国非常重视姓名，乃至有姓名学。

古人对子女起名都含有长辈对子女的殷切希望。如苏洵给儿子起名为苏轼和苏辙就有深刻含义。他曾专门写了《名二子说》一文，从苏轼、苏辙两兄弟的名字说起，告诫他们做人的道理。

轮、辐、盖、轸，皆有职乎车，而轼独若无所为者。虽然，去轼则吾未见其为完车也。轼乎，吾惧汝之不外饰也。

天下之车莫不由辙，而言车之功者，辙不与焉。虽然，车仆马毙而患亦不及辙。是辙者，善处乎祸福之间也。辙乎，吾知免矣。

文中的"辐"指车轮中连接轴心与轮圈的直木。"盖"指车盖。"轸（zhěn）"指车厢底后部的横木。"轼"指车厢前端供扶手的横木。"辙"指车轮碾过的痕迹，也指道路。这篇短文先是说：对一辆车来说，车轮、车辐、车盖、车轸都有各自实际的用途。只有车轼，好像没什么实际的用处。但是如果去掉车轼，也就不再是完整意义的车了。苏洵是想告诫苏轼：我之所以给你取名为轼，就是提醒你，才华横溢必然导致锋芒毕露，锋芒毕露必然会招致嫉恨、暗算，希望你在今后要收敛锋芒，而应该像车轼一样，虽然身处车子的显要位置，却很善于掩饰、保护自己，这就是无用之用。

禾之秀实，而在野曰稼。"稼"，就是在田野已经秀穗结实之禾。"稼先"这个名字内蕴很深，他希望邓稼先根植于中华大地，并且早早地秀实和成熟于中华大地，成为造福民众的沧海之一粟。

4. 第二故乡

邓稼先的第二故居是北京丰盛胡同北沟沿甲 12 号。

邓家祖传的古玩文物，非常丰厚，令人惊叹。各种器物以及上面书写和铭刻的文字、图案，都是罕见的稀世珍宝，历代名人的字画，琳琅满目。而古人留下的警句、格言，更是弥足珍贵。

勿道人之短，勿说己之长。
施人慎勿念，受施慎勿忘。
坚持守白，不磷不淄。

（磷是薄，淄是黑，为人不怕磨不怕染，保持气节的坚贞和人格的清白）

砚虽非铁难磨穿，
心虽非石如其坚，
守之弗失道自全。

古人的抒怀咏志，及邓以蛰教授的言传身教激励邓稼先幼年立志，对其成才影响意义深远。

5. 父亲的影响

邓以蛰教授既受过欧美文化的熏陶，又受过良好的传统教育。他认为儒家思想中有关伦理道德方面的某些部分，很有道理，合乎人情。邓稼先父亲修长的身材，总是挺得很直，走起路来，昂首挺胸，神态自若，透出一股仙风道骨的飘逸之气。他是知识渊博的学者，头脑中深藏着博大精深的学识，外表却显得极为平易随和。在学校他是一位严谨治学的教授，在家中又是一位慈祥的父亲。在学习和行为规范上，他对幼子严格要求；在生活和爱好上，则对稼先相当宽松。邓先生喜欢京剧，自稼先懂事以后，便经常带着他去剧场看戏，《武松打虎》《林冲夜奔》《野猪林》等水浒戏中的那些栩栩如生的人物形象，镌刻在幼小的稼先心间。

他常对稼先说，人活在世界上，不光要和自家的人一起生活，还要和周围的人和平相处。不仅要和人交往，还要和其他存在于我们周围的一切生物相处。树、草、花、鱼、鸟，都是人类的朋友，千万不要随便伤害它们。

1929 年，邓稼先刚满 5 岁，便背起了书包，在大姐姐邓仲先的带领下，走进了北京市武定侯小学。进入学校以后，邓以蛰就把稼先叫进他的书房，说道："稼先，你将要成为读书人了。古人讲读书人应有'三不朽'，就是要立不朽之德，立不朽之言，立不朽之功。先说立不朽之德。一个人上学读书要长知识，更重要的是修养美德。还要将自己一辈子修养的美德一代一代流传给后人，就叫作立不朽之德。

再说立不朽之言。读书人首先要虚心学习先人留下来的知识，但是，又不能人云亦云，要有自己的见解和主张，并把正确的见解流传给后代，让后人学习。这就是立不朽之言。

最后是立不朽之功。一个人读了书，增长了知识，也增长了本领，就要用自己学到的知识和本领为社会做一些好事、益事，为后人造福。此乃立不朽之功也！不朽者，永生、永存也。我儿应该将做'三不朽'之人当作自己读书做人的目标。"

牢记父亲的教诲，成为"三不朽"之人，就成了稼先读书做人的奋斗目标。他为此终生身体力行。这段家训，是邓以蛰老先生为其长子邓稼先留下的永恒的精神财富。

邓以蛰教授尽管对长子的要求非常严格，但是却不用封建礼教来约束他。他毕竟是一个既接受了中华传统文化熏陶，又受到西洋文化影响的学者。

邓以蛰教授不仅要稼先熟读中国的四书五经，同时也买来诸多外国名

著，诸如莫泊桑、屠格涅夫、陀思妥耶夫斯基的书以及童话作家盖达尔的童话故事等，推荐给他阅读。时常是父子二人一同阅读，且边读边议。

在父亲推荐给稼先的屠格涅夫的《爱之路》中，描写小鸟和猎人故事的章节，使稼先的心灵发生了震颤。一只美丽的小鸟被猎人捉住了。他把它关进了竹笼里。小鸟失去了自由，不吃也不喝，奋力朝着笼壁冲撞。一下，两下，三下……整整撞击了一天。晚上猎人回来了，他走近笼子，这发生的事情使他木然惊呆：竹笼被撞破了，鸟儿满头血迹，倒在了竹笼外的地上。那只美丽的小鸟为了争得一片蓝天，它死了。

童年的邓稼先，读完这篇童话，悄然落泪了。

邓教授有一位朋友在北平沦陷后，在伪政府干了一个差事，领取着日伪赐予的薪饷。对此，邓教授尽管十分不赞成，但是，考虑到这位朋友为了养家糊口不得已而为之，也就宽以待之。一个星期天，这位朋友夹着公文包来到邓先生家，父亲很不愉快地接待了他。这天稼先也在家复习功课，觉得那人进屋不久，就听父亲大声质问道："你是干什么来的，你给我滚出去！"只见那人狼狈不堪地夹着公文包溜走了。稼先还是第一次见到父亲发这么大的火，便来到书房安慰父亲。他小心地问道："爸爸，为什么这样不高兴？"邓先生余怒未消，仍然大声地说道："真是一个不知羞耻的东西！他竟然举荐我到伪政府里去做事，这种人拿了人家的钱，就给人家当走狗。"

在父亲高尚的爱国主义情操的影响下，少年人的心里开始燃起了复仇的烈火。

三、人文素质的体现

1. 与动物友善相处

北京故居有一棵古槐，那是鸟的天堂，有麻雀、燕子等。一年春季，一对不知名的候鸟从远方飞来。它们看中了老槐树浓密的枝叶，也感到了这里主人的善良，便将家安在这里。这对小鸟长得很漂亮，乌黑的头，蓝灰色的羽毛，粉红色的嘴巴和小爪，十分可爱。它们还有一副好歌喉，每当清晨和黄昏时分，便叫个不停，惹得全家人驻足欣赏。小稼先把这对小鸟当成自己的好朋友，绝不允许别人轰吓它们。后来，小鸟孵出了一对小宝宝，在窝中伸出长长的脖子，张着大嘴等爸爸妈妈喂食。于是，这对鸟父鸟母便不停地轮番四处觅食。

一天下午，当鸟妈妈外出觅食时，突然风雨大作，大风剧烈地摇撼着老槐树，一只鸟宝宝摔了下来，掉在了水潭里。小稼先不顾一切地冲到风雨交加的院子里，将鸟宝宝小心翼翼地捧回来。他含着眼泪，将浑身是泥水的鸟宝宝放在自己的床上，然后用干毛巾轻轻地擦去鸟宝宝身上的泥水。可是，它还是冷得浑身打战。于是，小稼先就将鸟宝宝捧在手心中，温暖着它。幼年时代的邓稼先，心里没有阴霾，没有忧伤和恐惧，只有对未来的幻想和憧憬。在他幼小的心灵里，一切都那么明丽和鲜亮。

2. 与仆人友好相处

邓以蛰任北京大学哲学系主任之职，邓先生的收入颇丰，家境也很富裕。邓先生为孩子们买了一辆黄包车，供他们上学乘坐。车夫岳师傅每天接送稼先上下学。可是，稼先坐在车上觉得不是滋味：自己能走、能跑，为什么让一个上了年纪的人拉着呀？因此，他常常借口有事下车，跟在车后面走，有时还在后面推着车走。这使岳师傅过意不去，他也担心被主人看见，砸了饭碗，只好央求这位“少爷”坐上去。可是，稼先不准岳师傅称他“少爷”，他说他不是少爷，他最不爱听有人叫他少爷。岳师傅很喜欢这个小主人，稼先也很可怜这位老人，有时，稼先写完作业，便到岳师傅住的小屋，和老人下象棋、聊天。

3. 参加爱国的先进组织

抗日战争爆发后，邓稼先也积极投入到抗日救亡运动之中。当时有几个高年级的同学参加了北平学联组织的南下宣传团，宣传抗日救亡。宣传团到张家口演唱抗日歌剧，遭到反动军警的毒打，其中有两个同学伤势很重，正在医院抢救。稼先就利用课余时间，帮助护理受伤的学生。

在昆明参加了中国共产党的外围组织“民青”，投身于争取民主、反对国民党独裁统治的斗争。翌年，他回到北平，受聘担任了北京大学物理系助教，并在学生运动中担任了北京大学教职工联合会主席。

4. 与助手平等相处

刚组建研究团队时，邓稼先和助手们在北京进行研究工作。邓稼先常常脱光了上衣光着膀子干，许多年轻人也甩掉衣服，赤膊上阵。但是，邓稼先的皮肤硬是晒不黑。于是，年轻的伙伴们送给他一个绰号“大白熊”。邓稼先欣然接受，并回敬年轻人“大黑熊”“黑瞎子”的美称，对其中来自湖南、四川、贵州这些“辣椒窝”的人，赠给了“红椒”“青椒”“朝天椒”“尖椒”等美称，家乡没有特色的，则按其生肖叫“白马”“白虎”“白鼠”“白羊”“白兔”……这些称呼看来好像是开玩笑，实则是每个人的代号。邓稼先给予他的伙伴们的是平等、友爱和信任。他像是一块磁石，紧紧地把年轻人吸引到他的周围。在紧张而忙碌的生活中，他与学生们形成了一种特殊的感情和特殊的关系。他待学生如子女，生活上无微不至的关怀和学习上的循循善诱，使他在学生中获得了“老母鸡”的绰号。

5. 给我留一口

进行原子弹设计攻关的时代正是饥饿的岁月、灾荒的年代。食堂的饭碗由大碗变成小碗，每人每天嚼一颗“大力丸”，这就是“特供”。由于长

期缺少营养，年轻人开始浮肿了。他们常常在紧张运算之后，有气无力地呼唤着："老邓，我们饿，我们好饿呀！"这时，邓稼先便会一迭声地应着："好的，你们等着，我这就想办法去！"不一会儿，邓稼先从街上拎回一包高价饼干。于是，大家便一窝蜂地围住他，一包饼干，霎时便变成腹中之物，而此时引出的往往是更强烈的饥肠辘辘声。以后每当研究有所突破进展时，老邓请客，撮一顿！要知道，那时除了凭票供应的商品外，其他都是高价，有些紧缺的食品，可以说是"天价"。长期这样的举动，给老邓带来的是严重的经济危机，这样的善举后来老邓是办不起了。但是，每当大家在研究上有所突破时，他总想有所表示。这时，他不再大声招呼大家了，而是悄悄地溜出去，买几个高价烧饼来分给大家。自己则躲在人群的后面。如果有人问他吃不吃，他只是笑着咕哝一句，给我留一口就行。

6. 身先士卒

原子弹早期的实验是在长城边的山洞中进行的。邓稼先和工程技术人员一起，冒着刺鼻的火药气味，在山洞里进行操作。他们心里非常清楚，拌药桶里冒出的粉尘和蒸汽，伤肝害脾。但是，邓稼先总是亲临现场，检查质量。有时，他甚至还偷偷拿起搅拌棒去拌药。由于他是这里的领导人，更是技术带头人，所以，他要求自己在试验中必须身先士卒。在做一次试验时，炸药爆炸出现异常，里面的核材料迅速泄漏，在场的邓稼先一步冲上前去，指挥在场人员立即撤离，他走在了最后。因此，他遭到了核材料放射性的辐射。

四、科技素质的养成

1. 偏爱数学

邓稼先的中学生活大半是在北京市西单绒线胡同的崇德中学度过的。崇德中学是一所英国人开办的教会学校，注重英语教学。邓稼先自幼便跟父亲学英语，八九岁时便可讲一口流利的英语。所以，步入崇德中学之后，他的英语成绩在班里是出类拔萃的。出人意料，这个哲学家的儿子，在数学、物理课方面，成绩也相当优异，他对理科产生了浓厚的兴趣，尤其酷爱数学，简直是对数学着了迷。每天晚上，他坚持演算数学习题，如痴如醉，要不是家人催促睡觉，常常会演算到深夜。说到邓稼先痴迷于数学，有一件事让父亲又气又喜。

原来，邓稼先在父亲的影响下，自幼就喜爱京剧。1930 年秋季，京剧大师梅兰芳先生访美载誉归来，在北京长安剧院作回国首场演出，戏码是《贵妃醉酒》。对于京剧爱好者来说这可是个难遇的好机会。邓以蛰好不容易托人用高价买到两张入场券，准备带儿子稼先一睹大师的风采。邓先生叮嘱稼先放学后，吃完饭立即赶到剧院一同看戏。可是，邓稼先在饭后又习惯地演算起了数学题，把看戏的事忘得一干二净。深夜，邓以蛰看完戏归来，推开儿子的房门一看，儿子已经睡熟，他做过的数学习题草稿横七竖八地铺了一地。邓先生进门前的一肚子气，此时化为满腔欣喜。

2. 西南联大

1941 年初秋季节，邓稼先考入国立西南联合大学物理系。西南联合大学，原是由北京大学、清华大学和南开大学三所大学合并而成。校舍虽然简陋，且分散在昆明市的好几个地方，但这里聚集了诸多著名教授，教学质量非常之高。特别是物理系，更是名师荟萃。其中有参加测试普郎克常数的叶企荪，有为证实康普顿效应做出贡献的吴有训，有证实正电子存在的赵忠尧，有涡漩力学权威周培源，还有吴大猷、王竹溪、张文裕、饶裕泰等许多著名学者。邓稼先的大姐夫、知名教授郑华炽也在联大物理系任教。最使邓稼先惬意的，是他的好友杨振宁已是物理系三年级的学生，他们又可以经常见面，切磋学习，交流心得，谈知心话了。

3. 普渡大学学习

1948 年 10 月，邓稼先进入美国印第安纳州的普渡大学研究生院物理系。他选择了核物理专业。因为邓稼先在西南联大读书时，数理化乃至外语的功底都很扎实，所以，在普渡大学的许多课程，他只需看看书，考试便可以顺利通过，拿到学分。这样，他就可以节省出不少时间和精力，去钻研核物理学发展前沿的新成果。邓稼先在攻读核物理课程上，是非常刻苦的，常常是夜以继日。由于他的努力，没过多长时间，他各门功课的考试成绩都在八十五分以上，超过了标准分数线。因此，这位自费生获得了丰厚的奖学金。德哈尔教授满意地称他的学生邓稼先是“来自东方的高才生”。

他以自己的聪明才智和惊人的勤奋，只用了一年零十一个月的时间，便取得了令导师德哈尔惊喜的成果，提前完成了《氚核的光致蜕变》的博士论文，并顺利通过了答辩，获得了博士学位。在普渡大学邓稼先戴上了方顶博士帽，时间是 1950 年 8 月 20 日，这年他 26 岁，被称为“娃娃博士”。同年回家，被国家安排在中国科学院工作，与著名科学家钱三强、彭桓武、王淦昌一起筹备创建近代物理研究所（后改称原子能研究所）。在不长的时间里，便取得了丰硕的科研成果。邓稼先或是个人或是与于敏、何祚庥、徐建铭等人合作，于 1951 年至 1958 年期间，在《物理学报》上，相继发表了《关于氢二核之光致蜕变》《辐射损失对加速器中自由振动的影响》《轻原子核的变形》等论文。这些科研成果，当时在我国核物理事业中具有开拓性质，从而填补了我国核物理研究的空白。

五、科技素质的体现

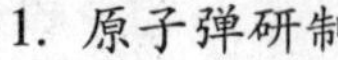

1. 原子弹研制

二战中，美国就对日本使用过原子弹。二战后，美苏开展了核武器竞赛与核威胁。1950 年朝鲜战争，美国就一直想使用原子弹。在此背景下，毛泽东提出了“我们自己也要发展原子能”。早期苏联援华帮助建造原子弹，但由于毛泽东主席拒绝了赫鲁晓夫提出的在中国领海建立“联合舰队”和在中国领土设立“卡波电台”的建议，赫鲁晓夫恼羞成怒，说：“毛泽东不参加我们的核保护伞，那我们就什么也不给他，让他和他的人民连裤子也穿不上。”苏联专家撤走后，邓稼先就勇敢地承担了原子弹的设计任务。要制造原子弹，首先必须拿出理论设计方案来。这好比要建造一座高楼，首先必须拿出一张图纸来。钱三强认为原子弹理论设计是原子弹工程的“龙头”。他认为，不抓“龙头”，原子弹造不出来。

邓稼先领导开展了爆轰物理、流体力学、状态方程、中子输运等基础理论研究，完成了原子弹的理论方案，并参与指导核试验的爆轰模拟试验。

邓稼先要做的第一件事情，便是受当年九院第一任院长李觉之托，整理一份秘密文件。当年苏联专家的讲课不准做记录，听课中有人用十分潦草的字记录了极不连贯的话语，有的还是一些代用的符号，画的图则更糟糕，歪歪扭扭，简直像鬼画符。所以，邓稼先整理这份文件就像是破译天书鬼符。倘若没有厚实的有关学科的科学知识，没有十二分的耐心，恐怕连看都看不明白，更不要说将它们整理出来了。不过，邓稼先到底像李白破译“蛮书”那样，终于成功破译“天书鬼符”，整理出了一份颇有价值的文件，为原子弹设计提供了宝贵的资料。

但原子弹爆炸的参数难以确定。这个参数涉及什么条件可促使核火燃烧，核火在燃烧的瞬间扩散时，靠多大的压力拢住它的能量，使之回头连锁撞击并击破铀原子核，从而充分释放出强大的能量？

邓稼先不分昼夜地苦拼了半年多，当他的攻击梯队进行第九次运算时，其结果依然是首尾两头与苏联专家留下的数据相吻合，而中间一段的数据却出现了“塌方”。为查找原因，邓稼先进行了大量的计算和理论推导，最后结果是苏联专家在传授时有意修改了相关数据。1963 年 11 月在青海高原进行了缩小比例的聚合爆炸试验，使得理论设计和一系列试验结果获得了综合验证。高原在雷鸣般的巨响中震颤了——这威猛的响声，论证了由邓稼先签署的那个原子弹总体计划，获得了原理性的试验成功，从而揭开了中国核试验的序幕。

2. 氢弹的研制

原子弹是靠原子核一连串的裂变，由此释放出巨大的能量，叫作核裂变；而氢弹则恰恰相反，它是把两个原子核聚合成一个原子核，在聚合的同时，释放出巨大的能量，叫作核聚变。

当年，世界上只有美、苏、英三国试验了氢弹，但对其原理和结构方程式均严格保密。面对氢弹这个更为神秘难解的方程式，面对这个世界级的难题，邓稼先和他的“辣椒”们没有退缩，而是迎难而上。他们没有捷径可走，而是靠充分发挥每个人的积极性，形成强大的攻击力。从第一颗原子弹爆炸成功到第一颗氢弹爆炸成功，美国用了七年零四个月，苏联用了四年，英国用了四年零七个月，而邓稼先团队仅仅用了两年零八个月。

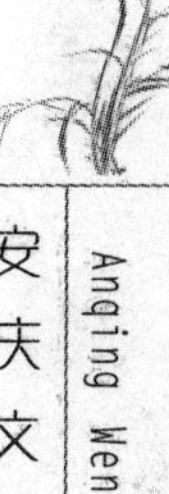

3. 中子弹的研制

中子弹的中子能穿透一尺厚的钢板，同时，它把冲击波、热辐射和放射性物质的杀伤效应减少到最低程度。

如果说，原子弹、氢弹是大规模摧残性的进攻武器的话，那么，新一代的核武器则是一种有效的战略防御武器，它是“扼杀武器的武器”，对于保卫国防具有更重要的价值。

在中子弹研制期间，邓稼先经常呕吐、昏倒。但他坚持带病工作，在中子弹试验中还常深入一线，排除故障。最终使中子弹的理论和实践取得全面成功，使核武器科研取得又一次重大突破！

六、科技与人文素质高度统一是取得成就的保证

1. 领导并形成了优秀的研究团队

组织我国第一颗原子弹理论攻关的过程中，邓稼先不仅表现出他在业务上是一位优秀的核物理学家，而且也表现出他是一位出色的科研工作的组织者和领导者。在他率领的这支队伍中，不只是一批年轻人，还有许多颇有名望和造诣的专家、学者，他们的性格和专长各异，相互之间或为同窗，或为师生，或为挚友，或为对手，关系极为复杂。尽管如此，邓稼先总能以他那宽阔的胸怀和那颗朴实真诚的心灵，把大家团结起来，充分发挥每个人的专长和才智，这支队伍在充满艰辛和荆棘丛生的路上登攀着，互相携手、共同奋进。正是这样的一个团队创造了原子弹、氢弹和中子弹研究中的飞速前进，为祖国的强大做出了贡献。

第一颗原子弹理论的总体设计工作，实际上不足四年便完成了。从开始探索到拿出方案，攻关之神速，使得西方国家某些权威人士瞠目结舌。

氢弹研制成功，邓稼先团队仅仅用了两年零八个月。

2. 勇于承担责任

1979 年的初夏时节，在罗布泊上空，一次偶然的事故发生了。飞机空

投小型氢弹，降落伞没有打开，核弹从高空直接摔到了地上。在邓稼先看来，现在最重要的是把事故的原因弄清楚，同时自己是负责人，只有自己深入调查，才能找到失败的原因。他身穿白色防护服，戴着一副墨镜，一步一步地向着目标走去，他看到了那颗核弹破裂后的碎片，真是喜出望外，因为，他最担心的后果没有出现。这时，沾染测试员也赶到了，仪器上显示的数字，使测试员吓了一跳，原来，邓稼先站立的地方正是沾染最重的源点，超过沾染限度的几十倍。人们劝他离开，他心里也很明白，多在这里站立一分钟，就意味着生命离死神更近一步。但是，事情还没有搞清楚，他怎么能离开呢……

就在这一次，他遭受到了极为严重的钚 239 的辐射伤害，放射线摧垮了他的健康防线，使体内的癌细胞空前活跃起来，它们疯狂地吞噬着这个钢铁汉子的生命。

3. 从容面对死亡

1986 年 8 月 10 日，301 医院为邓稼先做第一次手术。天刚破晓，张爱萍将军就来到手术室外坐下来。核工业部的领导来了，许鹿希也来了。人们相对无语，许鹿希含着泪水，轻轻地唏嘘着，他们在焦急地等待。几个小时过去了，手术室的门打开了。深度麻醉的邓稼先躺在手推车上，被推进了病房。经过对活体组织化验，一个无情的判决降临了：邓稼先被确诊为直肠癌，而且，癌细胞已经扩散、转移。就这样，邓稼先被缠在病床上了，开始了医药治疗、放射治疗的生活。这时，他才对妻子说："我知道这一天会到来，没有想到它来得这样快。"他拉住妻子的手，眼神里流露出一丝惋惜。"我并不悲叹死亡，庄子就将生死当作无差别境界，他泯灭了生死之别，突破了时空局限，以'逍遥'之游，超越死亡，达到精神的绝对自由，庄子视死如归，对死达观通脱。所以，他能做到以快乐之心去赴死。只是，我觉得对国家贡献还少，还应该多做一些事。"在死神面前，他显得那样超脱、那样潇洒……诚然，世人谈"癌"无不色变，而邓稼先却以"淡泊明志，宁静致远"的心境，泰然处之。他以坦荡的胸怀，一身傲骨，支起人生摧不垮的精神长城。

4. 父女情深

1975 年，典典由内蒙古兵团回到北京，在一家皮件厂当皮箱制作工。1977 年恢复高考，她白天从事繁重的体力劳动，晚上，回到家来，脱去沾满污迹的工作服，从头补习中学的数理化。开始，邓稼先领着典典去找一位物理老师给她辅导。那位老师和典典闲聊了几句，发现她连"牛顿定律"都不知道，便婉言推辞了。这时，正赶上邓稼先在北京搞一个学术会战，可以在北京多住一段时间，便决定亲自为典典辅导。这次学术会战，整整搞了三个月的时间。每天，典典下班回家，吃罢晚饭便睡。睡到11点，爸爸正好开会回来，她起来洗把脸，爷俩便开始玩命，直到天亮。父亲的一颗爱心温暖着女儿，他的智慧充实着女儿。典典的身体很弱，基础又差，温习功课时，有时竟昏倒在地。但是，她很有毅力，终于成功了。三个月，学完了全部中学的数学和物理。她考取了北京医学院分校。三年后，她又通过了“托福”考试，她踏上了父亲曾经走过的留学美国之路。

邓稼先逝世后，杨振宁给邓稼先夫人发了电报，其中有下面几句话：

——稼先为人忠诚纯正，是我最敬爱的挚友。他的无私的精神与巨大的贡献是你的，也是我的永恒的骄傲。

——稼先去世的消息使我想起了他和我半个世纪的友谊。我知道我将永远珍惜记忆。希望你在此沉痛的日子里从长远的历史角度去看稼先和你的一生，只有真正永恒的才是有价值的。

——邓稼先的一生是有方向的，有意识地前进的。没有彷徨，没有矛盾。

七、对当代大学生成才的启示

1. 科学和人文在个体素质中的作用

教育知识分为两种类型：科学知识和人文知识。人文知识帮助人们体验内心世界，满足精神世界的需求；而科学知识帮助人们认识周围的客观世界，使人们按客观规律办事。这两种知识促进人们全面发展。二者必须协调发展、相互融合，才能正确处理好做人和做事、情感与智力、人性与灵性、人文与科学的关系，形成以人为本的发展理念。做人通过做事来体现；做事需要做人来保证。才者，德之资也；德者，才之帅也。（《资治通鉴》）

2. 科学和人文知识融合在大学生素质提升中的作用

科学和人文知识融合促进学生素质提升表现在四个方面——精神层面：形成正确的人生追求；知识层面：形成完备的知识基础；思维层面：形成优秀的思维品质；方法层面：形成有效的工作方法，从而形成和谐的对外关系和形成健康的身心状态，全面提升素质。

（1）有利于形成正确的人生追求

科学知识有助于求真务实，人文知识有助于求善务爱。在人生的成长中培养责任感，工作中有激情，从而创造奇迹。

（2）有利于形成完备的知识基础

科学知识和人文知识组成了人的全面的知识。没有这些知识基础，就难以具备改造客观世界的力量，也难以形成科学的思维、科学的方法。

（3）有利于形成优秀的思想品质

优秀的思想品质包括逻辑思维和形象思维。科学和人文知识融合是优秀的思想品质的基础，从而保证思维的正确性，并在此基础上进行创新。

（4）有利于形成有效的工作方法

有效的工作方法既要求做事合理，又要求审时度势随机应变。科学知识具有严谨、有序的特点，有助人们形成“当老实人、说老实话和办老实事”的工作作风，并形成“严格的要求、严密的组织、严肃的态度和严明的纪律”的工作态度，保证工作的正确性；而人文知识具备宽松、活泼的特点，有助于审时度势、随机应变，使做事符合人心。

作者简介： 张鹏顺，硕士，教授，安庆职业技术学院学报编辑部主任。

黄梅戏表演艺术家严凤英

陶宜生

黄梅戏，旧称黄梅调或采茶戏，中国十大戏曲剧种之一，是18世纪后期在皖、鄂、赣三省毗邻地区黄梅形成的一种民间小戏。其中一支逐渐东移到以安徽怀宁县为中心的安庆地区，被称为“怀腔”或“怀调”。这就是今日黄梅戏的前身。民国十年（1921）出版的《宿松县志》中，第一次正式提出“黄梅戏”这个名称。

黄梅戏是演绎、传播中国传统文化的一种可贵的艺术。它唱腔淳朴流畅，以明快抒情见长，具有丰富的表现力；黄梅戏的表演质朴细致，以真实活泼著称。它以安庆地区为中心，发展遍及全国。一曲《天仙配》让黄梅戏流行于大江南北，在海外亦有较高声誉。2006年5月20日经国务院批准列入第一批国家级非物质文化遗产名录。严凤英——中国著名的黄梅戏表演艺术家，是安庆黄梅戏最优秀的代表和先驱，是“七仙女”塑造者，为中国黄梅戏传承发展作出了卓越的贡献，1958年9月毛泽东主席视察安庆时，观看了严凤英黄梅戏表演，对她的演艺给予了很高的评价。

一、山野歌手

1930年4月13日，严凤英出生在安庆市龙门口韦家巷，原名严鸿六。当时，父亲严司明在印刷所当抄写生，母亲梁素琴因长得漂亮，人们都叫她靓妹。祖父严启纯夫妇在倒扒狮拐角处租房开了一间小饭店——联升客栈，一家五口人，生活勉强维持。严凤英3岁时，妈妈又生了个女儿，取名严鸿鸾。鸿鸾刚断奶，父母就离异了。爸爸因此潦倒沉沦，吸大烟，不顾家，严凤英只得随爷爷奶奶生活。此时，“联升客栈”生意清淡，祖父就退房关了客栈，在路边摆个茶摊，艰难度日。两年后，受生活所迫，家人把鸿鸾卖给了安庆一户人家。1937年日本侵略中国，为躲避战乱，爷爷奶奶带其离开安庆。他们先到桐城陈家祠堂，因为父亲已在那儿帮戏班写

海报。严凤英得以天天看戏班排练和演出。她耳濡目染，无师自通学会了一些黄梅调的唱腔和动作。这是她第一次接受黄梅调艺术的熏陶与滋养。不久，爷爷奶奶又带她回到老家罗家岭镇（今属安庆市宜秀区）。

罗家岭有山有水，景色宜人，自古名流辈出。这里民歌历史悠久，也是黄梅调的流传之地，唱山歌小调是当地劳动人民的生活乐趣。回故乡不久，严凤英很快适应了环境，爱上了这美丽的地方。因为生活艰难，7岁的严凤英也要干活。由于她聪明伶俐很快便学会了力所能及的各种劳动，如放牛、挖菜、耙草、摸鱼、采莲……在与姑、姐和童伴挖野菜、放牛的同时，不管在湖中、山间、路上、田中、家里、稻场，只要一听见大人小孩唱歌，她就用心听默默记，不央人教只是悄悄偷学，居然一句句、一段段、一首首，很快就学会了流传于当地的不少民歌，艺术的种子在心灵中悄然播下。不久，因为战事日紧，她的父亲严司明也回到家乡，闲居无聊时，他拉上二胡，在家唱京剧。严凤英很爱听，也跟着学唱京剧，这使她与戏剧艺术有了更深的接触。

严凤英天生好嗓子、好乐感、好记性，又受一点京剧、黄梅调熏陶，加之每天在放牛伢子堆里摸爬滚打唱山歌，不仅性格越来越野、越来越豪放，打起架来男伢子也怕她；而且山歌也越唱越好，人人爱听，渐渐闻名。在她十来岁时，已经成为当地歌手中的佼佼者。在背米赶集的夜路上，山风呼呼狼嗥阵阵，严凤英唱民歌给乡亲们壮胆；在阎王渡的渡船里，严凤英唱民歌给乡亲们鼓劲；在米市上，严凤英唱民歌帮自己和乡亲卖米……不论在哪里，严凤英总是曲不离口。她的歌声里，自然而然地带着泥土的质朴、田野的清香。她的歌声，给苦难而落后的山乡带来了一点欣慰、欢乐和骄傲。一些年纪大的乡亲，提起严凤英唱民歌小调的事，总是赞不绝口。

这时同族中曾参加戏班的严云高将黄梅调带回了罗家岭，他一面开铺谋生，一面收徒授艺。不久，严凤英的好嗓子和惟妙惟肖的表演才能被其发现。严凤英由此与黄梅调真正结下了缘分。刚开始，严云高想到自己因唱黄梅调所受到的歧视和迫害，怕害了这个女孩子，对不起她和她的家人，因此没有同意收她为徒。没办法，严凤英就在他破房子外透过门缝看他教别的学徒，偷偷地学，有时还央求徒弟们教。最终，严云高被她勤奋好学的精神感动，决定正式收其为女弟子（当年她13岁）。为了躲避家人，严凤英拜师、学戏都是偷偷地进行，那段日子她过得紧张、兴奋、神秘，而又充实。不长时间，她就学会了《送香茶》《春香闹学》等许多传统戏中的单折。从学唱民歌小调，到学唱学演黄梅调，从四五岁到15岁，严凤英从一个山野歌手逐步踏上黄梅戏表演艺术道路，可谓是她艺术的入门期。

二、苦中求艺

1944年10月13日，严凤英在桐城练潭张家祠堂第一次登台演出，参演的剧目是《何氏劝姑》，扮张兰英。演出大获成功，都说她唱得好、做得好、长得也好，街头巷尾议论纷纷说："罗家岭出了个黄梅调好坤角。"为此，她触犯了族规，差点被捆起来淹死，可她却没有放弃这条已然迈出第一步的道路，勇敢地选择了离家出走，随着戏班子走村串乡演出。

旧中国唱戏的本来就是属于"三教九流"之列的下等人，没有社会地位，被世人看不起。当时整个社会处在兵荒马乱、黑暗苦难之中，黄梅调曾遭到反动政府的禁演，黄梅戏班一度难以生存。他们行头破旧，且又少得可怜，道具、灯光更谈不上；演出没有舞台，靠临时搭的草台或者就在平地演出。唯一能吸引观众的就是艺人们演唱的都是民间喜闻乐见的故事，演唱适合下层群众的口味，颇受欢迎。戏班每走一个"码头"还要受当地官府、黑恶势力的刁难、盘剥、欺压，他们无力反抗，只能忍气吞声。戏班的收入低微、生活艰难，艺人们住破庙、滚稻草，常常是饱一顿、饥一顿，如同乞丐。旧戏班多陈规陋习、迷信保守、低级庸俗，竞争倾轧的风气亦盛。戏班的学徒生活更惨，他们是师傅的佣人，打水扫地、倒尿壶、端饭洗碗、泡茶点烟伺候长辈们，有时还挨打挨骂——但是严凤英生性爱唱歌，迷上了黄梅调，苦难童年养成的倔强性格和一些好心师傅们对这个女伢子的同情关爱，使她坚决要在这条道上走下去，愿意承受一切磨难。她先后随戏班到桐城、枞阳、安庆、池州、芜湖、南京等地边演边学。一天，《小辞店》主角嗓子哑了，不能演出，大家都万分焦急。此时，严凤英自告奋勇要求试演，班主在万般无奈的情况下，只得让她上场试试运气。结果演出效果出奇得好，受到观众热烈欢迎。此后，师傅们将她的艺名严鸿六改为严凤英。

严凤英和《小辞店》红起来了，她成了戏班头牌花旦，只要一挂牌，准是客满。然而，在国民党反动派统治的黑暗社会，艺术上崭露头角的严凤英非但没有得到扶助，反而遭到迫害、摧残，伤兵砸场子、地痞调戏、流氓滋事常常发生。一次在怀宁，一个国民党县自卫大队长要买她回去做第三房姨太太。她宁死不从，以跳楼自杀相挟。县自卫大队长最终被闹得很难堪，拿枪指着她的头说："不嫁也行，出去后第一不能回去唱戏，第二不能再嫁，不然被我逮到一枪崩了你！"在走投无路时，她在安庆城内找到了失去联系十多年的妈妈。妈妈心疼女儿，不想她再唱戏受苦受难了，给她找了个有钱有势的人家，要她嫁人过"好日子"。严凤英坚决不从，此时她已痴迷上了黄梅调，宁愿受苦，也还要唱戏。离开妈妈又不敢回到戏班子，就躲躲藏藏找活打工，后来又得了伤寒病险些丧命。病好

后，严凤英又回到戏班到处演出。那时，黄梅戏班，时聚时散，游走不定，他们先后在安庆、池州等地跑码头演出，都受到广大观众欢迎。但一些好色之徒又对这个漂亮的小姑娘起心不良，她只好逃到芜湖，投奔同乡靠卖唱糊口。1948 年，严凤英到青阳演出，又被当地的一陈姓恶霸扣押，关在屋子里逼她做小老婆。她受尽凌辱和毒打，只得吞了金子以示反抗。给她送水送饭的大妈好心，强行给她喂下大量韭菜，才把金子拉了出来，捡回一条命。恶霸怕把事情闹大，把她放了。严凤英在流浪卖艺几年间，就这样逃过一劫又一劫，曾流落各地、无家可归，也曾一次次地离开她钟爱的舞台。但她凭着自己的聪明才智，刻苦学习，历练了技艺，在圈内已是小荷才露尖尖角。她的流浪卖艺过程就是一部血泪史，走的是一条极为艰辛的求艺历程。

三、焕发光彩

新中国成立了，中国历史翻开新的一页，黄梅调迎来了生存和发展的新时代。人民政府的文化事业管理部门，通过对艺人组织学习、培训等方式，将他们重新组织起来，置于政府领导之下，使之更好地学习和演出。安庆市政府派人亲赴南京将严凤英接回安庆，使其艺术生命焕发出新的光彩。回到安庆后，她在“群乐”剧场演出，这时，党派干部和新文艺工作者帮助改戏改人改制，使她“接触新文艺思想”。她积极投身到戏曲改革运动中，除了改革深受群众欢迎的《小辞店》《小香茶》等传统剧目外，还配合土改、反霸、抗美援朝、宣传婚姻法等，演出过《江汉渔歌》《两朵大红花》《木兰从军》《柳金妹翻身》等。1952 年夏，她参加了安徽省暑期艺人训练班，认真学习了中央人民政府《关于戏曲改革工作的指示》，使她深深感觉到，“旧社会把我当成草，新社会把我当作宝”，也使她对共产党、对新中国充满了感情，从而激发了她积蓄已久的艺术创造热情。

1952 年 11 月，华东军政委员会文化部通知调安徽的黄梅调到上海汇报演出。严凤英和王少舫以《打猪草》《蓝桥会》等小戏一炮打响，轰动了上海滩。上海交响乐团还为严凤英、王少舫组织了一个专场演唱会，这在国内尚属首次。中国唱片社及时为严凤英等录制了黄梅调的唱片并迅速上市发行。一时间，上海的大小报刊争相撰文介绍，称赞黄梅调醉人的泥土芳香。由于上海《大公报》在宣传报道中将黄梅调改称黄梅戏，由此开始，黄梅调正式定名黄梅戏。

1953 年严凤英调入安徽省黄梅戏剧团。1954 年，再度赴上海参加华东区戏曲观摩演出大会，演出了《天仙配》《砂子岗》《打猪草》三曲戏，并获得了一等奖。从 1953 年到 1965 年，她先后主演了《天仙配》《女驸马》《打猪草》《闹花灯》《牛郎织女》《红色宣传员》《江姐》等近 50 个大小剧目，她的表演艺术水平也不断腾跃，既形成了独自的风格特色，又代表着当时黄梅戏表演艺术的最高水平，并对剧种风格的形成发生了重要的影响作用。尤其是电影《天仙配》搬上银幕后，立即风靡海内外。严凤英凭着无与伦比的美妙嗓音和朴素大方的出色表演，倾倒了亿万观众。据不完全统计1955年到1959年，国内观众达一亿四千多万人次，海外观众达二百六十八万人次。

1956年起，严凤英先后被选为全国政协委员、全国妇联委员、中国文联委员、中国音乐家协会会员、中国剧协理事。1960年，她被评为全国先进工作者和“三八红旗手”。6月严凤英赴京出席全国文教群英大会，被选入主席团。在安徽，严凤英被选为省文联委员、省妇联常委，被任命为省黄梅戏剧团副团长，严凤英的杰出贡献受到社会各界的高度评价和赞扬。1960年10月13日，严凤英光荣加入中国共产党。

四、业精于勤

严凤英不仅在唱腔艺术方面取得了杰出成就，而且在舞台上乃至银幕的表演上，同样达到了出神入化、炉火纯青的境界，成为亿万观众欢迎的明星。她所塑造的陶金花、七仙女、冯素珍、江姐等人物形象栩栩如生，令人难忘。她的成功除了天赋的嗓音、艺术领悟力外，刻苦学习、不断进取、勇攀高峰也是她成功的一大秘诀。

从儿时在罗家岭起，严凤英就对当地的民歌感到新鲜、惊奇，通过刻苦学习，因此成了山野小歌手。13岁时，她偷拜严云高为师傅，为了躲避家人，每天干完活，找个借口，悄悄地溜进师傅家演戏，日子过得十分艰苦。在戏班时，为了能混下去必须跟师傅们学新戏、学基本功。她每天天不亮就起床喊嗓子，吃完早饭去练“四功”（唱、做、念、打）和“五法”（手、眼、身、法、步）等基本功，坚持夏练三伏，冬练三九，苦练不辍。她一天到晚如饥似渴地跟着大家学戏，加上她那带着乡野韵味的优美唱腔和稍加修饰的俊俏扮相，终于学有所成，在当地小有名气。但她并不满足，仍然虚心跟班子里的老师傅们学习，看她这样勤奋好学，大家也都愿意给她指点，有的还把绝活教给她。就这样，她一边演出，一边留心学习，进步更快。

1949年10月，严凤英辗转到南京，化名严黛峰在米高梅舞厅伴舞又演唱。不久又跟南京著名京昆票友甘贡三学习京昆艺术。严凤英聪慧过人，天赋极高，接受能力很强，只要略一点拨，便能心领神会，深得甘贡三老先生的喜欢，因此对她精心调教。不到一年，她先后学会了《大登殿》《梅龙镇》《游园惊梦》《春香闹学》等京昆名剧。这是她一生中最集中、最重要的一段学习，得到名师的真传，充分领略到其他艺术的美妙，

并从这些艺术中汲取大量营养，大大地提高了她的表演技艺，为她后来表演黄梅戏奠定了厚实的基础。

新中国成立以后，严凤英意识到新时代的文艺工作者必须有文化知识、有政治觉悟，只读过半年书的她抓住一切时间学文化、学简谱、学政治。业余生活也不再是旧戏班那样喝酒、打牌，而是喜欢看小说、看电影、打篮球、游泳、打桥牌。同时，她和一批新文艺工作者为提高黄梅戏的艺术水平做出了巨大的努力。她既虚心向前辈艺人学习、借鉴传统，更注重向兄弟剧种学习，并融会贯通，用之于自己的表演中，为塑造人物性格服务。1954 年 4 月间，京昆名家白云生看过严凤英的演出，在座谈会上毫不留情地指出她的身段太差，说她除了一双灵活的眼睛和一张会唱的嘴巴外，手、足、腰、腿都缺乏锻炼，不会做戏。这样尖锐的批评，在旁边听的人都感到有点受不住，严凤英也脸红了一阵。散会后，严凤英没有吃饭，先去找白先生。她一进门就跪地磕头拜师求艺，白先生被她真诚感动欣然答应了她的要求。之后，她又向知名大家方传云、刘慧娴、张慧聪学习京剧身段，向王益芳学武功，向范瑞娟学习她扮演严兰贞的感情处理与水袖运用。在音乐唱腔上，她支持音乐改革，经常提出建议并带头试唱，同时又在充分把握角色思想感情后赋予自己的创造。剧团请上海音乐学院教授洪达琦讲西洋的发声与演唱技术，她也非常认真地听、记。严凤英所做的努力，使其黄梅戏的表演水平跃上了一个新的台阶，其艺术表现能力和张力大大地增强。

尽管，严凤英在艺术上已小有成就，但她仍然对自己严格要求，不断追求完美。1963 年在拍摄彩色故事片《牛郎织女》时，有一段生死离别的唱词："三年日月浓如酒，乡中人好水也甜。我只说永作春蚕把丝吐尽，终生偕老在人间。又谁知花正红时寒风起，再要回头难上难。"台下，严凤英反复揣摩，调动了记忆库的一切悲欢离合的库存，想到旧社会的种种悲惨遭遇，用泪水伴着歌声，一遍又一遍地唱了这一段。但录制时，导演说不理想，她就说再来，这样一边唱一边哭，翻来覆去好多遍，直到把录音师、乐队唱哭了，达到了很高的要求，才肯罢休。《碧玉簪》是一出悲剧，为了保证演出水平，每次演出都被她看成是首演，精心做好准备，全身心投入。演完之后，她仍伤心欲绝，总是出不了戏，要在化妆室静坐半个小时才能卸妆。在排《宝英传》时，导演根据内容，设计了"开打"场面，要严凤英表演"对剑"，要求做到：手快、眼快、步快、防快，为了完成排练任务，她咬紧牙关，刻苦学习。一次不小心，她的眉梢被对方擦伤，对方带着歉意停了下来，她擦拭一下眼角的血，又要求继续练下去。像这样的勤学苦练几乎在她排每一个剧目时都是一样的。

五、明星陨落

然而，正当严凤英演艺事业达到炉火纯青的时候，噩运竟向她迎面扑来。

“文革”初期，她就被扣上“三名三高”“黑线人物”“封资修代表”等莫须有的罪名，受尽了“文批武斗”的折磨，甚至她在旧社会被侮辱被伤害的悲惨命运也被翻将出来，当着她亲人的面，在群众大会上被当作罪状，肆意对她进行攻击。具有大家风范而又耿直、倔强的严凤英怎么也想不通：为群众演戏有罪，受到群众欢迎也有罪？在旧社会受压迫有罪，在新社会要求进步也有罪？而且硬要她承认是“反党反人民反社会主义”的“三反分子”。

1968 年初春，从北京掀起的所谓“围攻革命样板戏、反对江青同志”的黑风恶浪，很快涉及合肥。造反派不顾事实，再次诬陷“严凤英伙同戏剧界的牛鬼蛇神，曾在北京疯狂围攻江青同志的革命现代戏《智取威虎山》，造成一起极其严重的反革命事件”。造反派“提审”严凤英，要求她认罪，“勒令”严凤英着重揭发省委、省委宣传部、省文化局等如何指使她反对“京剧革命”的。严凤英知道他们是想通过她，打开缺口揪出省委一大批人来。严凤英据理反驳。

连续多天的批斗，严凤英已经被折磨得身心疲惫，全靠安眠药控制。1968 年 4 月 8 日，严凤英照例服药入睡，一个小时后，严凤英在床上呻吟起来，爱人王冠亚以为她旧病复发又痛起来了，要给她按摩。她噙着眼泪说，不用了，你看看桌上我写的信吧。王冠亚感到不妙，立即起床跑到桌前，看到严凤英写的两封信，一封是给全团“革命同志”的，内容说自己有缺点错误，革命小将批斗她，是拥护伟大领袖毛主席的革命行动，所以她拥护；后面还写着“我严凤英是热爱党热爱毛主席的，我不反党，不反毛主席！我生是毛主席的人，死是毛主席的鬼！……”王冠亚大惊，顾不得看另一封信，急着问严凤英吃了什么药，严凤英只流泪、不回答，只求速死。

王冠亚只得让年幼的大儿子王小亚到楼下找文化局的医生来抢救，由于合肥很多医生都被打成了“资产阶级反动权威”，只有 3 个部队医院还在运作，3 名跟严凤英私下交好的医生可来为其抢救。当时整个剧团只有一部电话，而这部电话已经被军代表控制了，王冠亚再三请求他们让医院来救护车，然而救护车没来，却来了一群“造反派”，说严凤英你会演戏，现在不要再演了！要她交代罪行，严凤英委屈地哭着申辩，讲自己是拥护毛主席拥护共产党的，她还哭着申辩自己是拥护演现代戏的，讲揭发她反对江青的现代戏的事是造谣诬陷！……她边哭边讲，越讲越没有气力。

王冠亚看到求“造反派”没用，便去借板车，几经波折才弄到板车，用板车将严凤英拉到医院。医院说必须开介绍信才能看病，王冠亚再三央求无果，只能返回剧团开介绍信，此时严凤英的瞳孔已经扩散。那是初春的天气，合肥晚上的温度还是很冷的。严凤英就睡在这冰冷的水泥地上。由于得不到及时抢救，严凤英就这样离开了她心爱的黄梅戏舞台，离开了丈夫和孩子。

严凤英死后不到一个小时，军代表和剧团的领导就赶来了，任务只有一条：严凤英之死有不少疑问，有人检举她是国民党特务，是奉命自杀的，所以要剖开她的肚皮挖出她的内脏，检查她肚子里所谓的“发报机”“照相机”等“特务工具”。结果当然一无所获！只查到一百多粒安眠药片，真是荒唐至极、惨无人道！

一代名伶，就这样香消玉殒。

1978 年 5 月 23 日，中共安徽省委宣布为严凤英平反昭雪，同年 8 月 21 日省文化局举行了严凤英骨灰安放仪式。

黄梅调在新中国成立前 100 多年里基本上是在安庆周围地区苦苦挣扎，缓慢发展。新中国的“百花齐放，推陈出新”的方针给了它蓬勃发展的生机。从苦难中走出的青年演员严凤英靠她的聪明才智和不懈奋斗在伙伴们的合作下只用十多年时间，就把名不见经传的黄梅小调唱成了中国五大剧种之一的黄梅大戏，唱响海内外，创造了中国戏曲史上的奇迹，严凤英是当之无愧的黄梅戏一代宗师。

作者简介： 陶宜生，副研究馆员，安庆职业技术学院办公室副主任。

“诗歌英雄”海子

朱松节

海子是当代中国诗坛上的一个神话，这个神话就是只要是写诗的人或读诗的人，从1989年开始几乎没有不知道他的名字，尤其是海子的《面朝大海，春暖花开》这首代表性的作品选入高中课本，海子的名字便家喻户晓。每年的三月，也就是海子逝世纪念日前后，大学校园里的诗歌爱好者在一遍又一遍地朗读着海子的诗歌。他的诗歌写作影响了众多青年人的写作思想，他的写作模式被人模仿，甚至有人建议将他的逝世纪念日定为中国的诗人节。尽管如此，但由于各种原因，人们对海子的人生及其死亡仍产生了一种神秘感，许多人对海子诗歌所表达的内涵还不甚了解，因此，有必要对海子作一个解读。

一、海子生平简介

海子，1964年3月26日出生于安徽省安庆市怀宁县高河镇查湾村。他的父亲叫查振全，是一个裁缝，念过小学二年级。母亲操采菊，是一个地道的农村妇女，她聪慧、勤劳、善良，念过小学五年级。

他们在生养海子之前曾经夭折了一个小孩，因此海子出生的时候，夫妇俩就对他百般呵护，仅取名就经过反复磋商。1964年是龙年，龙是中国人心目中传统的吉祥图腾，传说龙生活在大海里，以海为家，查振全夫妇希望借助龙的神气和灵气，给初生的孩子增添吉利，让上天保佑他的儿子平安、健康成长，所以就给孩子正式取名为“查海生”。这个名字，是海子小学、中学、大学以及工作后的正式名字。“海子”，是查海生的笔名，引申为“大海之子”的意思。

海子在农村度过了天真愉快的童年和少年时期。由于海子的母亲非常看重这样一个儿子，从小就教他认字，讲故事给他听，海子也从小就表现出了比其他孩子聪明之处。4岁时，就能过目不忘，在一次村中主办的“毛主席语录”朗诵会上，他一字不漏地背诵着毛主席语录，并且为生产

队夺得了桂冠。他从小学到高中学习都很努力，一直成绩优秀。1979 年，15 岁的海子在高河中学考取了北京大学法律系。

在大学期间，班级里他年龄最小，然而学习最刻苦。他不太喜欢运动，他的爱好就是泡图书馆、听北大名家的讲座。80 年代初，汪国真、北岛、舒婷等诗人的诗歌对大学生影响较大，“朦胧诗”被不断传阅、抄录，北大校园也时常有诗歌讲座与聚会，很多学生写作诗歌。后来有人形容北大从事诗歌创作的人数之多：十个馒头砸向十个北大学生，至少有八九个是诗人。这时的海子对诗歌还不感兴趣，他更喜欢读一些文学作品。他阅读了大量西方文学理论、系统论、控制论和西方哲学著作，后来受到寝室同学的影响，海子也开始关注诗歌。二年级下学期时，他认识了骆一禾。骆一禾是 79 级中文系学生，因为他的文章和诗歌经常发表在校报校刊上，在学校里颇有名气。骆一禾和另一位诗人西川是海子最好的朋友。海子进行诗歌创作是从 1982 年开始的，直到毕业之际，海子的诗歌写作除了自娱外，还没有被人欣赏。

1983 年，海子北大毕业，被分配到中国政治大学，起初被分至校刊做编辑，后被分到哲学教研室任教，先后开过哲学、控制论、系统论和美学等课程。他的课很受学生欢迎，尤其是他的美学课，据说他在举例说明想象的随意性时说：“你可以想象海鸥就是上帝的游泳裤。”由于他是一位诗人，他的学生便要他每节课下课前 10 分钟朗读自己的诗作。他利用在校刊工作之便，刊登了自己的一些诗歌作品。1985 年，四川民间诗刊《现代诗内部交流资料》第一期发表了他的一篇作品，名字叫作《亚洲铜》，署名为“海子”，这是他发表诗作第一次用“海子”这个笔名。这首诗是这样写的：

亚洲铜，亚洲铜
祖父死在这里，父亲死在这里，我也将死在这里
你是唯一的一块埋人的地方
亚洲铜，亚洲铜
爱怀疑和爱飞翔的是鸟，淹没一切的是海水
你的主人却是青草，住在自己细小的腰上，守住野花的手掌和秘密
亚洲铜，亚洲铜
看见了吗？那两只白鸽子，它们是屈原遗落在沙滩上的白鞋子
让我们——我们和河流一起，穿上它吧
亚洲铜，亚洲铜
击鼓之后，我们把在黑暗中跳舞的心脏叫作月亮
这月亮主要由你构成

这首诗的背景就是位于他家乡不远处的月山铜矿。“亚洲铜”即代表黄土地，因为亚洲的黄土地与铜有着相近的色彩和质感，取这个意象，使其变得深邃而美丽。这首诗是海子诗歌写作成熟的重要标志，同时也是海子的笔名在诗歌界崭露头角的开始。

在这之后的几年里，海子除了教学和几次西藏旅游之外，生活的全部都是阅读和写作。他写作有个习惯，基本上是通宵达旦。他凭着辉煌的才华、奇迹般的创造力、敏锐的直觉和广博的知识，在极其贫困、单调的生活环境中，以近乎燃烧的方式创作了将近200万字的诗歌、小说、戏剧、论文，其主要作品有：长诗《但是水，水》《河流》《传说》《土地》，诗剧《太阳·七部书》（未完成），以及约200首抒情短诗。他曾于1986年获北京大学第一届艺术节“五四”文学大奖赛特别奖，1988年获得第三届《十月》文学奖荣誉奖，2001年被授予第三届人民文学奖、诗歌奖，其部分作品被收入近百种诗歌选集，作家出版社出版了由海子生前好友西川编辑的《海子诗全集》，收录了海子的全部作品。

历史将永远记住这一天。1989年3月26日下午5点30分，在山海关和龙家营之间的一段慢车道上，海子卧轨身亡，其时他才25岁，他带在身边的遗书上只有九个字：我的死与任何人无关！带在身边的还有四本书：《新旧约全书》、梭罗的《瓦尔登湖》、海尔达尔的《孤筏重洋》、《康拉德小说选》和一个橘子。

这是不是一次有预谋的生命终结，我们无法猜测，只是那列列车显然不知道它碾过的是那个时代最好的诗人之一，它所造成的是那个时代最惨烈的诗歌悲剧。谁能想到，就在两个月前，海子还写下了“面朝大海，春暖花开”这样幸福的句子，而今他在离大海不远的地方，永远告别了花开的春天。一个天才的诗人死了。有位网友说：“1989年3月26日，海子之死，宣告了一个诗歌时代的终结。”

二、海子诗歌中的意象

海子被人们称作“诗歌英雄”，但他还常被称作“麦地诗人”。这个称谓是从何而来呢？这与海子诗歌写作中的意象有关。所谓意象，是艺术创作中的一个名词，就是客观物象经过创作主体独特的情感活动而创造出来的一种艺术形象，是用来寄托主观情思的一种客观物象，简单地说就是借物抒情。海子诗歌写作喜欢使用大量的意象来表达某种情感。我们可以把海子诗歌中的丰实意象作一分类：一类和他出生经历相关，如庄稼、野花、村庄、土地、亚洲铜、麦子、麦地等；一类和他的阅读有关，如王子、女巫、神甫、樵夫等；一类则和他数次出游祖国的西北和西南地区有关，如雪山、草原、山鹰、岩石等；还有一类就是圣洁和生命象征的月亮

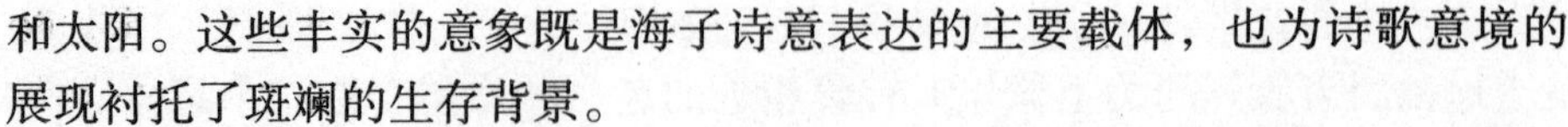

和太阳。这些丰实的意象既是海子诗意表达的主要载体，也为诗歌意境的展现衬托了斑斓的生存背景。

“麦子”是海子诗歌的一个核心意象。下面，就重点分析一下“麦子”这个意象。

海子诗中大量重复出现的“麦子”意象，与他在农村长大的生活经历是紧密相关的。海子15岁以前都生活在农村，在农村，他受到了淳朴的父母之爱和农村乡土环境的教育，他对大地、村庄、土地上的生命有着天然的情感联系，这种情感联系不可能是一个都市生长的人所具有的，它只能出自一位自幼赤脚走在田埂和青草地上的农家之子，对大地有着永远割舍不断的情结。有人觉得奇怪，海子是南方人，为什么不用水稻来作诗歌的意象？海子的母亲说，高河查湾是个低山丘陵地区，以前的“小春”作物就是麦子，“午季”作物主要是棉花，油菜和水稻的种植面积很小。海子生活的那个时代是一个物资匮乏的时代，吃饱肚子对于一个农村孩子来说，是个高不可及的奢望。因此在海子的眼中，麦子就是粮食，就是生存的根基。在《城里》一诗中，他就这样写下：“我最爱煮熟的麦子。”同时，他还常常以“麦子”自诩，在诗《四姐妹》中，他说他自己是“空气中的一粒麦子，绝望的麦子”。

除了农家孩子的出身和经历以及麦子本身的象征功能和表现力外，海子诗歌中大量重复出现“麦子”意象，还和他自己的人生理想和博大胸襟相关。梵·高是海子崇敬的艺术家。梵·高（1833—1890）是荷兰画家，后期印象派代表人物，是19世纪人类最杰出的艺术家之一，他热爱生活，但在生活中屡遭挫折、艰辛备尝，他献身艺术，大胆创新，创作出许多洋溢着生活激情、富于人道主义精神的作品，表现了他的心中苦闷、哀伤、同情和希望，他一生画过许多有关麦地的作品，如《有柏树的小麦地》《丰收景象》《麦地上的乌鸦》等，据说梵·高在画完《麦地上的乌鸦》之后，即自毙于麦地。海子将梵·高亲切地称之为“我的瘦哥哥”，在海子简陋的宿舍里，就挂有梵·高的代表作《向日葵》。海子写过许多关于梵·高的诗篇，其中在《阿尔的太阳》一诗中，他以梵·高自诩，认为人生应该像梵·高那样，为了自己的理想追求“从地下强劲喷出”，“火山一样不计后果”。海子诗中的“麦子”和“麦地”意象所表现的对底层的关注、对土地和劳作的深情、对生活燃烧般的热爱，都是和梵·高画作中所表现的情感态度是相通的。

海子心中的中国的向日葵——麦子，是我们这个农耕民族共同的生命背景，他由这个词延伸开去的村庄、人民、镰刀、马匹、瓷碗、树木、河流、汗水等意象，在写入诗歌之后，就成为折射海子表达思想感情的符号，成为海子对贫穷崇高的生存者生命歌唱。他写道：

麦地
神秘的质问者啊
当我痛苦地站在你面前
你不能说我一无所有
你不能说我两手空空

三、海子抒情诗赏析

评论家燎原说：“海子的诗歌，不但影响一代人的写作，也彻底改变了一个时代的诗歌概念。”当今社会人们对物质利益的追逐，社会价值观的混乱，导致人与人之间情感冷漠、友情沦丧。而海子关注人的生命最本真的美好，而这种美好来自于生活底层的纯朴、真诚、善良和感恩，将会再次成为当代人的理想追求。海子大量的诗歌就是赞美这种人生的真情。下面我们选几首海子的抒情短诗共同来欣赏。

1. 情系大地，赤子情怀

麦地
别人看见你
觉得你温暖，美丽
我则站在你痛哭质问的中心
被你灼伤
我站在太阳　痛苦的芒上

麦地
神秘的质问者啊

当我痛苦的站在你的面前
你不能说我一无所有
你不能说我两手空空

麦地啊，人类的痛苦
是它放射的诗歌和光芒！

——《麦地与诗人·答复》

这里的麦地是海子诗歌中的一个意象。理解这首诗，就要了解海子出生在物质条件匮乏的年代。海子对劳作在土地上的人们深深地同情，在他的意识里就要对贫穷的家尽责和对父母尽孝，而他也常常为没有从物质上帮助家人而感到自责，他决心以诗歌的写作，来报答养育他的父母和社会。在诗歌写作上，海子想以他个人的力量来建造“中国的史诗”，然而一个人的力量是很难达到这个目标的。所以海子痛苦，这痛苦是来自诗人

的内心深处。

这首诗就是写海子不能报答养育之情的痛苦和期盼得到亲人理解。海子看到的麦地与我们常人眼中的麦地不同。“麦地，神秘的质问者啊”。麦地隐喻他的母亲、父亲、所有的亲人。诗人在说，你们这些神秘的质问者，尽管你们不说出对我的期许和等待，但你们的无言，却更让我难以承受，对于我这个渺小的人来说，我没有什么有价值的东西、闪光的亮点让你们高兴，但我毕竟是血肉之躯，有情感，需要你们谅解和抚慰，我什么都可以不要，只要你们能在心中理解我、支持我。“当我痛苦的站在你的面前，你不能说我一无所有，你不能说我两手空空。”

我感到
我被抬向一面贫穷而圣洁的雪地
我被种下
被一双劳动的大手
仔仔细细的种下

——《葡萄园之西的话语》

海子从小生长在农村，对养育他的家乡和父母一直有着深厚的感情，虽然身在繁华的都市，心却永远牵挂，就像一只放飞的风筝，无论飞多高多远，生命之根始终在原地，不管他走到哪里，他始终不会忘记自己的生命之根，不会忘记养育过他的贫穷地方和贫苦的父母姐妹。他知道自己来自贫穷善良的地方；他也知道自己“被一双劳动的大手，仔仔细细的种下”。他始终在强调他是农民的儿子，他自豪地说自己是农民的儿子。这首小诗虽短，但情感真挚，表达了海子一颗赤子情怀。

吃麦子长大的
在月亮下端着大碗
碗内的月亮
和麦子
一直没有声响

月亮下
连夜种麦的父亲
身上像流动金子

收割季节
麦浪和月光
洗着快镰刀

健康的麦子
养我性命的麦子
——《麦地》

这是海子《麦地》诗中的几个片段，描写收获季节的欢畅的场面和心情。只要是在那个时代生活过的人，看到这首诗，都会发出情感上的共鸣。在喜悦的氛围下收割麦子，是对耕作在土地上的人们的回报。但海子看到的不仅仅是喜悦，更看到了这看似轻松惬意的自然割麦，其实又是求得生存的必要手段，看到了所有耕作土地上的农民对生活的期盼。

在那个物资匮乏的年代，我们仿佛看到月色出现的傍晚，端着大碗埋头吃饭的孩子在发憨发傻地狼吞虎咽，对使之活命的麦子心中发出欲语失声的谢恩。这样的诗歌让我们感到了震惊，它是以连带着神经末梢的本能说出的诗的语言，传递了一种动人心魄又难以言传的场景与情绪。

丰收之后荒凉的大地
人们取走了一年的收成
取走了粮食骑走了马
留在地里的人，埋得很深
草杈闪闪发亮，稻草堆在火上
稻谷堆在黑暗的谷仓
谷仓中太黑暗，太寂静，太丰收
也太荒凉，我在丰收中看到阎王的眼睛
——《黑夜的献诗》

读海子的诗往往给人以沉重，读这首《黑夜的献诗》，同样给我们不轻松。在这首诗里，我们看到，无私的大地，奉献了收获之后，变得荒凉寂寞，就像养育我们的父母一样，把一切都付出给了儿女，儿女长大成家立业以后，却独独忘记了父母。对于父母而言，长大后的子女，犹如收获后的大地，更是黑暗，更是荒凉，更是寂静。“稻谷堆在黑暗的谷仓，谷仓中太黑暗、太寂静、太丰收”。他们往往在丰收中看到自己的归途和死亡，看到了阎王的眼睛。读到这里，我们的灵魂不免为之震颤。

2. 母亲，我拿什么来奉献你

母爱是人世间最伟大的爱，作为儿女，我们都是在母爱的温暖中长大的。我们这些求学的游子，在千里之外，还能感觉到母亲倚门伫望的目光，每当岁末年底，再大的风雪，也不能阻拦我们回家的信心。我们成家立业后，忙完一天的工作，在寂寞的夜晚，回忆儿时在母亲膝下的童年趣事，就会生出无限的美妙而惆怅的情愫。而海子是以诗人特有的语言表达了对母亲的无限情感。

下面是海子写给母亲的几首诗。

妈妈又坐在家乡的矮凳子想我
那一只凳子仿佛是我积雪的屋顶

妈妈的屋顶
明天早上
霞光万道
我要看到你
妈妈，妈妈
你面朝谷仓
脚踩黄昏
我知道你日见衰老

——《给母亲·雪》

这首诗又把我们带回到妈妈温暖的怀抱。“妈妈又坐在家乡的矮凳子想我”，这一句，简单质朴，却传达出了母亲对儿女的至情至意，我们应该都有这样的体验。

“妈妈的屋顶”就是妈妈的希望，是母亲对儿女的期望，“霞光万道”象征母亲把儿女当作自己的作品，希望它成长成才，做一个对社会有用的人，希望他获得荣耀，心里获得满足。为了这个潜在心底的一生夙愿，母亲甘愿“面朝谷仓，脚踩黄昏”，一天天衰老，走向生命的黄昏，在岁月中遗忘了自己。“面朝谷仓”象征着母亲辛勤劳作，早起晚睡，奔波劳作的生活场景，每天拖着疲惫的身躯，脚踏着落日的余晖，回到家中，无任何怨言怨语。

风很美　果实也美
小小的风很美
自然界的乳房也美

水很美　水啊
无人和你
说话的时刻很美

你家中破旧的门
遮住的贫穷很美

风　吹遍草原
马的骨头绿了

——《给母亲·风》

温柔似水，温柔似风。在海子幼小的心灵里，看母亲就如同自然界的风和水一样映透着纯净的美。长大后，海子知道，世间有贫穷和富贵的差别，但在天真无邪的孩童年代，只觉得有母亲就有温情，就幸福满足，绝对感受不到母亲她守着“家中破旧的门”，用尽全力“遮住家中的贫穷”。“你家中破旧的门，遮住的贫穷很美”这两句，隐藏了母亲许多难以言说的窘迫和坚持，也表达了诗人对母亲的无限赞美，家中的贫穷是那个时代的结果，母亲为了自己的孩子，辛勤劳作，正如风一样，吹遍了草原，为儿女撑起一片温暖的蓝天。慢慢地也如草原上的马一样不幸，随着忧愁的岁月变绿，无奈地离开她的儿女，离开了人间。

太阳是他自己的头
野花是她自己的诗

我对你说
你的母亲不像我的母亲
在月光照耀下
你的母亲是樱桃
我的母亲是血泪

我对天空说
月亮，她是你篮子里纯洁的露水
太阳，我是你场院上发疯的钢铁

——《太阳和野花》

这是海子在经历失败爱情后写的一首诗。海子曾经深爱过一个女孩，这个女孩出身于高干家庭，他们的爱情遭到了女孩母亲的强烈反对，海子只得放弃。这里海子把自己比喻为“太阳”“发疯的钢铁”，把女孩比喻为“野花”“纯洁的露水”，女孩的母亲是“樱桃”，海子的母亲是“血泪”，这让人感到强烈的反差。海子清楚地知道，他们爱情的失败，并不是自己个人情感问题，而是两个家庭的不平等，是一个农村的穷孩子相对于城市体面社会阶层的失败。

“太阳是他自己的头，野花是她自己的诗”，这是写两个人不同的生存环境，一个是在落后贫困、压力重重下艰难地行走，一个是在蓝天白云下悠然信步，这让人心颤。“在月光的照耀下，你的母亲是樱桃，我的母亲是血泪。”“樱桃”给人一种富贵、悠闲、优雅、香腻、甜蜜、古典、高贵的感觉。“血泪”是贫穷、劳累、艰难、挣扎、痛苦的象征。“在月光的照耀下”，就是在现实的世界下，在出身和地位不同的情况下，你的母亲是富有阶层的享受者，我的母亲是贫穷阶层的劳作者。这分明不是两个人母

亲的胜与负，而是无情现实造成的结果。

诗人对自己母亲的酸楚表达了深深的自责，“太阳下发疯的钢铁”让人仿佛看到一个生活遭遇不幸的青年用生命的全部在对抗生活的锻压。而这种不屈服不妥协，是看到了“血泪”母亲的酸楚和“樱桃”母亲的反差，看到了占有社会财富的不同导致人格尊严不同而产生的愤恨。尽管海子把心爱的女孩比作皎洁的月亮河圣洁的露水，但还是毅然与相爱的女孩决然分开。海子写道：“在十月的最后一夜，我从此不再写……”

四、诗人之死及其意义

海子的好友，诗人西川在海子死后曾说：“诗人海子的死，将成为我们这个时代的神话之一。”海子自杀时年仅 25 岁，正是才华横溢、风华正茂之时。他为什么要自杀呢？关于他自杀的原因传说很多。大致来说，有以下几种版本。

第一种说法与玄学有关。有人将海子之死牵强附会为对生命前夜的窥破和挑战，并且对海子选择自杀时间、卧轨地点和碾过诗人身躯的车轮，都作了玄而不玄的阐释。海子自杀的时间是 3 月 26 日，3 月 26 日又是两个著名的浪漫主义先知辞世的时间。1827 年的贝多芬和 1893 年的惠特曼，都是采用自杀的方式离开这个世界的。也有人把他的自杀时间与他出生时间联系在一起。其实海子出生于 1964 年农历三月二十六日，阳历应该是 5 月份，他自杀的日子是 1989 年阳历 3 月 26 日，这也许是巧合。

第二种说法与气功有关。海子曾经跟他的一位在国家直属学院的朋友练过一段时间的气功。海子自杀之前，经常出现幻听幻视，他便认为是这位朋友作为一个气功高手在他背后搞小动作，要废了他的“功”，所以有人认为海子是“走火入魔”。

第三种说法与写作有关。有人认为海子自杀是由于江郎才尽，写不出诗，只好选择了这条路，他的生命属于诗歌，将自杀说成是“殉诗”。也有人认为海子的诗得不到人们的认同，因而选择死以显示其诗歌的价值。

这些说法实际都是贬低了海子，而海子的死真正原因是与疾病有关——精神分裂，这也许是迄今为止最可信的说法。

问题是那么优秀的青年，有着一腔赤子情怀和博大的胸襟，何以造成海子的精神分裂。综合各家的观点，大致有以下几个方面的原因。

第一，性格因素。要探究海子自杀的原因，不能不说他的性格。海子纯洁、简单、偏执、倔强、敏感、爱干净，喜欢嘉宝那样的女人，有时有点伤感，有时沉浸在痛苦中不能自拔，总体来看性格内向。他在许多情况下，外表很柔弱、顺受，在内心却有着火一样的热情，渴望飞翔。这种外表与内心的冲突，常常使海子不得安宁。海子是一个很孝顺的孩子，他爱他的父母和家人，他深知父母在那个年代培养他不容易，他又无法回报，他除了写诗，身无分文，甚至自己的弟弟上大学都不能帮上什么忙。他常常感到自责与不安。那首“麦地/神秘的麦地啊……”正是他内心冲突的一种表态。他是一个农民的儿子，他迷恋土地，对于时代发展而消亡的东西，又过于伤感。1989年初，他回到了老家，这趟之行，给他带来了巨大的荒凉之感。他说：“有些你熟悉的东西再也找不到了，你在家乡完全变成了一个陌生人。”

第二，生活方式。海子的生活相当封闭，海子在政法大学工作期间，蛰居在昌平，那时的昌平很荒凉，没有今天这样繁华。海子应该是一个很安静的人，不喜欢热闹，不喜欢与人交往，交往的朋友除了诗友之外，不是很多，他的业余生活很单调、很寂寞。他的生活很艰难、很穷困，工资大部分用来买书，有时不得不向好友借钱来维持生活，他房子里没有电视，只有台收音机，从大学毕业之后，只看过一次电影。这种封闭寂寞的生活桎梏了海子，有时想改变却又无法达到。

第三，气功问题。海子对气功非常着迷，据他自己说已经炼成了小周天。他可能是在开大周天的时候出了问题，那时他开始出现幻视幻听，总觉得有人在他耳边说话，搞得他无法写作，甚至他认为自己的肺部全部烂掉了。并且在写的遗书中说有人要害他，要父母为他报仇。练气功并没有什么走火入魔，海子出现幻视幻听，实际上已经出现了精神分裂。

第四，自杀导火索。引起海子精神分裂的另一个原因是海子的爱情失败。海子曾经爱过四个女子，而其中爱得最深的是他的一个学生，由于女方家庭的原因被迫分手，而在海子自杀之前，海子曾见过她一面，而那女孩对海子很冷淡，这对海子打击很大，精神彻底崩溃。这从他的诗歌《四姐妹》中依稀可见：“荒凉的山岗上站着四姐妹/所有的风只向她们吹/所有的日子都为她们破碎”。“四姐妹抱着这一颗/一颗空气中的麦子/抱着昨天的大雪今天的雨子/明天的粮食与灰烬/这是绝望的麦子”。“请告诉四姐妹：这是绝望的麦子/永远是这样/风后面是风/天空上面是天空/道路前面还是道路”。这里的“绝望的麦子”其实就是绝望的诗人自己。

从这里可以看出，多重因素导致海子精神分裂，最终选择了自杀。

诗人死了，诗人之死又有什么意义呢？这是一个重大的理论问题。

美国著名诗人西维尔·普拉斯说：“死是一门艺术。诗人的死实际等于诗人的再生。”在西方诗人自杀已成为思想界一个十分关注的问题，它已经超越了自杀本身的意义而成为一种社会思想问题。特拉克、杰克·伦敦、叶赛宁、马雅可夫斯基，这些诗人个体生命的毁灭都给西方思想界带来了巨大而长久的震动。

在中国，也有众多的诗人自杀。公元前278年，一位峨冠博带的诗人

投身于滚滚波涛的汨罗江中，用自己的生命表达了对当政者的绝望，对自己祖国的无限热爱、对崇高理想的追求和人生操守的捍卫，这个诗人叫屈原。屈原之死从此拉开了中国诗人之死的序幕，之后就有了李白捞月，王国维投湖、朱湘跳江，如徐志摩、顾城、三毛、海子……这一个个璀璨耀眼的星星，或罹难或以自杀的方式过早地离开了这个世界。

不论是西方世界还是中国，这种现象不得不引起人们深思。

“诗人何为?”哲学家海德格尔发出振聋发聩的拷问。

“诗是一种精神。”因而诗人的死亡也就象征着某种精神的死亡，因此诗人之死总是格外引人关注。而海德格尔的拷问，正是要追问诗人所担当的历史使命。诗人从一诞生起就是人类文明的担当者和人类精神家园的守护者。而诗人天生具有悲天悯人的情怀，具有敏锐的洞察力，他们比常人更易“居安思危”，更能不计世俗功利，超越时间和空间，思索明天、思考国家民族以及人类的出路。当他们发现国家危难、生活失去意义、生命失去价值时，便会从诗人本能出发，发出拯救的声音。然而，诗人的声音不可能振聋发聩，诗人的呐喊总显得苍白无力，他们挣扎、反抗、迷茫、失望、绝望……生命不能承受之重，其结局只能是被世界所吞没或用死亡表示抗争。这就是诗人自杀的哲学思考。

如果说，屈原用投江唤醒了民族的家园意识，李白的醉酒捞月昭示了对美与理想探求的悲凉意味，徐志摩的罹难引起了人们对情感的冷静深思，那么海子自杀则也是对我们心灵的拷问。我们为何而生？为家？为国？为人类？为理想？为自由？为爱情？甚至就是为了生而生……，这些拷问如果能唤醒我们对生活与生命的本质的认识，那么海子自杀对我们今天的人们就有着积极的意义，正如海子自己说的：“春天，十个海子全部复活。”

海子虽然死了，但撇开海子的死，我们从海子身上还是读懂了：海子的率真与朴实，唯真情可爱，唯真情动人；他的诗表达了那个时代许多善良、真正奋进的人们欲说不能的情愫；他的最动人最凄美的诗歌也是人生的悲歌。

五、海子诗歌对于当下精神境况的启示

海子生活的时代正是中国社会结束闭塞走向开放的时代，在海子看来，传统时代一些美好的东西正在消亡，他以诗人的敏锐通过诗歌的途径来拯救当代人类走出精神失落，是一位人文主义诗人对这个不能让他满意的时代既恨又爱的深沉的反思与执着关注。他的诗歌对当下精神境况的意义体现在以下两个方面。

一是海子献身诗歌，是对当下文学的功利性、商业化的无情批判。海

子是位把自己生命艺术化的诗人，诗歌在他身上体现的不仅仅是一种艺术形式，而且是一种体现生命意义和本质的载体。20 世纪 80 年代后期，随着改革开放的深入，人们的价值观日趋多元化。在以天下为担当的一些文人中，文学创作的社会价值日益退化，商业化日益浓厚，一些作家的社会责任感丧失，追求所谓的名声和金钱，写书哗而取众、无病呻吟。而海子对待诗歌的精神是对人们普遍关注的文学的物质功利性的一种无情批判，当下的文人应该从海子身上学到更多精神。

第二，海子诗歌内涵所折射出来的人文情怀，值得我们今天的人反思。海子诗歌表现出的那种淳朴的赤子情怀、博大精深的理想、炙热而纯洁的爱情观，是当代人向往的精神家园。随着市场经济的发展、生活节奏的加快，现代人的生活方式也发生了深刻的变化，人们追求效率，而忽视了人与人之间的情感交流，现代人的内心越来越孤独。社会过分强调效率，使金钱成为衡量成功的标准，人情冷漠，道德滑坡，倒地不扶，见死不救，尔虞我诈，制假贩假，贪污腐败，就是原本属于人类最美好的情感和爱情，也被“非诚勿扰”所击碎。生活在当代，人们有一种精神家园荒芜之感，社会出现了人文关怀失落、人文精神萎缩的现象。再读海子的诗歌，可以让人们回到人类生存的家园，回归到人性之美，找到精神的温暖。

六、春天，回安庆看海子

每年的清明前后，有无数的诗歌爱好者来到海子的家乡纪念海子。对海子的纪念，我认为还有两种方式，一是读海子的诗，二是读纪念海子的文章。在这里我选取了孔阳先生发表在《江淮晨报》上的一篇纪念海子的文章《春天，回安庆看海子》，作为我们对海子的纪念。

春天，回安庆看海子

孔　阳

阳春三月，万物都在苏醒，而我们却在追念一种死亡。回安庆的路上，黄灿灿的油菜花，一片一片地散落在江北的丘陵田园上，一眼望不到尽头。麦子却是稀少的，在偶尔一片的山冈能看到一块绿莹莹的麦苗。春气浓郁得沁人肺腑。一个诗性的季节，在家乡这片热土上仿佛到处流溢着诗的情景。我们就在这样一个春气涌动的晨曦驱车进入高河镇，穿镇而过，向南，沿一条公路，向南行。道路两侧的村落夹着杂树生花，到处流动着草木的清香，路一直延伸到一个名叫查湾的村庄。查湾静静的村落间，依然是弥漫着那股浓郁的春气。

我是第一次来到这里，这是一个充满神秘和令人遥想的村庄，它的平静与素朴中流溢着华贵，那是四周开始的现代文明带来的繁杂。它的神秘，是因为它孕育了一个伟大的诗人。他的名字和他的诗歌，影响了一个时代。他是用血和诚挚全力冲击文学与生命极限的诗人。他凭着卓越的才华、奇迹般的创造力、敏锐的直觉和广博的知识，在极端贫困、单调的生活环境里创作了200万字诗作。

亚洲铜，亚洲铜/祖父死在这里，父亲死在这里，我也会死在这里/你是唯一的一块埋人的地方（《亚洲铜》）。

在我第一次读到海子的诗的时候，海子已经长眠故乡久矣。海子的诗，沉甸甸地在我的心中。这些优秀诗作，如哲人的思想，闪着摄人心魄的光芒，它抒写着海子整个的心灵，留于他的身后，震撼着每一个走入诗歌的人。那是一个激情、敏感、纤细、广袤，充满了生命困惑和呐喊的世界。那是一个深沉无比的黑洞，它让人只能走进不能走出，它让向往善良纯洁的敏感的心不敢去碰触。

我们寻访查湾，因为查湾的3月有诗人的忌日，3月26日是海子卧轨自杀17周年的忌日。我们来到海子的家。呈现在眼前的是一幢普通的房舍，堂屋的门楣上写“海子故居”。这黄砖瓦屋是亲人重新建造的，而二三十年前，孕育诗人的那幢土屋，早已飞逝于尘埃，时光就这样淡淡地抹去许多沉重往事，连同一些久远而发黄的照片。

沉默孤独的村庄/一个在前一个在后/这就是普希金和我诞生的地方/风吹在村庄/风吹在海子的村庄/风吹在村庄的风上/有一阵新鲜有一阵久远（《两座村庄》）。

今天的查湾，是第三座村庄。我们在这里只能感触到悲哀沉痛、忧伤和念念不忘。春夏秋冬绵延不绝的风，吹过屋顶，吹落一抹灰尘，落在那一叠叠流芳百世的诗人的诗集上。

第三座村庄，还有诗人遗留在尘世的双亲。他们头发已经麻白了。他们依然以纯朴善良的心和强作欢颜的笑迎接着每一个来看海子的人。母亲坐在家门前的矮凳上，静静地讲述着儿子的童年和青春。讲了十七年。从她的中年讲到她的古稀，于今，她额上堆满了皱纹。悠长的回忆依然是她生命的支撑。她讲述的故事让每一个听者热泪盈眶。而母亲的眼睛已浑浊，泪已风干。她是一个质朴的农妇，因为生了个英年早逝的伟大诗人，她的后半生，不再寻常。老妇人还带着我们去看她儿子的坟墓。她的神态很平静，风轻轻拂过她的发丝。她说，你们都是我的儿女，而墓下是我唯一的海子。

坟墓在一片种满麦苗的山冈上。前面有湖水，后面有松树林。或许，站在黄土坟的顶上，还能望到从山海关蜿蜒而来的那条火车轨道。坟墓前立了一块石碑，查海生依然以“世祖”的名义长眠在故乡这片荒山冈上。

在青麦地上跑着/雪和太阳的光芒/诗人，你无力偿还/麦地和光芒的情义/一种愿望/一种善良/你无力偿还（《讯问》）；

给每一条河每一座山取一个温暖的名字/陌生人，我也为你祝福/愿你有一个灿烂的前程/愿你有情人终成眷属/愿你在尘世获得幸福/我只愿面朝大海，春暖花开（《面朝大海，春暖花开》）。

纪念海子最好的方式，仍然是读他的诗。我在墓前，在祭奠烟火中，打开一本海子的书，读着这些金光闪闪的诗句。我立即感到我虚弱的灵魂被一种光芒灼伤。我感觉到生命力透支的疲乏和虚弱，我不能负担这样一次次的心的战栗，于是我收起它，把它放在一边。然而还是要一次次地再打开来，在那一行行字间感觉海子的感知和生命的灼热。在这一刻，有两三滴泪珠，静静滚下我的脸颊，我的眼镜片模糊了，此刻我仿佛看到十个海子、一百个海子，他们自信的脸庞带着微笑在我的视线里摇晃，在麦地上奔跑。而我要说，感谢海子。

作者简介：朱松节，硕士，副教授，安庆职业技术学院公共基础部党总支书记。

后　记

大学文化具有不可替代的育人功能。大力建设大学文化，形成浓厚的文化氛围，以文化的影响力和作用培育学生的人文精神，提升大学生的综合素质，是大学文化的优势，也是大学的重要责任。安庆职业技术学院在省级示范高职院校建设的过程中，确立“育人与就业结合，理论与实践并重，技术与人文融通”的办学理念，实施了“科学人文艺术融通”的素质教育工程，把产业文化、行业文化和企业文化融入校园文化的同时，着力引进地域文化，形成了以“人文导航，技术扬帆”为特色的高职校园文化，为文化育人开辟了新途径。

安庆自古以来就有崇文尚德之风尚，素有文化之邦之美誉，地域文化博大深厚。在这块人杰地灵的土地上，涌现了一大批杰出的文化名人，他们或在思想上成为时代的巨擘，或在政治上成为治国安邦的贤臣良相，或在科技上成为领军人物，或在教育上开启民智之先河，或在艺术上超越古人成为一代宗师……，他们为社会发展和时代进步作出了卓越的贡献。这些名人文化构成了安庆文化鲜明的特色，也是安庆地域文化最宝贵的财富。把这些名人文化资源融入校园文化之中，开展人文教育，无疑对大学生人文素养的提升起到重要作用。

在省级示范高职院校建设中，我院将“基于科学人文艺术融通的学生素质拓展体系构建”作为特色项目建设。项目组围绕安庆地域文化和校园文化的有机结合，开展了安庆文化名人系列讲座达30多讲。讲座的作者都是学院的教师，也是皖江文化研究会的会员，对安庆地域文化都有较深的研究。《为有源头活水来——安庆文化名人录》一书就是在安庆文化名人系列讲座的基础上，选取了22篇具有代表性的安庆文化名人讲座，对讲稿进行加工、编辑而成。本书的出版，将对安庆文化名人的研究和普及具有一定的推动作用，对学院校园文化和地域文化的融合将起到积极的促进作用。

本书由安庆职业技术学院院长孙晓峰教授担任主编，负责拟定编写总体框架和组织研讨；副主编朱松节副教授负责统稿，各篇的作者为书稿的形成付出了辛勤的劳动。为便于读者阅读，本书按照文化名人出生的先后进行编排。作者在写作的过程中，参考了诸多专家的观点和见解，引用了一些学者的著述文献；本书在编写的过程中，得到了学院领导班子和有关处室的大力支持；本书的出版得到了合肥工业大学出版社副社长朱移山博士的鼎力帮助。在此一并向他们表示衷心的感谢！

由于水平有限，书中难免会有疏漏和不妥之处，恳请读者指正。

编　者

2014 年 12 月